高等职业教育路桥工程类专业系列教材

公路工程造价编制

GONGLU GONGCHENG ZAOJIA BIANZHI

主编 钱 源 / 副主编 武彦芳 杨福芳 琚 静

重庆大学出版社

内容提要

本书共包含6个模块,分别是基础知识概述、公路工程投资估算编制、公路工程概预算编制、公路工程投标报价编制、公路工程结算编制、公路工程竣工决算编制,对编制过程中的资料收集、定额应用、概预估算编制办法的使用、工程量清单的组成、各阶段造价文件的编制过程等进行了阐述和讲解。此外,为了方便读者学习,本书还加入了许多工程实例。

本书适用于道路桥梁工程技术、工程造价和工程管理等专业的学生使用。

图书在版编目(CIP)数据

公路工程造价编制/钱源主编. -- 重庆 : 重庆大学出版社, 2020.12

高等职业教育路桥工程类专业系列教材

ISBN 978-7-5689-2091-9

Ⅰ.①公… Ⅱ.①钱… Ⅲ.①道路工程—工程造价编制—高等职业教育—教材 Ⅳ.①U415.13

中国版本图书馆 CIP 数据核字(2020)第109853号

公路工程造价编制

主 编 钱 源

副主编 武彦芳 杨福芳 琚 静

责任编辑:肖乾泉 版式设计:肖乾泉

责任校对:张红梅 责任印制:赵 晟

*

重庆大学出版社出版发行

出版人:饶帮华

社址:重庆市沙坪坝区大学城西路21号

邮编:401331

电话:(023) 88617190 88617185(中小学)

传真:(023) 88617186 88617166

网址:http://www.cqup.com.cn

邮箱:fxk@cqup.com.cn (营销中心)

全国新华书店经销

重庆紫石东南印务有限公司印刷

*

开本:787mm×1092mm 1/16 印张:20.5 字数:513千

2020年12月第1版 2020年12月第1次印刷

印数:1—2 000

ISBN 978-7-5689-2091-9 定价:54.00元

前　言

公路交通是经济社会发展的重要基础性和先导性产业，也是关于国计民生的重要服务性行业。近年来，我国的交通基础设施建设取得了举世瞩目的成就，为国民经济和社会发展以及人民群众安全、便捷的出行做出了巨大贡献。公路工程造价管理是公路建设不可或缺的一项重要工作，而公路工程造价管理最基本的内容是合理确定和有效控制工程造价。工程造价的合理确定就是在工程建设各个阶段采用科学的方法和切合实际的计价依据合理确定投资估算、设计概算、施工图预算、承包合同价、结算价和竣工决算价等。

本书共包含6个模块：基础知识概述、公路工程投资估算编制、公路工程投资估概预算编制、公路工程投标报价编制、公路工程结算编制、公路工程竣工决算编制，对编制过程中的资料收集、定额应用、概预估算编制办法的使用、工程量清单的构成、各阶段造价文件的编制过程等进行了阐述和讲解。此外，为了方便读者学习，本书还加入了许多工程实例。

通过本课程的学习，应掌握公路工程定额基本知识，以及公路工程各阶段造价编制的基本原理和方法；了解公路工程估、概、预算审查的方法和内容；掌握投标报价、工程费用结算和竣工决算的编制。

为了做到合理确定工程造价，本书以公路工程造价文件的编制程序为主线，讲解公路基本建设程序中各阶段所对应的造价文件的编制，如投资估算、概（预）算、报价、工程结算、竣工决算等。编制过程中涉及的编制依据，如定额、编制办法等均采用最新的标准，具有很强的时效性。由于估算与概（预）算在费用组成、费率取用和编制方法上基本一致，因此在本书的编写过程中以概（预）算编制为主，估算编制中的费率计算、工料机单价计算等就不再重复，具体过程详见模块3。建议在教学过程中先讲模块3再讲模块2。另外本书中例题较多，可便于读者自学。

本书由甘肃交通职业技术学院钱源担任主编，甘肃交通职业技术学院武彦芳、琚静及珠海纵横创新软件有限公司杨福芳担任副主编。模块2、模块3由钱源编写，模块4、模块5由杨福芳编写，模块1、模块6由武彦芳编写，该书中所有表格由琚静编写、整理。

本书在编写过程中参考了大量的文献资料，但由于编者水平有限，难免有错误和不妥之处，敬请读者批评指正。

编　者

2020年6月

目　录

模块 1　基础知识概述 ······ 1
项目 1　工程造价原理 ······ 1
项目 2　工程造价管理 ······ 9
项目 3　定额概述 ······ 13
复习思考题 ······ 20

模块 2　公路工程投资估算编制 ······ 22
项目 1　建筑安装工程费计算 ······ 22
任务 1　准备工作 ······ 22
任务 2　建立项目表 ······ 29
任务 3　费率计算 ······ 30
任务 4　指标应用 ······ 41
任务 5　工、料、机单价计算 ······ 43
任务 6　建筑安装工程费计算 ······ 44
项目 2　土地使用及拆迁补偿费计算 ······ 45
项目 3　工程建设其他费计算 ······ 45
任务 1　建设项目管理费计算 ······ 46
任务 2　研究试验费计算 ······ 50
任务 3　建设项目前期工作费计算 ······ 50
任务 4　专项评价(估)费计算 ······ 51
任务 5　联合试运转费计算 ······ 51
任务 6　生产准备费计算 ······ 52
任务 7　工程保通管理费计算 ······ 52
任务 8　工程保险费计算 ······ 53
任务 9　其他相关费用计算 ······ 53
项目 4　预备费计算 ······ 53
项目 5　建设期贷款利息计算 ······ 54

项目6　总造价计算 …………………………………………………… 54
复习思考题 …………………………………………………………… 56

模块3　公路工程概预算编制 ………………………………………… 57
项目1　建筑安装工程费计算 ……………………………………… 57
任务1　熟悉收集资料 ………………………………………… 57
任务2　建立项目表 …………………………………………… 84
任务3　费率计算 ……………………………………………… 86
任务4　定额应用 ……………………………………………… 96
任务5　工、料、机单价计算……………………………………… 107
任务6　建筑安装工程费计算…………………………………… 113
项目2　土地使用及拆迁补偿费计算………………………………… 118
项目3　工程建设其他费计算………………………………………… 119
任务1　建设项目管理费计算…………………………………… 119
任务2　研究试验费计算………………………………………… 124
任务3　建设项目前期工作费计算……………………………… 124
任务4　专项评价(估)费计算 ………………………………… 125
任务5　联合试运转费计算……………………………………… 125
任务6　生产准备费计算………………………………………… 125
任务7　工程保通管理费计算…………………………………… 126
任务8　工程保险费计算………………………………………… 126
任务9　其他相关费用计算……………………………………… 126
项目4　预备费计算…………………………………………………… 127
项目5　建设期贷款利息计算………………………………………… 127
项目6　总造价计算及审查…………………………………………… 128
任务1　总造价计算……………………………………………… 128
任务2　造价审查………………………………………………… 128
项目7　总结…………………………………………………………… 129
项目8　工程案例……………………………………………………… 137
复习思考题 …………………………………………………………… 190

模块4　公路工程投标报价编制………………………………………… 191
项目1　投标准备工作………………………………………………… 191
任务1　现场考察………………………………………………… 191
任务2　确定投标方案…………………………………………… 192
项目2　工程量清单…………………………………………………… 195
任务1　工程量清单组成………………………………………… 195
任务2　复核、分解工程量 ……………………………………… 198

项目3　基础标价计算…………………………………………………………… 199
项目4　报价分析及调整………………………………………………………… 207
任务1　报价分析………………………………………………………………… 207
任务2　报价调整………………………………………………………………… 209
复习思考题 …………………………………………………………………………… 209

模块5　公路工程结算编制…………………………………………………… 210
任务1　公路工程结算与支付内容……………………………………………… 210
任务2　计量支付台账编写……………………………………………………… 218
复习思考题 …………………………………………………………………………… 231

模块6　公路工程竣工决算编制……………………………………………… 232
复习思考题 …………………………………………………………………………… 253

附录 ……………………………………………………………………………… 254
附录A　封面、目录及概(预)算表格样式 ……………………………………… 254
附录B　概算预算项目表 …………………………………………………………… 280
附录C　设备与材料的划分标准 ………………………………………………… 305
附录D　全国冬季施工气温区划分表 …………………………………………… 307
附录E　全国雨季施工雨量区及雨季期划分表 ………………………………… 311
附录F　全国风沙地区公路施工区划分表 ……………………………………… 317
附录G　涉水项目施工期通航安全保障费用计算方法 ……… 318

参考文献 ………………………………………………………………………… 321

模块1　基础知识概述

项目1　工程造价原理

1.工程造价定义

(1)工程造价

工程造价通常是指工程的建造价格。根据所站角度的不同,工程造价的含义不同。

第一种含义:工程造价是指一个建设项目从立项开始到建成交付使用预期花费或实际花费的全部费用。

第二种含义:工程造价是指工程价格。即为建成一项工程,预计或实际在土地市场、设备材料市场、技术劳务市场以及承包市场等交易活动中所形成的建筑安装工程的价格和建设工程总价格。工程造价的第二种含义是以社会主义市场经济为前提的,它以工程这种特定的商品形式作为交易对象,通过招投标、承发包或其他交易方式,在进行多次性预估的基础上,最终由市场确定的价格。在这里,工程的范围和内涵既可以是涵盖范围很大的一个建设项目,也可以是一个单项工程,甚至可以是某个分部工程。

通常把工程造价的第二种含义只认定为工程承发包价格。承发包价格是工程造价中一种重要的,也是最典型的价格形式。它是在建筑市场通过招投标,由需求主体(投资者)和供给主体(承包商)共同认可的价格。鉴于建筑安装工程价格在项目固定资产中占有50% ~70%的份额,是工程建设中最活跃的部分;而且建筑企业是建设工程的实施者,占有重要的市场主体地位,因此工程承发包价格被界定为工程价格的第二种含义,很有现实意义。但是这样界定对工程造价的含义理解较狭窄。

工程造价的两种含义是从不同角度把握同一事物的本质。对建设工程的投资者来说,面对市场经济条件下的工程造价就是项目投资,是“购买”项目要付出的价格,同时也是投资者在作为市场供给主体“出售”项目时定价的基础。对于承包人、供应商和规划、设计等单位来说,工程造价是他们作为市场供给主体出售商品和劳务的价格总和,或特定范围的工程造价,如建筑安装工程造价。

区别工程造价的两种含义的理论意义在于:为投资者和以承包人为代表的供应商在工程建设领域的市场行为提供理论依据。当投资者提出降低工程造价时,是站在投资者的角度充当着市场需求主体的角色;当承包人提出要提高工程造价、提高利润率并获得更多的实际利润时,他是要实现一个市场供给主体的管理目标。这是市场运行机制的必然。不同的利益主体绝不能混为一谈。同时,两种含义也是对单一计划经济理论的一个否定和反思。区别两重含义的现实意义在于:为实现不同的管理目标,不断充实工程造价的管理内容,完善管理方法,更好地为实现各自的目标服务,从而有利于推动经济增长。

(2)固定资产的概念

固定资产是指同时具有以下特点的有形资产:

①为生产商品、提供劳务、出租或经营管理所持有的;

②使用寿命超过1个会计年度;

③单位价值较高,一般确定为2000元以上。

在确认固定资产时,应同时符合以下两个条件:第一,该固定资产包含的经济利益很可能流入企业;第二,该固定资产的成本能够可靠地计量。

固定资产按经济用途可分为生产用固定资产和非生产用固定资产。生产用固定资产是指直接服务于企业生产经营过程的固定资产。非生产用固定资产是指间接服务于企业生产经营过程的固定资产。

固定资产按使用情况可分为使用中的固定资产、未使用的固定资产和不需使用的固定资产。使用中的固定资产是指正在使用的经营性和非经营性固定资产,包括由于季节性经营或修理等原因暂停使用的、企业出租给其他企业使用的以及内部替换使用的固定资产。未使用的固定资产是指已完工的或已构建的尚未交付使用的以及因进行改建、扩建等原因停止使用的固定资产。不需使用的固定资产是指本企业现在和今后都不需用或多余的、需要处理的固定资产。

固定资产按所有权可分为自有固定资产和租入固定资产。自有固定资产是指企业具有所有权的固定资产,包括自用固定资产和租出固定资产。租出固定资产是指企业在经营租赁方式下出租给其他单位使用的固定资产。租入固定资产是指企业不具有所有权,而是根据租赁合同向其他单位租入的固定资产。

2.公路工程造价定义及组成

公路工程造价是指建设一条公路或一座独立大桥或隧道,使其达到设计要求所花费的全部费用。

公路工程造价由建筑安装工程费、土地使用及拆迁补偿费、工程建设其他费、预备费、建设期贷款利息等组成。

1)建筑安装工程费

(1)公路工程建筑安装工程费

公路工程建筑安装工程费包含以下内容:

①路基的特殊地基处理、土石方工程、排水工程和防护工程等建筑工程费用;

②桥涵工程的基础、下部结构、上部结构和附属设施等建筑安装工程费用;

③隧道工程的洞口、洞身、附属设施等建筑安装工程费用;

④路面的垫层、基层、面层等建筑安装工程费用;

⑤公路交工前的养护费用;

⑥公路交通工程及沿线设施的建筑安装工程费用;

⑦绿化及环境保护设施的建筑安装工程费用;

⑧临时工程的临时便道、临时便桥、临时码头、临时电力、电信线路的建筑安装工程费用;

⑨交叉工程的建筑安装工程费用。

(2)建筑安装工程费用组成

我国现行公路工程建筑安装工程费用的具体组成如图1.1所示,其具体内容在模块2、模块3中进行讲解。

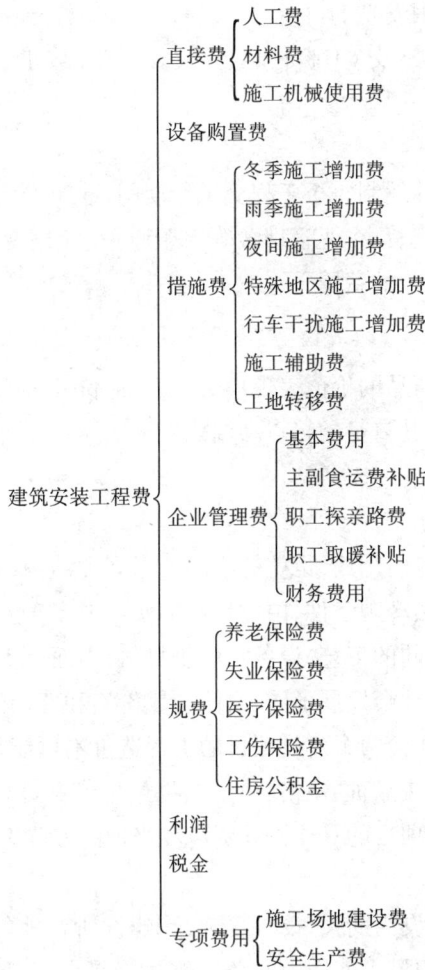

- 建筑安装工程费
  - 直接费
    - 人工费
    - 材料费
    - 施工机械使用费
  - 设备购置费
  - 措施费
    - 冬季施工增加费
    - 雨季施工增加费
    - 夜间施工增加费
    - 特殊地区施工增加费
    - 行车干扰施工增加费
    - 施工辅助费
    - 工地转移费
  - 企业管理费
    - 基本费用
    - 主副食运费补贴
    - 职工探亲路费
    - 职工取暖补贴
    - 财务费用
  - 规费
    - 养老保险费
    - 失业保险费
    - 医疗保险费
    - 工伤保险费
    - 住房公积金
  - 利润
  - 税金
  - 专项费用
    - 施工场地建设费
    - 安全生产费

图1.1　建筑安装工程费组成

2)土地使用及拆迁补偿费

土地使用及拆迁补偿费包含永久占地费、临时占地费、拆迁补偿费、水土保持补偿费、其他费用。

有关费用的计算将在模块2、模块3进行详细讲解。

3)工程建设其他费用

工程建设其他费包括建设项目管理费、研究试验费、前期工作费、专项评价(估)费、联合试运转费、生产准备费、工程保通管理费、工程保险费、其他相关费用。

4)预备费

按我国现行规定,预备费包括基本预备费和价差预备费。

基本预备费是指在初步设计和概算、施工图设计和施工图预算中难以预料的工程费用。

(1)基本预备费

基本预备费包括:

①在进行技术设计、施工图设计和施工过程中，在批准的初步设计和概算范围内所增加的工程费用；

②在设备订货时，由于规格、型号改变的价差，材料货源变更、运输距离或方式的改变以及因规格不同而代换使用等原因发生的价差。

③在项目主管部门组织竣（交）工验收时，验收委员会（或小组）为鉴定工程质量必须开挖和修复隐蔽工程的费用。

（2）价差预备费

价差预备费是指设计文件编制年至工程交工年期间，建筑安装工程费用的人工费、材料费、设备费、施工机械使用费、措施费、企业管理费等由于政策、价格变化可能发生上浮而预留的费用，以及外资贷款汇率变动部分的费用。

3. 工程造价的计价

作为建设工程这一特殊商品的价值表现形式，工程造价计价除了具有与其他一切商品价格计价的共同特点外，同时又有其自身的特点和模式。

1）计价特点

（1）单件性计价

建设工程都有其指定的专门用途，也就有不同的形态和结构，其结构、造型必须适应工程所在地的气候、地质、水文等自然客观条件，由此形成的实物形态千差万别。在建设这些不同的实物形态的工程时，必须采取不同的工艺、设备和建筑材料，因而所消耗物化劳动和活劳动也必定是不同的，再加上不同地区的社会发展不同，致使构成价格和费用的各种价值要素存在差异，最终导致工程造价各不相同。任何两个建设项目的工程造价不可能是完全相同的。因此，对建设工程就不能像工业产品那样，按品种、规格、质量成批量生产和计价，只能是单件性计价。也就是说，只能根据各个建设工程项目的具体设计资料和当地的实际情况单独计算工程造价。

（2）多次性计价

建设工程一般规模大、建设周期长、技术复杂、受建设所在地的自然条件影响大，消耗的人力、物力和财力巨大，并要考虑投入使用后的经济效益等因素，一旦决策失误，将造成不可挽回的巨大损失。为了满足建设各阶段的不同需要，适应造价控制和管理的要求，合理使用人力、物力和财力，取得最大的投资效益，必须在建设全过程进行多次计价。建设工程多次性计价过程见图1.2。

①投资估算。投资估算是指在投资前期（规划、项目建议书、可行性研究报告）阶段，进行某项工程建设所花费的全部固定资产投资的预计费用。

在项目建议书阶段编制项目建议书投资估算，作为可行性研究进行经济评价的依据。经批准后，进入可行性研究报告阶段。

在可行性研究报告阶段编制可行性研究报告投资估算，作为可行性研究进行经济评价的依据。可行性研究报告经批准后，其投资估算作为控制建设项目投资的依据。

②设计概算与修正概算。设计概算与修正概算是指在初步设计或技术设计阶段，由设计单位根据初步设计文件、概算定额、各类费用定额，建设地区的自然条件和技术经济条件等资料，预先计算、确定建设项目从筹建至竣工验收的工程造价的经济文件。

在初步设计阶段编制初步设计概算，按两阶段设计的建设项目，设计概算经批准后是确定

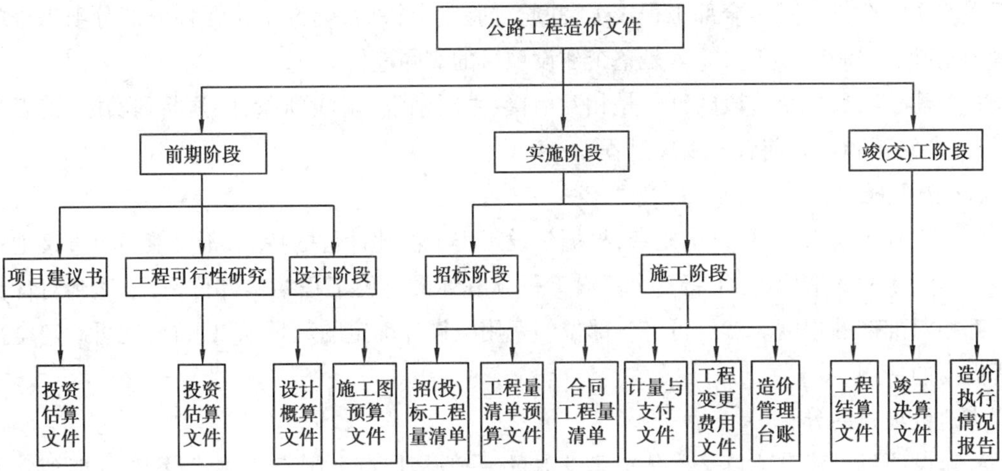

图1.2　工程多次计价过程图

建设项目投资的最高限额,也是签订建设项目总承包合同的依据。

在技术设计阶段编制技术设计修正概算,按三阶段设计的建设项目,修正概算经批准后是确定建设项目投资的最高限额,也是签订建设项目总承包合同的依据。

③施工图预算:由设计单位根据施工图设计的工程量和施工方案,按预算定额和各类费用定额所编制的反映工程造价的经济文件。

在施工图设计阶段编制施工图预算,施工图预算经批准后,是签订建筑安装工程承包合同、办理工程价款结算的依据,也是实行建筑安装工程造价包干的依据。实行招标的工程,其建筑安装工程费用是编制工程量清单预算的基础。

④工程量清单预算:在公路工程施工招标、投标活动中,对采用工程量清单计价的工程,参照编制施工图预算的造价依据和方法,按规定程序对招标工程建设所需的全部费用及其构成进行测算所确定的造价预计值。工程量清单预算是评判投标报价合理性的重要依据。工程量清单预算是招标人确定招标标底或最高投标限价的依据。

⑤投标报价:投标报价是指由投标单位根据招标文件及有关定额和招标项目所在地区的自然、社会和经济条件及施工组织方案和投标单位自身的情况,计算完成招标工程所需各项费用的经济文件。

⑥合同工程量清单:在公路工程发、承包活动中,发、承包双方根据合同法、招(投)标文件及有关规定,以约定的工程量清单计价方式,签订工程承发包合同时确定的工程量清单。合同工程量清单应包括拟建工程量、单价、合价及总额。

⑦工程结算:在公路工程实施过程中或工程完工后,发、承包双方依据国家有关法律、法规,按合同约定计算确定的最终工程价款。结算方式有按月结算、竣工后一次结算、分段结算等。

⑧竣工决算:公路工程经审定的从筹建到竣工验收、交付使用全过程中实际支出的全部工程建设费用。工程竣工决算是整个公路工程的最终造价,是作为建设单位财务部门汇总固定资产的主要依据。

以上是建设单位在不同阶段对建设项目、施工单位对所投标段作出的预期工程造价。确定中标单位后按照合同条款的约定签订合同价,一般都根据工程量清单提供的工程量签订单价合同。在施工过程中根据工程变更和市场物价变动情况确定结算价,结算价才是建设项目分部分项工程的实际造价。直至全部工程竣工,并通过验收合格后,建设单位在各分部分项工程的结算价的基础上编制的竣工决算才是整个建设项目的实际造价。

一个建设项目各个阶段的计价是相互衔接、由粗到细、由浅到深、由预期到实际、前者制约后者、后者修正和补充前者的发展过程。

(3)按工程构成分部组合计价

建设工程规模大,工程结构复杂,根据建设工程单件性计价的特点,不可能简单直接地计算出整个建设工程的造价,必须将整个建设工程分解到最小的工程结构部位,直至达到对计量和计价都相对准确的程度。然后再将各部位的费用按设计确定的数量加以组合,就可确定全部工程所需要的费用。

①建设项目的分解。

a.建设项目。建设项目又称基本建设项目,一般是指符合国家总体建设规划,能独立发挥生产功能或满足生活需要,其项目建议书经批准立项和可行性研究报告经批准的建设任务。一个建设项目按照工程特点可进一步分解,如图1.3所示。

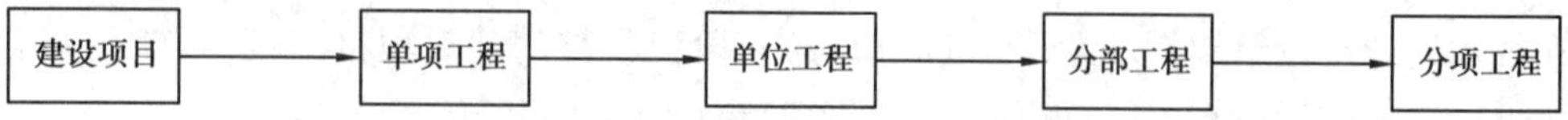

图1.3　建设项目的分解图

b.单项工程。单项工程又称工程项目。它是建设项目的组成部分,是具有独立的设计文件,在竣工后能独立发挥设计规定的生产能力或效益的工程。工程项目划分的标准,因工程专业性质的不同而有所不同。

公路建设的单项工程一般是指独立的桥梁工程、隧道工程。这些工程一般包括与已有公路的连接线,建成后可以独立发挥交通功能。但一条路线中的桥梁或隧道在整个路线未修通前并不能发挥交通功能,也就不能作为一个单项工程。

c.单位工程。单位工程是单项工程的组成部分。它是单项工程中具有单独设计、可以独立组织施工并可单独作为成本计算对象的部分。一条公路(即一个公路建设项目)中一段路线作为一个单项工程,其中各个路段的路基、路面、桥梁、隧道都可作为单位工程。

d.分部工程。分部工程是单位工程的组成部分,一般按单位工程中的主要结构、主要部位来划分。在公路建设工程中,分部工程的确定是在工程项目界定的范围内,以工程部位、工程结构和施工工艺为依据,并考虑在工程建设实施过程中便于进行工程结算和经济核算。如按工程部位划分为路基工程、路面工程、桥涵工程等,按工程结构和施工工艺划分为土石方工程、混凝土工程、砌筑工程等。

e.分项工程。分项工程是分部工程的组成部分,是根据分部工程划分的原则,再进一步将分部工程分成若干个分项工程。对各分项工程,每一单位消耗的活劳动和物化劳动都是不等的。因为分项工程是按照不同的施工方法、不同的工程部位、不同的材料、不同的质量要求和工作难易程度来划分的,它是概算和预算定额的基本计量单位,故也称为工程定额子目或工程细目。

在实际工作中,有了这种分部、分项工程的划分标准,在测定定额资料,制订概预算定额中的人工、材料、机械使用台班等消耗标准,编制建筑安装工程造价时,就有了一个统一的尺度。这样就可实现建设工程造价管理工作的科学化和标准化,起到规范人们从事建设工程造价管理行为的作用,并取得较好的经济效益和社会效益。

②工程造价的组合。

与以上工程组成的方式相适应,建设工程具有分部组合计价的特点。计价时,首先要对工程建设项目进行分解,然后按组成进行分项计算再组合,如图1.4所示。

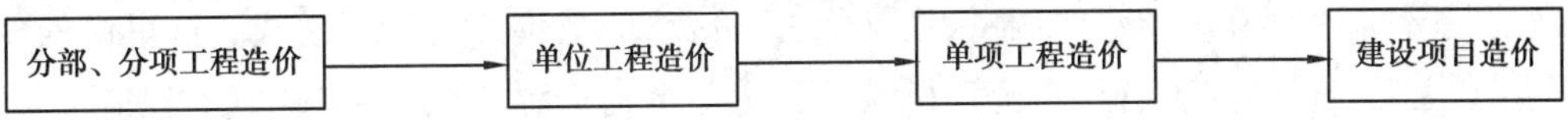

图1.4　分部组合计价示意图

(4)计价方法的多样性

由于项目建设各阶段所掌握的条件、资料深度不同,计算的准确度要求不同,计价方法也不同。

①投资估算一般采用估算指标法、类似工程比较法、生产能力系数法等进行编制;

②初步设计概算和修正概算一般采用概算定额法、概算指标法、类似工程预算法等进行编制;

③施工图预算采用按施工图计算工程量、按预算定额计算实物消耗、按市场价格计价、按费用定额计算各项费用及利税;

④投标报价则采用按清单工程量、按企业定额计算实物消耗、按市场价格计价,同时考虑自身的经营状况和工程风险等因素计算而得到综合价格;

⑤施工预算则采用按施工图和实际情况计算工程量、按企业定额计算实物消耗、按市场价格计价,同时考虑自身的经营状况和工程风险等因素计算而得到综合价格;

⑥工程结算则采用已完成并符合合同要求的清单工程量和变更工程量,按清单价格和变更价格计算而得到综合价格。

不同的计价方法适用的条件不同,在计价时应正确选择。

(5)计价依据的多样性

建设项目工程造价的计价依据,一般有:

①人工、材料、施工机械消耗量计算依据;

②工程量的计算依据;

③工、料、机价格依据,设备价格依据;

④各种取费费率、工程建设其他费用计算依据,利润与税金计算依据,物价指数及造价指数等;

⑤国家及有关部门的政策、法律、法规及有关工程造价管理的规定等。

要准确计算建设项目工程造价,首先应熟悉、掌握和正确应用这些计价依据。

2)计价模式

建设项目工程造价的计价模式是与社会经济体制相适应的。随着我国经济体制和工程造价管理体制改革的不断深入,建设项目工程造价的计价模式也发生了根本性的变化,经历了3种不同的计价模式。

(1)政府定价计价模式

政府定价计价模式,即定额计价模式。定额是指中央政府有关部门和各级地方政府有关部门定期颁布的工程估算指标、概算定额、预算定额、费用定额、工程量计算规则等一切工程计价的法定依据。它是政府造价主管部门根据社会平均消耗和平均成本制订的“量价合一”的工程造价计算标准,既规定了工程量的实物资源消耗数量标准,又规定了单价及各种取费费率和计算办法。

(2)政府指导价计价模式

政府指导价计价模式,即“定额量、指导价、竞争费”的量价分离计价模式。这里讲的“定额量”是指单位工程量的人工、材料、施工机械台班量等实物资源消耗量,按政府工程造价主管部门颁布的“基础定额”规定的消耗量标准计算。“指导价”是指人工、材料、机械台班的预算价格,按中央政府和地方政府造价主管部门定期发布的“指导价格”(又称中准价、信息价)计算。“竞争费”是指其他工程费、间接费、利润等取费费率,由中央政府或地方政府造价主管部门制订指导性费率标准,企业可根据自身具体情况确定投标费率进行竞争。

从实际执行情况看,政府工程造价主管部门发布的工、料、机指导价(中准价),一般略高于市场实际成交价;按定额及指导价格、费率计算的工程预算造价,一般高于工程招标实际中标价。按照计划要留有余地审定概算,审定的概算是投资控制最高限额的要求,目前已被普遍使用。但在编制招标标底或投标报价时应注意,由于与市场竞争规则和《中华人民共和国招标投标法》中规定的中标条件相悖,这种计价模式还不是真正的市场经济计价模式,而是在工程招投标尚未完全成熟时,为避免低价恶性竞争和确保工程质量而采用的一种过渡模式。

(3)工程量清单计价模式

工程造价管理体制改革的最终目标是逐步建立以市场竞争为主的价格形成机制。其内容是:

①由政府建设行政主管部门统一制订符合国家标准、规范,并反映一定时期施工水平的人工、材料、机械等消耗量标准,实行对定额消耗量标准的宏观管理;

②制订统一的工程项目划分和工程量计算规则,为逐步实现工程量清单计价报价创造条件;

③建立信息网络系统,加强工程造价信息的收集、处理,及时发布信息;

④建筑施工企业可在基础定额的指导下,结合企业自身的技术和管理情况,制订企业定额,并在投标中结合当地要素、市场行情、自身经营情况及个别成本进行自主报价。

工程量清单计价模式是国际上通行的做法。我国于2003年已发布《建设工程工程量清单计价规范》(以下简称《规范》),并于2003年7月1日起实施。按《规范》要求,在建设项目工程招投标中,招标人按照统一的项目编码、项目名称、计量单位、工程量计算规则和统一的格式,提供分部分项工程项目、措施项目、其他项目的名称及相应工程数量的明细清单,由投标人依据工程量清单自主报价。通过市场竞争形成工程价格的计价模式,即市场定价模式,这是法定招标建设项目必须严格执行的计价模式。

以上3种计价模式各有特点,定额计价模式可在项目决策阶段编制投资估算时参考使用;工程量清单计价模式是通过市场竞争形成价格的模式,也是工程招投标中应推广的计价报价模式。

在国内工程建设领域,公路工程建设采用工程量清单计价模式是比较早的。20世纪80年代后期,随着改革开放的不断深入,引入世界银行贷款等外资进行公路工程的建设进入快速发展时期。1986年12月开始施工的“西安至三原一级公路”是国内第一个使用世界银行贷款建设的公路项目，紧随其后的“京津塘高速公路”“济青高速公路”等大量利用世界银行贷款建设的高速公路项目均采用工程量清单计价模式。在随后10多年的公路建设过程中，在不断吸收消化国际咨询工程师联合会土木工程施工合同条件（FIDIC条件）的基础上，原交通部1999年发布《公路工程国内招标文件范本》（1999年版），于2000年1月1日起实施；2003年发布《公路工程国内招标文件范本》（2003年版），于2003年6月1日起实施；2009年发布《公路工程标准施工招标文件》（2009年版），于2009年8月1日起实施；2018年发布《公路工程标准施工招标文件》（2018年版），于2018年3月1日起实施，均采用工程量清单计价模式。

项目2　工程造价管理

工程造价管理是指为了实现工程造价管理目标而对工程造价工作过程进行的计划与预测、组织与指挥、监督与控制、教育与激励、挖潜与创新的综合性活动的总称。通过工程造价管理合理地确定工程造价和有效控制工程造价，以提高投资效益和施工企业的经营效果。工程造价管理包含两方面的含义：一是工程投资费用管理；二是工程价格管理。

工程投资费用管理是指为实现投资目标，在拟订的规划、设计方案的条件下，预测、确定和监控工程造价及其变动的系统活动，它属于投资管理范畴。而工程价格管理属于价格管理范畴。价格管理分为两个层次，即宏观层次和微观层次。在宏观层次上，价格管理是指政府根据社会经济发展的要求，利用法律、经济和行政手段对价格进行的管理和调控，以及通过市场管理规范市场主体价格行为的系统活动。在微观层次上，价格管理是指生产企业在掌握市场价格信息的基础上，为实现管理目标而进行的成本控制、计价和竞价活动。

1. 工程造价管理的发展概况

（1）国外工程造价管理的发展特点

工程造价管理在国际上有着悠久的历史，在西方国家，特别是在英国，其工程造价管理经过400多年的不断发展和完善，逐渐形成了系统、完善的管理机制和管理方法。工程造价管理的发展过程有以下特点：

①从事后算账发展到预先算账，也就是从最初的只是消极地反映已完工程的价格，逐步发展到在工程开工前进行工程量计算和计价，进而发展到在初步设计时提出概算，在可行性研究时提出投资估算，为业主提供投资决策的重要科学依据。

②从被动地反映设计和施工发展到主动地影响设计和施工，即从最初只负责某个阶段工程造价的确定和结算，逐步发展到在投资决策阶段、设计阶段对工程造价作出预测和估算，并在设计和施工过程中对工程造价进行计算、监督和控制，实现了对工程建设全过程的造价管理，预算师自始至终要对工程造价管理负责。

③从依附于施工者或建筑师发展成为一个独立、公正的专业，并拥有自己的专业（工程造价管理）学会。

④从预算师各行其是逐步发展到全国制订统一的规则或办法来进行管理，如制订全国统一的工程量计算办法（规则）、成本分析方法、预算人员教育考核办法和职业纪律守则等进行管理。

(2)我国工程造价管理的变革

我国的工程造价管理是在特殊的历史条件下逐渐发展起来的,工程造价管理体制也在逐渐变革和完善。这种改革主要表现在以下几个方面:

①重视和加强项目决策阶段的投资估算工作,努力提高可行性研究报告投资估算的准确度,切实发挥其控制建设项目总造价的作用。

②进一步明确概预算工作的重要作用。概预算不仅要计算工程造价,更要能动地影响设计、优化设计,并发挥控制工程造价、促进合理使用建设资金的作用。工程设计人员要做很多方案的技术经济比较,通过优化设计来保证设计的技术经济合理性。

③推行工程量清单计价模式,以适应市场发展的需要和国际市场竞争的需要,逐渐与国际惯例接轨。

④把竞争机制引入工程造价管理体制,通过招标方式选择工程承包公司及设备材料供应单位,以促使这些单位改善经营管理,提高应变能力和竞争能力,降低工程造价。

⑤提出用"动态"方法研究和管理工程造价。研究如何体现项目投资额的时间价值,要求各地区、各部门工程造价管理机构要定期公布各种设备、材料、工资、机械台班的价格指数以及各类工程造价指数,要求尽快建立地区、部门乃至全国的工程造价管理信息系统。

⑥提出要对工程造价的估算、概算、预算、承包合同价、结算价、竣工决算实行"一体化"管理,并研究如何建立一体化的管理制度,改变过去分段管理的状况。

⑦发展壮大工程造价咨询机构,建立健全造价工程师执业资格制度。

我国工程造价管理体制改革的最终目标是:建立市场形成价格的机制,实现工程造价管理市场化,形成社会化的工程造价咨询服务业,从而与国际惯例接轨。

2. 工程造价管理的目标和任务

(1)工程造价管理的目标

工程造价管理的目标是按照经济规律的要求,根据社会主义市场经济的发展形势,利用科学的管理方法和先进的管理手段,合理地确定工程造价和有效地控制工程造价,以提高投资效益和建筑安装企业的经营效果。

(2)工程造价管理的任务

工程造价管理的任务是:加强工程造价的全过程动态管理,强化工程造价的约束机制,维护有关各方的经济利益,规范价格行为,促进微观效益和宏观效益的统一。

3. 工程造价管理的基本内容

工程造价管理的基本内容就是合理地确定工程造价和有效地控制工程造价。

1)工程造价的合理确定

所谓工程造价的合理确定,就是在工程建设各个阶段采用科学的计算方法和切合实际的计价依据,合理确定投资估算、设计概算、施工图预算、承包合同价、结算价、竣工决算价。

①在项目建议书阶段,按照有关规定,应编制投资估算,经有权部门批准,作为拟建项目列入国家中长期计划和开展前期工作的控制造价。

②在可行性研究报告阶段,按照有关规定编制的投资估算,经有权部门批准,即为该项目国家计划控制造价。

③在初步设计阶段，按照有关规定编制的初步设计总概算，经有权部门批准，即为控制拟建项目工程造价的最高限额。

④在施工图设计阶段，按规定编制施工图预算，用以核实施工图阶段造价是否超过批准的初步设计概算。经承发包双方共同确认、有权部门审查通过的预算，即为结算工程价款的依据。

⑤对于以施工图预算为基础招标投标的工程，承包合同价也是以经济合同形式确定的建筑安装工程造价。

⑥在工程实施阶段，要按照承包方实际完成的工程量，以合同价为基础，同时考虑因物价上涨所引起的造价提高以及在设计中难以预计而在实施阶段实际发生的工程费用，合理确定结算价。

⑦在竣工验收阶段，全面汇集在工程建设过程中实际花费的全部费用，编制竣工决算，如实体现该建设工程的实际造价。

2）工程造价的有效控制

工程造价的有效控制，就是在优化建设方案、设计方案的基础上，在投资决策阶段、设计阶段、建设项目发包阶段和建设实施阶段，采用一定的方法和措施把建设工程造价控制在合理的范围和批准的造价限额以内，随时纠正发生的偏差，以保证项目管理目标的实现，从而在各个建设环节合理地使用人力、物力、财力，取得较好的投资效益和社会效益。

（1）建设工程造价控制目标的设置

控制是为确保目标的实现而服务的。一个系统若没有目标，就不需要、也无法进行控制。目标的设置是很严肃的，应有科学的依据。

工程项目建设过程是一个周期长、数量大的生产消费过程，建设者在一定时间内占有的经验知识是有限的，不但常常受科学条件和技术条件的限制，而且也受客观过程的发展及其表现程度的限制，因而不可能在工程项目刚开始就设置一个科学、固定的造价控制目标，而只能设置一个大致的造价控制目标，这就是投资估算。随着工程建设实践、认识、再实践、再认识，投资控制目标进一步清晰、准确，这就是设计概算、施工图预算、承包合同价和工程结算价等。也就是说，建设工程造价控制目标的设置应随着工程项目建设实践的不断深入而分阶段进行。

具体来讲，投资估算应是设计方案选择和进行初步设计的建设工程造价控制的目标；设计概算应是进行技术设计和施工图设计的工程造价控制的目标；施工图预算或建安工程承包合同价则应是施工阶段控制建安工程造价的目标。造价控制的目标是一个有机联系的整体，各阶段目标相互制约、相互补充，前者控制后者，后者补充前者，共同组成工程造价控制的目标系统。

目标要既有先进性，又有实现的可能性，目标水平要能激发执行者的进取心，并充分发挥他们的工作能力。若目标水平太低，如对建设项目造价高估冒算，则对建设者缺乏激励性，建设者也没有发挥潜力的余地，目标形同虚设；若水平太高，如在建设项目立项时造价就留有缺口，建设者再努力也无法达到，则可能因此而产生灰心情绪，使工程造价控制成为一纸空文。

（2）以设计阶段为重点的建设全过程造价控制

工程造价控制贯穿于项目建设全过程，但是必须突出重点。很显然，工程造价控制的关键在于施工前的投资决策和设计阶段，而在项目作出投资决策后，控制工程造价的关键就在于设计。据西方一些国家分析，设计费一般不足建设工程全寿命费用的1%，但正是这不足1%的费用，对工程造价的影响度占75%以上。由此可见，设计质量对整个工程建设的效益至关重要。

长期以来,我国普遍忽视工程建设项目前期工作阶段的造价控制,而往往把控制工程造价的主要精力放在施工阶段——审核施工图预算、合理结算建安工程价款、算细账。这样做尽管也有效果,但毕竟是“亡羊补牢”,事倍功半。要有效地控制建设工程造价,就要坚决把控制重点转到建设前期阶段上来。要抓住设计这个关键阶段,做到未雨绸缪,以取得事半功倍的效果。

在满足公路建设项目设计方案应有的公路技术等级标准及使用功能的前提下,可以运用价值工程分析方法通过对路线方案的调整、限额设计、标准化设计等措施来达到控制和降低工程造价的目的。

(3)主动控制,以取得令人满意的结果

一般说来,造价工程师在项目建设时的基本任务是对建设项目的建设工期、工程造价和工程质量进行有效的控制。为此,应根据业主的要求及建设的客观条件进行综合研究,实事求是地确定一套切合实际的衡量准则。只要造价控制的方案符合这套衡量准则,能取得令人满意的结果,则应该说造价控制达到了预期的目标。

长时期来,人们一直把控制理解为目标值与实际值的比较,当实际值偏离目标值时,分析其产生偏差的原因,并确定下一步的对策。显然,在工程项目建设全过程进行这样的工程造价控制当然是有用的。但问题在于,这种立足于调查—分析—决策基础上的偏离—纠偏—再偏离—再纠偏的控制方法,只能发现偏离,不能使已产生的偏离消失,不能预防可能发生的偏离,因此只能说是被动控制。自20世纪70年代初,人们将系统论和控制论研究成果用于项目管理以来,实现了将“控制”立足于事先主动地采取决策措施,以尽可能地减少甚至避免目标值与实际值偏离的转变。这是主动、积极的控制方法,因此被称为主动控制。也就是说,工程造价控制不仅要反映投资决策,反映设计、发包和施工,被动地控制工程造价,更要能动地影响投资决策,影响设计、发包和施工,主动地控制工程造价。

(4)技术与经济相结合是控制工程造价最有效的手段

要有效地控制工程造价,应从组织、技术、经济、合同与信息管理等多方面采取措施。从组织上采取的措施,包括明确项目组织结构,明确造价控制者及其任务,以使造价控制有专人负责,明确管理职能分工;从技术上采取措施,包括重视设计多方案选择,严格审查监督初步设计、技术设计、施工图设计、施工组织设计,深入技术领域研究节约投资的可能;从经济上采取措施,包括动态地比较造价的计划值和实际值,严格审核各项费用支出,采取对节约投资的有力奖励措施等。

应该看到,技术与经济相结合是控制工程造价最有效的手段。长期以来,在我国工程建设领域,技术与经济相分离,迫切需要以提高工程造价效益为目的,在工程建设过程中将技术与经济有机结合,通过技术比较、经济分析和效果评价,正确处理技术先进与经济合理两者之间的对立统一关系,力求在技术先进的条件下经济合理,在经济合理基础上的技术先进,把控制工程造价观念渗透到各项设计和施工技术措施之中。

工程造价的确定和控制之间,存在相互依存、相互制约的辩证关系。首先,工程造价的确定是工程造价控制的基础和载体。没有造价的确定,就没有造价的控制;没有造价的合理确定,也就没有造价的有效控制。其次,造价的控制应贯穿于工程造价确定的全过程,造价的确定过程就是造价的控制过程。只有通过逐项控制、层层控制,才能最终合理地确定工程造价。最后,确定造价和控制造价的最终目的是统一的,即合理使用建设资金,提高投资效益,遵守价格运动规律和市场运行机制,维护有关各方合理的经济利益。

4. 工程造价管理的工作要素

工程造价管理围绕合理确定和有效控制工程造价这个中心,采取全过程全方位的管理方针。其具体的工作要素(即主导环节)可大致归纳为以下各点:

①在可行性研究阶段,对建设方案认真优选,编好、定好投资估算,考虑风险,打足投资;

②从优选择建设项目的承建单位、咨询(监理)单位、设计单位,搞好相应的招标;

③合理选定工程的建设标准、设计标准,贯彻国家的建设方针;

④按估算对初步设计(含应有的施工组织设计)推行限额设计,积极、合理地采用新技术、新工艺、新材料,优化设计方案,编好、定好概算,打足投资;

⑤对设备、主材进行择优采购,抓好相应的招标工作;

⑥择优选定建筑安装施工单位、调试单位,抓好相应的招标工作;

⑦认真控制施工图设计,推行“限额设计”;

⑧协调好与各有关方面的关系,合理处理配套工作(包括征地、拆迁、城建等)中的经济关系;

⑨严格按概算对造价实行静态控制、动态管理;

⑩用好、管好建设资金,保证资金合理、有效使用,减少资金利息支出和损失;

⑪严格合同管理,做好工程索赔价款结算;

⑫搞好工程的建设管理,确保工程质量、进度和安全;

⑬强化项目法人责任制,落实项目法人对工程造价管理的主体地位,在法人组织内建立与造价紧密结合的经济责任制;

⑭社会咨询(监理)机构要为项目法人积极开展工程造价提供全过程、全方位的咨询服务,遵守职业道德,确保服务质量;

⑮各造价管理部门要强化服务意识,强化基础工作(定额、指标、价格、工程量、造价信息等资料)的建设,为建设工程造价的合理确定提供动态的可靠依据;

⑯各单位、各部门要组织造价工程师的选拔、培养、培训工作,促进人员素质和工作水平的提高。

5. 工程造价管理的组织

工程造价管理的组织是指为了实现工程造价管理目标而进行的有效组织活动,以及与造价管理功能相关的有机群体。它是工程造价动态的组织活动过程和相对静态的造价管理部门的统一。具体来讲,主要是指国家、地方、部门和企业之间管理权限和职责范围的划分。

项目3 定额概述

1. 定额的含义

定额是在合理的劳动组织和合理地使用材料和机械的条件下,预先规定完成单位合格产品所消耗资源数量的标准。也就是说,国家或主管部门在合理地生产组织与合理地使用材料、机械、资金及正常的生产技术条件下,经过科学地测定、分析、计算而加以确定的生产单位合格产品或完成一定量工作必需的人工、材料、机械设备及资金消耗的规定额度,就称为定额。

定额反映一定时期的社会生产力水平的高低。定额水平高反映生产力水平较高,完成单位合格产品所需要消耗的资源少;反之,则说明生产力水平较低,完成单位合格产品所需要消耗的资源较多。同时,定额水平不是一成不变的,而是随着生产力水平的变化而变化的,一定时期的定额水平必须按平均或平均先进原则来制订。

2. 定额的产生与发展

19 世纪末 20 世纪初,在美国形成了系统的经济管理理论,定额就是在这一时期产生的。而管理成为科学应该说是从美国人泰勒开始的,以至于西方人都尊称泰勒为“管理之父”。当时,美国的科学技术发展很快,机器设备虽然先进,但在管理上仍然沿用传统的经验方法,生产力受到极大的约束。泰勒发现了这一问题并很快找到解决方法,主要着眼于提高劳动生产率和工人的劳动积极性。他对工作时间的合理利用进行了细致的研究,制订出标准的操作方法,通过对工人进行训练,要求工人改变原来习惯的操作方法,取消那些不必要的操作程序,并且在此基础上制订出较高的工时定额,用工时定额评价工人工作的好坏。为了使工人达到定额,又制订了机具、材料、作业环境的标准化原理。为了鼓励工人努力完成定额,制订了一种有差别的计件工资制度。如果工人能完成定额,就采用较高的工资率;如果工人不能完成定额,就采用较低的工资率,以刺激工人为多拿工资去努力工作。

从泰勒的标准操作方法、工时定额、工具和材料等要素的标准化及有差别的计件工资制度等主要内容来看,工时定额在其中占十分重要的位置。首先,较高的定额水平直接体现了管理科学理论的主要目的,即提高工人的劳动效率,降低产品成本,增加企业赢利,而所有其他方面的内容则是为了达到这一主要目的而制订的措施。其次,工时定额作为评价工人工作的尺度,并和有差别的计件工资制度相结合,使其本身也成为提高劳动效率的有力措施。

继泰勒之后,20 世纪 20 年代出现了行为科学。它从社会学和心理学的角度,对工人在生产中的行为以及这些行为产生的原因进行分析研究,强调重视社会环境及人际关系对人的行为的影响,着重研究人的本性和需要、行为的动机,特别是生产中的人际关系,以达到提高生产效率的目的。行为科学是在资本主义社会矛盾加剧的情况下出现的,它弥补了泰勒等人管理科学理论的不足,但并不能取代科学管理。相反,二者在后期发展中进行有机的结合,定额朝着更合理、更科学的方向发展。

我国定额工作从新中国成立以来,一直受到高度重视。1954 年 8 月,原交通部在公路总局的设计局内设立了预算定额科,拉开了公路工程定额工作及管理工作的序幕。1955 年,《公路工程基本建设预算定额》正式在全国公布施行。随着初步设计和施工图设计模式的确定,公路定额管理部门又陆续编制了《公路工程施工定额》《公路工程概算指标》,并重新修订了《公路工程预算定额》。1957 年至 1976 年,概预算工作几经反复,一直处于停顿状态,到 1978 年定额工作才全面走向正规化管理道路。1984 年 11 月 15 日,“交通部公路工程定额站”成立,从此定额管理工作和编制工作在全国各省区定额站展开,于 1992 年全面系统地制定并公布了《公路工程施工定额》《公路工程预算定额》《公路工程概算定额》《公路工程概算指标》《公路工程机械台班费用定额》《公路工程基本建设项目概算预算编制办法》和《公路工程基本建设项目估算编制办法》。于 2007 年重新修订并公布了《公路工程预算定额》《公路工程概算定额》和《公路工程基本建设项目概算预算编制办法》,于 2009 年修订并公布了《公路工程施工定额》,于 2012 年修订并公布了《公路工程估算指标》和《公路工程基本建设项目投资估算编制办法》。于2018年修订并公布了《公路工程预算定额》(JTG/T 3832—2018)、《公路工程概算定额》(JTG/T 3831—2018)、《公路工程估算指标》(JTG/T 3821—2018)、《公路工程机械台班费用定额》(JTG/T 3833—2018)、《公路工程建设项目概算预算编制办法》(JTG 3830—2018)和《公路工程建设项目投资估算编制办法》(JTG 3820—2018)(全书下文分别简称《公路工程预算空额》《公路工程概算定额》《公路工程估算指标》《公路工程机械台班费用定额》《公路工程建设项目概算预算编制方法》《公路工程建设项目投资估算编制办法》)。

计划经济时期,定额反映的是测算造价的指令,是国家作为调控物价的文件。在市场经济时期,定额是测算产品价格的工具,反映公路工程建筑市场的客观现实,也标志着政府在指导和促进施工企业提高劳动生产率方面起到很大作用。在市场经济环境下,通过定额可测算出企业与社会平均先进水平的差距。定额在相当长一段时期内对社会、企业、价格都发挥着十分重要的作用。

综上所述,定额伴随着管理科学的产生而产生,伴随着管理科学的发展而发展。定额是企业管理科学化的产物,是科学管理企业的基础和必备条件,在企业的现代化管理中一直占有重要地位。

3. 定额的特性

定额的性质取决于社会制度的性质,在社会主义市场经济发展的今天,定额充分体现了多劳多得、按劳分配的分配原则,它与劳动者的根本利益是一致的。因此,定额是调动企业生产率的有力工具。我国公路工程定额具有科学性、系统性、统一性、法令性、稳定性等特点。

(1)定额的科学性

定额的科学性首先表现在定额中的各类参数是在认真研究客观规律的基础上,遵照客观规律的要求,运用科学的方法确定,力求定额水平合理。其次,表现在技术方法上,利用现代科学管理的成就,形成一套系统的、完善的、在实践中行之有效的方法,以适应现代科学技术和信息社会发展需要。

(2)定额的系统性

定额是相对独立的系统。公路工程定额从测定到使用,直至再修订都是为了全面反映公路工程所有的内容和项目。定额与公路工程技术标准、规范配套,完全、准确地反映公路工程施工工艺流程中的每一环节。

(3)定额的统一性

公路定额依据交通工程的统一标准、规范,在交通运输部定额站的统一领导下,按照定额的制定、颁布、贯彻执行的统一行动,使定额工作和定额的管理工作有统一的程序、统一的原则、统一的要求和统一的用途。

(4)定额的法令性

定额的这一特点表现在我国定额具有权威性和强制性这两方面,这就意味着对于定额的使用者和执行者来说,不论主观上愿意与否,都必须按定额的规定执行,而且定额在一定条件下具有经济法规的性质。值得注意的是,定额毕竟是主观对客观的反映,定额的科学性受人们认识水平的限制,所以,定额的法令性也不能绝对化。

(5)定额的相对稳定性和时效性

定额是对一定时期生产力水平的真实反映,而随着生产力的发展,原有的定额就不再与已经提高的生产力水平相适应,它的作用也会因此减弱、消失甚至产生负效应,此时,原定额就必须重新编制或修订。因此,建筑工程定额具有显著的时效性。但是,社会生产力的发展有一个由量变至质变的过程,而且定额的贯彻执行必须有一个时间过程,因而,每一次制订颁发的定额都具有相对的稳定性,一般为 5 ~ 10 年。一方面,编制或修订定额是一项十分繁重的工作,这些工作的完成需要较长的周期;另一方面,定额如果朝订夕改,则必然造成人们学习、执行定额的困难和混乱,使定额的法令性很难得到保证。总之,从长期看,定额是不断变化发展的,而从一段时期看,定额则是相对稳定的。

4. 定额的作用

定额的作用主要包括以下几点:

(1)定额具有节约社会劳动和提高生产效率的作用

一方面,生产性的施工定额直接作用于建筑安装工人,企业以定额作为促使工人节约社会劳动(工作时间、原材料等)和提高劳动效率、加快工作进度的手段,以增强市场竞争能力,获取更多利润;另一方面,作为工程造价计算依据的各类定额,促使企业加强管理,把社会劳动的消耗控制在合理而有效的范围内。

(2)定额是国家对工程建设项目进行宏观调控和管理的手段

市场经济并不排斥宏观调控,即使在资本主义国家,政府也要利用各种手段影响和调控经济的发展。利用定额对工程建设进行宏观调控和管理主要表现在:

①对工程造价进行管理和调控;

②对资源配置和流向进行预测和平衡;

③对经济结构包括企业结构和所有制结构进行合理的调控,也包括对技术结构和产品结构的调控。

(3)定额有利于市场公平竞争

定额既是对市场信息的加工,又是对市场信息的传递。定额为各经济主体之间的公平竞争提供了有利条件,也促使市场经济更加繁荣。

(4)定额是对市场行为的规范

一方面,定额是投资决策的依据。对于投资者,可以利用定额权衡自己的财务状况和支付能力、预测资金投入和预期回报,还可以充分利用有关定额的大量信息,有效提高其项目决策的科学性,优化其投资行为。另一方面,定额是价格决策的依据。对于企业来说,由于定额在一定程度上制约着工程中人工、材料、机械台班(时间)的消耗,因此,势必会影响到产品的价格水平。企业在投标报价时,只有充分考虑定额的要求,做正确的价格决策,才能占有市场竞争优势,才能获得更多的工程合同。可见,定额在上述两个方面不但规范了市场主体的经济行为,还对完善我国固定资产投资市场和工程建设市场起到重要作用。

(5)定额有利于完善市场的信息系统

定额管理既是对大量市场信息的加工,也对大量信息进行市场传递,同时也是市场信息的反馈。信息是市场体系中不可缺少的要素,它的可靠性、完备性和灵敏性是市场成熟和市场效率的标志。

(6)定额有利于推广先进的施工技术和工艺

定额水平中包含着某些已成熟的先进的施工技术和经验,工人要达到和超过定额中规定的标准,就必须掌握和应用这些先进技术。如果工人要大幅度超过定额水平,就必须创造性地劳动。第一,在自己的工作中注意改进工具和改进技术操作方法,注意原材料的节约,避免原材料和能源的浪费。第二,企业或主管部门为了推行施工工具和施工方法,贯彻定额也就意味着推广先进技术。第三,企业或主管部门为了推行定额,往往要组织技术培训,以帮助工人能达到或超过定额。这样,新技术、新工艺、新材料、新经验就很容易推广而大大提高全社会的劳动生产效率。

5. 定额的分类

在建筑安装施工生产中,根据需要而采用不同的定额,如用于企业内部管理的有劳动定额、材料消耗定额和施工定额,又如为了计算工程造价,要使用估算指标、概算定额、预算定额、施工定额等。因此,工程建设定额可以从不同的角度进行分类。

1)按定额反映的生产要素消耗内容分类

(1)劳动定额

劳动定额规定了在正常施工条件下某工种某等级的工人,生产单位合格产品所需消耗的劳动时间,或是在单位时间内生产合格产品的数量。

劳动定额又称劳动消耗定额、工时定额或人工定额,它是在正常的生产技术和生产组织条件下,为完成单位合格的产品或工作,所规定的劳动量消耗标准。

劳动定额有两种表现形式:时间定额和产量定额。

①时间定额。时间定额是指在一定的生产技术和生产组织条件下,某工种、某种技术等级的工人小组或个人,完成单位合格产品所消耗工作时间的多少。

时间定额以工日为单位,每个工日工作时间按现行制度规定为潜水作业6 h,隧道作业7 h,其余均为8 h。其计算方法为:

$$\text{时间定额}=\frac{1}{\text{单位工时完成的产量}}=\frac{1}{\text{产量定额}} \tag{1.1}$$

或

$$\text{时间定额}=\frac{\text{耗用工时数量}}{\text{完成单位合格产品数量}} \tag{1.2}$$

②产量定额。产量定额是指在一定的生产技术和生产组织条件下,某工种、某技术等级的工人小组或个人,在单位时间内(工日)所完成合格产品的数量。其计算方法如下:

$$\text{产量定额}=\frac{1}{\text{完成单位产品所消耗的时间}}=\frac{1}{\text{时间定额}} \tag{1.3}$$

或

$$\text{产量定额}=\frac{\text{完成合格产品数量}}{\text{耗用时间数量}} \tag{1.4}$$

③时间定额与产量定额的关系。时间定额与产量定额互为倒数,即:

$$\text{时间定额}=\frac{1}{\text{产量定额}} \tag{1.5}$$

$$\text{产量定额}=\frac{1}{\text{时间定额}} \tag{1.6}$$

或

$$时间定额 \times 产量定额 = 1 \tag{1.7}$$

时间定额和产量定额都表示同一个劳动定额,但各有用处。时间定额用于综合计算劳动量比较方便;产量定额具有形象化的特点,便于分配任务,容易为工人理解和接受。

在定额表中,往往同时列出时间定额与产量定额的数值。

例如,《公路工程预算定额》中,第一章路基工程第一节"1-1-6 人工挖运土方"人工挖运土方、装运石方的定额见表1.1。

表1.1 1-1-6 人工挖运土方、装运石方

工程内容:人工挖运土方:1)挖松;2)装土;3)运送;4)卸除;5)空回

装运石方:1)装石方;2)运送;3)卸除;4)空回

1 000 m^3 天然密实方

顺序号	项目	单位	代号	挖运土方				装运石方			
				第一个 20 m			手推车运土	第一个 20 m			手推车运石
				松土	普通土	硬土	每增运 10 m	软石	次坚石	坚石	每增运 10 m
				1	2	3	4	5	6	7	8
1	人工	工日	1001001	113.7	145.5	174.6	5.9	167.6	192.8	221.7	7.7
2	基价	元	9999001	12 084	15 464	18 556	627	17 813	20 491	23 562	818

例如,人工挖运第一个 20 m 普通土。

$$时间定额 = 145.5\ 工日/1\ 000\ m^3 = 0.145\ 5\ 工日/m^3$$

$$产量定额 = 1/(0.145\ 5\ 工日/m^3) = 6.873\ m^3/工日$$

(2)材料消耗定额

材料消耗定额是在节约和合理使用材料的条件下,生产单位合格产品所必须消耗的一定品种规格的原材料、半成品、成品或结构构件的消耗量标准。制订材料消耗定额,主要就是为了利用定额这个经济杠杆,对物资消耗进行控制和监督,达到降低物耗和工程成本的目的。

①材料消耗定额的组成。完成单位合格建筑产品所必需的材料消耗量由两部分组成,即单位合格产品生产中所必需的净用量及其合理损耗量。

净用量是指用于合格产品上的实际数量。合理损耗量是指材料从现场仓库领出到完成产品的过程中的合理损耗数量,包括场内搬运的合理损耗、加工制作的合理损耗、施工操作的合理损耗。

即

$$总消耗量 = 净用量 + 损耗量 \tag{1.8}$$

又

$$损耗率 = 损耗量/总消耗量 \times 100\% \tag{1.9}$$

则

$$总消耗量 = 净用量/(1 - 损耗率) \tag{1.10}$$

为了简化计算,预算定额中采用如下公式:

$$损耗率 = 损耗量/净用量 \times 100\% \tag{1.11}$$

$$总消耗量 = 净用量 \times (1 + 损耗率) \tag{1.12}$$

所以，制订材料定额，关键是确定净用量和损耗率。

在现行《公路工程预算定额》中，没有单独列出材料损耗量，只列出了材料总耗用量。表1.2及下面的说明摘录于《公路工程预算定额》附录二(二)3 砌筑工程石料及砂浆消耗。

表1.2 砌筑工程石料及砂浆消耗

单位：1 m^3 砌体

项 目	单位	浆砌工程					
		片石	卵石	块石	粗料石	细料石	青(红)砖
		1 m^3 砌体					
		1	2	3	4	5	6
片石	m^3	1.15					
卵石			1.15				
块石	m^3			1.05			
粗料石	m^3				0.9		
细料石	m^3					0.92	
青(红)砖	千块						0.531
砂浆	m^3	0.35	0.38	0.27	0.2	0.13	0.24

注：①浆砌工程中的砂浆用量不包括勾缝用量。

②砌筑混凝土预制块同砌筑细料石。

③表列用量已包括场内运输及操作损耗。

②材料消耗定额两种表现形式是：材料产品定额、材料周转定额。材料产品定额是指一定规格的原材料在合理的操作条件下规定完成合格产品的数量。这种定额形式在公路工程定额中应用较少。

产品所消耗的材料中包括工程本身使用的材料和为工程服务的辅助材料（如模板、支架的木料等）。辅助材料应按规定进行周转使用，这种周转性材料在施工中的合理周转使用次数和用量即为材料周转定额。

(3)机械台班消耗量定额

机械台班消耗量定额是在正常施工条件下，利用某种机械生产单位合格产品所必须消耗的机械工作时间，或是在单位时间内机械完成合格产品的数量。

机械台班定额同劳动定额一样，也有时间定额和产量定额之分。为了与劳动定额中的时间定额和产量定额区别，通常把机械作业的时间定额称为机械时间定额，其产量定额称为机械产量定额。

机械时间定额的常用单位是“台班”。机械产量定额常指在一个“台班”下的产量，所以又称为机械台班产量定额。一个台班是指一个工作班的延续时间，我国规定一般条件下施工时间为8 h。

①机械时间定额。机械时间定额是指在正常施工条件和劳动组织的条件下，使用某种规定

的机械,完成单位合格产品必须消耗的台班数量。

②机械台班产量定额。机械台班产量定额是指在正常施工条件和劳动组织的条件下,某种机械在一个台班时间内必须完成的单位合格产品的数量。

机械台班产量定额与机械时间定额互为倒数:

$$\text{机械时间定额} = \frac{1}{\text{机械台班产量定额}} \tag{1.13}$$

2)按定额的不同用途分类

(1)施工定额

施工定额是施工企业(建筑安装企业)为组织生产和加强管理在企业内部使用的一种定额,属于企业生产定额的性质。它是建筑安装工人在合理的劳动组织或工人小组在正常的施工条件下,为完成单位合格产品,所需劳动、机械、材料消耗的数量标准。它由劳动定额、机械定额和材料定额 3 个相对独立的部分组成。施工定额是施工企业内部经济核算的依据,也是编制预算定额的基础。现行施工定额是交通运输部于 2009 年颁布施行的,包括时间定额与产量定额,定额水平先进。

(2)预算定额

预算定额是规定消耗在单位工程基本结构要素上的劳动力、材料和机械数量上的标准,是计算建筑安装产品价格的基础。预算定额属于计价定额。预算定额是工程建设中一项重要的技术经济指标,反映了在完成单位分项工程消耗的活劳动和物化劳动的数量限制。这种限度最终决定着单项工程和单位工程的成本和造价。

预算定额是编制施工图预算的基础,是确定建设项目工程造价、控制基本建设项目投资的基础,是对设计方案进行经济技术比较、分析的依据,是编制施工组织设计的依据,是编制标底,进行投标报价的基础,是工程结算的依据,是施工企业进行经济分析的依据,是编制概算定额的基础。

(3)概算定额

概算定额是在预算定额的基础上,根据标准图和有代表性的设计图,进行综合、扩大、合并等而成的计价定额。其定额水平低于预算定额。概算定额是编制设计概算、修正概算的主要依据,是进行设计方案和施工方案经济比较的依据,是编制主要材料供应量的基础,是编制估算指标的基础。

(4)估算指标

估算指标是在项目建议书和可行性研究阶段编制、计算投资需要量时使用的一种定额,一般以独立的单项工程或单位工程为对象,编制和计算投资需要量使用的一种定额。它也是以预算定额、概算定额为基础的综合扩大。

复习思考题

1.1　简述工程造价的定义。

1.2　简述公路工程造价的定义及费用组成。

1.3　简述工程造价的计价特点。

1.4 如何对建设项目进行分解?

1.5 建设项目工程造价的计价依据有哪些?

1.6 简述工程造价管理的目标与任务。

1.7 简述工程造价管理的基本内容。

1.8 简述定额的概念。

1.9 定额有哪些特性?

1.10 定额的分类有哪些?各包含哪些定额?

1.11 简述时间定额与产量定额的关系。

1.12 简述材料消耗定额的组成。

模块2　公路工程投资估算编制

公路工程投资估算是在公路工程项目建议、工程可行性研究阶段,按照规定的造价依据、方法和程序,以项目建议书、工程可行性研究报告、设计文件为依据,对工程建设所需的总投资及其构成进行预测和估计所确定的造价预估值。公路工程投资估算是公路建设项目建议书和可行性研究报告的重要组成部分,是公路工程项目决策的重要依据。

按照现行项目建议书和可行性研究报告审批的要求,可行性研究报告投资估算是编制初步设计概算或施工图预算(采用一阶段设计时)的限制条件。因为国家规定初步设计概算与可行性研究报告投资估算的误差不能超过10%,所以初步设计概算的编制,必须严格控制在投资估算的允许范围内。设计概算一经批准,即为建设项目投资的最高限额,一般情况下不得随意突破。因此,投资估算的准确与否,不仅影响建设前期的投资决策,而且也直接关系下一阶段设计概算、施工图预算的编制及项目建设期的造价管理和控制。

项目1　建筑安装工程费计算

任务1　准备工作

1.投资估算的作用

(1)项目建议书投资估算的作用

项目建议书是国家选择建设项目和进行可行性研究报告编制的依据,是公路基本建设程序中前期准备工作阶段的第一个工作环节。编制公路项目建议书,是以国民经济与社会发展长远规划、路网规划和地区规划的要求为依据的。通过踏勘和调查,对拟建项目的规模、技术标准、投资额度等提出建议,并重点分析项目建设的必要性和可能性,其中投资估算是审批立项的一个重要条件。由于基本建设工程消耗大量的物质资源,而这些资源是有限的,尤其是我国公路建设资金短缺,需要建设的公路、桥梁等交通基础设施有很多,为把有限的建设资金投入到最急需的项目上,更好地发挥投资的效益,做好投资估算工作就显得尤为重要。

遵照公路基本建设程序的规定和要求而编制的公路项目建议书,就其工作深度而言,其投资估算的编制,不是依靠详细的分析计算,而是依靠粗略的估计来进行的。所以,影响投资估算的因素是多方面的,其可塑性较大。同时,它又是公路工程造价多次性计价过程中的第一阶段。因此,认真做好项目建议书的投资估算工作,具有十分重要的意义。

投资估算是在投资决策过程中对建设项目的投资数额进行的估计。它具有以下几方面的作用:

①拟建项目是否继续进行的依据之一；

②审批项目建议书的依据；

③审批建设项目可行性研究报告的依据；

④国家编制中长期规划和保持合理投资结构及决定国民经济计划中基建比例的依据；

⑤制订资金筹措计划、控制投资限额的依据。

(2)工程可行性研究报告投资估算的作用

一个公路建设项目能否立项，取决于众多因素，而可行性研究报告的目的就是在公路建设项目决定兴建之前，运用现代手段和多种学科研究成果，对影响建设工程项目的投资效果的各种因素，如国家的产业政策、国民经济长期发展规划、地区经济与社会发展规划、全国和地区的综合运输体系路网状况、建设项目的地位和作用，以及建设条件、环境保护、社会和经济效益等，进行全面、详细的调查研究和经济评价；就项目建设的必要性、技术的可行性、经济的合理性和实施的可能性等方面进行综合研究，拟订多种比较方案，提出综合性的研究论证报告，尽可能地对主要问题进行详尽的研究，使项目选择建立在可靠的科学基础上，建成后能发挥好的经济效益和社会效益，以避免或减少因盲目建设、仓促上马而造成的损失和浪费。

可行性研究是人们通过长期的建设实践和对客观事物的必然认识而形成的一套科学的工作方法，其研究成果起着决策性的作用。但对未来事物的发展，是按照一般的客观规律进行预测与分析的，由于人们认识的局限性，加上公路建设工程客观因素多变性的特点，难免会产生一些差错，所以在整个研究和编制投资估算的过程中，必须从实际出发，秉承实事求是的精神，尽可能把各种因素考虑周全，克服主观片面性和“长官意志”的干扰，以避免人为因素影响。同时，为了维护可行性研究的严肃性和科学性，不能把可行性研究作为争项目、争投资的手段，这是实际工作中应当特别引起重视的。

可行性研究报告不是目的，而是一种手段，是使建设项目的主管部门或建设单位能据此作出有科学依据的决策。因此，要求按照一定的程序和方法，做好投资估算的编制和审查工作，具有十分重要的意义。根据公路基本建设程序的有关规定和要求，为科学地组织建设项目的实施、减少失误，根据长期的建设实践经验，可行性研究报告投资估算在项目建设中具有多方面的作用。

①可行性研究报告投资估算是项目建设投资决策的依据。一个建设项目能否兴建，主要看可行性研究的结果。而根据投资估算所作的经济评价对投资的经济效益已提出结论性意见，故投资估算是投资决策的一个重要依据。

②公路建设项目的国民经济评价，是支出费用与获得效益的相对比较，就是通过效益费用比、净现值、内部收益率、投资回收期4个评价指标来进行的。而所得到的指标是作为评价的定量标准，其支出费用就是在可行性研究报告投资估算的基础上，按照国民经济评价的有关规定和方法进行调整后取定的。若没有投资估算资料，就无法进行这种评价。

③可行性研究报告投资估算，是编制初步设计概算或施工图预算(采用一阶段设计时)的主要依据。因为国家规定初步设计概算与可行性研究报告投资估算的误差不能大于10%，所以初步设计概算的编制必须严格控制在投资估算的允许范围内。

④可行性研究报告投资估算是资金筹措的依据。目前，世界银行等许多国际金融组织都把可行性研究报告作为建设项目能否给予贷款的先决条件；国内银行贷款也是通过对可行性研究

报告的审查了解，在确认该项目有较好的经济效益并具有偿还贷款能力后，才给予贷款。同时，在确定贷款的额度时，都是按投资估算的一定比例作为贷款的主要依据的。

⑤当采用一阶段设计时，可行性研究报告投资估算是编制年度建设投资计划的依据。年度建设投资计划是国家控制投资规模、综合平衡投资计划、实行宏观调控的重要手段，故凡没有列入年度建设投资计划的建设项目，按公路基本建设程序的规定，均不得组织招标或施工。

由此可见，可行性研究报告投资估算，在公路建设工程中具有极其重要的作用，且其作用是多方面的。因此，严格按照国家有关规定编制投资估算，对建设项目的前期准备工作和建设项目的实施有着重要的影响。

2. 投资估算编制中工程量计算

(1)路基工程

①土石方体积的计算：路基挖装土方、开炸石方按天然密实体积计算，填方路基、借土方挖装按压实后的体积计算。

②路基零星工程按路基长度(扣除桥隧长)计算。

③圬工排水、防护工程按实体数量计算。

④其他排水工程量按路基长度(扣除桥隧长)计算。

⑤植草防护、客土喷混(播)植草防护按护坡面积计算。客土喷播植草不含锚杆、挂网，需要时另行计算。

⑥喷射混凝土按喷射混凝土设计体积计算。

⑦锚杆框架梁按锚杆长度计算。

⑧预应力锚索框架防护按锚索长度计算。

⑨抗滑桩按桩身混凝土圬工实体体积数量计算。

⑩加筋土挡土墙按平、凹面板混凝土圬工实体体积数量计算。

⑪板桩式挡土墙、锚杆挡土墙按混凝土圬工实体体积数量计算。

⑫柔性防护网按防护网面积计算。

⑬金属网、土工织物网按挂网面积计算。

⑭防风固沙按防风固沙路基长度计算。

⑮石料垫层处理地基按处理体积计算。

⑯土工合成材料、强夯处理地基按处理面积计算。

⑰碎石(砂、灰)桩、CFG 桩处理地基按桩的体积计算。

⑱粉(浆)喷桩、旋喷桩、预应力管桩按桩的长度计算。

⑲采空区注浆孔按钻孔长度计算。

⑳采空区注浆按注浆体积计算。

(2)路面工程

①基层、垫层按顶层面积计算，泡沫沥青冷再生基层、沥青路面和水泥混凝土路面按实体计算。

②路面零星工程按路基长度进行计算。

(3)隧道工程

①洞身工程量按隧道正洞、人行横洞、车行横洞、紧急停车带面积之和计算。隧道正洞面积

为隧道长度乘以隧道宽度。隧道长度不包括明洞和洞门的长度，隧道宽度指行车道加侧向宽度加人行道或检修道的宽度。分离式及小净距隧道工程量按单洞洞身长度计算；连拱隧道工程量按双洞洞身长度计算。

②明洞工程量按明洞设计长度与宽度的乘积计算。明洞宽度指行车道加侧向宽度加人行道或检修道的宽度。

③斜井工程量按斜井长度与斜井设计宽度的乘积计算。

④竖井工程量按竖井深度计算。

⑤管棚工程量按单排管棚的设计长度计算。指标单位为10隧长米。

⑥洞门指标单位为每端洞门，高速、一级公路一座隧道的工程量按两端洞门计算；二级及二级以下公路一座隧道的工程量按一端洞门计算。

(4)桥涵工程

①涵身按涵洞长度计算。洞口按道计算，一道涵洞按两座洞口计算，如涵洞只有一座洞口，则按0.5道计算。

②桥面面积为桥梁长度与桥面宽度的乘积。桥梁全长，有桥台的桥梁为两岸桥台侧墙或八字墙尾端间的距离；无桥台的桥梁为桥面系行车道的长度。桥梁宽度为行车道加人行道或安全带加桥梁护栏的宽度并计算至外缘。

③一般桥梁指标按桥面面积计算，即按桥梁长度乘以桥梁宽度之面积计算。

④技术复杂大桥。

a. 扩大基础工程量按基础设计混凝土圬工实体计算。

b. 钢筋混凝土沉井按井体、封底、封顶、填心等设计混凝土圬工实体计算；钢壳沉井按井壁、封底、封顶、填心等设计混凝土实体计算。

c. 灌注桩基础工程量按设计混凝土圬工实体计算。

d. 钢管桩指标以打入的根数计算，指标中已综合防腐费用。

e. 承台及围堰工程量按承台及承台封底设计混凝土圬工实体之和计算。

f. 地下连续墙工程量按地下连续墙内衬与墙体的混凝土圬工实体体积之和计算。

g. 锚体工程量按锚块、散索鞍支墩、横梁、锚室、基础的混凝土圬工实体体积之和计算，指标中综合了锚固系统、冷却管、现浇支架。

h. 下部构造工程量按墩、台或索塔设计混凝土圬工实体计算。

i. 平行钢丝斜拉索、钢绞线斜拉索、主缆的工程量以平行钢丝、钢绞线的设计质量计算，不包括锚头和PE或套管防护料的质量。

j. 钢箱梁质量为钢箱梁(包括箱梁内横隔板)、桥面板(包括横肋)、横梁、钢锚箱、检查车及钢护栏质量之和。如为钢-混混合梁结构，结合部的钢铆钉质量应计入钢箱梁质量内。

(5)交叉工程

①匝道工程量按匝道路基长度计算。

②匝道桥工程量按桥面面积计算，桥面面积的计算方法同有关规定。

③分离式立体交叉的桥梁工程按桥梁指标进行计算。

④顶进箱涵的工程量为箱涵外缘宽度与箱涵长度的乘积。

⑤被交道工程量按设计整修长度计算。

⑥平面交叉工程量按需要设置的交叉处数计算。

⑦通道洞身工程量按需要设置的总长度计算,洞口按按需要设置的洞口数量计算。

⑧人行天桥和渡槽工程量按桥梁(渡槽)两端桥台台尾之间的水平距离(全桥长)乘以桥梁梁板或槽口外缘的宽度,以面积计算。

(6)交通工程

①安全设施:高速公路路基(主线)工程量按设计路基长度计算;隧道工程量按隧道双洞长度计算;桥梁(小桥、通道桥、天桥除外)工程量按桥长计算;互通式立体交叉匝道按匝道路基长度计算。一级、二级、三级、四级公路安全设施工程量按建设项目主线路线长度计算。

②监控系统工程量按建设项目路线总长度扣除隧道(双洞)的长度计算。

③通信系统工程量按建设项目路线总长度计算。

④收费系统指标单位为每条收费车道,工程量按建设项目主线和匝道收费所需的车道(包括进与出)数之和计算。

⑤隧道工程机电设施工程量以隧道双洞长度计算;若隧道为单洞,则需将指标乘以系数0.5。

⑥独立大桥工程机电设施指标工程量按新建独立大桥主桥长度进行计算。

⑦管理养护服务房屋工程量按房屋建筑面积计算;指标不含场区平整、硬化及绿化工程,需要时另行计算。

(7)临时工程

①临时便道工程量按需修建的便道长度计算。

②钢便桥上部构造按修建的长度计算;基础、下部构造根据桥墩钢管桩的长度以座计量。钢栈桥上部按桥面面积计,下部按钢管桩的质量计算。

③临时码头按座数进行计算。

④其他临时工程指标按建设项目路线总长度计算。

3. 编制依据、费用组成和文件组成

1)投资估算的编制依据

①国家发布的有关法律、法规等。

②现行《公路工程估算指标》《公路工程概算定额》《公路工程预算定额》《公路工程机械台班费用定额》及《公路工程建设项目投资估算编制办法》。

③工程所在地省级交通运输主管部门发布的补充规定和定额等。

④项目建议书或工程可行性研究图纸等设计文件、工程实施方案。

⑤批准的项目建议书等有关资料。

⑥工程所在地的人工、材料与设备、施工机械价格等。

⑦有关合同、协议等。

⑧其他有关资料。

2)投资估算费用组成

根据《公路工程建设项目投资估算编制办法》,投资估算费用由建筑安装工程费、土地使用及拆迁补偿费、工程建设其他费用,以及预备费、建设期贷款利息5部分组成,如图2.1所示。

- 投资估算总金额
  - 建筑安装工程费
    - 直接费
      - 人工费
      - 材料费
      - 施工机械使用费
    - 设备购置费
    - 措施费
      - 冬季施工增加费
      - 雨季施工增加费
      - 夜间施工增加费
      - 特殊地区施工增加费
        - 高原地区施工增加费
        - 风沙地区施工增加费
        - 沿海地区施工增加费
      - 行车干扰施工增加费
      - 施工辅助费
      - 工地转移费
    - 企业管理费
      - 基本费用
      - 主副食运费补贴
      - 职工探亲路费
      - 职工取暖补贴
      - 财务费用
    - 规费
      - 养老保险费
      - 失业保险费
      - 医疗保险费
      - 工伤保险费
      - 住房公积金
    - 利润
    - 税金
    - 专项费用
      - 施工场地建设费
      - 安全生产费
  - 土地使用及拆迁补偿费
  - 工程建设其他费
    - 建设项目管理费
      - 建设单位(业主)管理费
      - 建设项目信息化费
      - 工程监理费
      - 设计文件审查费
      - 竣(交)工验收试验检测费
    - 研究试验费
    - 建设项目前期工作费
    - 专项评价(估)费
    - 联合试运转费
    - 生产准备费
      - 工器具购置费
      - 办公和生活用家具购置费
      - 生产人员培训费
      - 应急保通设备购置费
    - 工程保通管理费
    - 工程保险费
    - 其他相关费用
  - 预备费
    - 基本预备费
    - 价差预备费
  - 建设期贷款利息

图2.1　投资估算费用组成

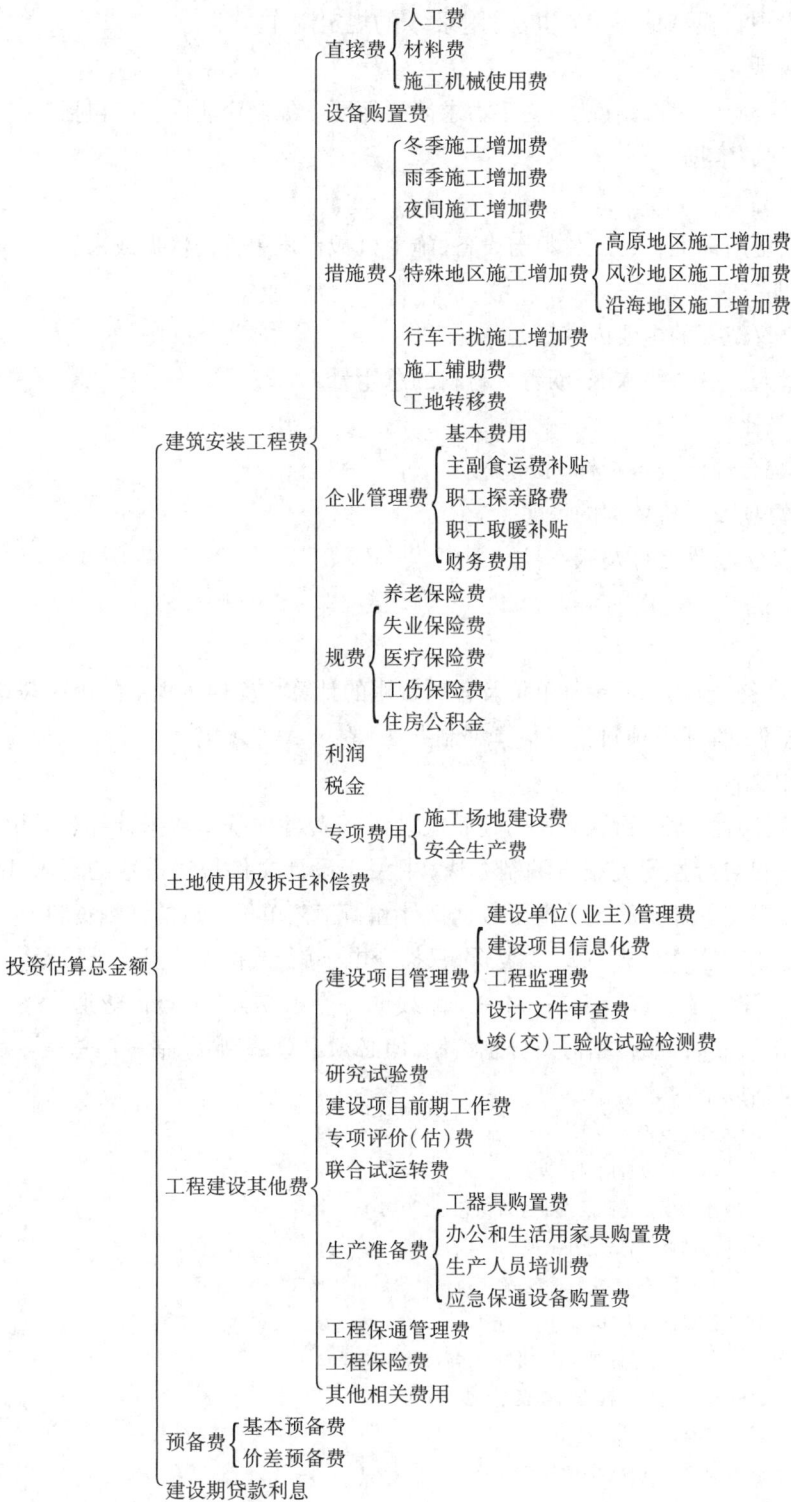

3)投资估算文件组成

投资估算文件应由封面、扉页、目录、编制说明及全部计算表格组成。

(1)封面、扉页及目录

封面和扉页应按《公路建设项目可行性研究报告编制办法》中的规定制作。扉页的次页和目录应按《公路工程建设项目投资估算编制办法》附录 A 的规定制作。

(2)投资估算编制说明

投资估算编制完成后,应编写编制说明,文字力求简明扼要。编制说明内容应包括:

①建设项目设计文件的依据。

②编制范围、工程概况等。

③采用的估算指标、费用标准,人工、材料与设备、施工机械台班单价的依据或来源,补充指标及编制依据的详细说明。

④有关的协议书、会议纪要的主要内容。

⑤投资估算总金额,人工、钢材、水泥、沥青等材料的总用量。

⑥各设计方案的经济比较。

⑦建设项目主要的综合经济技术指标。

⑧其他有关费用计算项及计价依据的说明。

⑨采用的公路工程造价软件名称及版本号。

⑩其他需要说明的问题。

(3)投资估算表格

投资估算的材料与设备、施工机械台班单价及各项费用的计算均应通过规定的统一表格表述,表格样式应符合《公路工程建设项目投资估算编制办法》附录 A 的规定。

(4)甲组文件及乙组文件

①甲组文件为各项费用计算表,乙组文件为建筑安装工程费各项基础数据计算表。甲、乙组文件应按《公路建设项目可行性研究报告编制办法》中关于设计文件报送份数的要求,随设计文件一并报送,并同时提交可计算的造价电子数据文件和新工艺单价分析的详细资料。

②乙组文件中的"分项工程估算表"(21-2 表)可只提交电子版,或按需要提交纸质版。

③投资估算应按一个建设项目进行编制,如一条路线或一座独立大(中)桥、隧道。当一个建设项目需要分段或分部编制时,应根据需要分别编制,但必须汇总编制"总估算汇总表"。

④甲、乙组文件应包括以下内容(图 2.2)。

甲组文件:
- 编制说明
- 前后阶段费用对比表
- 建设项目属性及技术经济信息表(00 表)
- 总估算汇总表(01-1 表)
- 总估算人工、主要材料、施工机械台班数量汇总表(02-1 表)
- 投资估算表(01 表)
- 人工、主要材料、施工机械台班数量汇总表(02 表)
- 建筑安装工程费计算表(03 表)
- 综合费率计算表(04 表)
- 综合费计算表(04-1 表)
- 设备费计算表(05 表)
- 专项费用计算表(06 表)
- 土地使用及拆迁补偿费计算表(07 表)
- 工程建设其他费计算表(08 表)
- 人工、材料、施工机械台班单价汇总表(09 表)

(a)甲组文件

乙组文件
- 分项工程估算计算数据表(21-1 表)
- 分项工程估算表(21-2 表)
- 材料预算单价计算表(22 表)
- 自采材料料场价格计算表(23-1 表)
- 材料自办运输单位运费计算表(23-2 表)
- 施工机械台班单价计算表(24 表)
- 辅助生产人工、材料、施工机械台班单位数量表(25 表)

(b)乙组文件

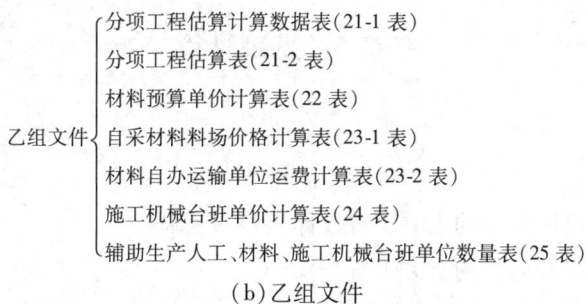

图 2.2　甲、乙两组文件的内容

任务 2　建立项目表

投资估算项目应按项目表的序列及内容编制。当实际出现的工程和费用项目与项目表的内容不完全相符时,第一、二、三、四、五部分和“项”的序号、内容应保留不变,项目表中的“项”以下分项在引用时应保持序号、内容不变,缺少的分项内容可随需要就近增加,并按项目表的顺序以实际出现的级别依次排列,不保留缺少的“项”以下的项目序号。

投资估算项目主要内容如下所示,投资估算项目表的详细内容见《公路工程建设项目投资估算编制办法》附录 B。

第一部分　建筑安装工程费

　　第一项　临时工程

　　第二项　路基工程

　　第三项　路面工程

　　第四项　桥梁涵洞工程

　　第五项　隧道工程

　　第六项　交叉工程

　　第七项　交通工程及沿线设施

　　第八项　绿化及环境保护工程

　　第九项　其他工程

　　第十项　专项费用

　　　　1. 施工场地建设费

　　　　2. 安全生产费

第二部分　土地使用及拆迁补偿费

第三部分　工程建设其他费

第四部分　预备费

第五部分　建设期贷款利息

分项编号采用部(1 位数)、项(2 位数)、目(2 位数)、节(2 位数)、细目(2 位数)组成,以部、项、目、节、细目等依次逐层展开,投资估算分项编号详见《公路工程建设项目投资估算编制办法》附录 B。

任务3 费率计算

1. 工程类别划分

工程类别划分如下：

①土方：指人工及机械施工的土方工程及路基零星工程。

②石方：指人工及机械施工的石方工程。

③运输：指用汽车运送土石方、绿化苗木等工程。

④路面：指路面所有结构层工程、路面零星工程及便道、被交道工程。

⑤隧道：指隧道土建工程。

⑥构造物Ⅰ：指排水、防护、特殊路基处理、涵洞、互通立交的匝道（不含匝道桥）、交通安全设施、服务房屋、便桥、便涵、临时码头及其他临时工程等。

⑦构造物Ⅱ：指小桥、中桥、大桥、特大桥、匝道桥、天桥工程。

⑧构造物Ⅲ：指监控、通信、收费、隧道机电、独立大桥等机电设备安装工程。

⑨技术复杂大桥：指钢管拱桥、斜拉桥、悬索桥、单孔跨径在120 m以上（含120 m）和基础水深在10 m以上（含10 m）的大桥主桥部分的基础、下部和上部工程（不含桥梁的钢结构）。

⑩钢结构：指桥梁斜拉索、钢结构等工程。

2. 费率计算

1）措施费

措施费包括冬季施工增加费、雨季施工增加费、夜间施工增加费、特殊地区施工增加费、行车干扰施工增加费、施工辅助费、工地转移费。

（1）冬季施工增加费

冬季施工增加费指按照公路工程施工及验收规范所规定的冬季施工要求，为保证工程质量和安全生产所需采取的防寒保温设施、工效降低和机械作业效率降低以及技术操作过程的改变等所增加的有关费用。

①冬季施工增加费的内容包括：

a. 因冬季施工所需增加的一切人工、机械与材料的支出。

b. 施工机械所需修建的暖棚（包括拆、移），增加其他保温设备购置费用。

c. 因施工组织设计确定，需增加的一切保温、加温等有关支出。

d. 清除工作地点的冰雪等与冬季施工有关的其他各项费用。

②全国冬季施工气温区划分表见《公路工程建设项目投资估算编制办法》附录D。

③冬季施工增加费的计算方法，是根据各类工程的特点，规定各气温区的取费标准。为了简化计算手续，采用全年平均摊销的方法，即不论是否在冬季施工，均按规定的取费标准计取冬季施工增加费。

④一条路线穿过两个以上的气温区时，可分段计算或按各区的工程量比例求得全线的平均增加率，计算冬季施工增加费。

⑤冬季施工增加费以各类工程的定额人工费和定额施工机械使用费之和为基数，按工程所在地的气温区选用表2.1的费率计算。

表 2.1　冬季施工增加费费率表(%)

工程类别	冬季期平均温度								准一区	准二区
	-1 ℃以上		-1 ~ -4 ℃		-4 ~ -7 ℃	-7 ~ -10 ℃	-10 ~ -14 ℃	-14 ℃以下		
	冬一区		冬二区		冬三区	冬四区	冬五区	冬六区		
	Ⅰ	Ⅱ	Ⅰ	Ⅱ						
土方	0.835	1.301	1.800	2.270	4.288	6.094	9.140	13.720	—	—
石方	0.164	0.266	0.368	0.429	0.859	1.248	1.861	2.801	—	—
运输	0.166	0.25	0.354	0.437	0.832	1.165	1.748	2.643	—	—
路面	0.566	0.842	1.181	1.371	2.449	3.273	4.909	7.364	0.073	0.198
隧道	0.203	0.385	0.548	0.710	1.175	1.52	2.269	3.425	—	—
构造物Ⅰ	0.652	0.940	1.265	1.438	2.607	3.527	5.291	7.936	0.115	0.288
构造物Ⅱ	0.868	1.240	1.675	1.902	3.452	4.693	7.028	10.542	0.165	0.393
构造物Ⅲ	1.16	2.296	3.114	3.523	6.403	8.680	13.020	19.520	0.292	0.721
技术复杂大桥	1.019	1.444	1.975	2.230	4.057	5.479	8.219	12.338	0.170	0.446
钢材及钢结构	0.04	0.101	0.141	0.181	0.301	0.381	0.581	0.861	—	—

注:绿化工程不计冬季施工增加费。

(2)雨季施工增加费

雨季施工增加费指雨季期间施工为保证工程质量和安全生产所需采取的防雨、排水、防潮和防护措施、工效降低和机械作业率降低以及技术操作过程的改变等,所需增加的有关费用。

①雨季施工增加费的内容包括:

a. 因雨季施工所需增加的工、料、机费用的支出,包括工作效率的降低及易被雨水冲毁的工程所增加的清理坍塌基坑和堵塞排水沟、填补路基边坡冲沟等工作内容。

b. 路基土方工程的开挖和运输,因雨季施工(非土壤中水影响)而引起的黏附工具,降低工效所增加的费用。

c. 因防止雨水必须采取的挖临时排水沟、防止基坑坍塌所需的支撑、挡板等防护措施费用。

d. 材料因受潮、受湿的耗损费用。

e. 增加防雨、防潮设备的费用。

f. 因河水高涨致使工作困难等其他有关雨季施工所需增加的费用。

②全国雨季施工雨量区及雨季期划分见《公路工程建设项目投资估算编制方法》附录 E。

③雨季施工增加费的计算方法,是将全国划分为若干雨量区和雨季期,并根据各类工程的特点规定各雨量区和雨季期的取费标准。为了简化计算手续,采用全年平均摊销的方法,即不

论是否在雨季施工,均按规定的取费标准计取雨季施工增加费。

④一条路线通过不同的雨量区和雨季期时,应分别计算雨季施工增加费或按工程量比例求得平均的增加率,计算全线雨季施工增加费。

⑤雨季施工增加费以各类工程的定额人工费和定额施工机械使用费之和为基数,按工程所在地的雨量区、雨季期选用表 2.2 的费率计算。

(3)夜间施工增加费

夜间施工增加费指根据设计、施工技术规范和合理的施工组织要求,必须在夜间施工或必须昼夜连续施工而发生的夜班补助费、夜间施工降效、施工照明设备摊销及照明用电等费用。夜间施工增加费以夜间施工工程项目的定额人工费与定额施工机械使用费之和为基数,按表 2.3 的费率计算。

表2.2　雨季施工增加费费率表(%)

工程类别	雨季期(月)																			
	1	1.5	2		2.5		3		3.5		4		4.5		5		6		7	8
	雨量区																			
	Ⅰ	Ⅰ	Ⅰ	Ⅱ	Ⅰ	Ⅱ	Ⅰ	Ⅱ	Ⅰ	Ⅱ	Ⅰ	Ⅱ	Ⅰ	Ⅱ	Ⅰ	Ⅱ	Ⅰ	Ⅱ	Ⅱ	Ⅱ
土方	0.140	0.175	0.245	0.385	0.315	0.455	0.385	0.525	0.455	0.595	0.525	0.700	0.595	0.805	0.665	0.939	0.764	1.114	1.289	1.499
石方	0.105	0.140	0.212	0.349	0.280	0.420	0.349	0.491	0.418	0.563	0.487	0.667	0.555	0.772	0.626	0.876	0.701	1.018	1.194	1.373
运输	0.142	0.178	0.249	0.391	0.320	0.462	0.391	0.568	0.462	0.675	0.533	0.781	0.604	0.888	0.675	0.959	0.781	1.136	1.314	1.527
路面	0.115	0.153	0.230	0.366	0.306	0.480	0.366	0.557	0.425	0.634	0.501	0.710	0.578	0.825	0.654	0.940	0.749	1.093	1.267	1.459
隧道	—	—	—	—	—	—	—	—	—	—	—	—	—	—	—	—	—	—	—	—
构造物Ⅰ	0.098	0.131	0.164	0.262	0.196	0.295	0.229	0.360	0.262	0.426	0.327	0.491	0.393	0.557	0.458	0.622	0.524	0.753	0.884	1.015
构造物Ⅱ	0.106	0.141	0.177	0.282	0.247	0.353	0.282	0.424	0.318	0.494	0.388	0.565	0.459	0.636	0.530	0.742	0.600	0.883	1.059	1.201
构造物Ⅲ	0.200	0.266	0.366	0.565	0.466	0.699	0.565	0.832	0.665	0.998	0.765	1.164	0.898	1.331	1.031	1.497	1.164	1.730	1.996	2.295
技术复杂大桥	0.109	0.181	0.254	0.363	0.290	0.435	0.363	0.508	0.435	0.580	0.508	0.689	0.580	0.798	0.653	0.907	0.725	1.052	1.233	1.414
钢材及钢结构	—	—	—	—	—	—	—	—	—	—	—	—	—	—	—	—	—	—	—	—

注:室内和隧道内工程及设备安装工程不计雨季施工增加费。

表 2.3 夜间施工增加费费率表(%)

工程类别	费 率	工程类别	费 率
构造物Ⅱ	0.903	构造物Ⅲ	1.702
技术复杂大桥	0.928	钢材及钢结构	0.874

(4)特殊地区施工增加费

特殊地区施工增加费包括高原地区施工增加费、风沙地区施工增加费和沿海地区施工增加费3项。

①高原地区施工增加费指在海拔高度2000m以上地区施工,由于受气候、气压的影响,致使人工、机械效率降低而增加的费用。

a.一条路线通过两个以上(含两个)不同的海拔高度分区时,应分别计算高原地区施工增加费或按工程量比例求得平均的增加率,计算全线高原地区施工增加费。

b.高原地区施工增加费以各类工程的定额人工费与定额施工机械使用费之和为基数,按表2.4的费率计算。

表 2.4 高原地区施工增加费费率表(%)

工程类别	海拔高度						
	2 001 ~ 2 500 m	2 501 ~ 3 000 m	3 001 ~ 3 500 m	3 501 ~ 4 000 m	4 001 ~ 4 500 m	4 501 ~ 5 000 m	5 000 m 以上
土方	13.295	19.709	27.455	38.875	53.102	70.162	91.853
石方	13.711	20.358	29.025	41.435	56.875	75.358	100.223
运输	13.288	19.666	26.575	37.205	50.493	66.438	85.040
路面	14.572	21.618	30.689	45.032	59.615	79.500	102.640
隧道	13.364	19.850	28.490	40.767	56.037	74.302	99.259
构造物Ⅰ	12.799	19.051	27.989	40.356	55.723	74.098	95.521
构造物Ⅱ	13.622	20.244	29.082	41.617	57.214	75.874	101.408
构造物Ⅲ	12.786	18.985	27.054	38.616	53.004	70.217	93.371
技术复杂大桥	13.912	20.645	29.257	41.670	57.134	75.640	100.205
钢材及钢结构	13.204	19.622	28.269	40.492	55.699	73.891	98.930

②风沙地区施工增加费指在沙漠地区施工时,由于受风沙影响,按照施工及验收规范的要求,为保证工程质量和安全生产而增加的有关费用。其内容包括防风、防沙及气候影响的措施费,人工、机械效率降低增加的费用,以及积沙、风蚀的清理修复等费用。

a.全国风沙地区公路施工区划见《公路工程建设项目投资估算编制办法》附录F。当地气象资料及自然特征与附录F中的风沙地区划分有较大出入时,由项目所在地省级交通运输主管部门按当地气象资料和自然特征及上述划分标准确定工程所在地的风沙区划。

b. 一条路线穿过两个以上不同风沙区时,按路线长度经过不同的风沙区加权计算项目全线风沙地区施工增加费。

c. 风沙地区施工增加费以各类工程的定额人工费和定额施工机械使用费之和为基数,根据工程所在地的风沙区划及类别,按表2.5的费率计算。

表2.5 风沙地区施工增加费费率表(%)

工程类别	风沙一区			风沙二区			风沙三区		
	沙漠类型								
	固定	半固定	流动	固定	半固定	流动	固定	半固定	流动
土方	4.558	8.056	13.674	5.618	12.614	23.426	8.056	17.331	27.507
石方	0.745	1.490	2.981	1.014	2.236	3.959	1.490	3.726	5.216
运输	4.304	8.608	13.988	5.38	12.912	19.368	8.608	18.292	27.976
路面	1.364	2.727	4.932	2.205	4.932	7.567	3.365	7.137	11.025
隧道	0.261	0.522	1.043	0.355	0.783	1.386	0.522	1.304	1.826
构造物Ⅰ	3.968	6.944	11.904	4.96	10.912	16.864	6.944	15.872	23.808
构造物Ⅱ	3.254	5.694	9.761	4.067	8.948	13.828	5.694	13.015	19.523
构造物Ⅲ	2.976	5.208	8.928	3.720	8.184	12.648	5.208	11.904	17.226
技术复杂大桥	2.778	4.861	8.333	3.472	7.638	11.805	8.861	11.110	16.077
钢材及钢结构	1.035	2.07	4.14	1.409	3.105	5.498	2.07	5.175	7.245

③沿海地区施工增加费指工程项目在沿海地区施工受海风、海浪和潮汐的影响,致使人工、机械效率降低等所需增加的费用。本项费用由沿海各省级交通运输主管部门制定具体的适用范围(地区)。沿海地区施工增加费以各类工程的定额人工费和定额施工机械使用费之和为基数,按表2.6的费率计算。

表2.6 沿海地区施工增加费费率表(%)

工程类别	费　率	工程类别	费　率
构造物Ⅱ	0.207	构造物Ⅲ	0.195
技术复杂大桥	0.212	钢材及钢结构	0.200

(5)行车干扰施工增加费

行车干扰施工增加费指由于边施工边维持通车,受行车干扰的影响,致使人工、机械效率降低而增加的费用。该费用以受行车影响部分的工程项目的定额人工费和定额施工机械使用费之和为基数,按表2.7的费率计算。

表 2.7 行车干扰施工增加费费率表(%)

工程类别	施工期间平均每昼夜双向行车次数(机动车、非机动车合计)							
	51～100	101～500	501～1 000	1 001～2 000	2 001～3 000	3 001～4 000	4 001～5 000	5 000 以上
土方	1.499	2.343	3.194	4.118	4.775	5.314	5.885	6.468
石方	1.279	1.881	2.618	3.479	4.035	4.492	4.973	5.462
运输	1.451	2.230	3.041	4.001	4.641	5.164	5.719	6.285
路面	1.390	2.098	2.802	3.487	4.046	4.496	4.987	5.475
隧道	—	—	—	—	—	—	—	—
构造物Ⅰ	0.924	1.386	1.858	2.320	2.693	2.988	3.313	3.647
构造物Ⅱ	1.007	1.516	2.014	2.512	2.915	3.244	3.593	3.943
构造物Ⅲ	0.948	1.417	1.896	2.365	2.745	3.044	3.373	3.713
技术复杂大桥	—	—	—	—	—	—	—	—
钢材及钢结构	—	—	—	—	—	—	—	—

注:新建工程、中断交通进行封闭施工或为保证交通正常通行而修建保通便道的改(扩)建工程,不计行车干扰施工增加费。

(6)施工辅助费

施工辅助费包括生产工具用具使用费、检验试验费和工程定位复测、工程点交、场地清理等费用。施工辅助费以各类工程的定额直接费为基数,按表 2.8 的费率计算。

表 2.8 施工辅助费费率表(%)

工程类别	费 率	工程类别	费 率
土方	0.521	构造物Ⅰ	1.201
石方	0.470	构造物Ⅱ	1.537
运输	0.154	构造物Ⅲ	2.729
路面	0.818	技术复杂大桥	1.677
隧道	1.195	钢材及钢结构	0.564

①生产工具用具使用费指施工所需不属于固定资产的生产工具、检验试验用具及仪器、仪表等的购置、摊销和维修费,以及支付给生产工人自备工具的补贴费。

②检验试验费指施工企业对建筑材料、构件和建筑安装工程进行一般鉴定、检查所发生的费用,包括自设试验室进行试验所耗用的材料和化学药品的费用,以及技术革新和研究试验费,不包括新结构、新材料的试验费和建设单位要求对具有出厂合格证明的材料进行检验、对构件破坏性试验及其他特殊要求检验的费用。

③高填方和软基沉降监测、高边坡稳定监测、桥梁施工监测、隧道施工监控量测、超前地质预报等施工监控费含在施工辅助费中,不得另行计算。

(7)工地转移费

工地转移费指施工企业迁至新工地的搬迁费用。

①工地转移费内容包括：

a.施工单位职工及随职工迁移的家属向新工地转移的车费、家具行李运费、途中住宿费、行程补助费、杂费等。

b.公物、工具、施工设备器材、施工机械的运杂费，以及外租机械的往返费及施工机械、设备、公物、工具的转移费等。

c.非固定工人进退场的费用。

②工地转移费以各类工程的定额人工费和定额施工机械使用费之和为基数，按表2.9的费率计算。

表2.9　工地转移费费率表(%)

工程类别	工地转移距离					
	50 km	100 km	300 km	500 km	1 000 km	每增加100 km
土方	0.224	0.301	0.470	0.614	0.815	0.036
石方	0.176	0.212	0.363	0.476	0.628	0.030
运输	0.157	0.203	0.315	0.416	0.543	0.025
路面	0.321	0.435	0.682	0.891	1.191	0.062
隧道	0.257	0.351	0.549	0.717	0.959	0.049
构造物Ⅰ	0.262	0.351	0.552	0.720	0.963	0.051
构造物Ⅱ	0.333	0.449	0.706	0.923	1.236	0.066
构造物Ⅲ	0.622	0.841	1.316	1.720	2.304	0.119
技术复杂大桥	0.389	0.523	0.818	1.067	1.430	0.073
钢材及钢结构	0.351	0.473	0.737	0.961	1.288	0.063

③高速公路、一级公路及独立大桥、独立隧道项目转移距离按省会城市至工地的里程计算；二级及二级以下公路项目转移距离按地级城市所在地至工地的里程计算。

④工地转移里程数在表列里程之间时，费率可内插计算。工地转移距离在50 km以内的工程按50 km计算。

(8)辅助生产间接费

辅助生产间接费指由施工单位自行开采加工的砂、石等自采材料及施工单位自办的人工、机械装卸和运输的间接费。

①辅助生产间接费按定额人工费的3%计。该项费用并入材料预算单价内构成材料费，不直接出现在估算中。

②高原地区施工单位的辅助生产，可按高原地区施工增加费费率，以定额人工费与施工机械费之和为基数计算高原地区施工增加费(其中：人工采集、加工材料、人工装卸、运输材料按土方费率计算；机械采集、加工材料按石方费率计算；机械装、运输材料按运输费率计算)。辅助生产高原地区施工增加费不作为辅助生产间接费的计算基数。

2)企业管理费

企业管理费由基本费用、主副食运费补贴、职工探亲路费、职工取暖补贴和财务费用5项组成。

(1)基本费用

基本费用指建筑安装企业组织施工生产和经营管理所需的费用。

①基本费用包括以下内容:

a. 管理人员工资:管理人员的基本工资、绩效工资、津贴补贴和特殊情况下支付的工资以及缴纳的养老、医疗、失业、工伤保险费和住房公积金等。

b. 办公费:企业管理办公用的文具、纸张、账表、印刷、通信、网络、书报、办公软件、会议、水电、烧水和集体取暖降温(包括现场临时宿舍取暖降温)用煤(电、气)等费用。

c. 差旅交通费:职工因公出差、调动工作的差旅费、住勤补助费,市内交通费和误餐补助费,劳动力招募费,职工退休、退职一次性路费,工伤人员就医路费以及管理部门使用的交通工具的油料、燃料等费用。

d. 固定资产使用费:管理部门及附属生产单位使用的属于固定资产的房屋、设备等的折旧、大修、维修或租赁费。

e. 工具用具使用费:企业管理使用的不属于固定资产的工具、器具、家具、交通工具和检验、试验、测绘、消防用具等的购置、维修和摊销费。

f. 劳动保险费:企业支付的离退休职工的易地安家补助费、职工退职金、6个月以上的病假人员工资、职工死亡丧葬补助费、抚恤费、按规定支付给离休干部的各项经费。

g. 职工福利费:按国家规定标准计提的职工福利费。

h. 劳动保护费:企业按国家有关部门规定标准发放的劳动保护用品的购置费及修理费、防暑降温费、在有碍身体健康环境中施工的保健费用等。

i. 工会经费:企业根据《中华人民共和国工会法》的规定按全部职工工资总额比例计提的工会经费。

j. 职工教育经费:按职工工资总额的规定比例计提,企业为职工进行专业技术和职业技能培训,专业技术人员继续教育、职工职业技能鉴定、职业资格认定以及根据需要对职工进行各类文化教育所发生的费用,不含职工安全教育、培训费用。

k. 保险费:企业财产保险、管理用及生产用车辆等保险费用及人身意外伤害险的费用。

l. 工程排污费:施工现场按规定缴纳的排污费用。

m. 税金:企业按规定缴纳的城市维护建设税、教育费附加、地方教育附加、房产税、车船使用税、土地使用税、印花税等。

n. 其他:上述项目以外的其他必要的费用支出,包括技术转让费、技术开发费、竣(交)工文件编制费、招投标费、业务招待费、绿化费、广告费、公证费、定额测定费、法律顾问费、审计费、咨询费以及施工标准化、规范化、精细化管理等费用。

②基本费用以各类工程的定额直接费为基数,按表2.10的费率计算。

表 2.10　基本费用费率表(%)

工程类别	费　率	工程类别	费　率
土方	2.747	构造物Ⅰ	3.587
石方	2.792	构造物Ⅱ	4.726
运输	1.374	构造物Ⅲ	5.976
路面	2.427	技术复杂大桥	4.143
隧道	3.569	钢材及钢结构	2.242

(2)主副食运费补贴

主副食运费补贴指施工企业在远离城镇及乡村的野外施工购买生活必需品所需增加的费用。该费用以各类工程的定额直接费为基数,按表 2.11 的费率计算。

表 2.11　主副食运费补贴费率表(%)

工程类别	综合里程										
	3 km	5 km	8 km	10 km	15 km	20 km	25 km	30 km	40 km	50 km	每增加10 km
土方	0.122	0.131	0.164	0.191	0.235	0.284	0.322	0.377	0.444	0.519	0.07
石方	0.108	0.117	0.149	0.175	0.218	0.261	0.293	0.346	0.405	0.473	0.063
运输	0.118	0.13	0.166	0.192	0.233	0.285	0.322	0.379	0.447	0.519	0.073
路面	0.066	0.088	0.119	0.13	0.165	0.194	0.224	0.259	0.308	0.356	0.051
隧道	0.096	0.104	0.13	0.152	0.185	0.229	0.26	0.304	0.359	0.418	0.054
构造物Ⅰ	0.114	0.12	0.145	0.167	0.207	0.254	0.285	0.338	0.394	0.463	0.062
构造物Ⅱ	0.126	0.14	0.168	0.196	0.242	0.292	0.338	0.394	0.467	0.54	0.073
构造物Ⅲ	0.225	0.248	0.303	0.352	0.435	0.528	0.599	0.705	0.831	0.969	0.132
技术复杂大桥	0.101	0.115	0.143	0.165	0.205	0.245	0.28	0.325	0.389	0.452	0.063
钢材及钢结构	0.104	0.113	0.146	0.168	0.207	0.247	0.281	0.331	0.387	0.449	0.062

注:综合里程 = 粮食运距 ×0.06 + 燃料运距 ×0.09 + 蔬菜运距 ×0.15 + 水运距 ×0.70,粮食、燃料、蔬菜、水的运距均为全线平均运距;如综合里程数在表列里程之间时,费率可内插;综合里程在 3 km 以内的工程,按 3 km 计取本项费用。

(3)职工探亲路费

职工探亲路费指按照有关规定发放给施工企业职工在探亲期间发生的往返交通费和途中住宿费等费用。该费用以各类工程的定额直接费为基数,按表 2.12 的费率计算。

表 2.12　职工探亲路费费率表(%)

工程类别	费　率	工程类别	费　率
土方	0.192	构造物Ⅰ	0.274
石方	0.204	构造物Ⅱ	0.348
运输	0.132	构造物Ⅲ	0.551

续表

工程类别	费　率	工程类别	费　率
路面	0.159	技术复杂大桥	0.208
隧道	0.266	钢材及钢结构	0.164

(4)职工取暖补贴

职工取暖补贴指按规定发放给施工企业职工的冬季取暖费和为职工在施工现场设置的临时取暖设施的费用。该费用以各类工程的定额直接费为基数，按工程所在地的气温区（详见《公路工程建设项目投资估算编制办法》附录D）选用表2.13的费率计算。

表2.13　职工取暖补贴费率表(%)

工程类别	气温区						
	准二区	冬一区	冬二区	冬三区	冬四区	冬五区	冬六区
土方	0.060	0.130	0.221	0.331	0.436	0.554	0.663
石方	0.054	0.118	0.183	0.279	0.373	0.472	0.569
运输	0.065	0.130	0.228	0.336	0.444	0.552	0.671
路面	0.049	0.086	0.155	0.229	0.302	0.376	0.456
隧道	0.045	0.091	0.158	0.249	0.318	0.409	0.488
构造物Ⅰ	0.065	0.130	0.206	0.304	0.390	0.499	0.607
构造物Ⅱ	0.070	0.153	0.234	0.352	0.481	0.598	0.727
构造物Ⅲ	0.126	0.264	0.425	0.643	0.849	1.067	1.297
技术复杂大桥	0.059	0.120	0.203	0.310	0.406	0.501	0.609
钢材及钢结构	0.047	0.082	0.141	0.222	0.293	0.363	0.433

(5)财务费用

财务费用指施工企业为筹集资金提供投标担保、预付款担保、履约担保、职工工资支付担保等所发生的各种费用，包括企业经营期间发生的短期贷款利息净支出、汇兑净损失、调剂外汇手续费、金融机构手续费，以及企业筹集资金发生的其他财务费用。财务费用以各类工程的定额直接费为基数，按表2.14的费率计算。

表2.14　财务费用费率表(%)

工程类别	费　率	工程类别	费　率
土方	0.271	构造物Ⅰ	0.466
石方	0.259	构造物Ⅱ	0.545
运输	0.264	构造物Ⅲ	1.094
路面	0.404	技术复杂大桥	0.637
隧道	0.513	钢材及钢结构	0.653

3)规费

规费指按法律、法规、规章、规程规定施工企业必须缴纳的费用。

①规费包含以下内容:

a.养老保险费:施工企业按规定标准为职工缴纳的基本养老保险费。

b.失业保险费:施工企业按规定标准为职工缴纳的失业保险费。

c.医疗保险费:施工企业按规定标准为职工缴纳的医疗保险费(含生育保险费)。

d.工伤保险费:施工企业按规定标准为职工缴纳的工伤保险费。

e.住房公积金:施工企业按规定标准为职工缴纳的住房公积金。

②各项规费以各类工程的人工费之和为基数,按国家或工程所在地法律、法规、规章、规程规定的标准计算。

任务4　指标应用

1.估算指标的概念

公路建设项目从立项到竣工要经过多个不同的阶段,为了满足各阶段的造价控制和管理需要,要求编制与之相适应的造价文件,以不同的表现形式反映不同阶段的工作深度和工程价格。前期准备阶段的造价编制,是指依据公路建设项目建议书编制的项目建议书投资估算,并依据审批的公路项目建议书编制的公路工程可行性研究报告和投资估算。

《公路工程估算指标》是全国公路专业工程估算指标,适用于公路基本建设新建、改扩建工程。估算指标是根据交通运输部对公路建设项目建议书和可行性研究报告的工作深度要求,以公路工程行业标准、规范的规定以及近年来公路建设项目的设计和竣工资料为依据而制定的。编制投资估算时应按本指标的说明及附注正确使用本指标,不得随意抽换指标内容,以免造成重算或漏算。

当可行性研究报告的工作深度已达到初步设计的深度时,可采用现行《公路工程概算定额》编制可行性研究报告投资估算。对估算指标中缺少的项目可以编制补充指标。补充指标应按照本指标的编制原则、方法进行编制,由各省、自治区、直辖市交通运输主管部门批准执行,抄交通运输部公路局备案。

2.估算指标的作用及特点

(1)估算指标的作用

估算指标是以能独立发挥投资效益的建设项目或单项工程为对象的扩大的技术经济指标。它既是定额的一种表现形式,但又不同于其他计价定额。由于它要与项目的前期工作深度相适应,从项目建设的全过程出发估算全部投资额,所以比其他各种计价定额具有更大的综合性和概括性。其作用可以概括为以下3个方面:

①在编制项目建议书和可行性研究报告阶段,它是多方案比选、优化设计方案、正确编制投资估算、合理确定项目投资额的重要基础。

②在建设项目评价、决策过程中,它是评价建设项目投资可行性、分析投资效益的主要经济指标。

③在实施阶段,它是限额设计和工程造价确定与控制的依据。

投资估算指标除上述作用外，在我国实行计划经济的时期，由于绝大部分建设项目是由国家投资，因此，国家制订的各类建设项目投资估算指标在国家控制固定资产投资规模、引导投资方向、制订中长期投资计划的工作中发挥了重要的作用。随着我国社会主义市场经济体制逐步建立、固定资产投资体制改革的深化，建设项目投资主体已趋于多元化，投资风险责任已趋分散。因此，在项目投资决策和实施阶段，利用估算指标强化投资项目的管理已受到普遍的重视。在实际工作中，也正在加强投资估算指标性质、表现形式、编制方法等方面的研究和实践，以更好地适应新形势。

(2)估算指标的特点

估算指标是以人工、材料、机械台班消耗量表现的指标。与概预算定额相比，估算指标是以独立的建设、单项工程或单位工程为对象，综合项目全过程投资和建设中各类成本和费用，反映出其扩大的技术经济指标，既是定额的一种表现形式，又不同于其他计价定额。估算指标作为项目前期服务的一种扩大的技术经济指标，具有较强的综合性和概括性。

3. 估算指标的内容

估算指标由路基工程、路面工程、隧道工程、桥涵工程、交叉工程、交通工程、临时工程共7章及附录组成。

4. 估算指标的表现形式

估算指标与概算定额、预算定额一样，是以人工、材料、机械台班消耗量等实物指标为表现形式。实物指标为计算具体建设项目造价和提供人工、主要材料、机械数量使用。估算指标也是一种扩大的定额。

在编制投资估算时，应按指标的说明及附注(包括允许换算说明)正确使用指标，不要随意抽换指标内容，以免造成重算或漏算。

对估算指标中缺少的项目可以编制补充指标。补充指标应按照本指标的编制原则、方法进行编制，由各省、自治区、直辖市交通运输主管部门批准执行，抄交通运输部公路局备案。

5. 投资估算指标的运用

运用投资估算时，要特别注意说明及附录中的规定。指标包含的工程内容或工序很多，而所列细目相对较少，其中调整系数很多，不可漏列，更不可重复。运用时应特别注意，以免出错。

【例2.1】 某高速公路有水泥稳定碎石基层3.2万 m^3，压实厚度为28 cm，分两层拌和，请使用估算指标确定其工、料、机消耗量。

【解】 ①指标号：2-2-3+4×8。

②按估算指标路面工程说明：各类稳定土基层压实厚度在20 cm以内，其他路面基层压实厚度在10 cm以内，冷再生基层压实厚度在18 cm以内，垫层压实厚度在20 cm以内，拖拉机、平地机和压路机的台班消耗按定额数量计算。当超过上述压实厚度进行分层碾压时，拖拉机、平地机、摊铺机和压路机的台班消耗按定额数量加倍计算，每1 000 m^2 增加1.5个工日。

③因指标单位为1 000 m^2，实际基层面积应为32 000 m^3/0.28 m≈114 285.71 m^2，即工程量为114.285 71 km^2。

④计算工、料、机消耗量。

人工：(7.6+0.3×8+1.5)×114.285 71≈1 314.29(工日)

铁件：$(0.33+0.03\times8)\times114.285\ 71\approx65.14$(kg)

水：$(29.4+1.13\times8)\times114.285\ 71\approx4\ 393.14$($m^3$)

中粗砂：$(0.9+0.08\times8)\times114.285\ 71\approx176.00$($m^3$)

片石：$(1.11+0.1\times8)\times114.285\ 71\approx218.29$($m^3$)

碎石(4 cm)：$(0.34+0.03\times8)\times114.285\ 71\approx66.29$($m^3$)

碎石：$(296.73+14.84\times8)\times114.285\ 71\approx47\ 480.00$($m^3$)

块石：$(1.02+0.09\times8)\times114.285\ 71\approx198.86$($m^3$)

32.5 级水泥：$(22.844+1.153\times8)\times114.285\ 71\approx3\ 664.914$(t)

其他材料费：$(301.7+0.1\times8)\times114.285\ 71\approx34\ 571.43$(元)

0.6 m^3 以内单斗挖掘机：$(0.02+0\times8)\times114.285\ 71\approx2.29$(台班)

3.0 m^3 轮胎式装载机：$(0.44+0.03\times8)\times114.285\ 71\approx77.71$(台班)

12～15 t 光轮压路机：$(0.08+0\times8)\times2\times114.285\ 71\approx18.29$(台班)

20 t 以内震动压路机：$(0.43+0\times8)\times2\times114.285\ 71\approx98.29$(台班)

300 t/h 以内稳定土厂拌设备：$(0.09+0\times13)\times114.285\ 71\approx10.29$(台班)

400 t/h 以内稳定土厂拌设备：$(0.12+0.01\times13)\times114.285\ 71=28.58$(台班)

9.5 m 以内稳定土摊铺机：$(0.14+0\times8)\times2\times114.285\ 71\approx32.00$(台班)

12.5 m 以内稳定土摊铺机：$(0.07+0\times8)\times2\times114.285\ 71\approx16.00$(台班)

16～20 t 轮胎式压路机：$(0.26+0\times8)\times2\times114.285\ 71\approx59.43$(台班)

250 L 以内强制式混凝土搅拌机：$(0.01+0\times13)\times114.285\ 71\approx1.14$(台班)

15 t 以内自卸汽车：$(1.92+0.1\times8)\times114.285\ 71\approx310.86$(台班)

20 t 以内平板拖车组：$(0.03+0\times8)\times114.285\ 71\approx3.43$(台班)

10 000 L 以内洒水汽车：$(0.17+0\times8)\times114.285\ 71\approx19.43$(台班)

12 t 以内汽车式起重机：$(0.01+0\times8)\times114.285\ 71\approx1.14$(台班)

40 t 以内汽车式起重机：$(0.04+0\times8)\times114.285\ 71\approx4.57$(台班)

75 t 以内汽车式起重机：$(0.04+0\times8)\times114.285\ 71\approx4.57$(台班)

小型机具使用费：$(1.3+0.1\times8)\times114.285\ 71\approx240.00$(台班)

归纳起来，运用指标应注意以下事项：

①全面核准工程数量及指标的计量单位，应保持一致；

②注意实际采用的技术标准、价格及规定的调整系数；

③详细阅读估算指标中的说明内容及附录中的规定；

④由于估算数量在数值上很大，应反复复核计算的结果。

任务5 工、料、机单价计算

①人工费标准按照本地区公路建设项目的人工工资统计情况以及公路建设劳务市场情况进行综合分析、确定人工工日单价。人工工日单价由省级交通运输主管部门制订发布，并适时进行动态调整。人工工日单价仅作为编制投资估算的依据，不作为施工企业实发工资的依据。

②材料费指施工过程中耗用的构成工程实体的原材料、辅助材料、构配件、零件、半成品或成品等，按工程所在地的材料价格计算的费用。

③材料预算价＝(材料原价＋运杂费)×(1＋场外运输损耗率)×(1＋采购及保管费率)－包装品回收价值。

a. 材料原价计算详见模块3中项目1的任务5；

b. 运杂费计算详见模块3中项目1的任务5。

④机械台班单价按机械台班费用定额中的消耗量进行计算,不变费用采用小计值,可变费用根据消耗量乘以对应的人工、材料预算价格计算。

任务6　建筑安装工程费计算

《公路工程建设项目投资估算编制办法》规定建筑安装工程费包括直接费、设备购置费、措施费、企业管理费、规费、利润、税金和专项费用。建筑安装工程费除专项费用外,其他均按“价税分离专”计价规则计算,即各项费用均以不含增值税可抵扣进项税额的价格(费率)进行计算,具体要素价格适用增值税税率执行财税部门的相关规定。定额建筑安装工程费包括定额直接费、定额设备购置费的40%、措施费、企业管理费、规费、利润、税金和专项费用。定额直接费包括定额人工费、定额材料费、定额施工机械使用费。

定额人工费、定额材料费、定额施工机械使用费以及定额设备购置费均按《公路工程预算定额》附录四“定额人工、材料、设备单价表”及《公路工程机械台班费用定额》中规定的人工、材料、设备、机械的相应基价计算的定额费用。

设备购置费指为满足公路初期运营、管理需要购置的构成固定资产标准的设备和虽低于固定资产标准但属于设计明确列入设备清单的设备的费用,包括渡口设备,隧道照明、消防、通风的动力设备,公路收费、监控、通信、路网运行监测、应急处置、出行服务、供配电及照明设备等。

(1)项目建议书投资估算

设备购置费按《公路工程建设项目投资估算编制办法》附录H规定的费率,以定额建筑安装工程费为基数进行计算。

(2)工程可行性研究报告投资估算

①设计能提出设备购置费应列出计划购置的清单,则以数量乘以设备预算价计算。设备购置费包括设备原价、运杂费、运输保险费、采购及保管费,各种税费按编制期有关部门规定计算。需要安装的设备,按建筑安装工程费的有关规定计算设备的安装工程费。设备与材料的划分标准见《公路工程建设项目投资估算编制办法》附录C。

②设计不能提出设备购置费应列出计划购置的清单,则按《公路工程估算指标》附录一的设备购置费参考值计算。

建筑安装工程费其他费用的编制依据,以及计算程序和方法参见模块3任务6建筑安装工程费计算。

项目2　土地使用及拆迁补偿费计算

1. 费用组成

土地使用及拆迁补偿费包括永久占地费、临时占地费、拆迁补偿费、水土保持补偿费、其他费用。

①永久占地费包括土地补偿费、征用耕地安置补助费、耕地开垦费、森林植被恢复费、失地农民养老保险费。

②临时占地费包括临时征地使用费、复耕费。

③拆迁补偿费指被征用或占用土地地上、地下的房屋及附属构筑物,公用设施、文物等的拆除、发掘及迁建补偿费,以及拆迁管理费等。

④水土保持补偿费根据国家相关法律、法规规定缴纳。

⑤其他费用为国务院行政主管部门及省级人民政府规定的其他与征地拆迁相关的费用。

具体费用组成见模块3。

2. 计算方法

土地使用及拆迁补偿费计算方法如下:

(1)项目建议书投资估算

土地使用费按现行《公路工程项目建设用地指标》中规定的数量乘以工程所在地的征地单价进行计算。拆迁补偿费按本办法附录H规定的费率,以定额建筑安装工程费为基数进行计算。

(2)工程可行性研究报告投资估算

①土地使用及拆迁补偿费应根据工程可行性研究报告编制的建设工程用地和临时用地面积及其附着物的情况,以及实际发生的费用项目,按国家有关规定及工程所在地的省(自治区、直辖市)人民政府颁布的有关规定和标准计算。

②森林植被恢复费应根据审批单位批准的建设工程占用林地的类型及面积,按国家有关规定及工程所在地的省(自治区、直辖市)颁布的有关规定和标准计算。

③当与原有的电力电信设施、管线、水利工程、铁路及铁路设施互相干扰时,应与有关部门联系,商定合理的解决方案和补偿金额,也可由这些部门按规定编制费用,以确定补偿金额。

④水土保持补偿费按各省(自治区、直辖市)制定的水土保持补偿费收费标准进行计算。

项目3　工程建设其他费计算

工程建设其他费包括建设项目管理费、研究试验费、建设项目前期工作费、专项评价(估)费、联合试运转费、生产准备费、工程保通管理费、工程保险费、其他相关费用。

任务1　建设项目管理费计算

建设项目管理费包括建设单位(业主)管理费、建设项目信息化费、工程监理费、设计文件审查费、竣(交)工验收试验检测费。其中,建设单位(业主)管理费、建设项目信息化费和工程监理费均为实施建设项目管理的费用,可根据建设单位(业主)、施工、监理单位所实际承担的工作内容和工作量统筹使用。

(1)建设单位(业主)管理费

建设单位(业主)管理费是指建设单位(业主)为进行建设项目的立项、筹建、建设、竣(交)工验收、总结等工作所发生的费用。

①建设单位(业主)管理费内容包括工作人员的工资、工资性津贴、施工现场津贴、社会保险费用(基本养老、基本医疗、失业、工伤保险)、住房公积金、职工福利费、工会经费、劳动保护费,办公费、会议费、差旅交通费、固定资产使用费(包括办公及生活房屋折旧、维修或租赁费,车辆折旧、维修、使用或租赁费,通信设备购置、使用费,测量、试验设备仪器折旧、维修或租赁费,其他设备折旧、维修或租赁费等)、零星固定资产购置费、招募生产工人费,技术图书资料费、职工教育培训经费,招标管理费,合同契约公证费、法律顾问费、咨询费,建设单位的临时设施费、完工清理费、竣(交)工验收费(含其他行业或部门要求的竣工验收费用、建设单位负责的竣(交)工文件编制费)、各种税费(包括房产税、车船使用税、印花税等),对建设项目前期工作、项目实施及竣工决算等全过程进行审计所发生的审计费用,境内外融资费用(不含建设期贷款利息)、业务招待费及工程质量、安全生产管理费和其他管理性开支。

②建设单位(业主)管理费以定额建筑安装工程费为基数,按表2.15的费率,以累进方法计算。

表2.15　建设单位(业主)管理费费率表

定额建筑安装工程费(万元)	费率(%)	算例(万元)	
		定额建筑安装工程费	建设单位(业主)管理费
500及以下	4.858	500	500×4.858%=24.29
500~1 000	3.813	1 000	24.29+(1 000-500)×3.813%=43.355
1 000~5 000	3.049	5 000	43.355+(5 000-1 000)×3.049%=165.315
5 000~10 000	2.562	10 000	165.315+(10 000-5 000)×2.562%=293.415
10 000~30 000	2.125	30 000	293.415+(30 000-10 000)×2.125%=718.415
30 000~50 000	1.773	50 000	718.415+(50 000-30 000)×1.773%=1 073.015
50 000~100 000	1.312	100 000	1 073.015+(100 000-50 000)×1.312%=1 729.015
100 000~150 000	1.057	150 000	1 729.015+(150 000-100 000)×1.057%=2 257.515
150 000~200 000	0.826	200 000	2 257.515+(200 000-150 000)×0.826%=2 670.515
200 000~300 000	0.595	300 000	2 670.515+(300 000-200 000)×0.595%=3 265.515

续表

定额建筑安装工程费（万元）	费率（%）	算例（万元）	
		定额建筑安装工程费	建设单位(业主)管理费
300 000 ~ 400 000	0.498	400 000	3 265.515 + (400 000 − 300 000) ×0.498% =3 763.515
400 000 ~ 600 000	0.450	600 000	3 763.515 + (600 000 − 400 000) ×0.45% =4 663.515
600 000 ~ 800 000	0.400	800 000	4 663.515 + (800 000 − 600 000) ×0.4% =5 463.515
800 000 ~ 1 000 000	0.375	1 000 000	5 463.515 + (1 000 000 − 800 000) ×0.375% =6 213.515
1 000 000 以上	0.350	1 200 000	6 213.515 + (1 200 000 − 1 000 000) ×0.35% =6 913.515

③双洞长度超过5 000 m的独立隧道，水深大于15 m、跨径大于或等于400 m的斜拉桥和跨径大于或等于800 m的悬索桥等独立特大型桥梁工程的建设单位（业主）管理费，按表2.15中的费率乘以系数1.3计算；海上工程[指由于风浪影响，工程施工期（不包括封冻期）全年月平均工作日少于15 d的工程]的建设单位（业主）管理费，按表2.15中的费率乘以系数1.2计算。

（2）建设项目信息化费

建设项目信息化费指建设单位（业主）和各参建单位用于建设项目的质量、安全、进度、费用等方面的信息化建设、运维及各种税费等费用，包括建设项目全寿命周期的建筑信息模型（Building Information Modeling，简称BIM）等相关费用。建设项目信息化费以定额建筑安装工程费为基数，按表2.16的费率，以累进方法计算。

表2.16 建设项目信息化费费率表

定额建筑安装工程费（万元）	费率（%）	算例（万元）	
		定额建筑安装工程费	建设项目信息化费
500 及以下	0.600	500	500 ×0.6% =3
500 ~ 1 000	0.452	1 000	3 + (1 000 − 500) ×0.452% =5.26
1 000 ~ 5 000	0.356	5 000	5.26 + (5 000 − 1 000) ×0.356% =19.5
5 000 ~ 10 000	0.285	10 000	19.5 + (10 000 − 5000) ×0.285% =33.75
10 000 ~ 30 000	0.252	30 000	33.75 + (30 000 − 10 000) ×0.252% =84.15
30 000 ~ 50 000	0.224	50 000	84.15 + (50 000 − 30 000) ×0.224% =128.95
50 000 ~ 100 000	0.202	100 000	128.95 + (100 000 − 50 000) ×0.202% =229.95
100 000 ~ 150 000	0.171	150 000	229.95 + (150 000 − 100 000) ×0.171% =315.45
150 000 ~ 200 000	0.160	200 000	315.45 + (200 000 − 150 000) ×0.16% =395.45
200 000 ~ 300 000	0.142	300 000	395.45 + (300 000 − 200 000) ×0.142% =537.45
300 000 ~ 400 000	0.135	400 000	537.45 + (400 000 − 300 000) ×0.135% =672.45
400 000 ~ 600 000	0.131	600 000	672.45 + (600 000 − 400 000) ×0.131% =934.45
600 000 ~ 800 000	0.127	800 000	934.45 + (800 000 − 600 000) ×0.127% =1 188.45
800 000 ~ 1 000 000	0.125	1 000 000	1 188.45 + (1 000 000 − 800 000) ×0.125% =1 438.45
1 000 000 以上	0.122	1 200 000	1 438.45 + (1 200 000 − 1 000 000) ×0.122% =1 682.45

(3)工程监理费

工程监理费指建设单位(业主)委托具有监理资格的单位,按施工监理规范进行全面的监督和管理所发生的费用。

①工程监理费内容包括工作人员的工资、工资性津贴、施工现场津贴、社会保险费用(基本养老、基本医疗、失业、工伤保险)、住房公积金、职工福利费、工会经费、劳动保护费,办公费、会议费、差旅交通费,办公、试验固定资产使用费(包括办公及生活房屋折旧、维修或租赁费,车辆折旧、维修、使用或租赁费,通信设备购置、使用费,测量、试验、检测设备仪器折旧、维修或租赁费,其他设备折旧、维修或租赁费等)、零星固定资产购置费、招募生产工人费,技术图书资料费、职工教育经费、投标费用,合同契约公证费、法律顾问费、咨询费、业务招待费,财务费用、监理单位的临时设施费、完工清理费、竣(交)工验收费、各种税费、安全生产管理费和其他管理性开支。

②工程监理费以定额建筑安装工程费为基数,按表2.17的费率,以累进方法计算。

表2.17 工程监理费费率表

定额建筑安装工程费(万元)	费率(%)	算例(万元)	
		定额建筑安装工程费	工程监理费
500及以下	3.00	500	500×3% =15
500~1 000	2.40	1 000	15+(1 000-500)×2.4% =27
1 000~5 000	2.10	5 000	27+(5 000-1 000)×2.1% =111
5 000~10 000	1.94	10 000	111+(10 000-5 000)×1.94% =208
10 000~30 000	1.87	30 000	208+(30 000-10 000)×1.87% =582
30 000~50 000	1.83	50 000	582+(50 000-30 000)×1.83% =948
50 000~100 000	1.78	100 000	948+(100 000-50 000)×1.78% =1 838
100 000~150 000	1.72	150 000	1 838+(150 000-100 000)×1.72% =2 698
150 000~200 000	1.64	200 000	2 698+(200 000-150 000)×1.64% =3 518
200 000~300 000	1.55	300 000	3 518+(300 000-200 000)×1.55% =5 068
300 000~400 000	1.49	400 000	5 068+(400 000-300 000)×1.49% =6 558
400 000~600 000	1.45	600 000	6 558+(600 000-400 000)×1.45% =9 458
600 000~800 000	1.42	800 000	9 458+(800 000-600 000)×1.42% =12 298
800 000~1 000 000	1.37	1 000 000	12 298+(1 000 000-800 000)×1.37% =15 038
1 000 000以上	1.33	1 200 000	15 038+(1 200 000-1 000 000)×1.33% =17 698

(4)设计文件审查费

设计文件审查费指在项目审批前,建设单位(业主)为保证勘察设计工作的质量,组织有关专家或委托有资质的单位,对提交的建设项目可行性研究报告和勘察设计文件进行审查所需要的相关费用。设计文件审查费以定额建筑安装工程费为基数,按表2.18的费率,以累进方法计算。

①建设项目若有地质勘察监理,费用在此项目开支。

②建设项目若有设计咨询（或称设计监理、设计双院制），其费用在此项目内开支。

表2.18　设计文件审查费费率表

定额建筑安装工程费（万元）	费率（%）	算例（万元）	
		定额建筑安装工程费	设计文件审查费
5 000 以下	0.077	5 000	5 000×0.077% =3.85
5 000~10 000	0.072	10 000	3.85+(10 000-5 000)×0.072% =7.45
10 000~30 000	0.069	30 000	7.45+(30 000-10 000)×0.069% =21.25
30 000~50 000	0.066	50 000	21.25+(50 000-30 000)×0.066% =34.45
50 000~100 000	0.065	100 000	34.45+(100 000-50 000)×0.065% =66.95
100 000~150 000	0.061	150 000	66.95+(150 000-10 000)×0.061% =97.45
150 000~200 000	0.059	200 000	97.45+(200 000-150 000)×0.059% =126.95
200 000~300 000	0.057	300 000	126.95+(300 000-200 000)×0.057% =183.95
300 000~400 000	0.055	400 000	183.95+(400 000-300 000)×0.055% =238.95
400 000~600 000	0.053	600 000	238.95+(600 000-400 000)×0.053% =344.95
600 000~800 000	0.052	800 000	344.95+(800 000-600 000)×0.052% =448.95
800 000~100 0000	0.051	1 000 000	448.95+(800 000-600 000)×0.051% =550.95
1 000 000 以上	0.050	1 200 000	550.95+(800 000-600 000)×0.050% =650.95

（5）竣（交）工验收试验检测费

竣（交）工验收试验检测费指在公路建设项目竣（交）工验收前，由建设单位（业主）或工程质量监督机构委托有资质的公路工程质量检测单位按照有关规定对建设项目的工程质量进行检测并出具检测试验意见，以及进行桥梁动（静）载试验或其他特殊检测等所需的费用。

①竣（交）工验收试验检测费按表2.19规定的费率计算。道路工程按主线路基长度计算，桥梁工程以主线桥梁、分离式立交、匝道桥的长度之和进行计算，隧道按单洞长度计算。

②对于道路工程，高速公路、一级公路按四车道计算，二级及二级以下公路按两车道计算，每增加1个车道，按表2.19的费用增加10%。桥梁和隧道按双向四车道计算，每增加1个车道费用增加15%。二级及二级以下公路的桥隧工程，按表2.19费用的40%计算。

表2.19　竣（交）工验收试验检测费

检测项目		竣（交）工验收试验检测费	备　注
道路工程（元/km）	高速公路	23 500	包括路基、路面、涵洞、通道、路段安全设施和机电、房建、绿化、环境保护及其他工程
	一级公路	17 000	
	二级公路	11 500	
	三级及三级以下公路	5 750	

续表

检测项目			竣(交)工验收试验检测费	备 注
桥梁工程	一般桥梁(元/延米)	—	40	包括桥梁范围内的所有土建、安全设施和机电、声屏障等环境保护工程及必要的动(静)载试验
	技术复杂桥梁(元/延米)	钢管拱	750	
		连续刚构	500	
		斜拉桥	600	
		悬索桥	560	
隧道工程(元/延米)		单洞	80	包括隧道范围内的所有土建、安全设施、机电、消防设施等

任务2 研究试验费计算

研究试验费指按项目特点和有关规定,在建设过程中必须进行的研究和试验所需的费用,以及支付科技成果、专利、先进技术的一次性技术转让费。

①研究试验费不包括以下内容:

a. 应由前期工作费(为建设项目提供或验证设计数据、资料等专题研究)开支的项目。

b. 应由科技三项费用(即新产品试制费、中间试验费和重要科学研究补助费)开支的项目。

c. 应由施工辅助费开支的施工企业对建筑材料、构件和建筑物进行一般鉴定、检查所发生的费用及技术革新研究试验费。

②计算方法。按设计提出的研究试验内容和要求进行编制。

任务3 建设项目前期工作费计算

建设项目前期工作费指委托勘察设计单位、咨询单位对建设项目进行可行性研究、工程勘察设计,以及设计、监理、施工招标文件及招标标底或造价控制值文件编制时,按规定应支付的费用。

(1)费用组成

①编制项目建议书(或预可行性研究报告)、可行性研究报告、投资估算,以及相应的勘察、设计等所需的费用。

②通过风洞试验、地震动参数、索塔足尺模型试验、桥墩局部冲刷试验、桩基承载力试验等为建设项目提供或验证设计数据所需的专题研究费用。

③初步设计和施工图设计的勘察费、设计费、概(预)算编制及调整概算编制费用等。

④设计、监理、施工招标及招标标底(或造价控制值或清单预算)文件编制费等。

(2)计算方法

前期工作费以定额建筑安装工程费为基数,按表2.20的费率,以累进方法计算。

表2.20　建设项目前期工作费费率表

定额建筑安装工程费（万元）	费率（%）	算例（万元）	
		定额建筑安装工程费	建设项目前期工作费
500及以下	3.00	500	500×3.00%=15
500~1 000	2.70	1 000	15+(1 000-500)×2.70%=28.5
1 000~5 000	2.55	5 000	28.5+(5 000-1 000)×2.55%=130.5
5 000~10 000	2.46	10 000	130.5+(10 000-5 000)×2.46%=253.5
10 000~30 000	2.39	30 000	253.5+(30 000-10 000)×2.39%=731.5
30 000~50 000	2.34	50 000	731.5+(50 000-30 000)×2.34%=1 199.5
50 000~100 000	2.27	100 000	1 199.5+(100 000-50 000)×2.27%=2 334.5
100 000~150 000	2.19	150 000	2 334.5+(150 000-100 000)×2.19%=3 429.5
150 000~200 000	2.08	200 000	3 429.5+(200 000-150 000)×2.08%=4 469.5
200 000~300 000	1.99	300 000	4 469.5+(300 000-200 000)×1.99%=6 459.5
300 000~400 000	1.94	400 000	6 459.5+(400 000-300 000)×1.94%=8 399.5
400 000~600 000	1.86	600 000	8 399.5+(600 000-400 000)×1.86%=12 119.5
600 000~800 000	1.80	800 000	12 119.5+(800 000-600 000)×1.80%=15 719.5
800 000~1 000 000	1.76	1 000 000	15 719.5+(1 000 000-800 000)×1.76%=19 239.5
1 000 000以上	1.72	1 200 000	19 239.5+(1 200 000-1 000 000)×1.72%=22 679.5

任务4　专项评价(估)费计算

专项评价(估)费指依据国家法律、法规规定进行评价(评估)、咨询,按规定应支付的费用。

(1)费用组成

专项评价(估)费包括环境影响评价费、水土保持评估费、地震安全性评价费、地质灾害危险性评价费、压覆重要矿床评估费、文物勘察费、通航论证费、行洪论证(评估)费、使用林地可行性研究报告编制费、用地预审报告编制费、项目风险评估费、节能评估费和社会风险评估费、放射性影响评估费、规划选址意见书编制费等费用。

(2)计算方法

①项目建议书投资估算的专项评价(估)费按《公路工程建设项目投资估算编制办法》附录C规定的费率,以定额建筑安装工程费为基数进行计算。

②工程可行性研究报告投资估算的专项评价(估)费依据委托合同计列,或按国家有关规定进行编制。

任务5　联合试运转费计算

联合试运转费指建设项目的机电工程,按照有关规定标准,需要进行整套设备带负荷联合试运转所需的全部费用,不包括应由设备安装工程费中开支的调试费用。

(1)费用组成

联合试运转费包括联合试运转期间所需的材料、燃料和动力的消耗,机械和检测设备使用费,工具用具和低值易耗品费,参加联合试运转的人员工资及其他费用等。

(2)计算方法

联合试运转费以定额建筑安装工程费为基数,按0.04%费率计算。

任务6 生产准备费计算

生产准备费指为保证新建、改扩建项目交付使用后满足正常的运行、管理发生的工器具购置、办公和生活用家具购置、生产人员培训、应急保通设备购置等费用。

①工器具购置费指建设项目交付使用后为满足初期正常运营必须购置的第一套不构成固定资产的设备、仪器、仪表、工卡模具、器具、工作台(框、架、柜)等的费用,不包括构成固定资产的设备、工器具和备品、备件,以及已列入设备费中的专用工具和备品、备件。工器具购置费由设计单位列出计划购置清单(包括规格、型号、数量),计算方法同设备购置费。

②办公和生活用家具购置费指新建、改扩建工程项目,为保证初期正常生产、使用和管理所购置的办公和生活用家具、用具的费用,包括行政、生产部门的办公室、会议室、资料档案室、阅览室、宿舍及生活福利设施等的家具、用具。办公和生活用家具购置费按表2.21的规定计算。

表2.21 办公和生活用家具购置费标准表

工程所在地	路线(元/公路公里)				单独管理或单独收费的桥梁、隧道(元/座)		
	高速公路	一级公路	二级公路	三、四级公路	特大、大桥		特长隧道
					一般桥梁	技术复杂大桥	
内蒙古、黑龙江、青海、新疆、西藏	21 500	15 600	7 800	4 000	24 000	60 000	78 000
其他省、自治区、直辖市	17 500	14 600	5 800	2 900	19 800	49 000	63 700

③生产人员培训费指为保证生产的正常运行,在工程交工验收交付使用前对运营部门生产人员和管理人员进行培训所需的费用,包括培训人员的工资、工资性津贴、职工福利费、差旅交通费、劳动保护费、培训及教学实习费等。该费用按设计定员和3 000元/人的标准计算。

④应急保通设备购置费指新建、改扩建工程项目,为满足初期正常营运,购置保障抢修保通、应急处置,且构成固定资产的设备所需的费用。该费用由设计单位列出计划购置清单,计算方法同设备购置费。

任务7 工程保通管理费计算

工程保通管理费指新建或改扩建工程需边施工边维持通车或通航的建设项目,为保证公(铁)路运营安全、船舶航行安全及施工安全而进行交通(公路、航道、铁路)管制、交通(铁路)与船舶疏导所需的和媒体、公告等宣传费用及协管人员经费等。工程保通管理费应按设计需要进行列支。涉水项目施工期通航安全保障费用计算方法按《公路工程建设项目投资估算编制办法》附录H执行。

任务8 工程保险费计算

工程保险费指在合同执行期内,施工企业按合同条款要求办理保险的费用,包括建筑工程一切险和第三方责任险。

①建筑工程一切险是为永久工程、临时工程和设备及已运至施工工地用于永久工程的材料和设备所投的保险。

②第三者责任险是对因实施合同工程而造成的财产(本工程除外)损失或损害,或人员(业主和承包人雇员除外)的死亡或伤残所负责进行的保险。

③工程保险费以建筑安装工程费(不含设备费)为基数,按0.4%费率计算。

任务9 其他相关费用计算

其他相关费用指国务院行政主管部门及省级人民政府规定的其他与公路建设相关的费用,按其相关规定计算。

项目4 预备费计算

预备费用由基本预备费及价差预备费两部分组成。

1.基本预备费

基本预备费是指在项目建议书和可行性研究报告及投资估算中难以预料的工程和费用,包括以下内容:

①在进行工程可行性研究、初步设计(技术设计)、施工图设计和施工过程中,在批准的项目建议书、工程可行性研究报告和投资估算范围内所增加的工程费用。

②在设备订货时,由于规格、型号改变的价差,材料货源变更、运输距离或方式的改变以及因规格不同而代换使用等原因发生的价差。

③在项目主管部门组织竣(交)工验收时,验收委员会(或小组)为鉴定工程质量而必须开挖和修复隐蔽工程的费用。

基本预备费以建筑安装工程费、土地使用及拆迁补偿费、工程建设其他费之和为基数,按下列费率计算:

①目建议书投资估算按11%计列。

②工程可行性研究报告按9%计列。

2.价差预备费

价差预备费是指设计文件编制年至工程交工年期间,建筑安装工程费中的人工费、材料费、设备费、施工机械使用费、措施费、企业管理费等由于政策、价格变化可能发生上浮而预留的费用,以及外资贷款汇率变动部分的费用。

①价差预备费以建筑安装工程费用总额为基数,按设计文件编制年始至建设项目工程交工

年终的年数和年工程造价增涨率计算。

$$价差预备费 = P \times [(1+i)^{n-1} - 1] \tag{2.1}$$

式中 P——建筑安装工程费总额，元；

i——年造价增涨率，%；

n——设计文件编制年至建设项目开工年 + 建设项目建设期限，年。

②年工程造价增涨率按有关部门公布的工程投资价格指数计算。

③设计文件编制至工程交工在一年以内的工程，不列此项费用。

项目5 建设期贷款利息计算

建设期贷款利息是指工程项目使用的贷款部分在建设期内应计取的贷款利息，包括各种金融机构贷款、建设债券和外汇贷款等利息。

建设期贷款利息根据不同的资金来源按需付息的分年度投资计算。

建设期贷款利息 = $\sum$（上年末付息贷款本息累计 + 本年度付息贷款额 ÷ 2）× 年利率

即

$$S = \sum_{n=1}^{N} (F_{n-1} + b_n \div 2) \times i \tag{2.2}$$

式中 S——建设期贷款利息，元；

N——项目建设期，年；

n——施工年度；

F_{n-1}——建设期第 $n-1$ 年末需付息贷款本息累计；

b_n——建设期第 n 年度付息贷款额；

i——中国人民银行公布的贷款基准年利率。

项目6 总造价计算

公路工程估算总金额即总造价等于第一、二、三、四、五部分费用合计（表2.22）。

表2.22 公路工程建设各项费用的计算程序及计算方式

序 号	项 目	说明及计算式
（一）	定额直接费	$\sum$ 人工消耗量 × 人工基价 + $\sum$（材料消耗量 × 材料基价 + 机械台班消耗量 × 机械台班基价）
（二）	定额设备购置费	$\sum$ 设备购置数量 × 设备基价
（三）	直接费	$\sum$ 人工消耗量 × 人工单价 + $\sum$（材料消耗量 × 材料预算单价 + 机械台班消耗量 × 机械台班预算单价）
（四）	设备购置费	$\sum$ 设备购置数量 × 预算单价，或按规定计算

续表

序 号	项 目	说明及计算式
（五）	措施费	（一）×施工辅助费费率+定额人工费和定额施工机械使用费之和×其余措施费综合费率
（六）	企业管理费	（一）×企业管理费综合费率
（七）	规费	各类工程人工费（含施工机械人工费）×规费综合费率
（八）	利润	[（一）+（五）+（六）]×利润率
（九）	税金	[（三）+（四）+（五）+（六）+（七）+（八）]×10%
（十）	专项费用	
	施工场地建设费	[（一）+（五）+（六）+（七）+（八）+（九）]×累进费率
	安全生产费	建筑安装工程费（不含安全生产费本身）×（≥1.5%）
（十一）	定额建筑安装工程费	（一）+（二×40%）+（五）+（六）+（七）+（八）+（九）+（十）
（十二）	建筑安装工程费	（三）+（四）+（五）+（六）+（七）+（八）+（九）+（十）
（十三）	土地使用及拆迁补偿费	按规定计算
（十四）	工程建设其他费	
	建设项目管理费	
	建设单位（业主）管理费	（十一）×累进费率
	建设项目信息化费	（十一）×累进费率
	工程监理费	（十一）×累进费率
	设计文件审查费	（十一）×累进费率
	竣（交）工验收试验检测费	按规定计算
	研究试验费	
	建设项目前期工作费	（十一）×累进费率
	专项评价（估）费	按规定计算
	联合试运转费	（十一）×费率
	生产准备费	
	工具器购置费	按规定计算
	办公和生活用家具购置费	按规定计算
	生产人员培训费	按规定计算
	应急保通设备购置费	
	工程保通管理费	按规定计算
	工程保险费	[（十二）-（四）]×费率
	其他相关费用	
（十五）	预备费	
	基本预备费	[（十二）+（十三）+（十四）]×费率

续表

序 号	项 目	说明及计算式
	价差预备费	(十二)×费率
(十六)	建设期贷款利息	
(十七)	公路基本造价	(十二)+(十三)+(十四)+(十五)+(十六)

复习思考题

2.1 什么是公路工程投资估算?

2.2 项目建议书投资估算有哪些作用?

2.3 编制投资估算应有哪些主要依据?

2.4 简述投资估算的费用组成。

2.5 投资估算文件组成有哪些?

2.6 列项时有哪些要求?

2.7 计算费率时工程类别有哪些?

2.8 简述估算指标的内容。

2.9 建设期贷款利息如何计算?

2.10 简述编制投资估算的程序。

模块3　公路工程概预算编制

公路工程概预算是设计概算、修正概算、施工图预算的统称。公路工程概预算是在工程初步设计阶段、技术设计阶段、施工图设计阶段，按照规定的造价依据、方法和程序，以项目初步设计、技术设计、施工图设计为依据，对工程建设所需要的全部费用及其构成进行计算所确定的造价预计值。初步设计概算、修正概算是公路工程建设项目管理重要的控制目标。施工图预算是组织项目建设实施、评价施工图设计经济合理性的重要依据。

项目1　建筑安装工程费计算

任务1　熟悉收集资料

在编制工程造价之前，造价人员必须进行现场调查，收集有关资料。实践证明，通过现场调查往往能发现降低工程费用的更好的施工方法和结合实际的技术组织措施。因此，现场调查是编好工程造价的一个重要工作环节和必要手段。

熟悉设计图纸资料与现场调查是公路工程造价编制的两项重要工作，实际上，这两项工作是互相交错进行的。一般情况下，造价人员随同勘察队勘察，除在勘察期间调查工程造价必须掌握的各种基础资料外，还应在熟悉设计内容的基础上，检验现场实施的可能性和经济合理性，将有关编制工程造价所需的各种基础资料与设计内容相结合来开展调查工作。因此，根据编制公路工程造价的要求，应进行各项现场调查并搜集相关的资料。

1. 调查的目的与要求

(1)目的

公路工程建设项目初步设计阶段要进行初测，技术设计阶段要进行补充实测，施工图设计阶段要进行定测。无论哪个外业勘测阶段，都要进行不同深度的施工组织资料和概算预算资料调查，一般这两种资料调查是同时进行的。也就是说，概算预算工作是和工程勘测设计同时开始、同步进行的。

概算预算资料调查是指为了使工程概算预算能够起到控制投资和指导施工的作用而进行的勘察、收集、研究有关资料的活动。

进行概算预算资料调查的根本目的是为编制概算预算文件提供必要的、切实的各项资料。

(2)要求

概算预算资料调查的范围和内容必须满足《公路工程概算定额》《公路工程预算定额》《公路工程建设项目概算预算编制办法》及各省、自治区、直辖市、中央各部委、地方政府所发布的有关规定。

概算预算资料调查作业应符合《公路勘测规范》(JTG C10—2007)的规定。

在整个概算预算工作中,概算预算资料调查是一项很重要的基础工作,是概算预算工作的第一步。该项工作的优劣、深浅,直接影响概算预算工作质量的好坏及工程造价的高低,甚至还影响下一步工作的进行。公路工程概算预算的第一部分建筑安装工程费是用工料机分析法进行计算的,若不通过材料原价、运距、运杂费等的调查就无法进行预算价格计算,也就无法进行分项工程造价计算,即便是第二、三部分费用,没有调查资料也无法计算。同时,概算预算资料调查还起着向设计人员提供信息、影响设计的作用。所以说,概算预算资料调查是公路工程设计的一部分,是概算预算工作关键性的第一步,是工程造价管理在整个公路工程建设中的第一关。

概算预算资料调查的主要内容一般分为筑路材料调查和相应的运杂费调查,征用土地及附着物拆迁赔偿调查,工点位置和临时工程调查,土质、地质、地形、地貌一般调查,其他概算预算资料调查等。

编制设计阶段的施工组织文件和概算预算文件的调查活动,是在勘察设计阶段由勘测队中的"调查组"负责进行的。编制施工阶段的施工组织设计文件和施工预算的调查工作,是在施工准备阶段由施工单位的调查组结合恢复路线工作进行的。在勘察设计阶段进行的调查,具有勘察、调研的性质;而在施工阶段所进行的调查,则具有复查和补充的性质。但两者的内容和方法基本上是一样的。

调查方法主要根据《公路勘测规范》(JTG C10—2007)及各省有关规定,采取现场勘测、走访、座谈、信函等方式进行。

调查的深度和广度,除满足《公路工程建设项目概算预算编制办法》的要求外,还应满足地方政府及有关部门的各项规定。

调查工作的基本要求是:座谈有纪要,协商有协议,调查有证明。政策规定应索取书面资料或复印件。特别要注意的是,所有资料均要真实可靠、手续健全、措辞严谨且具有法律效应。

取得全面、正确的调查资料,不仅是编制施工组织文件和概算预算文件的需要,而且是确保工程按时开工和顺利进行的前提条件。资料调查与技术工作是同样重要的两个方面。由于各级政府的有关规定非常多,特别是调查结果涉及"千家万户"的利益,而且既有技术问题、经济问题,又有法律问题,所以调查工作十分烦琐,需要细致、耐心,稍有疏忽,就会给随后的工作造成麻烦,甚至使工程受到经济损失。为此,必须掌握调查的内容和方法,从而高质量地完成资料调查任务。

2. 初测阶段的资料调查

初测阶段的概算资料调查,应按《公路勘测规范》(JTG C10—2007)的有关规定进行,同时应在可行性研究阶段踏勘勘测调查资料的基础上进行(无此阶段除外)。

1)准备工作

在初测阶段进行外业勘测之前,应做好资料调查的准备工作,主要有以下3个方面。

①收集和学习有关文件、规定等资料。

a.《公路工程建设项目概算预算编制办法》《公路工程概算定额》《公路工程预算定额》《公路勘测规范》《公路工程技术标准》《公路工程机械台班费用定额》《公路工程估算指标》等。

b.各省交通厅关于《公路工程建设项目概算预算编制办法》的补充规定、各省关于“征用土地及拆迁补充标准”、各省关于“征占地管理费收费标准”、各省公布的“土地管理暂行办法”等。

②各省交通厅关于“公路工程生产工人的工日工资标准”的规定,现行年度或季度“公路工程材料价格信息”等。

③准备各种调查表格、协议,检查各种外业测量设备及调查工作用具。

2)社会条件调查

社会条件是指建设工程所在地的政治、历史、风俗以及社会、经济的发展情况。它对建设工程的顺利实施有着极其重要的影响,对此应进行必要的调查了解。

3)自然条件调查

自然条件包括沿线地形、地质、水文、气候等,是直接影响建设工程实施可能性的重要因素,必须进行充分、细致的调查研究。凡遗漏或不全的,均应加以补充和完善。要认真细致,务必使所搜集的资料真实可靠。

(1)地形情况

地形情况,包括地貌、河流、交通及附近建筑物、构筑物等情况。由于公路是一种线形建筑工程,往往要穿越各种各样的地带,如城镇居民地区,地形起伏不定、河流纵横交错的复杂地区,或是沙漠、草原、原始森林或地质不良的地区。此外,在实施过程中或建成后,可能遭遇到山洪、冰川、雪崩和塌陷等自然灾害的影响。通过深入调查研究,做到情况明确,就能从实际出发,确定合理可靠的设计方案和工程造价,从而避免建设资金的浪费和对人们的生产、生活产生不利的影响。

(2)土壤地质情况

土壤地质情况,如土壤的性质和类别,不良地质地区的特征,泥石流、滑坡以及地震级别等。其中,土的类别等是计价的信息资料,如果有误,就会使工程造价脱离实际,影响工程的顺利实施。

(3)水文资料

水文资料,包括河流的流量、流速、漂浮物情况、水质、最高洪水位、枯水期水位,以及地下水等。这些都是确定编制工程造价及安排施工计划的客观依据,应深入调查、了解、收集。

(4)气象资料

气象资料,如气温、季节风、雨量、积雪、冰冻深度等情况,以及雨季和冬季的期限。应向沿线气象部门调查收集所需资料,若与概预算编制办法中有关冬雨季的规定要求有较大出入时,可作为调整计算冬雨季费用的依据。

4)施工条件调查

施工条件调查主要包括以下3个方面。

(1)施工单位和施工方式的调查

在初测阶段,如果设计任务书未明确施工单位,则应向建设单位了解本工程是采用招标方式还是其他方式确定施工单位,同时应向建设单位调查确定是采用专业队伍施工还是采用专业队伍与民工建勤结合或全部采用民工建勤,必须明确编制概预算的有关原则。

(2)施工单位的施工能力调查

无论采用何种方式施工,均应调查施工单位的施工能力,即可投入的劳动力、机械、设备及其他施工手段等。

(3)施工机构所在地址调查

当施工单位确定后,应调查施工机构所在地址、迁移到本工程现场的运输方式和距离等。

5)技术经济条件调查

技术资料、生活物资、劳务、社会运力、市场行情,以及当地政府颁布的经济法规等多方面的经济信息,是工程计价极其重要的信息资料,应做到资料准确,某些资料尚应取得书面文件。

(1)运输道路情况

工程施工时,沿线可供利用的场地、运输道路和桥梁在使用前和使用过程中必要的改建加固和维修,以及需要支付的补偿费等情况。除应收集各项具体数据外,一般应与物主取得协议。

(2)建筑材料

工程所在地的各种建筑材料的供应能力、流通渠道、供应地点、规格质量是否符合工程设计要求,砂石材料若能自行开采,则应探明储存量和开采条件,当地有无工业废料(如粉煤灰),以及数量、质量、价格及其利用的可能性等情况。一般应绘制运距示意图,进行必要的文字说明,并按表3.1的内容和要求进行搜集、调查。

表3.1 筑路材料调查表

建设项目名称:

材料名称	规格	单位	单价	供应地点	供应量	运输方式	运距	上路桩号

调查者: 年 月 日

为了建立和完善工程价格信息资料的管理机制,应规范工程计价行为,以利于加强宏观调控。近年来,全国各省、自治区、直辖市的公路造价管理部门根据国家赋予造价管理的行政职能,定期发布指令性的建筑材料价格信息。因此,在进行建筑材料价格的调查时,原则上应以此为依据,结合所收集的建设工程所在地的价格信息资料,征询建设单位的意见,进行必要的分析研究,合理取定。

(3)运输条件

当地可能提供的运输方式(如汽车、火车、船舶等)、运输能力、转运情况,以及运杂费标准,如过路费、过桥费、各种装卸费、养路费和车船使用税征收标准等,除应向当地交通运输主管部门调查了解外,还应注意运输市场情况的调查研究,并按表3.2和表3.3的内容和要求进行收集调查。

表3.2 运输条件调查表

建设项目名称:

车辆种类	台数	出车单位	运价率	说明

调查者: 年 月 日

表3.3 运价调查表

建设项目名称：

所运物资类别	运输路线	运输方式	运价率	装卸费率	运杂费率	其他杂费	说 明

调查者： 年 月 日

(4)工资标准

一是要调查建设工程所在地可以利用的社会劳动力资源的情况，如数量、技术水平、分包的可能性；二是要收集工人工资的相关资料。人工费的单价也同上述材料价格一样，是由各地的公路（交通）工程定额（造价管理）站统一发布的。但是有些特殊的规定，如地区生活补贴、特殊津贴等，是否已包括在统一的单价内，要注意调查了解有关这些方面的情况和规定，以免遗漏。

(5)用水、用电

用水、用电情况包括当地供水、供电能力和管线设施情况、收费标准以及提供通信的可能程度。个别地区供水、供电对工程造价有较大的影响，应尽可能做好各项相关资料的收集工作。

(6)生活资料

生活资料包括主副食、日用生活品的可供情况，以及医疗卫生、文化教育、消防治安等社会服务机构的支援能力，并按表3.4的内容分段调查登记，从而为计算主副食运费补贴综合里程提供依据。

表3.4 主副食运输调查表

建设项目名称：

序 号	名 称	供应地点	供应比重(%)	运 距	备 注

调查者： 年 月 日

注：主副食若有多个供应点，应分别填写，并注明其供应比重。

(7)市场行情

要通过对市场情况的调查，了解其发展趋势，进行综合预测，确定年工程造价增涨率，以便计算价差预备费。

(8)筹资方式

应向工程建设主管部门或建设单位了解兴建工程筹集建设资金的方式。若为贷款项目，则应明确所需贷款总额、资金来源、年利率、建设年限、当年是否计息以及年度贷款的分配比例等，以便计算建设期的贷款利息。

(9)实施方法

要向工程建设主管部门或建设单位了解建设项目是否实行招标，对施工单位应具备的资质等级的要求和初步选定施工单位的意向，以及施工方案、标段的划分和机械化程度等。这不仅是确定工地转移费用的依据，也是取定其他各项有关计价依据的重要条件。因此，既要考虑施工单位的承受能力，也要考虑市场竞争的影响因素。总之，要正确处理好两者之间的关系。

(10)征地、拆迁

要向沿线当地人民政府的土地管理部门调查了解工程建设征用和租用的土地，被征用土地上青苗的铲除，经济林木的砍伐，房屋、水井等建筑物的拆除，应予支付补偿的标准，以及土地征收管理费、耕地占用税的有关规定。同时，要收集近3年各种农作物的平均年产量、人均占有耕地亩数、农作物的市场价格等资料。至于电力、电信设施的迁移，以及水利工程、铁路及铁路设施互相干扰时，应与有关部门联系，商定合理的解决方案和赔偿标准。

由于征地、拆迁涉及面广，对人们的生产、生活会产生极大的不利影响，应认真细致地按照表3.5—表3.9的内容和要求做好现场调查和资料的收集工作。此外，由于确定公路征用土地的面积都是按照横断面双边需占地的宽度加上规定的预留宽度来计算的，往往存在一些田边、地角等不在计算范围内的情况，即一整块耕地被征用之后，尚剩下一个小角落不在被征用范围内，而客观上已无法再作为耕地使用。所以，在以往实际执行过程中，一般都将其一并计入征用补偿范围，故在现场调查时，也不可忽略这些情况。

表3.5 征用土地补偿调查表

建设项目名称：

县(市)名称	土地种类	土地等级	农作物种类	近3年平均产量(kg/亩)	农作物单价(元/kg)	备　注

提供单位：　　　　　　　　　调查者：　　　　　　　　　年　　月　　日

表3.6 砍伐经济林木补偿调查表

建设项目名称：

县(市)名称	经济林木种类规格	单　位	补偿单价(元)	备　注

提供单位：　　　　　　　　　调查者：　　　　　　　　　年　　月　　日

表3.7 迁移电力、电信线路补偿调查表

建设项目名称：

县(市)名称	迁移线路种类	型号与规格	单　位	补偿单价(元)	备　注

提供单位：　　　　　　　　　调查者：　　　　　　　　　年　　月　　日

表3.8　拆迁建筑物补偿调查表

建设项目名称：

县(市)名称	建筑物种类	规格标准	单　位	补偿单价(元)	备　注

提供单位：　　　　　　　　　　　　　调查者：　　　　　　　　　　　　　年　　月　　日

表3.9　路线交叉调查表

建设项目名称：

中心桩号	被交叉道路名称等级	交叉形式	交　角	工程数量				备注

提供单位：　　　　　　　　　　　　　调查者：　　　　　　　　　　　　　年　　月　　日

(11)其他

除上述各项现场调查内容外，还有临时工程、研究试验等。研究试验应向工程建设主管部门或建设单位了解，并商定其内容、数量和费用。临时工程应按表3.10的内容要求进行调查，其中临时占用土地如需恢复耕种的，要了解分析复耕所需的费用，并将其计入工程造价。

表3.10　临时工程调查表

建设项目名称：

序　号	工程名称	设置地点或桩号	规格标准	单　位	数　量	备　注
1	临时便道					
2	临时便桥					
3	电力线路					
4	电信线路					
5	大型场地					
6	轨道铺设					
7	输水线路					
8	临时用地					

调查者：　　　　　　　　　　　　　　　　　　　　　　　　　　　　　年　　月　　日

6)现场调查中书面协议和资料整理

在现场调查和收集资料过程中，凡涉及下列事项时，应取得书面协议文件：

①与地方政府就砂石料场的开采使用、运输以及取土场、弃土堆的意向协议。

②拆迁建筑物、构筑物，与物主协商的处理方案。

③与原有的电力、电信设施、水利工程、铁路及铁路设施互相干扰的处理方案。

④施工中利用电网供电的协议。

⑤当地环境保护对公路建设工程的特殊要求。

凡调查所收集的各种基础资料或协议,均应制作成书面文件,并装订成册,作为设计和造价文件的必要附件。

3. 定测阶段资料调查

定测应根据批准的初步设计文件及确定的路线和有关构造物的布设方案,结合自然条件,通过实地放线和局部路线调整,测定路线线位及有关构造物的准确位置,并收集提供施工图设计所需的资料。为此,在定测阶段调查组的任务就是为编制施工图预算收集全面、准确的各项基础资料。

在定测阶段,由于进行放线测角、中桩测量、小桥涵勘测等,所以公路路线及构造物的空间位置已全部确定,从而为调查组具体落实施工图预算所需资料提供了客观条件。

在初测阶段,已对编制概算所需的资料进行了调查工作,取得了大量数据,签订了各种意向书(或协议书)。定测阶段要认真研究初测资料,在初测的基础上开展定测阶段的资料调查工作。

根据《公路工程建设项目概算预算编制办法》的规定,概算和预算除使用的定额、部分取费标准不同之外,两者在文件组成、项目组成、费用组成、编制程序、表格组成等方面基本上是相同的。为此,初测阶段资料调查与定测阶段资料调查在内容、方法方面也是基本相同的,只是在调查的深度、公证文件(协议、证明等)的形式上有所区别。总的来看,定测阶段的资料调查要比初测阶段的调查更加具体、更加落实、更加深入和可行。

定测阶段的具体调查任务就是利用前面所述初测的各项调查成果,在确定的路线(或桥涵、构造物等)位置进行实地复查、补测、重测。对证明文件,在意向书的基础上,按工程实际进行现场勘验、谈判、洽商,最后签订正式协议书或其他证明文件。对于方案变化的,则应重新调查,也就是说定测阶段调查完全可以按前面所述的内容、方式以及表格等进行调查。下面仅就某些需要特别注意的问题进行介绍。

①施工单位调查,要争取落实具体施工单位,同时要相应地明确建制、机械化程度、驻地等有关问题(招标工程除外)。

②在筑路材料调查方面,要进一步落实材料料场、供应部门及供应的数量、品种、规格;要落实施工单位、社会、民间等方面的运力情况;进一步核实运输方式、运价率、运杂费。

③在征地补偿及拆迁补偿方面,首先要注意征地、拆迁在数量方面的准确性;其次应注意补偿金额要明确并予以落实,与有关部门或征占地用户的协议文件要合法有效。为此,必须在定测时跟在中桩组的后面,现场复查、补测、重测,与当事人共同现场勘验,逐项落实。

④要与电力部门、水利部门、铁路部门按定测结果,该改的改,该补的补,该定的定,在意向书的基础上签订协议书。

⑤要配合其他勘测组,现场落实各种临时设施的位置、形式、数量等,落实临时工程表中的各项内容。

⑥重新逐项核实前面所述的各项技术经济资料,以确保预算的正确性。

⑦定测阶段的调查资料要单编成册,并与初测阶段调查资料分开。其中有些能利用的可以复印;修改的要重新填表,最后与重新调查的资料、文件一起统一按层次汇编成册,形成“定测

阶段预算调查资料”。

⑧土质、地质、地形、地貌的一般调查。该项调查用于预算中土石方工程和钻孔桩中土质分类,以便确定施工方法和套用定额。对地形、地貌的调查了解也使设计费的计算建立在比较可靠的基础上,所以对此项调查也不可忽视。这项调查一般只需留意观察,并向做该工作的专门人员了解即可。

⑨概预算工作必需的其他资料调查。除上述资料的调查外,平时还要注意收集概预算工作的其他资料,一般包括公路工程概预算补偿定额,公路工程基本建设概预算编制办法的补充规定,铁路、公路、水运的货物运价计算方法和运价,有关部门规定的基本建设工程建筑材料的预算价格、市场价格,各种主要农副产品的市场价格,其他建筑工程的概预算定额、费用定额、编制办法等,还有国家各级法律、法规、法令及地方政府及有关部门关于概预算的相关规定。

4. 拟订编制方案

根据我国现行的公路基本建设管理体制和有关勘察设计、工程造价管理的规定与要求,担负公路勘测设计工作的单位,在完成勘测设计任务的同时,必须编制相应的工程造价文件。它是各阶段设计文件的重要组成部分。工程造价的编制是设计单位(主要是测量队)勘测设计任务的工作之一,故测量队的组成人员中,一般都配有专职的概预算人员(造价人员),具体负责工程造价的编制业务。由此可知,工程造价的编制是与勘测设计工作同步进行的。在该前提条件下,造价人员如何与队内各业务组的设计人员紧密配合开展编制造价的业务工作,就成为一个首要的问题。根据实践经验,工程造价的编制工作首先应拟订编制方案,一般应包括以下内容:

①了解熟悉工程建设主管部门对公路建设项目的等级、技术标准、勘察设计和建设期限等各项规定的通知、勘察设计合同、委托书的规定和要求以及经批准的前期设计,如可行性研究报告或初步设计文件等。

②参与勘察设计过程中的各种技术、业务研讨会,了解掌握有关设计意图以及新技术、新结构、新材料的应用情况,开展造价分析、技术经济论证活动。注意配合设计人员做好限额设计,加强工程造价的有效控制。

③了解投资来源和项目的实施方法,如贷款、集资以及实行国内、国外招标或议标及采用按施工图结算等情况。

④拟订现场调查提要,与地质勘探和设计人员相互配合商定提供资料等要求,以确保所收集的基础资料真实可靠,避免返工。

⑤拟订编制方案的一项重要内容,就是制订明确的时间表。在熟悉设计图纸资料和核对工程数量的基础上,确定工程数量和人工、材料、机械台班预算价格的计算,分项工程费用的计算,以及造价文件的出版工作,并对具体的进度作出计划安排,做到目标明确、心中有数。

⑥建立岗位责任制,进行明确分工,以保证工程造价编制质量,提高业务水平。

5. 确定编制原则

由于多渠道筹集公路建设资金和商品化公路的发展,以及在建立和完善社会主义市场经济体制的要求下,建设项目的决策、投资的审批、工程计价的依据、项目的实施方法等与计划经济管理时期有很多不同之处,它们受到各种因素的影响更多,涉及面也更广。因此,公路工程造价的编制应从建设项目的实际情况出发，遵循下列原则：

①要根据建设资金的筹资方式、项目的实施方法、施工单位的资质要求等，正确合理地采用工程计价依据。这对工程造价有极其重要的影响，要认真研究解决。

②要严格遵守国家的方针、政策和有关制度，尤其是对工程造价管理的各项规定和要求。造价编制要始终做到有据可依，讲求经济效益。同时，注意克服“长官意志”的影响和干扰。

③要遵循价值规律的客观要求，结合建设项目的实际情况与市场行情，从实际出发，采用先进合理的施工方法，既要把投资打足，又要避免宽打窄用或有意扩大风险因素，以免造成建设资金的积压或浪费等不良现象。

④要贯彻国家的技术政策、行业规定，做到技术先进、经济合理，从而合理地确定工程造价，以维护建设各方的合法经济权益。

⑤要认真做好造价分析，有步骤、有目的地配合设计人员开展限额设计和优化设计，使设计更加经济合理，从而有效地进行工程造价的控制，以利于建设项目的顺利实施。

⑥造价人员应自始至终紧密与设计人员配合，相互信任与理解，坚持实事求是，这是做好工程造价编制的保证。

工程造价编制原则的确定，不仅关系到工程造价编制的质量，而且还会影响到其编制速度。当实施方案中的标段划分不当而要重新进行调整时，工程造价的编制就要重新进行，这不但造成了人力、物力的浪费，而且还会对建设工程产生不利的影响。所以，确定工程造价编制原则，是完成工程造价编制工作的重要手段。编制原则的确定，应征得建设主管部门和建设单位的认可，但对违背国家有关规定或提出不合理的要求者，应坚决予以回绝。

6. 工程量复核与计算

设计图纸是计算工程量的主要依据。所谓计算工程量，就是指按照设计图纸上的尺寸计算实物工程数量，而所计算的工程量是编制工程造价的基础数据资料。所以，全面了解熟悉设计图纸资料是准、快、全地编制工程造价的前提条件。设计图纸资料除了表示各种构造、大小、尺寸外，作为计价基础资料的各种工程量，基本上都反映在图表上，而有些则隐含在图纸内，如混凝土和砂浆的强度等级、石砌工程的规格种类以及施工要求等。凡难以在图纸上表示的项目内容，往往在文字说明内加以规定。通常，用图形表现的设计图纸和用文字叙述的工程说明书，确定了工程的数量和施工方法，故熟悉设计图纸资料，尤其是文字说明内容，对确保工程造价的编制质量十分重要。在核对主要工程量时，应注意以下有关事项：

①公路建设工程技术日趋复杂，新材料、新结构、新工艺日益被广泛应用，而作为指导建设项目实施的各种设计图纸资料也越来越多，所以应按照《公路工程基本建设项目设计文件编制办法》的规定，对建设项目所必需的图表资料进行清点，如有短缺，应予以补齐，以免漏项。

②对各种图纸，如构造物的平面、立面、结构大样图等，相互之间是否存在矛盾，各部尺寸、高程等是否彼此一致，文字说明是否有含糊不清等情况，应认真核对。凡影响到计价的，都应核对清楚。

③若图与表所反映的工程量不一致、分散工程量与汇总工程量不相符或表与图上的文字说明存在相互矛盾，应提请设计人员予以纠正、澄清。

④各种设计工程量的分部分项工程名称、计量单位，应符合采用的计价定额标准。若不相符时，要进行调整、修正。

⑤对工程造价影响较大的关键部位或量大价高的工程量，必要时应重新进行复核计算，以验证计算是否正确。

⑥在熟悉设计图纸资料和核对工程量的过程中，要结合历史工程造价资料和新建工程的实际情况，如路面的结构形式、圬工类别等，重点分析施工的可能性和经济合理性，据以向设计人员提出建议，使设计更加经济合理。

⑦对国家颁发的各种设计图集进行必要的熟悉。因为一般标准图集的一些规定在具体的设计图纸上不一定全部表示出来，但往往作为计价的依据，同时也可作为比较的参考，便于发现问题。

由于公路建设工程有其特殊的技术经济特征，且设计文件编制的方法较为特殊，从而决定了核对工程量是工程造价编制的一个关键环节。因此，具体实施工程造价编制工作的工程师，应结合长期的实践经验，遵循一定的工作程序，深入熟悉设计图纸资料，做好工程量的核对工作。这是确保工程造价编制质量的有效手段，对工程造价的合理可靠性也会产生重要的影响。实际上，这也是造价人员不断学习、提高业务能力和工作水平的一个过程。对工程造价的编制，无论是采用手工还是应用计算机软件进行，熟悉设计图纸资料，核对主要工程量，都是必不可少的。

我国公路建设工程设计图纸的编制方法不同于一般房屋建筑工程，工程量作为编制工程造价的基础资料，通常是设计人员在完成设计图纸的同时已进行了计算。在编制工程造价之前，造价人员又经过了熟悉设计图纸资料和对工程量的核对工作。所以，在造价编制中，如何正确地从设计图表中摘取作为计价基础资料的工程量是关键，这也是造价人员必须具备的基本技能与业务知识。可以说，在编制公路工程造价时，基本上不存在需要根据设计图纸尺寸进行工程量的计算工作。但公路工程设计分为多个阶段，每个阶段的设计深度和要求各不相同，可研阶段要按估算指标编制投资估算，初步设计计算段要按概算定额编制设计概算，技术设计阶段要按概算定额编制修正概算，施工图设计阶段要按预算定额编制预算。而估算指标、概预算定额、预算定额是由粗到细的过程，其定额标准单位所包含的工程内容各不相同。为了正确地使用定额、指标，在各种定额、指标中，都对工程内容和工程量计算规则作了十分明确和具体的规定，并说明在什么条件下，可允许抽换调整定额、指标和编制补充定额、指标等。所以，造价人员首先要熟悉了解各种定额、指标的适用范围和定额、指标中的章节说明的各项规定。只有这样，才能正确摘取工程量，做到不重不漏，确保编制质量。

定额、指标中的工程量计算规则，是指按分部、分项工程界定的定额、指标单位所包含的施工工艺内容，更确切地说，是从设计图表资料上去摘取工程量的规则。如预算定额中路基工程的人工开挖松土，是以天然密实体积为计量单位，包括挖、装、卸以及一定范围内的运输的全部工序；桥涵工程的墩台石砌圬工，是以砌体为计量单位，包括砌石、拌和砂浆、砌体勾缝，以及各种材料的场内搬运、砌体养生等工序。预算定额手册中虽有砌体的勾缝定额，但不能因此而另行计算勾缝费用，即不需摘取砌体勾缝面积，这是应予以注意的。

从某种意义上来讲，摘取计价工程量的方法是由定额、指标项目决定的。所以，熟悉定额、指标资料并掌握施工生产知识，是正确摘取工程量的基础，也是造价人员必须具备的基本知识。因此，为了了解和掌握按定额、指标要求提供编制工程造价基础资料的知识和技巧，现就公路工程概算定额和预算定额两个系统，简要叙述摘取工程量的程序和方法。

公路工程概算预算的作用和要求虽然不同,但其编制程序和方法基本上是相同的。所以,作为计价基础资料的工程量的摘取方法是类似的,施工图预算时的工程量计算方法和计算规则与设计概算时的工程量计算方法和计算规则基本相同,作为计价的概算定额只是在预算定额的基础上有所综合和扩大。为了让造价人员对其有一个全面的了解,以利于有序、科学地进行工程量的摘取工作,做到不重不漏,现扼要叙述如下。

1)路基工程

路基工程是公路的基础,处于特殊的重要位置,故工程计价也有其相应的特殊要求。公路工程概算定额和预算定额均将路基工程划分为土石方工程、特殊路基处理工程、排水工程、防护工程4节。

(1)路基土石方工程

路基土石方工程包括伐树、挖根、除草、清除表土,挖淤泥、湿土、流沙,土石方的开挖、装车、运输、碾压及洒水,耕地填前夯(压)实及填前挖松,挖土质台阶,整修路拱及边坡等众多的工程项目。根据设计图表资料进行摘取工程量时,无论是编制概算,还是编制预算,都需要进行多方面的统计分析汇总工作。要查对路基土石方数量计算表,核对设计断面以外的填方计算是否齐全。相对而言,摘取工程量的工作比较烦琐,耗用的时间也比较多,为做好工程造价编制前的这一基础工作,应注意以下有关事项。

①路基土石方的开挖工作,是按工作难易程度,将土和岩石分为松土、普通土、硬土、软石、次坚石、坚石6类,而土石方的运输和压实则只分为土方和石方两项,并均以 m^3 为计量单位。所以,应注意按土石类别或土方和石方分别摘取工程量,以便于套用定额进行计价。概算定额和预算定额中路基土石方的开挖、运输、压实的划分标准和深度基本上是一致的。只是在编制施工图预算时,作为计价依据,耕地填前压实、挖土质台阶、挖截(排)水沟、整修路拱及边坡、零星回填土方等项应根据设计图表资料分别整理和摘取工程量,而概算则是按不同公路等级将其综合扩大为“路基零星工程”一项,采用 km 计量,以修建的公路长度核减路线内的桥梁、隧道长度作为计价依据。

②路基土石方的开挖、装卸、运输是按天然密实体积(m^3)计算的,填方则是按压(夯)实后的体积(m^3)计算的。当移挖作填或借土填筑路堤时,应考虑定额中所规定的换算系数因素,即采用以天然密实方为计量单位的定额乘以规定的换算系数进行计价,如路基填方为借方,则应在换算系数的基础上增加0.03的损耗。

③土石方的开挖第一个运距概算是40 m,而预算为20 m。这是在汇总增运土石方数量时要注意的一个问题。

④由于施工机具存在一个经济运距的问题,如中型推土机推移土石方的经济距离一般为50~100 m,若超过经济运距很不经济;而汽车的运距若小于500 m的话,也难以发挥汽车运输的优势。所以,为了合理确定路基土石方的运输费用,同时考虑到公路路基土石方的施工又是以推土机为主的情况,在摘取土石方的增运数量时,应考虑不同机械类型及其经济运距,从路基土石方数量计算表上按不同运距摘取其数量和运量进行统计和汇总,并计算出平均运距,以此作为土石方运输计价的依据。

⑤编制设计概算和施工图预算时,下列工程数量由施工组织设计提出,并入路基填方数量内计算。

a.清除表土或零填方地段的基底压实、耕地填前夯(压)实后,回填至原地面高程所需的土、石方数量。

b.因路基沉陷需要增加填筑的土、石方数量。

c.为保证路基边缘的压实度需加宽填筑时,所需的土石方数量。

⑥路基加宽填筑部分如需清除,废方需远运处理时,要按实际计算工程量和套用相应的定额进行计价。

⑦在取定填方数量时,要根据建设工程的实际情况,结合施工计划的安排,如填土最佳含水率要求、在干旱季节施工的方量等,确定需要洒水的数量。

【例3.1】 某二级路路基工程挖方为1 600 m^3 天然密实方(其中松土360 m^3,普通土710 m^3,硬土530 m^3),填方数量为1 200 m^3 压实方。在该路段内可移挖作填土方可利用土方量为1 000 m^3 天然密实方(其中松土240 m^3,普通土540 m^3,硬土220 m^3)。远运利用方量为普通土350 m^3。求土石方工程量。

【解】计价方 = 挖方$_{(天然方)}$ + 借方$_{(压实方)}$ = 挖方 + (填方$_{(压实方)}$ − 利用方$_{(压实方)}$)

挖方$_{(天然方)}$ = 本桩利用$_{(天然方)}$ + 远运利用$_{(天然方)}$ + 废方$_{(天然方)}$

利用方$_{(压实方)}$ = 本桩利用$_{(压实方)}$ + 远运利用$_{(压实方)}$

填方$_{(压实方)}$ = 本桩利用$_{(压实方)}$ + 远运利用$_{(压实方)}$ + 借方$_{(压实方)}$

借方$_{(压实方)}$ = 填方$_{(压实方)}$ − 利用方$_{(压实方)}$

弃方$_{(天然方)}$ = 挖方$_{(天然方)}$ − 利用方$_{(天然方)}$

由《公路工程预算定额》可知,天然密实方与压实方的调整系数如表3.11所示。

表3.11　系数表

公路等级	松土	普通土	硬土	石方
二级及以上等级公路	1.23	1.16	1.09	0.92
三、四级公路	1.11	1.05	1.00	0.84

故挖方数量为1 600 m^3(天然密实方)。

$$本桩利用土方数量 = \frac{240}{1.23} + \frac{540}{1.16} + \frac{220}{1.09} \approx 862.47(m^3)(压实方)$$

$$远运利用土方数量 = \frac{350}{1.16} \approx 301.72(m^3)(压实方)$$

$$借方数量 = 1\ 200 - 862.47 - 301.72 = 35.81(m^3)$$

$$弃方数量 = 1\ 600 - 1\ 000 = 600(m^3)$$

注:因挖普通土710 m^3,本桩利用普通土540 m^3,剩余普通土170 m^3,而远运利用普通土350 m^3,由此判断这350 m^3 普通土是从其他标段调运的。

(2)特殊路基处理工程

①袋装砂井及塑料排水板处理软土地基,工程量为设计深度,定额材料消耗量中已包括砂袋或塑料排水板的预留长度。

②振冲碎石桩定额中不包括污泥排放处理的费用,需要时另行计算。

③挤密碎石桩、灰土桩、砂桩和石灰砂桩处理软土地基定额的工程量为设计桩断面积乘以

设计桩长。

④水泥搅拌桩和高压旋喷桩处理软土地基定额的工程量为设计桩长。

⑤高压旋喷桩定额中的浆液按普通水泥浆编制。当设计采用添加剂或水泥用量与定额不同时,可按设计要求进行抽换。

⑥土工布的铺设面积为锚固沟外边缘所包围的面积,包括锚固沟的底面积和侧面积。定额中不包括排水内容,需要时另行计算。

⑦强夯定额适用于处理松、软的碎石土、砂土、低饱和度的粉土与黏性土、湿陷性黄土、杂填土和素填土等地基。定额中已综合考虑夯坑的排水费用,使用定额时不得另行增加费用。每100 m^2 夯击点数和击数按设计确定。

(3)路基排水工程

①边沟、排水沟、截水沟、盲沟的挖基费用按开挖沟槽定额计算,其他排水工程的挖基费用按第一节土、石方工程的相关定额计算。

②边沟、排水沟、截水沟、急流槽定额均未包括垫层的费用,需要时按有关定额另行计算。

③雨水箅子的规格与定额不同时,可按设计用量抽换定额中铸铁箅子的消耗。

④工程量计算规则:

a.本章定额砌筑工程的工程量为砌体的实际体积,包括构成砌体的砂浆体积。

b.本章定额预制混凝土构件的工程量为预制构件的实际体积,不包括预制构件中空心部分的体积。

c.挖截水沟、排水沟的工程量为设计水沟断面积乘以水沟长度与水沟圬工体积之和。

d.路基盲沟、中央分隔带盲沟(纵向、横向)的工程量按设计的工程内容计算。

e.轻型井点降水定额按50根井管为一套,不足50根的按一套计算。井点使用天数按日历天数计算,使用时间按施工组织设计确定。

(4)路基防护工程

路基防护工程是构成路基工程费用的一个项目。

①本章定额中未列出的其他结构形式的砌石防护工程,需要时按“桥涵工程”项目的有关定额计算。

②本章定额中除注明者外,均不包括挖基、基础垫层的工程内容,需要时按“桥涵工程”项目的有关定额计算。

③本章定额中除注明者外,均已包括按设计要求需要设置的伸缩缝、沉降缝的费用。

④本章定额中除注明者外,均已包括水泥混凝土的拌和费用。

⑤植草护坡定额中均已综合考虑黏结剂、保水剂、营养土、肥料、覆盖薄膜等的费用,使用定额时不得另行计算。

⑥预应力锚索护坡定额中的脚手架系按钢管脚手架编制的,脚手架宽度按2.5 m考虑。

⑦工程量计算规则:

a.草皮工程量按所铺边坡的坡面面积计算。

b.护坡定额中以100 m^2 或1 000 m^2 为计量单位的子目的工程量,按设计需要防护的边坡坡面面积计算。

c.木笼、竹笼、铁丝笼填石护坡的工程量按填石体积计算。

d. 本章定额砌筑工程的工程量为砌体的实际体积,包括构成砌体的砂浆体积。

e. 本章定额预制混凝土构件的工程量为预制构件的实际体积,不包括预制构件中空心部分的体积。

f. 预应力锚索的工程量为锚索(钢绞线)长度与工作长度的质量之和。

g. 抗滑桩挖孔工程量按护壁外缘所包围的面积乘以设计孔深计算。

2)路面工程

路面计价工程量的计算原则和方法,无论是编制概算,还是编制预算,基本上是一致的。除沥青混合料路面、厂拌基层稳定土混合料运输、自卸车运输碾压水泥混凝土以 m^3 路面实体为计算单位外,其他均以 m^2 为计算单位。不过其中有些计价资料要根据建设工程的实际情况和施工组织设计的要求摘取,它们是不会在设计图表资料上反映的。因此,在摘取工程量时,还应注意以下问题:

①要了解开挖的路槽废方,在计算路基土石方数量时是否做了综合平衡调配,原则上应避免在某一地段一边进行借土填筑路堤,一边又产生大量废方需远运处理的不合理现象。若路槽废方确需远运处理时,则应确定弃土场的地点及其平均运距。此外,应根据路基横断面和沿线路基土石方成分确定挖路槽的土石面积,不应以路基土石方的比例作为划分的依据。

②根据概预算定额的规定,各类垫层、级配碎石、级配砾石基层的压实厚度在 15 cm 以内,填隙碎石一层的压实厚度在 12 cm 以内,各类稳定土基层、其他种类的基层和底基层压实厚度在 20 cm 以内,拖拉机、平地机、摊铺机和压路机的台班消耗按定额数量计算。如超过上述压实厚度进行分层拌和、摊铺、碾压时,拖拉机、平地机、摊铺机和压路机的台班消耗按定额数量加倍计算,每 1 000 m^3 增加 1.5 个工日。因此,应按上述要求分别进行统计汇总,以利于套用定额。但当在上述界定的厚度之上或之下的各类结构形式有多个不同的设计厚度时,应分别统计汇总并分别套定额。

③要根据施工组织设计或标段的划分,结合该地区现有拌和设备的生产能力,综合考虑临时用地、材料和混合料的运输费用等,合理确定拌和场的地点和面积、需要安拆的拌和设备的型号,并据此计算出混合料的平均运距。

④根据设计要求,泥结碎石及级配碎石、级配砾石路面应加铺磨耗层及保护层,编制概算预算时,则应结合当地砂石料的情况,按实计列磨耗层和保护层。

⑤概预算定额手册中的各类稳定土基层定额,其材料消耗按一定配合比编制。当设计配合比与定额标明的配合比不同时,应按公式进行换算。

⑥在概预算定额中有透层、黏层定额,一般在完工的基层上应洒布透层油。使用定额时,应根据设计沥青洒布量调整定额消耗,再进行沥青混合料的铺筑工程。在旧沥青路面上或水泥混凝土路面上,则应洒布黏层油,再摘取工程量,不要漏计这些工程内容。

⑦桥梁、涵洞、通道、隧道等工程凡已计列桥面铺装的,应扣除桥梁等所占的长度和面积,以免重复计价。

3)隧道工程

(1)概预算定额的一般规定

本章定额包括按钻爆法施工的开挖、支护、防排水、衬砌、装饰、洞门、辅助坑道以及瓦斯隧道等项目。隧道开挖定额按照一般凿岩机钻爆法施工的开挖方法进行编制。

①本章定额按现行隧道设计、施工技术规范将围岩分为6级,即Ⅰ—Ⅵ级。

②本章定额混凝土工程均未考虑拌和的费用,应按桥涵工程相关定额另行计算。

③本章开挖定额中已综合考虑超挖及预留变形因素。

④洞内出渣运输定额已综合洞门外500 m运距,当洞门外运距超过此运距时,可按照路基工程自卸汽车运输土石方的增运定额加计增运部分的费用。

⑤本章定额中均未包括混凝土及预制块的运输,需要时应按有关定额另行计算。

⑥本章定额未考虑地震、坍塌、溶洞及大量地下水处理,以及其他特殊情况所需的费用,需要时可根据实际另行计算。

⑦隧道工程项目采用其他章节定额的规定:

a. 洞门挖基、仰坡及天沟开挖、明洞明挖土石方等,应使用其他章节有关定额计算。

b. 洞内工程项目如需采用其他章节定额,所采用定额的人工工日、机械台班数量及小型机具使用费应乘以系数1.26。

(2)洞身工程

①本章定额人工开挖、机械开挖轻轨斗车运输项目按上导洞、扩大、马口开挖编制,也综合了下导洞扇形扩大开挖方法,并综合了木支撑和出渣、通风及临时管线的工料机消耗。

②本章定额正洞机械开挖自卸汽车运输定额按开挖、出渣运输分别编制,不分工程部位(即拱部、边墙、仰拱、底板、沟槽、洞室)均使用本定额。施工通风及高压风水管和照明电线路单独编制定额项目。

③本章定额连拱隧道中导洞、侧导洞开挖和中隔墙衬砌按连拱隧道施工方法编制,除此以外其他部位的开挖、衬砌、支护可套用本节其他定额。

④格栅钢架和型钢钢架均按永久性支护编制,如作为临时支护使用,应按规定计取回收。

⑤喷射混凝土定额中已综合考虑混凝土的回弹量;钢纤维混凝土中钢纤维掺入量按喷射混凝土质量的3%掺入。当设计采用的钢纤维掺入量与本定额不同或采用其他材料时,可进行抽换。

⑥洞身衬砌项目按现浇混凝土衬砌及石料、混凝土预制块衬砌分别编制,定额已综合考虑超挖回填因素,当设计采用的混凝土强度等级与定额采用的不同或采用特殊混凝土时,可根据具体情况对混凝土配合比进行抽换。

⑦本章定额中凡是按不同隧道长度编制的项目,均只编制到隧道长度在5 000 m以内。当隧道长度超过5 000 m时,应按以下规定计算。

a. 洞身开挖:以隧道长度5 000 m以内定额为基础,与隧道长度5 000 m以上每增加1 000 m定额叠加使用。

b. 正洞出渣运输:通过隧道进出口开挖正洞,以换算隧道长度套用相应的出渣定额计算。换算隧道长度的计算公式为:

$$换算隧道长度 = 全隧长度 - 通过辅助坑道开挖正洞的长度$$

当换算隧道长度超过5 000 m时,以隧道长度5 000 m以内定额为基础,与隧道长度5 000 m以上每增加1 000 m定额叠加使用。通过斜井开挖正洞,出渣运输按正洞和斜井两段分别计算,两者叠加使用。

c. 通风、管线路定额,按正洞隧道长度综合编制。当隧道长度超过5 000 m时,以隧道长度

5 000 m 以内定额为基础，与隧道长度 5 000 m 以上每增加 1 000 m 定额叠加使用。

⑧混凝土运输应按桥涵工程有关定额计算。

⑨洞内排水定额仅适用于反坡排水的情况，排水量按 10 m^3/h 以内编制，超过此排水量时，抽水机台班按表 3.12 调整。

表 3.12　抽水机台班调整系数

涌水量(m^3/h)	10 以内	15 以内	20 以内	50 以内	100 以内	150 以内	200 以内
调整系数	1	1.2	1.35	1.7	2	2.18	2.3

注：当排水量超过 10 m^3/h 时，根据采取治水措施后的排水量采用上表系数调整。

正洞内排水按全隧道长度综合编制，当隧道长度超过 5 000 m 时，以隧道长度 5 000 m 以内定额为基础，与隧道长度 5 000 m 以上每增加 1 000 m 定额叠加使用。

⑩工程量计算规则：

a. 本章定额所指隧道长度均指隧道进出口（不含与隧道相连的明洞）洞门端墙墙面之间的距离，即两端端墙面与路面的交线同路线中线交点间的距离。双线隧道按上、下行隧道长度的平均值计算。

b. 洞身开挖、出渣工程量按设计断面数量（成洞断面加衬砌断面）计算，包含洞身及所有附属洞室的数量，定额中已考虑超挖因素，不得将超挖数量计入工程量。

c. 现浇混凝土衬砌中浇筑、运输的工程数量均按设计断面衬砌数量计算，包含洞身及所有附属洞室的衬砌数量。定额中已综合因超挖及预留变形需回填的混凝土数量，不得将上述因素的工程量计入计价工程量中。

d. 防水板、明洞防水层的工程数量按设计敷设面积计算。

e. 止水带（条）、盲沟、透水管的工程数量，均按设计数量计算。

f. 拱顶压浆的工程数量按设计数量计算，无设计时可按每延长米 0.25 m^3 综合考虑。

g. 喷射混凝土的工程量按设计厚度乘以喷射面积计算，喷射面积按设计外轮廓线计算。

h. 砂浆锚杆工程量为锚杆、垫板及螺母等材料质量之和；中空注浆锚杆、自进式锚杆的工程量按锚杆设计长度计算。

i. 格栅钢架、型钢钢架、连接钢筋工程数量按钢架的设计质量计算。

j. 管棚、小导管的工程量按设计钢管长度计算，当管径与定额不同时，可调整定额中钢管的消耗量。

k. 横向塑料排水管按每测隧道设计的铺设长度计算；纵向弹簧管按隧道纵向每侧铺设长度之和计算；环向盲沟按隧道横断面敷设长度计算。

l. 正洞高压风水管、照明、电线路的工程量按隧道设计长度计算。

（3）洞门工程

①洞门墙工程量为主墙和翼墙等圬工体积之和。仰坡、截水沟等应按有关定额另行计算。

②本节定额的工程量均按设计工程数量计算。

（4）辅助坑道

①斜井项目按开挖、出渣、通风及管线路分别编制，竖井项目定额中已综合了出渣、通风及管线路。

②斜井相关定额项目按斜井长度 1 500 m 以内综合编制，已含斜井建成后，通过斜井进行正洞作业时，斜井内通风及管线路的摊销部分。

③斜井支护按正洞相关定额计算。

④工程量计算规则：

a. 开挖、出渣工程量按设计断面数量（成洞断面加衬砌断面）计算，定额中已考虑超挖因素，不得将超挖数量计入工程量。

b. 现浇混凝土衬砌工程数量均按设计断面衬砌数量计算。

c. 喷射混凝土工程量按设计厚度乘以喷射面积计算，喷射面积按设计外轮廓线计算。

d. 锚杆工程量为锚杆、垫板及螺母等材料质量之和。

e. 斜井洞内通风、风水管照明及管线路的工程量按斜井设计长度计算。

（5）瓦斯隧道

①本节瓦斯隧道包括瓦斯隧道超前探测钻孔、瓦斯排放钻孔、瓦斯隧道正洞机械开挖、瓦斯隧道现浇混凝土衬砌、瓦斯隧道正洞通风、瓦斯隧道施工监测监控系统等项目。

②格栅钢架和型钢钢架均按永久性支护编制，如作为临时支护使用，应按规定计取回收。

③喷射混凝土定额分为气密性混凝土和钢纤维混凝土，定额中已综合考虑混凝土的回弹量。气密性混凝土考虑了气密剂费用，气密剂掺量按水泥用量的 7% 掺入，钢纤维混凝土中钢纤维掺入量按喷射混凝土质量的 3% 掺入。当设计采用的气密剂、钢纤维掺入量与本章定额不同或采用其他材料时，可进行抽换。

④洞身衬砌项目按现浇混凝土衬砌编制，定额中已综合考虑超挖回填因素。当设计采用的混凝土强度等级与定额采用的不符或采用特殊混凝土时，可根据具体情况对混凝土配合比进行抽换。

⑤本章定额中凡是按不同隧道长度编制的项目，均只编制到隧道长度在 5 000 m 以内。当隧道长度超过 5 000 m 时，应按以下规定计算：

a. 洞身开挖：以隧道长度 5 000 m 以内定额为基础，与隧道长度 5 000 m 以上每增加 1 000 m 定额叠加使用。

b. 正洞出渣运输：通过隧道进出口开挖正洞，以换算隧道长度套用相应的出渣定额计算。换算隧道长度的计算公式为：

换算隧道长度 = 全隧长度 − 通过辅助坑道开挖正洞的长度

当换算隧道长度超过 5 000 m 时，以隧道长度 5 000 m 以内定额为基础，与隧道长度 5 000 m 以上每增加 1 000 m 定额叠加使用。

c. 通风、管线路定额，按正洞隧道长度综合编制；当隧道长度超过 5 000 m 时，以隧道长度 5 000 m 以内定额为基础，与隧道长度 5 000 m 以上每增加 1 000 m 定额叠加使用。

⑥瓦斯隧道采用对向平行施工时，套用本节定额，隧道长度按单向施工长度计；若仅有单向为瓦斯隧道，则瓦斯隧道一侧套用本节定额，另一侧套用本章第一节相应定额。

⑦本节未包括的其他内容，套用本章相应定额。

4）桥涵工程

编制概算、预算中，桥涵工程的计价比较复杂。近年来，桥梁的设计、施工技术不断发展，新结构、新工艺、新材料日新月异，增加了工程造价计价的难度。桥梁工程计价基础资料的计量单位在概、预算中都以 m^3、m^2 和 t 作为计算依据，这样就有了一个统一计量的尺度，只是其综合扩大的工程内容各有不同。如石砌圬工都是以 m^3 为计量单位，而概算的墩台是将片石、块石综合为一个定额，不分砂浆强度等级；预算不仅片石、块石要分别计价，当砂浆强度等级设计与定额规定不同时，还应进行抽换；混凝土圬工概算不分混凝土强度等级，但编制预算时，若设计强度等级与定额规定不同，也要进行抽换。

根据桥梁工程施工技术的特点，其造价计价的基础资料包括两方面内容：一方面是主体工程，指构成桥梁工程实体的基础、下部和上部工程，它们一旦建成，就以固定不变的形态而发挥作用，一般设计图表上都反映了这些资料，按照定额的要求，即可确定其计价的各项工程量；另一方面是辅助工程，它们只是有助于主体工程的形成，为完成主体工程所必须采取的措施，工程完工后，也就随之拆除或消失。辅助工程情况就比较复杂，如属于基础工程部分的，有挖基围堰、排水、工作平台、护筒、泥浆船及其循环系统等；属于上下部工程的，有拱盔、支架、吊装设备、提升模架、施工电梯等；还有与基础和上下工程都有关联的，如混凝土构件运输、预制场及其设施（如大型预制构件底座、张拉台座、门架等）、拌和站（船）、蒸汽养生设施等。这些辅助工程的计价数量除挖基外，都要根据建设项目的实际情况和施工组织设计的要求，并参考以往的成功经验来取定，在设计图纸上并不反映。它受到建设环境和人们对客观事物认识水平的影响，可塑性较大，而对工程造价又有极其重要的影响。因此，正确取定各项计价工程量，有着十分重要的现实意义。涵洞的辅助工程则要简单得多，大多与桥梁工程类似。

桥涵工程计价的项目比较多，工程量的计算和摘取工作难度也较大。根据实践经验，按照通常的施工顺序摘取工程量，一般比较准确、迅速。也就是说，从挖基开始摘取工程量，然后按照基础、下部和上部以及相应的辅助工程顺序进行，可以使工作程序系统化，避免漏项或重复的错误。

（1）开挖基坑

基坑的开挖工作应按土方、石方、深度、干处或湿处等不同情况分别统计其数量，并结合施工期内河床水位高低合理确定围堰的类别及其数量、基坑排水台班消耗标准以及必须采取的技术安全措施等（如挖基废方需要远运处理），还应了解原有地形地貌需要修复的情况，应遵循从实际出发、不留隐患的原则，确定其计价数量，将所需费用计入工程造价内，以免造成水土流失，破坏生态环境。

此外，编制涵洞工程的概算时，由于挖基工作已综合在定额内，故不能再计算挖基工程内容的费用。

①编制预算时，开挖基坑土、石方运输按弃土于坑外 10 m 范围内考虑。当坑上水平运距超过 10 m，另按路基土石方增运定额计算，而编制概算时不需考虑增运。

②基坑开挖定额不包含排水，需要时按有关规定另行计算。

③干处挖基指开挖无地面水及地下水位以上部分的土壤，湿处挖基指开挖在施工水位以下部分的土壤。挖基坑石方、淤泥、流沙不分干处、湿处，均采用同一定额。

（2）基础工程

基础工程有砌石、混凝土、沉井、打桩和灌注桩等多种结构形式。涵洞的基础多采用砌石、混凝土基础，桥梁的基础除砌石和混凝土外，普遍采用灌注桩。

基础砌石和混凝土圬工，常称为天然地基上的基础。砌石基础应按片石、块石分别进行统计汇总，编制预算时，还应注意划分砂浆强度等级。编制混凝土基础预算时，应按不同强度等级和是否掺用片石分别进行统计汇总。

①筑岛、围堰及沉井工程。

a. 围堰定额适用于挖基围堰和筑岛围堰。

b. 草土、塑料编织袋、竹笼、木笼铁丝围堰定额中已包括50 m以内人工挖运土方的工日数量，定额括号内所列“±”的数量不计价，仅限于取土运距超过50 m时，按人工挖运土方的增运定额，增加运输用工。

c. 沉井制作分钢筋混凝土重力式沉井、钢丝网水泥薄壁浮运沉井、钢壳浮运沉井3种。沉井浮运、落床、下沉、填塞定额，均适用于以上3种沉井。

d. 沉井下沉用的工作台、三角架、运土坡道、卷扬机工作台均已包括在定额中。井下爆破材料除硝铵炸药外，其他列入“其他材料费”中。

e. 沉井下水轨道的钢轨、枕木、铁件按周转摊销量计入定额中，定额还综合了轨道的基础及围堰等的工、料，使用定额时，不得另行计算。但轨道基础的开挖工作本章定额中未计入，需要时按有关定额另行计算。

f. 沉井浮运定额仅适用于只有一节的沉井或多节沉井的底节，分节施工的沉井除底节外的其余各节的浮运、接高均应执行沉井接高定额。

g. 导向船、定位船船体本身加固所需的工、料、机消耗及沉井定位落床所需的锚绳均已综合在定额中，使用定额时，不得另行计算。

h. 无导向船定位落床定额已将所需地笼、锚碇等的工、料、机消耗综合在定额中，使用定额时，不得另行计算。有导向船定位落床定额未综合锚碇系统，应根据施工组织设计的需要按有关定额另行计算。

i. 锚碇系统定额均已将锚链的消耗计入定额中，并已将抛锚、起锚所需的工、料、机消耗综合在定额中，使用定额时，不得随意进行抽换。

j. 钢壳沉井接高所需的吊装设备本章定额中未计入，需要时应按金属设备吊装定额另行计算。

k. 钢壳沉井作双壁钢围堰使用时，应按施工组织设计计算回收，但回收部分的拆除所需的工、料、机消耗本章定额未计入，需要时应根据实际情况按有关定额另行计算。

l. 沉井下沉定额中的软质岩石是指饱和单轴极限抗压强度在40 MPa以下的各类松软的岩石，硬质岩石指饱和单轴极限抗压强度在40 MPa以上的各类较坚硬和坚硬的岩石。

m. 地下连续墙定额中未包括施工便道、挡水帷幕、注浆加固等，需要时应根据施工组织设计另行计算。挖出的土石方或凿铣的泥渣如需要外运，应按路基工程中相关定额进行计算。

n. 工程量计算规则：

- 草土、塑料编织袋、竹笼围堰长度按围堰中心长度计算，高度按施工水深加0.5 m计算。木笼铁丝围堰实体为木笼所包围的体积。
- 套箱围堰的工程量为套箱金属结构的质量。套箱整体下沉时，悬吊平台的钢结构及套箱内支撑的钢结构均已综合在定额中，不得作为套箱工程量进行计算。
- 沉井制作的工程量：重力式沉井为设计图纸井壁及隔墙混凝土数量；钢丝网水泥薄壁浮运沉井为刃脚及骨架钢材的质量，但不包括铁丝网的质量；钢壳沉井的工程量为钢材的总质量。

• 沉井下沉定额的工程量按沉井刃脚外缘所包围的面积乘以沉井刃脚下沉入土深度计算。沉井下沉按土、石所在的不同深度分别采用不同下沉深度的定额。定额中的下沉深度指沉井顶面到作业面的高度。定额中已综合了溢流(翻砂)的数量,不得另加工程量。

• 沉井浮运、接高、定位落床定额的工程量为沉井刃脚外缘所包围的面积,分节施工的沉井接高的工程量应按各节沉井接高工程量之和计算。

• 锚碇系统定额的工程量指锚碇的数量,按施工组织设计的需要量计算。

• 地下连续墙导墙的工程量按设计需要设置的导墙的混凝土体积计算;成槽和墙体混凝土的工程量按地下连续墙设计长度、厚度和深度的乘积计算;锁口管吊拔和清底置换的工程量按地下连续墙的设计槽段数(指槽壁单元槽段)计算;内衬的工程量按设计需要的内衬混凝土体积计算。

②打桩工程。

a. 打预制钢筋混凝土方桩和管桩的工程量,应根据设计尺寸及长度以体积计算(管桩的空心部分应予以扣除)。设计中规定凿去的桩头部分的数量,应计入设计工程量内。

b. 钢筋混凝土方桩的预制工程量,应为打桩定额中括号内的备制数量。

c. 拔桩工程量按实际需要数量计算。

d. 打钢板桩的工程量按设计需要的钢板桩质量计算。

e. 打桩用的工作平台的工程量,按施工组织设计所需的面积计算。

f. 船上打桩工作平台的工程量,根据施工组织设计,按一座桥梁实际需要打桩机的台数和每台打桩机需要的船上工作平台面积的总和计算。

③灌注桩工程。

a. 灌注桩成孔工程量按设计入土深度计算。定额中的孔深指护筒顶至桩底(设计高程)的深度。造孔定额中同一孔内的不同土质,不论其所在的深度如何,均采用总孔深定额。

b. 人工挖孔的工程量按护筒(护壁)外缘所包围的面积乘以设计孔深计算。

c. 浇筑水下混凝土的工程量按设计桩径断面积乘以设计桩长计算,不得将扩孔因素计入工程量。

d. 灌注桩工作平台的工程量按施工组织设计需要的面积计算。

e. 钢护筒的工程量按护筒的设计质量计算。设计质量为加工后的成品质量,包括加劲肋及连接用法兰盘等全部钢材的质量。当设计提供不出钢护筒的质量时,可参考表3.13的质量进行计算,桩径不同时可内插计算。

表3.13　护筒单位质量参考

桩径(cm)	100	120	150	200	250	300	350
护筒单位质量(kg/m)	267.0	390.0	568.0	919.0	1 504.0	1 961.0	2 576.0

钻孔灌注桩基础的施工工艺比较复杂,无论是编制概算还是预算,有些计算工程量都要结合建设工程的实际情况和施工组织设计的要求,通过多方分析论证,才能取得有关计价资料。因此,在摘取工程量时,应注意以下要求:

①要根据工程的地质情况,选定好钻孔机具的型号,以利于适用定额和确定相应的辅助工

程量。

②当在水中采用围堰筑岛填心进行钻孔施工时,可按灌注桩外边缘3.0 m宽左右确定围堰及筑岛填心的工程量。计算埋设护筒数量时,应视同为“干处”计价。

③在干处埋设护筒,一般可按每个护筒长2.0 m或按设计数量计算;在水中埋设护筒,可按设计数量计算。若为钢护筒,应按规定计算回收金额。

④若在水中进行钻孔时,应计列灌注桩工作平台、泥浆船及其循环系统(如需要)。

⑤钻孔的土质定额分为8种,并按不同桩径和钻孔深度划分为多项定额标准。因此,应按照地质钻探资料,对照定额土质种类的规定,分别确定其钻孔的工程量。由于钻孔的计量单位是以m计,故其钻孔深度应以地表面与设计桩底的深度为准;当在水中采用围堰筑岛填心施工时,则应以围堰的顶面与设计桩底的深度为准。钻孔废渣若需远运处理时,应根据弃置场的平均运距另行计价。

⑥一般一座墩台的灌注桩基础只有两根时,可不设置承台,而设计为系梁。这种系梁工程应按承台定额计价。当在陆地(或采用围堰筑岛填心钻孔)进行承台或系梁施工时,应按实际计算挖基数量及其排水和废方的远运处理。

⑦浇筑水下混凝土的工程量,应按设计桩径断面乘以设计桩长计算,不得将扩孔用量计入工程量。若混凝土拌和需设置拌和船(站)时,可根据实际情况取定并计算其费用。

(3)下部工程

桥梁的下部构造工程有砌石、现浇混凝土和预制安装混凝土构件等不同结构形式。编制概算和预算的工程量,虽都是以m^3为计量单位,但两者的工程内容存在很大的差异。熟悉和了解这些差异,对正确摘取工程量至关重要。

①编制概算时,墩台的计价工程量为墩台身、墩台帽、支座垫石、拱座、盖梁、系梁、侧墙、翼墙、耳墙、墙背、填平层、腹拱圈、桥台第二层以下的帽石(有人行道时为第一层以下的帽石)的工程数量之和,既不分片石、块石,也不分砂浆和混凝土强度等级的不同。台背及锥坡内的填土夯实已综合在定额内,不再另计。至于编制预算时,则要按照上述分部分项工程逐一摘取工程量,分别进行计价。

②墩台砌石工程的数量,若施工设计图纸上未具体划分片石、块石时,台身可按75%的片石、25%的块石,墩身可按60%的片石、40%的块石,取定其工程量,以此作为编制预算的计价依据。

(4)上部工程

通常将桥梁的上部构造工程划分为行车道系、桥面铺装和人行道系3个部分,有砌石、现浇混凝土、预制安装混凝土构件、钢桁架和钢索吊桥等不同结构形式。概算除钢索吊桥是将上述3个部分作为一个定额外,其余结构形式的桥梁都分开制订。行车道系和桥面铺装都以m^3为计量单位,人行道系则以桥梁长米作为计价依据。预算定额则主要以分部分项工程为依据,划分得比较细。在摘取桥梁工程的计价工程量时,应按行车道、桥面铺装和人行道系的顺序进行,以避免重复和遗漏。

①近年来,桥梁上部构造工程多采用预制安装混凝土结构,不仅可加快施工进度,还可降低工程成本,有利于保证工程质量和施工安全。编制概算时,如梁板桥的行车道系预制与安装是合并在一起以构件的设计实体和现浇接缝等混凝土之和作为计价依据,泄水管、支座、伸缩缝

(预应力连续梁、连续刚构、斜拉桥除外)、预制场及其设施、吊装设备、构件运输等工程,因已将其工料消耗综合在定额内,均不再另行计算。编制预算时,则应按照上述各分项工程和辅助工程,分别取定其工程量进行计价。若吊装设备的使用期限超过定额规定的4个月时,可按施工计划期调整设备的摊销费。设备的计划使用期,应包括由设备库与施工现场的往返运输和安装前的试拼与完工拆除后清理、修整、油漆所需的全部时间。预制人行道、缘石、栏杆柱及栏杆扶手等小型构件的工程量,应按设计构件的体积增计场内运输和操作损耗(1%)。

为进一步了解熟悉编制梁板桥上部构造工程的概预算,应摘取各项工程量的内容,现就预制安装30 m预应力T形梁举例说明如下。

a. 行车道系。编制概算时,只需摘取T形梁构件的设计体积和现浇接缝混凝土之和、钢筋、钢绞线或高强钢丝3项作为计价工程量。编制预算时,应摘取的工程量有预制、安装、构件出坑和运输,这4项均以构件的设计体积为准,而构件的平均运距应根据施工组织设计确定。钢筋、钢绞线或高强钢丝、现浇接缝混凝土、泄水管、支座、伸缩缝(按行车道宽度以m计),均以施工图设计资料为准。预制场的平整面积应根据建设工程规模的大小来确定,并应考虑按设计需要铺设的碎石垫层。大型预制构件平面底座的个数,应根据施工进度计划可能周转使用的次数取定。双导梁吊装设备可参考定额附注中的质量,预制厂的门架一般可按施工组织设计作为计价依据,设备的使周期可根据计划使用期调整设备的摊销费。由此可知,编制行车道系主体工程的预算,均以设计图表资料为准;其相应的各项辅助工程数量,则以施工组织设计的要求,结合工程的实际情况而确定。

b. 桥面铺装。编制概算和预算的工程量基本上一致,都是按混凝土、沥青混凝土和钢筋3项分别进行计价。

c. 人行道系。编制概算时的计价工程量,只有不同的人行道宽度的桥长和钢筋两项资料。编制预算时,要分别摘取人行道构件和栏杆柱及栏杆扶手两项预制、安装、构件出坑和运输及其钢筋的数量,作为计价依据。

此外,概预算项目表将预制场的轨道铺设列为临时工程的一个项目,不能将其计算在桥梁的上部工程造价内。

②拱桥上部构造工程有砌石、现浇混凝土和预制安装混凝土构件等不同结构形式。编制概算时,其行车道都是以拱上全部圬工实体作为计价依据。拱上填料和防水层等因已将其工料消耗综合在定额内,不得编为计价的工程量。编制预算时,与上述梁板桥一样,要按主体工程和辅助工程的各分项工程取定工程量进行计价。其中,箱形拱桥的开口箱盖板的预制工作应按小型构件计价,而盖板的安装工作因已将其工料消耗综合在安装主拱圈的定额中,不得取为计价工程量。

③石拱桥和现浇混凝土梁、板、拱桥所需的拱盔、支架工程在编制概算和预算时,都要根据工程的实际情况计算取定。若周转次数达不到定额规定时,可以进行调整。支架地梁下的基础工程,要根据河床的地质情况,确定各项计价工程量,如挖基、排水、砌石、打桩等。若对河道有影响,应考虑完工后的清除费用。

④预算定额中制订了多种吊装构件的施工方法和配套的吊装设备,但各有其适用范围。编制预算时,既不要漏计,如采用人字扒杆安装矩形板,则每座桥计列一个人字扒杆;也不能随意采用,如缆索吊装设备是安装箱形拱桥等的配套吊装工具,就不得采用缆索吊装设备来安装T

形梁。同时,在某一项预算中已计列了缆索吊装设备,就不应计列运输索道设施,应考虑利用缆索作为运输材料之用。这些情况在取定计价工程量时应予以注意。

(5)涵洞工程

涵洞工程的概算定额,按常用的结构分为石盖板涵、石拱涵、钢筋混凝土圆管涵、钢筋混凝土盖板涵、钢筋混凝土箱涵、波纹管涵6类,并分别按其洞身、洞口的各种设计圬工体积(m^3)作为计量单位,挖基、排水、钢筋、拱盔支架和安装设备以及其他附属设施等的工料消耗均已综合在定额内,不得另行计算。编制概算时,只需从设计图表上分别按洞身和洞口摘取工程量进行计价,涵洞上的路面则应在路面工程内计算。编制预算时,与编制桥梁工程预算一样,要分别按挖基、基础和上下部工程以及相应的辅助工程摘取或确定其计价的工程量。挖基废方是否需要处理,也要综合考虑,按实计入工程造价。

(6)钢筋工程

编制概预算时,除概算定额中的涵洞工程已将其钢筋工程的工料消耗综合在定额内之外,其余的钢筋工程都是与混凝土分开的,其计量单位为吨(t)。定额中的HPB300钢筋和HRB400钢筋的比例关系是按一般情况确定的,若与设计图表资料不同时,可据实进行调整。编制概预算时,应按分部分项工程的要求和HPB300钢筋、HRB400钢筋分别从设计图表上摘取工程量,作为计价依据。同时,要注意以下几项规定:

①钢筋应以其设计长度所计算的理论质量为准,施工焊接和下料等操作损耗已计入定额内,不得计入钢筋的工程量内。

②钢绞线和高强钢丝的工程量为锚固长度和工作长度质量之和,如预应力空心板(标准跨径10~16 m),一般可按板长增加1.5 m计算。

③现浇墩、台、塔的高度大于钢筋的一般定尺长度,需分节浇筑接长钢筋时,所需的搭接长度可按20~30d(d为钢筋的直径)另行计入钢筋数量内。

④当编制概算,设计图纸上未提出钢筋数量时,可参考《公路工程概算定额》中提供的钢筋含量取定其钢筋数量。

5)其他工程

公路建设项目除路基、路面、隧道和桥涵工程外,还有交叉工程、交通工程及沿线设施、临时工程、绿化及环境保护工程等,应予摘取的工程量的要求各不相同。现分述如下:

(1)交叉工程

路线交叉有互通式、分离式和平面交叉等形式,但一般都包括路基、路面、跨线桥及涵洞等工程内容,故计价工程量的确定和摘取的原则和方法以及应予注意的事项,与前述路基、路面、桥涵等的要求一样,可分别参照进行,不再赘述。

(2)交通工程及沿线设施

这部分的工程内容比较多,但主要都应以设计图表资料作为取定各项工程量的依据。其中,一般设计图表资料上只载列各类标志牌的形式和块数,而金属标志牌的预算定额以10 t为计量单位,故应根据板面的尺寸大小将其换算为质量(t),并分别摘取基础的混凝土和钢筋的数量。由于挖基工作已综合在定额内,不再另行计算。

(3)临时工程

临时工程包括汽车便道、临时便桥、临时码头、轨道铺设、架设输电线路、人工夯打小圆木桩等,其计价的工程量应根据施工组织设计的要求和工程的实际情况分别取定。

①便桥、便道。除要考虑运输建筑材料的需要外,大型施工机械设备进场通道的修建,利用地方道路必要的改建加固和道路使用过程中的维修保养工作,均应结合建设工程的实际和地方的要求,综合考虑计入工程造价。

②轨道。轨道的铺设应结合预制场地设置的情况,确定其工程量。

③电力线路。一般只考虑由高压线路架设至变压器之间的距离,变压器或发电机房至施工现场的支线不得计为电力线路。

④电信线路。当今通信的方式方法较多,因此不论采用哪种通信形式,都可考虑按公路修建的长度作为计算通信线路费用的依据,可以不考虑实际使用的通信方式,以简化计算工作。

(4)绿化及环境保护工程

环境保护要充分考虑在施工过程中对自然生态环境可能造成的破坏而必须修复和治理的费用,如废方的处理、改土造田等措施。

综上所述,计算和摘取编制公路工程造价的工程量的工作依据应包括设计图纸、计价定额资料、施工组织设计以及计算和摘取工程量的程序、方法。这些组成部分互相联系,摘取工程量的方法主要由各项计价定额标准决定。因此,对造价人员来讲,要充分理解和认识它们之间的相互关系,以确保工程造价的编制质量。

7.概预算文件组成

概算、预算文件应由封面、扉页、目录、编制说明及全部计算表格组成。

(1)封面和扉页

封面和扉页应按《公路工程基本建设项目设计文件编制办法》中的规定制作。扉页的次页和目录应按《公路工程基本建设项目设计文件编制办法》附录A的规定制作。

(2)编制说明

①建设项目设计文件的依据。

②编制范围、工程概况等。

③采用的定额、费用标准,人工、材料与设备、施工机械台班预算单价的依据或来源,新增工艺的单价分析等。

④有关的协议书、会议纪要的主要内容。

⑤概算、预算总金额,人工、钢材、水泥、沥青等的总量。

⑥各设计方案的经济比较。

⑦项目综合经济技术指标统计,对比分析本阶段与上阶段工程数量、造价的变化情况。

⑧其他有关费用计算项及计价依据的说明。

⑨采用的公路工程造价软件名称及版本号。

⑩其他需要说明的问题。

(3)概预算表格

概算、预算的材料与设备、施工机械台班单价及各项费用的计算均应通过规定的统一表格表述,表格样式应符合《公路工程基本建设项目设计文件编制办法》附录A的规定。各种表格的计算顺序及相互关系如图3.1所示。

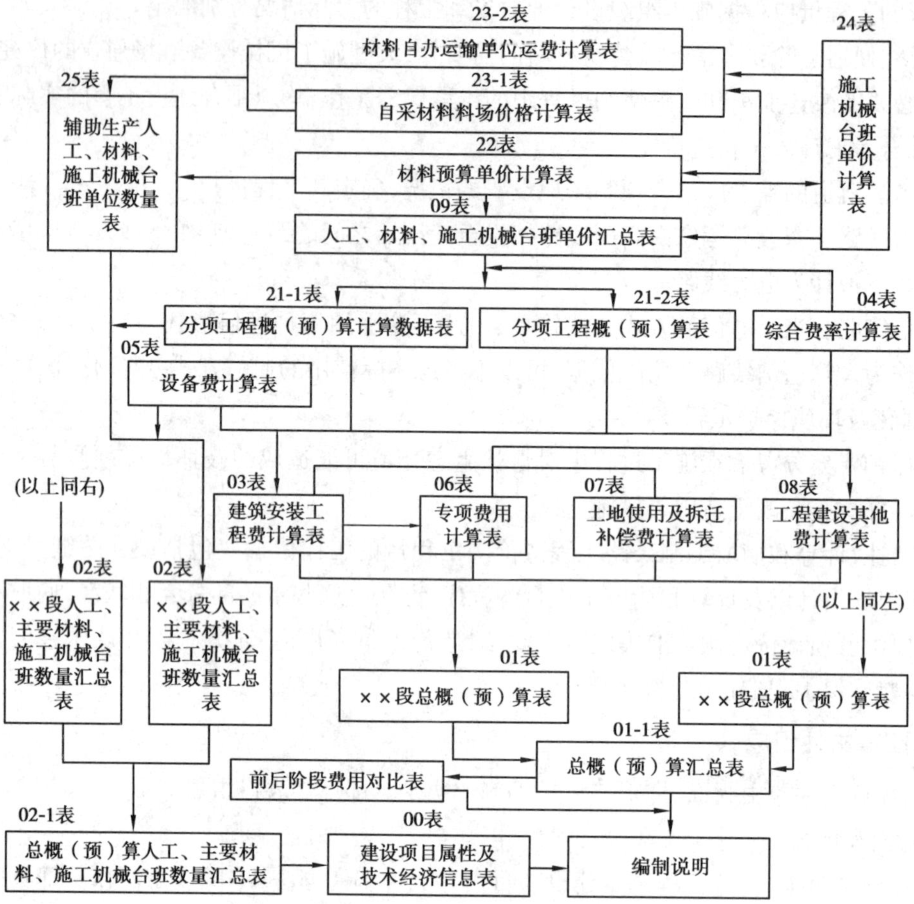

图 3.1 概预算表格的计算顺序及相互关系图

(4)甲组文件和乙组文件

①甲组文件为各项费用计算表,乙组文件为建筑安装工程费各项基础数据计算表。甲、乙组文件应按《公路工程基本建设项目设计文件编制办法》中关于设计文件报送份数的要求,随设计文件一并报送,并同时提交可计算的造价电子数据文件和新工艺单价分析的详细资料。

②乙组文件中的“分项工程概(预)算表”(21-2 表)可只提交电子版,或按需要提交纸质版。

③概算、预算应按一个建设项目[如一条路线或一座独立大(中)桥、隧道]进行编制。当一个建设项目需要分段或分部编制时,应根据需要分别编制,但必须汇总编制“总概(预)算汇总表”。

甲、乙组文件包括的内容如图 3.2 所示。

- 甲组文件
  - 编制说明
  - 费用前后阶段费用对比表
  - 建设项目属性及技术经济信息表(00 表)
  - 总概(预)算汇总表(01-1 表)
  - 总概(预)算人工、主要材料、机械台班数量汇总表(02-1 表)
  - 总概(预)算表(01 表)
  - 人工、主要材料、机械台班数量汇总表(02 表)
  - 建筑安装工程费计算表(03 表)
  - 综合费率计算表(04 表)
  - 综合费计算表(04-1 表)
  - 设备费计算表(05 表)
  - 专项费用计算表(06 表)
  - 土地使用及拆迁补偿费计算表(07 表)
  - 工程建设其他费计算表(08 表)
  - 人工、材料、施工机械台班单价汇总表(09 表)
- 乙组文件
  - 分项工程概(预)算计算数据表(21-1 表)
  - 分项工程概(预)算表(21-2 表)
  - 材料预算单价计算表(22 表)
  - 自采材料料场价格计算表(23-1)表
  - 材料自办运输单位运费计算表(23-2 表)
  - 施工机械台班单价计算表(24 表)
  - 辅助生产人工、材料、施工机械台班单位数量表(25 表)

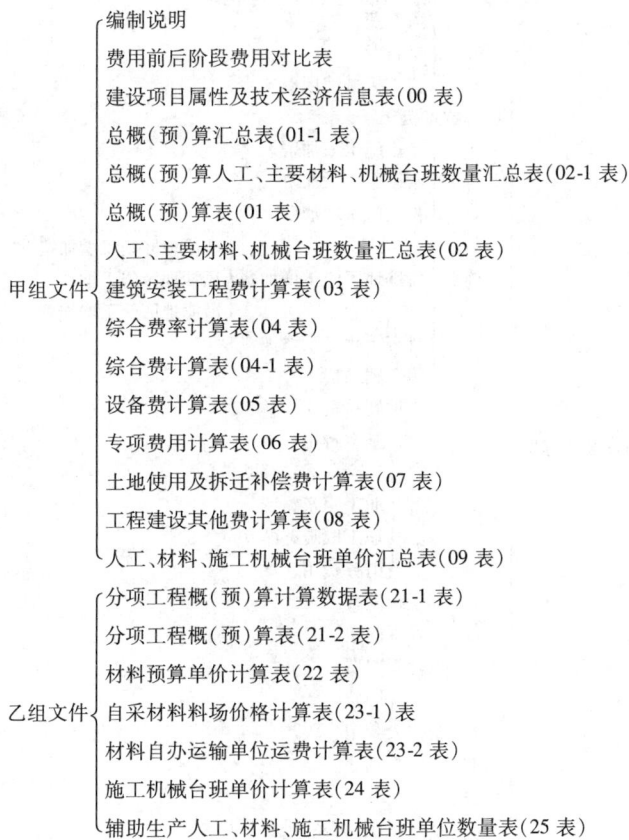

图 3.2　甲、乙组文件包含的内容

8. 概预算费用的组成

根据《公路工程建设项目概算预算编制办法》的规定,公路工程概预算费用由建筑安装工程费、土地使用及拆迁补偿费、工程建设其他费,以及预备费、建设期贷款利息共 5 部分费用组成,如图 3.3 所示。

- 概(预)算总金额
  - 建筑安装工程费
    - 直接费
      - 人工费
      - 材料费
      - 施工机械使用费
    - 设备购置费
    - 措施费
      - 冬季施工增加费
      - 雨季施工增加费
      - 夜间施工增加费
      - 特殊地区施工增加费
        - 高原地区施工增加费
        - 风沙地区施工增加费
        - 沿海地区施工增加费
      - 行车干扰施工增加费
      - 施工辅助费
      - 工地转移费
    - 企业管理费
      - 基本费用
      - 主副食运费补贴
      - 职工探亲路费
      - 职工取暖补贴
      - 财务费用
    - 规费
      - 养老保险费
      - 失业保险费
      - 医疗保险费
      - 工伤保险费
      - 住房公积金
    - 利润
    - 税金
    - 专项费用
      - 施工场地建设费
      - 安全生产费
  - 土地使用及拆迁补偿费
  - 工程建设其他费
    - 建设项目管理费
      - 建设单位(业主)管理费
      - 建设项目信息化费
      - 工程监理费
      - 设计文件审查费
      - 竣(交)工验收试验检测费
    - 研究试验费
    - 建设项目前期工作费
    - 专项评价(估)费
    - 联合试运转费
    - 生产准备费
      - 工器具购置费
      - 办公和生活用家具购置费
      - 生产人员培训费
      - 应急保通设备购置费
    - 工程保通管理费
    - 工程保险费
    - 其他相关费用
  - 预备费
    - 基本预备费
    - 价差预备费
  - 建设期贷款利息

图 3.3 概预、预算费用组成图

任务 2 建立项目表

公路建设工程从筹建至竣工、验收、运营使用的全过程中需要的建设费用由建筑安装工程

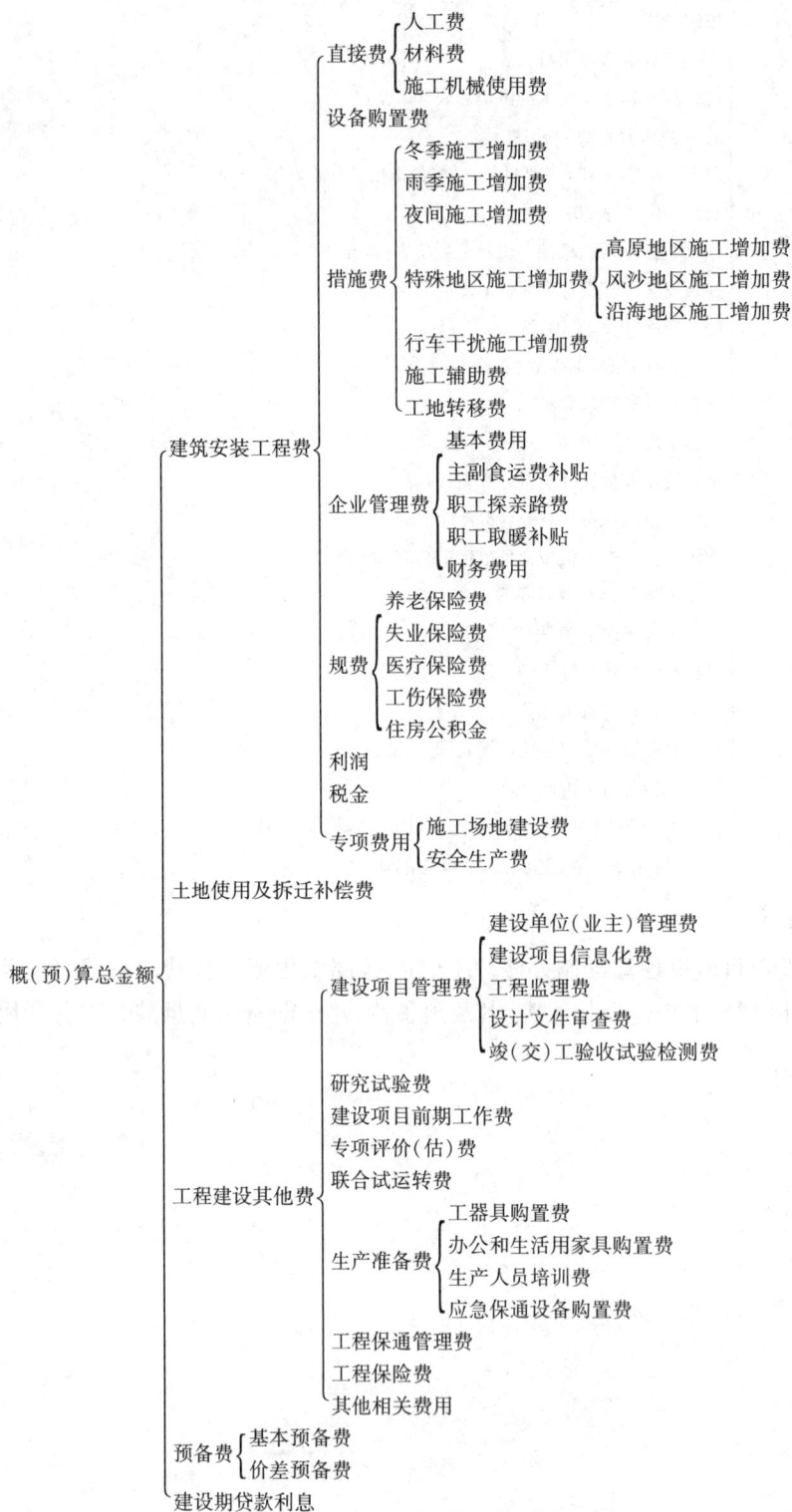

费、土地使用及拆迁补偿费、工程建设其他费、预备费、建设期贷款利息5部分组成。建筑安装工程造价的计价具有按工程构成分部组合计价的特点,要从基本的分项工程的各项消耗开始逐步扩大计算,其中包括直接、间接的消耗和建筑安装工人为社会所创造的价值。因此,公路工程概算预算的主要组成部分是建筑安装工程的概算预算价值。从一定意义上讲,编制公路工程概算预算,主要是编制建筑安装工程概算预算,它是编制公路工程概算预算的关键。

建筑安装工程是由相当数量的分项工程组成的庞大复杂的综合体,直接计算出其全部人工、材料和机械台班的消耗量及价值是一项极为困难的工作。为了准确无误地计算和确定建筑安装工程的造价,必须对公路建设工程项目进行科学的分析与分解,使之有利于公路工程概算预算的编审以及公路基本建设的计划、统计、会计和基建拨款贷款等各方面,使得编制概算预算项目时不重不漏,保证质量。因此,必须对概算预算项目的划分、排列顺序及内容作出统一的规定,由此形成了公路工程概算预算项目表,详见《公路工程建设项目概算预算编制办法》附录B。

公路工程概算预算项目应按项目表的序列及内容编制。公路工程概算预算项目主要包括以下内容:

第一部分　建筑安装工程费

第一项　临时工程

第二项　路基工程

第三项　路面工程

第四项　桥梁涵洞工程

第五项　隧道工程

第六项　交叉工程

第七项　交通工程及沿线设施

第八项　绿化及环境保护工程

第九项　其他工程

第十项　专项费用

1. 施工场地建设费

2. 安全生产费

第二部分　土地使用及拆迁补偿费

第三部分　工程建设其他费

第四部分　预备费

第五部分　建设期贷款利息

概算、预算项目应按项目表的序列及内容编制。当实际出现的工程和费用项目与项目表的内容不完全相符时,第一、二、三、四、五部分和“项”的序号、内容应保留不变,项目表中的“项”以下的分项在引用时应保持序号、内容不变,缺少的分项内容可随需要就近增加,并按项目表的顺序以实际出现的级别依次排列,不保留缺少的“项”以下的项目序号。

分项编号采用部(1位数)、项(2位数)、目(2位数)、节(2位数)、细目(2位数)组成,以部、项、目、节、细目等依次逐层展开,概预算分项编号详见《公路工程建设项目概算预算编制办法》附录B。

任务3 费率计算

措施费、企业管理费、规费都是以某一费用为基数，乘以相应费率得到的。因此，要计算这些费用，首先应确定费率。

措施费、企业管理费、规费的取费费率需按工程类别来取，其工程类别划分如下：

①土方：指人工及机械施工的土方工程、路基掺灰、路基换填及台背回填。

②石方：指人工及机械施工的石方工程。

③运输：指用汽车、拖拉机、机动翻斗车、船舶等运送土石方、路面基层和面层混合料、水泥混凝土及预制构件、绿化苗木等。

④路面：指路面所有结构层工程、路面附属工程、便道以及特殊路基处理（不含特殊路基处理中的圬工构造物）。

⑤隧道：指隧道土建工程（不含隧道的钢材及钢结构）。

⑥构造物Ⅰ：指砍树挖根、拆除工程、排水、防护、特殊路基处理中的圬工构造物、涵洞、交通安全设施、拌和站（楼）安拆工程、便桥、便涵、临时电力和电信设施、临时轨道、临时码头、绿化工程等工程。

⑦构造物Ⅱ：指小桥、中桥、大桥、特大桥工程。

⑧构造物Ⅲ：指商品水泥混凝土的浇筑、商品沥青混合料和各类商品稳定土混合料的铺筑、外购混凝土构件、设备安装工程等。

⑨技术复杂大桥：指钢管拱桥、斜拉桥、悬索桥、单孔跨径在120 m以上（含120 m）和基础水深在10 m以上（含10 m）的大桥主桥部分的基础、下部和上部工程（不含桥梁的钢材及钢结构）。

⑩钢材及钢结构：指所有工程的钢材及钢结构等工程。

1. 措施费

措施费包括冬季施工增加费、雨季施工增加费、夜间施工增加费、特殊地区施工增加费、行车干扰施工增加费、施工辅助费、工地转移费、辅助生产间接费。

(1)冬季施工增加费

冬季施工增加费指按照公路工程施工及验收规范所规定的冬季施工要求，为保证工程质量和安全生产所需采取的防寒保温设施、工效降低和机械作业效率降低以及技术操作过程的改变等所增加的有关费用。

①冬季施工增加费的内容包括：

a. 因冬季施工所需增加的一切人工、机械与材料的支出。

b. 施工机械所需修建的暖棚（包括拆、移），增加其他保温设备购置费用。

c. 因施工组织设计确定，需增加的一切保温、加温等有关支出。

d. 清除工作地点的冰雪等与冬季施工有关的其他各项费用。

②全国冬季施工气温区划分表见附录D。

③冬季施工增加费的计算方法，是根据各类工程的特点，规定各气温区的取费标准。为了简化计算手续，采用全年平均摊销的方法，即不论是否在冬季施工，均按规定的取费标准计取冬季施工增加费。

④一条路线穿过两个以上的气温区时,可分段计算或按各区的工程量比例求得全线的平均增加率,计算冬季施工增加费。

⑤冬季施工增加费以各类工程的定额人工费和定额施工机械使用费之和为基数,按工程所在地的气温区选用表3.14的费率计算。

表3.14　冬季施工增加费费率表(%)

工程类别	冬季期平均温度								准一区	准二区
	-1 ℃以上		-1 ~ -4 ℃		-4 ~ -7 ℃	-7 ~ -10 ℃	-10 ~ -14 ℃	-14 ℃以下		
	冬一区		冬二区		冬三区	冬四区	冬五区	冬六区		
	Ⅰ	Ⅱ	Ⅰ	Ⅱ						
土方	0.835	1.301	1.800	2.270	4.288	6.094	9.140	13.720	—	—
石方	0.164	0.266	0.368	0.429	0.859	1.248	1.861	2.801	—	—
运输	0.166	0.25	0.354	0.437	0.832	1.165	1.748	2.643	—	—
路面	0.566	0.842	1.181	1.371	2.449	3.273	4.909	7.364	0.073	0.198
隧道	0.203	0.385	0.548	0.710	1.175	1.52	2.269	3.425	—	—
构造物Ⅰ	0.652	0.940	1.265	1.438	2.607	3.527	5.291	7.936	0.115	0.288
构造物Ⅱ	0.868	1.240	1.675	1.902	3.452	4.693	7.028	10.542	0.165	0.393
构造物Ⅲ	1.16	2.296	3.114	3.523	6.403	8.680	13.020	19.520	0.292	0.721
技术复杂大桥	1.019	1.444	1.975	2.230	4.057	5.479	8.219	12.338	0.170	0.446
钢材及钢结构	0.04	0.101	0.141	0.181	0.301	0.381	0.581	0.861	—	—

注:绿化工程不计冬季施工增加费。

(2)雨季施工增加费

雨季施工增加费指雨季期间施工为保证工程质量和安全生产所需采取的防雨、排水、防潮和防护措施、工效降低和机械作业率降低以及技术操作过程的改变等,所需增加的有关费用。

①雨季施工增加费的内容包括:

a.因雨季施工所需增加的工、料、机费用的支出,包括工作效率的降低及易被雨水冲毁的工程所增加的清理坍塌基坑和堵塞排水沟、填补路基边坡冲沟等工作内容。

b.路基土方工程的开挖和运输,因雨季施工(非土壤中水影响)而引起的黏附工具、降低工效所增加的费用。

c.因防止雨水必须采取的挖临时排水沟、防止基坑坍塌所需的支撑、挡板等防护措施费用。

d.材料因受潮、受湿的耗损费用。

e.增加防雨、防潮设备的费用。

f. 因河水高涨致使工作困难等其他有关雨季施工所需增加的费用。

②全国雨季施工雨量区及雨季期划分见附录 E。

③雨季施工增加费的计算方法，是将全国划分为若干雨量区和雨季期，并根据各类工程的特点规定各雨量区和雨季期的取费标准。为了简化计算手续，采用全年平均摊销的方法，即不论是否在雨季施工，均按规定的取费标准计取雨季施工增加费。

④一条路线通过不同的雨量区和雨季期时，应分别计算雨季施工增加费或按工程量比例求得平均的增加率，计算全线雨季施工增加费。

⑤雨季施工增加费以各类工程的定额人工费和定额施工机械使用费之和为基数，按工程所在地的雨量区、雨季期选用表 3.15 的费率计算。

(3) 夜间施工增加费

夜间施工增加费指根据设计、施工技术规范和合理的施工组织要求，必须在夜间施工或必须昼夜连续施工而发生的夜班补助费、夜间施工降效、施工照明设备摊销及照明用电等费用。夜间施工增加费以夜间施工工程项目的定额人工费与定额施工机械使用费之和为基数，按表 3.16 的费率计算。

(4) 特殊地区施工增加费

特殊地区施工增加费包括高原地区施工增加费、风沙地区施工增加费和沿海地区施工增加费 3 项。

①高原地区施工增加费指在海拔高度 2 000 m 以上地区施工，由于受气候、气压的影响，致使人工、机械效率降低而增加的费用。

a. 一条路线通过两个以上(含两个)不同的海拔高度分区时，应分别计算高原地区施工增加费或按工程量比例求得平均的增加率，计算全线高原地区施工增加费。

b. 高原地区施工增加费以各类工程的定额人工费与定额施工机械使用费之和为基数，按表 3.17 的费率计算。

②风沙地区施工增加费指在沙漠地区施工时，由于受风沙影响，按照施工及验收规范的要求，为保证工程质量和安全生产而增加的有关费用。其内容包括防风、防沙及气候影响的措施费，人工、机械效率降低增加的费用，以及积沙、风蚀的清理修复等费用。

a. 全国风沙地区公路施工区划见附录 F。当地气象资料及自然特征与附录 F 中的风沙地区划分有较大出入时，由项目所在地省级交通运输主管部门按当地气象资料和自然特征及上述划分标准确定工程所在地的风沙区划。

b. 一条路线穿过两个以上不同风沙区时，按路线长度经过不同的风沙区加权计算项目全线风沙地区施工增加费。

c. 风沙地区施工增加费以各类工程的定额人工费和定额施工机械使用费之和为基数，根据工程所在地的风沙区划及类别，按表 3.18 的费率计算。

③沿海地区施工增加费指工程项目在沿海地区施工受海风、海浪和潮汐的影响，致使人工、机械效率降低等所需增加的费用。本项费用由沿海各省级交通运输主管部门制定具体的适用范围(地区)。沿海地区施工增加费以各类工程的定额人工费和定额施工机械使用费之和为基数，按表 3.19 的费率计算。

表 3.15　雨季施工增加费费率表(%)

工程类别	雨季期(月数)																			
	1	1.5		2	2.5		3		3.5		4		4.5		5		6		7	8
	雨量区																			
	Ⅰ	Ⅰ	Ⅰ	Ⅱ	Ⅰ	Ⅱ	Ⅰ	Ⅱ	Ⅰ	Ⅱ	Ⅰ	Ⅱ	Ⅰ	Ⅱ	Ⅰ	Ⅱ	Ⅰ	Ⅱ	Ⅱ	Ⅱ
土方	0.140	0.175	0.245	0.385	0.315	0.455	0.385	0.525	0.455	0.595	0.525	0.700	0.595	0.805	0.665	0.939	0.764	1.114	1.289	1.499
石方	0.105	0.140	0.212	0.349	0.280	0.420	0.349	0.491	0.418	0.563	0.487	0.667	0.555	0.772	0.626	0.876	0.701	1.018	1.194	1.373
运输	0.142	0.178	0.249	0.391	0.320	0.462	0.391	0.568	0.462	0.675	0.533	0.781	0.604	0.888	0.675	0.959	0.781	1.136	1.314	1.527
路面	0.115	0.153	0.230	0.366	0.306	0.480	0.366	0.557	0.425	0.634	0.501	0.710	0.578	0.825	0.654	0.940	0.749	1.093	1.267	1.459
隧道	—	—	—	—	—	—	—	—	—	—	—	—	—	—	—	—	—	—	—	—
构造物Ⅰ	0.098	0.131	0.164	0.262	0.196	0.295	0.229	0.360	0.262	0.426	0.327	0.491	0.393	0.557	0.458	0.622	0.524	0.753	0.884	1.015
构造物Ⅱ	0.106	0.141	0.177	0.282	0.247	0.353	0.282	0.424	0.318	0.494	0.388	0.565	0.459	0.636	0.530	0.742	0.600	0.883	1.059	1.201
构造物Ⅲ	0.200	0.266	0.366	0.565	0.466	0.699	0.565	0.832	0.665	0.998	0.765	1.164	0.898	1.331	1.031	1.497	1.164	1.730	1.996	2.295
技术复杂大桥	0.109	0.181	0.254	0.363	0.290	0.435	0.363	0.508	0.435	0.580	0.508	0.689	0.580	0.798	0.653	0.907	0.725	1.052	1.233	1.414
钢材及钢结构	—	—	—	—	—	—	—	—	—	—	—	—	—	—	—	—	—	—	—	—

注:室内和隧道内工程及设备安装工程不计雨季施工增加费。

表 3.16　夜间施工增加费费率表(%)

工程类别	费　率	工程类别	费　率
构造物Ⅱ	0.903	构造物Ⅲ	1.702
技术复杂大桥	0.928	钢材及钢结构	0.874

注:设备安装工程及金属标志牌、防撞钢护栏、防眩板(网)、隔离栅、防护网等不计夜间施工增加费。

表 3.17　高原地区施工增加费费率表(%)

工程类别	海拔高度						
	2 001 ~ 2 500 m	2 501 ~ 3 000 m	3 001 ~ 3 500 m	3 501 ~ 4 000 m	4 001 ~ 4 500 m	4 501 ~ 5 000 m	5 000 m 以上
土方	13.295	19.709	27.455	38.875	53.102	70.162	91.853
石方	13.711	20.358	29.025	41.435	56.875	75.358	100.223
运输	13.288	19.666	26.575	37.205	50.493	66.438	85.040
路面	14.572	21.618	30.689	45.032	59.615	79.500	102.640
隧道	13.364	19.850	28.490	40.767	56.037	74.302	99.259
构造物Ⅰ	12.799	19.051	27.989	40.356	55.723	74.098	95.521
构造物Ⅱ	13.622	20.244	29.082	41.617	57.214	75.874	101.408
构造物Ⅲ	12.786	18.985	27.054	38.616	53.004	70.217	93.371
技术复杂大桥	13.912	20.645	29.257	41.670	57.134	75.640	100.205
钢材及钢结构	13.204	19.622	28.269	40.492	55.699	73.891	98.930

表 3.18　风沙地区施工增加费费率表(%)

工程类别	风沙一区			风沙二区			风沙三区		
	沙漠类型								
	固　定	半固定	流　动	固　定	半固定	流　动	固　定	半固定	流　动
土方	4.558	8.056	13.674	5.618	12.614	23.426	8.056	17.331	27.507
石方	0.745	1.490	2.981	1.014	2.236	3.959	1.490	3.726	5.216
运输	4.304	8.608	13.988	5.38	12.912	19.368	8.608	18.292	27.976
路面	1.364	2.727	4.932	2.205	4.932	7.567	3.365	7.137	11.025
隧道	0.261	0.522	1.043	0.355	0.783	1.386	0.522	1.304	1.826
构造物Ⅰ	3.968	6.944	11.904	4.96	10.912	16.864	6.944	15.872	23.808
构造物Ⅱ	3.254	5.694	9.761	4.067	8.948	13.828	5.694	13.015	19.523
构造物Ⅲ	2.976	5.208	8.928	3.720	8.184	12.648	5.208	11.904	17.226
技术复杂大桥	2.778	4.861	8.333	3.472	7.638	11.805	8.861	11.110	16.077
钢材及钢结构	1.035	2.07	4.14	1.409	3.105	5.498	2.07	5.175	7.245

表3.19 沿海地区施工增加费费率表(%)

工程类别	费 率	工程类别	费 率
构造物Ⅱ	0.207	构造物Ⅲ	0.195
技术复杂大桥	0.212	钢材及钢结构	0.200

注:①表中的构造物Ⅲ指桥梁工程所用的商品水泥混凝土浇筑及混凝土构件、钢构件的安装。

②表中的钢材及钢结构指桥梁工程所用的钢材及钢结构。

(5)行车干扰施工增加费

行车干扰施工增加费指由于边施工边维持通车,受行车干扰的影响,致使人工、机械效率降低而增加的费用。该费用以受行车影响部分的工程项目的定额人工费和定额施工机械使用费之和为基数,按表3.20的费率计算。

表3.20 行车干扰施工增加费费率表(%)

工程类别	施工期间平均每昼夜双向行车次数(机动车、非机动车合计)							
	51~100	101~500	501~1 000	1 001~2 000	2 001~3 000	3 001~4 000	4 001~5 000	5 000以上
土方	1.499	2.343	3.194	4.118	4.775	5.314	5.885	6.468
石方	1.279	1.881	2.618	3.479	4.035	4.492	4.973	5.462
运输	1.451	2.230	3.041	4.001	4.641	5.164	5.719	6.285
路面	1.390	2.098	2.802	3.487	4.046	4.496	4.987	5.475
隧道	—	—	—	—	—	—	—	—
构造物Ⅰ	0.924	1.386	1.858	2.320	2.693	2.988	3.313	3.647
构造物Ⅱ	1.007	1.516	2.014	2.512	2.915	3.244	3.593	3.943
构造物Ⅲ	0.948	1.417	1.896	2.365	2.745	3.044	3.373	3.713
技术复杂大桥	—	—	—	—	—	—	—	—
钢材及钢结构	—	—	—	—	—	—	—	—

注:新建工程、中断交通进行封闭施工或为保证交通正常通行而修建保通便道的改(扩)建工程,不计行车干扰施工增加费。

(6)施工辅助费

施工辅助费包括生产工具用具使用费、检验试验费和工程定位复测、工程点交、场地清理等费用。施工辅助费以各类工程的定额直接费为基数,按表3.21的费率计算。

①生产工具用具使用费指施工所需不属于固定资产的生产工具、检验、试验用具及仪器、仪表等的购置、摊销和维修费,以及支付给生产工人自备工具的补贴费。

②检验试验费指施工企业对建筑材料、构件和建筑安装工程进行一般鉴定、检查所发生的费用,包括自设试验室进行试验所耗用的材料和化学药品的费用,以及技术革新和研究试验费,不包括新结构、新材料的试验费和建设单位要求对具有出厂合格证明的材料进行检验、对构件破坏性试验及其他特殊要求检验的费用。

③高填方和软基沉降监测、高边坡稳定监测、桥梁施工监测、隧道施工监控量测、超前地质预报等施工监控费含在施工辅助费中,不得另行计算。

表 3.21 施工辅助费费率表(%)

工程类别	费 率	工程类别	费 率
土方	0.521	构造物Ⅰ	1.201
石方	0.470	构造物Ⅱ	1.537
运输	0.154	构造物Ⅲ	2.729
路面	0.818	技术复杂大桥	1.677
隧道	1.195	钢材及钢结构	0.564

(7)工地转移费

工地转移费指施工企业迁至新工地的搬迁费用。

①工地转移费内容包括:

a.施工单位职工及随职工迁移的家属向新工地转移的车费、家具行李运费、途中住宿费、行程补助费、杂费等。

b.公物、工具、施工设备器材、施工机械的运杂费,以及外租机械的往返费及施工机械、设备、公物、工具的转移费等。

c.非固定工人进退场的费用。

②工地转移费以各类工程的定额人工费和定额施工机械使用费之和为基数,按表 3.22 的费率计算。

表 3.22 工地转移费费率表(%)

工程类别	工地转移距离					
	50 km	100 km	300 km	500 km	1 000 km	每增加 100 km
土方	0.224	0.301	0.470	0.614	0.815	0.036
石方	0.176	0.212	0.363	0.476	0.628	0.030
运输	0.157	0.203	0.315	0.416	0.543	0.025
路面	0.321	0.435	0.682	0.891	1.191	0.062
隧道	0.257	0.351	0.549	0.717	0.959	0.049
构造物Ⅰ	0.262	0.351	0.552	0.720	0.963	0.051
构造物Ⅱ	0.333	0.449	0.706	0.923	1.236	0.066
构造物Ⅲ	0.622	0.841	1.316	1.720	2.304	0.119
技术复杂大桥	0.389	0.523	0.818	1.067	1.430	0.073
钢材及钢结构	0.351	0.473	0.737	0.961	1.288	0.063

③高速公路、一级公路及独立大桥、独立隧道项目转移距离按省会城市至工地的里程计算;二级及二级以下公路项目转移距离按地级城市所在地至工地的里程计算。

④工地转移里程数在表列里程之间时,费率可内插计算。工地转移距离在50 km以内的工程按50 km计算。

(8)辅助生产间接费

辅助生产间接费指由施工单位自行开采加工的砂、石等自采材料及施工单位自办的人工、机械装卸和运输的间接费。

①辅助生产间接费按定额人工费的3%计。该项费用并入材料预算单价内构成材料费,不直接出现在概(预)算中。

②高原地区施工单位的辅助生产,可按高原地区施工增加费费率,以定额人工费与施工机械费之和为基数计算高原地区施工增加费(其中:人工采集、加工材料及人工装卸、运输材料按土方费率计算;机械采集、加工材料按石方费率计算;机械装卸、运输材料按运输费率计算)。辅助生产高原地区施工增加费不作为辅助生产间接费的计算基数。

2. 企业管理费

企业管理费由基本费用、主副食运费补贴、职工探亲路费、职工取暖补贴和财务费用5项组成。

(1)基本费用

基本费用指建筑安装企业组织施工生产和经营管理所需的费用。

①基本费用包括:

a. 管理人员工资:管理人员的基本工资、绩效工资、津贴补贴及特殊情况下支付的工资以及缴纳的养老、医疗、失业、工伤保险费和住房公积金等。

b. 办公费:企业管理办公用的文具、纸张、账表、印刷、通信、网络、书报、办公软件、会议、水电、烧水和集体取暖降温(包括现场临时宿舍取暖降温)用煤(电、气)等费用。

c. 差旅交通费:职工因公出差、调动工作的差旅费、住勤补助费,市内交通费和误餐补助费,劳动力招募费,职工退休、退职一次性路费,工伤人员就医路费以及管理部门使用的交通工具的油料、燃料等费用。

d. 固定资产使用费:管理部门及附属生产单位使用的属于固定资产的房屋、设备等的折旧、大修、维修或租赁费。

e. 工具用具使用费:企业管理使用的不属于固定资产的工具、器具、家具、交通工具和检验、试验、测绘、消防用具等的购置、维修和摊销费。

f. 劳动保险费:企业支付的离退休职工的易地安家补助费、职工退职金、6个月以上的病假人员工资、职工死亡丧葬补助费、抚恤费、按规定支付给离休干部的各项经费。

g. 职工福利费:按国家规定标准计提的职工福利费。

h. 劳动保护费:企业按国家有关部门规定标准发放的劳动保护用品的购置费及修理费、防暑降温费、在有碍身体健康环境中施工的保健费用等。

i. 工会经费:企业根据《中华人民共和国工会法》的规定按全部职工工资总额比例计提的工会经费。

j. 职工教育经费:按职工工资总额的规定比例计提,企业为职工进行专业技术和职业技能培训,专业技术人员继续教育、职工职业技能鉴定、职业资格认定以及根据需要对职工进行各类文化教育所发生的费用,不含职工安全教育、培训费用。

k. 保险费:企业财产保险、管理用及生产用车辆等保险费用及人身意外伤害险的费用。

l. 工程排污费:施工现场按规定缴纳的排污费用。

m. 税金:指企业按规定缴纳的城市维护建设税、教育费附加、地方教育附加、房产税、车船使用税、土地使用税、印花税等。

n. 其他:上述项目以外的其他必要的费用支出,包括技术转让费、技术开发费、竣(交)工文件编制费、招投标费、业务招待费、绿化费、广告费、公证费、定额测定费、法律顾问费、审计费、咨询费以及施工标准化、规范化、精细化管理等费用。

②基本费用以各类工程的定额直接费为基数,按表3.23的费率计算。

表3.23 基本费用费率表(%)

工程类别	费 率	工程类别	费 率
土方	2.747	构造物Ⅰ	3.587
石方	2.792	构造物Ⅱ	4.726
运输	1.374	构造物Ⅲ	5.976
路面	2.427	技术复杂大桥	4.143
隧道	3.569	钢材及钢结构	2.242

(2)主副食运费补贴

主副食运费补贴指施工企业在远离城镇及乡村的野外施工购买生活必需品所需增加的费用。该费用以各类工程的定额直接费为基数,按表3.24的费率计算。

表3.24 主副食运费补贴费率表(%)

工程类别	综合里程										
	3 km	5 km	8 km	10 km	15 km	20 km	25 km	30 km	40 km	50 km	每增加10 km
土方	0.122	0.131	0.164	0.191	0.235	0.284	0.322	0.377	0.444	0.519	0.070
石方	0.108	0.117	0.149	0.175	0.218	0.261	0.293	0.346	0.405	0.473	0.063
运输	0.118	0.13	0.166	0.192	0.233	0.285	0.322	0.379	0.447	0.519	0.073
路面	0.066	0.088	0.119	0.130	0.165	0.194	0.224	0.259	0.308	0.356	0.051
隧道	0.096	0.104	0.130	0.152	0.185	0.229	0.260	0.304	0.359	0.418	0.054
构造物Ⅰ	0.114	0.120	0.145	0.167	0.207	0.254	0.285	0.338	0.394	0.463	0.062
构造物Ⅱ	0.126	0.140	0.168	0.196	0.242	0.292	0.338	0.394	0.467	0.540	0.073
构造物Ⅲ	0.225	0.248	0.303	0.352	0.435	0.528	0.599	0.705	0.831	0.969	0.132
技术复杂大桥	0.101	0.115	0.143	0.165	0.205	0.245	0.280	0.325	0.389	0.452	0.063
钢材及钢结构	0.104	0.113	0.146	0.168	0.207	0.247	0.281	0.331	0.387	0.449	0.062

注:综合里程=粮食运距×0.06+燃料运距×0.09+蔬菜运距×0.15+水运距×0.70,粮食、燃料、蔬菜、水的运距均为全线平均运距;如综合里程数在表列里程之间时,费率可内插;综合里程在3 km以内的工程,按3 km计取本项费用。

(3)职工探亲路费

职工探亲路费指按照有关规定发放给施工企业职工在探亲期间发生的往返交通费和途中住宿费等费用。该费用以各类工程的定额直接费为基数,按表3.25的费率计算。

表3.25　职工探亲路费费率表(%)

工程类别	费　率	工程类别	费　率
土方	0.192	构造物Ⅰ	0.274
石方	0.204	构造物Ⅱ	0.348
运输	0.132	构造物Ⅲ	0.551
路面	0.159	技术复杂大桥	0.208
隧道	0.266	钢材及钢结构	0.164

(4)职工取暖补贴

职工取暖补贴指按规定发放给施工企业职工的冬季取暖费和为职工在施工现场设置的临时取暖设施的费用。该费用以各类工程的定额直接费为基数,按工程所在地的气温区(见附录C)选用表3.26的费率计算。

表3.26　职工取暖补贴费率表(%)

工程类别	气温区						
	准二区	冬一区	冬二区	冬三区	冬四区	冬五区	冬六区
土方	0.060	0.130	0.221	0.331	0.436	0.554	0.663
石方	0.054	0.118	0.183	0.279	0.373	0.472	0.569
运输	0.065	0.130	0.228	0.336	0.444	0.552	0.671
路面	0.049	0.086	0.155	0.229	0.302	0.376	0.456
隧道	0.045	0.091	0.158	0.249	0.318	0.409	0.488
构造物Ⅰ	0.065	0.130	0.206	0.304	0.390	0.499	0.607
构造物Ⅱ	0.070	0.153	0.234	0.352	0.481	0.598	0.727
构造物Ⅲ	0.126	0.264	0.425	0.643	0.849	1.067	1.297
技术复杂大桥	0.059	0.120	0.203	0.310	0.406	0.501	0.609
钢材及钢结构	0.047	0.082	0.141	0.222	0.293	0.363	0.433

(5)财务费用

财务费用指施工企业为筹集资金提供投标担保、预付款担保、履约担保、职工工资支付担保等所发生的各种费用,包括企业经营期间发生的短期贷款利息净支出、汇兑净损失、调剂外汇手续费、金融机构手续费,以及企业筹集资金发生的其他财务费用。财务费用以各类工程的定额直接费为基数,按表3.27的费率计算。

表 3.27 财务费用费率表(%)

工程类别	费　率	工程类别	费　率
土方	0.271	构造物Ⅰ	0.466
石方	0.259	构造物Ⅱ	0.545
运输	0.264	构造物Ⅲ	1.094
路面	0.404	技术复杂大桥	0.637
隧道	0.513	钢材及钢结构	0.653

3. 规费

规费指按法律、法规、规章、规程规定施工企业必须缴纳的费用。

①规费包含以下内容：

a. 养老保险费：施工企业按规定标准为职工缴纳的基本养老保险费。

b. 失业保险费：施工企业按规定标准为职工缴纳的失业保险费。

c. 医疗保险费：施工企业按规定标准为职工缴纳的医疗保险费(含生育保险费)。

d. 工伤保险费：施工企业按规定标准为职工缴纳的工伤保险费。

e. 住房公积金：施工企业按规定标准为职工缴纳的住房公积金。

②各项规费以各类工程的人工费之和为基数，按国家或工程所在地法律、法规、规章、规程规定的标准计算。

任务 4　定额应用

在公路建设生产活动中，正确地使用定额非常重要。为了正确使用定额，必须全面了解定额，深刻理解定额，熟练掌握定额。最好通过编制概(预)算等的实践，熟练地运用定额，也可以通过练习题掌握定额。现举例介绍《公路工程预算定额》和《公路工程概算定额》的运用方法。

1. 关于引用定额的编号

1)定额的基本组成

《公路工程概算定额》和《公路工程预算定额》的组成部分均包括颁发定额的文件号，目录，总说明，章、节说明，定额表。此外，《公路工程预算定额》还包括附录。

(1)总说明

规定使用范围、使用条件、定额使用中的一般规定等，对正确运用定额具有重要作用。使用定额时，应特别注意《公路工程概算定额》和《公路工程预算定额》在总说明中一些不同的规定。

(2)章、节说明

对每一章、节的具体使用要求及注意事项作出说明，特别是工程量计算规则。章、节说明对于正确运用定额具有重要作用。要想准确而又熟练地运用定额，必须透彻地理解这些说明，争取全部记住。因此，需反复、认真地学习好这些说明。

(3)定额表

定额表是各类定额最基本的组成部分，是定额指标数额的具体表示。概算定额和预算的定额表格式基本相同。其基本组成有表号及定额表名称、工程内容、计量单位、顺序号、项目、代号、细目及栏号、小注等。现将定额表的构成和主要栏目说明如下：

①表号及定额表名称。如《公路工程预算定额》1141 页中“8-1-3 采筛洗砂及机制砂”的人工采筛定额，见表 3.28。

②工程内容。主要说明本定额表所包括的操作内容。查定额时，必须将实际发生的项目操作内容与表中的工程内容进行比较。若不一致时，应进行补充或采取其他措施。

③工程项目计量单位。如 10 m、10 m^3 构件、1 000 m、1 km、1 道涵长及每增减 1 m 等。

④顺序号。表征人、料、机及费用的顺序号，起简化说明的作用。

⑤项目。即本定额表的工程所需人工、材料、机具、费用的名称、规格。

⑥代号。当采用电子计算机编制公路工程概预算时，可引用表中代号作为对工、料、机名称的识别符号，不应随意变动。

⑦工程细目。表征本定额表所包括的工程细目，如预算定额“8-1-3”表中的“采堆”“洗堆”等。

表 3.28　8-1-3 采、筛、洗砂及机制砂

工程内容：开采砂：1）安移筛架；2）采挖；3）过筛；4）清渣洗砂；5）堆方及清除废渣

隧道弃渣筛砂、机制砂：部分解小，喂料、碾碎、过筛，堆方及清除废渣

Ⅰ.人工采筛　　　　单位：100 m^3 堆方

顺序号	项　目	单　位	代　号	采　堆		采筛堆				洗　堆
						成品率（%）				
				干处	水中	30 以内	50 以内	70 以内	70 以上	
				1	2	3	4	5	6	7
1	人工	工日	1001001	8.5	19.3	53.1	34.7	21.5	14.3	30.3
2	基价	元	9999001	903	2 051	5 643	3 688	2 285	1 520	3 220

注：①如需备水洗石，每 1 m^3 砾石用水量按 0.3 m^3 计算，运水工另行计算。

②资源费另计。

⑧栏号。工程细目编号，如表 3.28 所示定额中“干处采堆”栏号为 1，“水中采堆”栏号为 2。

⑨定额值。即定额表中各种资源的消耗量数值，其中括号内的数值一般是指所需半成品的数量（定额值）。如《公路工程预算定额》146 页“表 1-4-21”所示定额中的“普 C25-32.5-2”所对应的“（10.10 m^3）”，是指预制 10 m^3 挡土板（锚碇板）或立柱实体需消耗普 C25-32.5-2 水泥混凝土 10.10 m^3。

⑩基价。也称定额基价。它是指该工程细目的工程价格，即定额人工费、材料费、机械使用费的合计价值。其中，人工费、材料费是按《公路工程预算定额》附录四计算，机械使用费按《公路工程机械台班费用定额》计算。

⑪注。有些定额表列有“注”，使用定额时，必须仔细阅读，以免发生错误。

（4）定额的附录

在《公路工程预算定额》中列有 4 个附录，即“路面材料计算基础数据表”“基本定额”“材料的周转及摊销”和“定额人工、材料、设备单价表”。附录是编制定额的基本数据，也是编制补

充定额的依据,同时还是定额抽换的依据。

2)定额的编号

编制概算、预算时,在计算表格中均要列出所用的定额表号。一般采用(页号-表号-栏号)的编写方法。例如,《公路工程预算定额》中[293-"2-3-1"-1]就是指引用293页的表2-3-1(第二章第三节第1个表)中的第1栏,即全部挖除旧路面中的人工挖清整体路面的定额。又如,《公路工程概算定额》中[126-"1-4-20"-1]是指第126页表1-4-20中的第1栏,即挡土墙防渗层、泄水层及填内芯中的铺筑沥青防渗层概算定额。这种编号方法容易查找、检查方便且不易出错,但书写字码较多,在概算、预算表中占格较宽。

另一种编号方法是省去页号,按[章-节-表-栏]四符号法,如《公路工程预算定额》中浆砌片石基础的定额号为[4-5-2-1],而目前一般采用电算法编制概算、预算文件。

定额编号在概算、预算文件中十分重要。第一,可保证复核、审查人员利用编号快速查找,核对所用定额的准确性;第二,对如此繁多的工程细目的工作内容以编号形式建立一一对应的模式,便于计算机处理及修编定额人员统计;第三,在概算、预算文件的表21中,"定额代号"一栏必须填上对应的定额细目代号。不论手工计算,还是计算机处理,都必须保证该栏目的准确性。

3)运用定额的步骤

所谓运用定额,就是平时所说的"查定额",是根据编制概算、预算的具体条件和目的,查得需要的正确定额的过程。为了正确地运用定额,首先必须反复学习定额、熟练地掌握定额;其次必须收集并熟悉中央及地方交通主管部门有关定额运用方面的文件和规定。在此前提下,运用定额的基本步骤如下:

①根据运用定额的目的,确定所用定额的种类(是概算定额,还是预算定额)。

②根据概(预)算项目表,依次按目、节、细目确定欲查定额的项目名称,再据此在定额目录中找到其所在页次及所需定额表。但要注意核查定额的工作内容、作业方式是否与施工组织设计相符。如人工挖土这项作业,在路基工程中有表1-1-6,桥梁工程中有表4-1-1等。

③查到定额表后再进行:

a.看定额表"工程内容"与设计要求、施工组织要求有无出入。若无出入,则可在表中找到相应的细目,并进一步确定子目(栏号)。

b.检查定额表的计量单位与工程项目取定的计量单位是否一致、是否符合规定的工程量计算规则。

c.看定额的总说明、章说明、节说明以及表下的小注是否与所查子目的定额查定有关。若有关,则采取相应措施。

d.根据设计图纸和施工组织设计检查子目中有无需要抽换的定额,是否允许抽换。若应抽换,则进行具体抽换计算。

e.依子目各序号确定各项定额值,可直接引用的就直接抄录,需计算的则在计算后抄录。

④重新按上述步骤复核。

⑤该项目的细目定额查完后,再查定该项目另外细目定额。依次完成后,再查另一项目的定额。

熟练后,上述步骤不必依次进行。

4）运用定额应注意的问题

①计量单位要表与项目之间一致，特别是在抽换、增量计算时更应注意。

②当项目中任何项（工、料、机）定额值变化时，不要忘记其基价也要作相应变化。

③查定额时，首先要鉴别工程项目属于哪类工程，以免盲目随意确定而在表中找不到栏目、无法计算或错误引用定额。例如，"汽车运土"与"汽车运输"（构件），前者为路基工程，而后者为桥梁工程。

④定额表中对某些物品规定按成品价格编制预算，如"交通工程及沿线设施"中的型钢立柱、铝合金板标志等。而对某些物品则规定按半成品价格编制预算，查定额时要注意。

5）定额运用的要点

①正确选择子目，不重不漏。

②子目名称简练直观，尤其是在修改子目名称时。

③看清工程量计量单位，特别是在抽换、增量计算时更应注意。

④详细阅读总说明、章节说明及小注。

⑤设计图纸要求和定额子目要一致，否则可能要抽换。

⑥施工方法要根据施工组织设计及现场条件来确定。

⑦认真核对工程内容，防止漏列或重列，根据施工经验及对定额的了解确定。

2. 定额单位与工程量

工程量的正确与否直接影响概算、预算造价，正确使用工程量是造价人员需要注意的重要环节。由于设计图纸中的工程量或工程量清单中工程量的单位和内容与所用定额的单位和内容并不完全一致，往往需要造价人员根据定额的需要进行换算或调整，以达到计算造价与实际造价相符的目的。设计者一般对概预算或定额并不十分了解，仅从设计的角度出发计算并统计工程量，与定额的计量单位及计算要求有一定的出入。为了使计量单位、计算方法符合定额的工程量计算规则并正确计算工程量，现介绍几种典型处理方法。

1）体积与面积单位调整

计算中应特别留意面积与体积是否一致，这在预算定额中很容易被忽视。如沥青混凝土路面，定额代号为"预[2-2-11-3]"，定额单位为1 000 m^3 路面实体，设计图纸或施工图工程量一般是以1 000 m^2 为单位列出，要根据设计图纸将工程量换算。此外，耕地填前夯实土的回填，清除场地的砍挖树根、回填等，都存在换算问题。

2）体积与个数的调整

编制概预算文件时，如果遇到个数与体积不一致，其换算不是简单的数学计算，而必须准备大量计算方面的基础资料。这些基础资料的获得必须与厂商、政府管理部门取得联系，从教科书或参考书上难以获得。

例如支座，设计者一般提供各种型号及对应的个数（包括固定支座、滑动式支座），而定额单位却是t或 dm^3，只有找到有关生产厂家及型号（如标准图纸和基本数据等），才能换算出定额单位所需的t或 dm^3。

3）工程量的自定方法

一个工程项目所牵涉的定额不是都能在设计图纸上反映的。换句话说，一个完整项目的概预算造价除包括施工图纸上的工程量外，还应考虑与施工方案及施工组织措施有关的其他工程内容涉及的定额。

①临时工程范围。临时电力电信线路、临时便道的里程，按实际需要确定（现场调查）。这一部分工程量原则上不超过总长度的1/3，但也要充分考虑各种构造物运输不便、引用地方电网不便所造成的临时工程的增加。临时用电中构造物的动力用电如果没有临时工程项目，则应在自发电的电价中考虑。临时道路考虑仓库、加工场、预制场、弃土及借土的便道距离。此外，临时仓库、加工场地、临时建筑物等在筹建过程中的一系列相关工程内容的工程量必须考虑进去。

②很容易遗忘但牵涉工程量较大的一部分内容通常在土石方工程。清除表土后回填土石方体积、填前夯实后增加的土石方体积、自然沉降引起的增加的土石方体积、根据施工规范必须超宽填筑的体积都是必须增加补充计算的工程数量。而这部分工程量既无图纸又无规范可查，造价人员只能根据土质资料及施工组织的详细资料具体问题具体分析，按施工现场实际情况具体计算。

4）工程量与定额单位相同但存在一定的换算关系

定额单位与工程量单位一致，但有时不能直接使用，如路基土石方体积单位的天然密实方与压实方之间的差值及混凝土、砂浆考虑损耗的体积，故必须提供一定的换算关系后才能正确使用。

（1）土石方工程数量与定额单位

定额在挖方及运输两种条件下均按天然密实方施工考虑，填方按压实方碾压考虑。根据概算定额第一章第一节说明1，预算定额第一章第一节说明8，换算系数均已存在（如定额说明表列数据），但使用定额时，该系数能否正确运用将极大影响造价。当以填方压实体积为工程量，采用以天然密实方体积为计量单位的定额时，如路基填方为利用方，所采用的定额应乘以表列数据；如路基填方为借方，则应在表列数据的基础上增加0.03的损耗。

（2）混凝土及砂浆在体积的意义方面

要特别注意成品的混凝土体积与搅拌混凝土体积含义不同、砌体中的砂浆与搅拌中砂浆含义不同。因为搅拌中的混凝土、砂浆要包括正常的损耗数量，但配比调整时，应按搅拌时的混凝土、砂浆计算，而成品混凝土、砂浆不能直接参与调整计算，这在抽换计算中应区分清楚。

3. 定额的直接套用

如果设计的要求、工作内容及确定的工程项目与相应定额的工程项目完全符合，可直接套用定额。这一部分定额在编制概预算文件时的定额量占总定额量的50%以上，准确使用这些简单定额，可以节约大量的编制时间，因此应该保证这一部分定额100%正确。但要特别注意各定额的总说明、章节说明、定额表中的小注、工程量单位等，应细心阅读，以免在使用中发生错误。

【例3.2】 确定人工挖运普通土（手推车运输）运40 m的预算定额，重载运输升7%的坡。

【解】 ①由《公路工程预算定额》目录可知该定额在10页，定额表号为1-1-6。

②确定定额号为[10-1-1-6-2 +4]或[主定额1-1-6-2，辅助定额1-1-6-4]。

③该定额小注4规定：如遇升降坡时，除按水平距离计算运距外，还应按坡度不同增加运距，重新计算运距为 $40+40\times7\%\times15=82$（m），具体规定见《公路工程预算定额》10页。运距尾数处理后运距为80 m。

④计算定额值：

人工：$145.5+5.9\times(80-20)\div10=180.9$（工日/1 000 m^3）

基价：$15\ 464+627\times6=19\ 226$（元）

【例3.3】 某桥梁编织袋围堰工程，装编织袋土的运距为220 m，围堰高2.2 m，试确定该工程的预算定额值。

【解】 ①由《公路工程预算定额》目录可知该定额在430页，定额表号为4-2-2。

②确定定额号为[430-4-2-2-6]。

③该定额节说明2规定，该定额中已包括50 m以内人工挖运土方的工日数量，当取土运距超过50 m时，按人工挖运土方的增运定额增加运输用工，具体规定见《公路工程预算定额》426页节说明。（单位：10 m围堰）

④计算定额值：

人工：$26+5.9\times[(220-50)\div10]\times68.41\div1\ 000\approx32.9$（工日）

编织袋：1 139个

土：68.41 m^3，不计价

基价：$4\ 415+627\times17\times68.41\div1\ 000\approx5\ 144$（元）

【例3.4】 某桥梁工程以手推车运预制构件，每个构件的质量均小于0.3t，需构件出坑堆放，运输重载升4%的坡，运距84 m，试确定预算定额。

【解】 ①由《公路工程预算定额》目录可知该定额在816页，定额表号为4-8-1。

②确定定额号为[816-4-8-1-1+2]或[主定额4-8-1-1，辅助定额4-8-1-2]。

③该定额节说明1、3、4规定，本节的各种运输运距超过第一个定额运距单位时，其运距尾数不足一个定额单位的半数时不计，超过半数时按一个定额运距单位计算。本节定额未列构件出坑堆放的定额，如需出坑堆放，可按相应构件运输第一个运距单位定额计列。当运输遇重载升坡时，按定额该节规定的系数进行换算，其具体规定见《公路工程预算定额》816页节说明。

④计算定额值：

人工：$1.4+1.4+0.2\times(80-10)\div10\times1.5=4.9$（工日）

其他材料费：$14.4+14.4=28.8$ 元

基价：$163+163+21\times7\times1.5\approx547$（元）

【例3.5】 某桥梁拱盔宽度为18 m，净跨径30 m，拱矢比为1/4，起拱线至地面高度为12 m，全桥6孔，试确定2孔的拱盔立面积、支架立面积和该桥满堂式木拱盔人工、基价预算定额值。

【解】 ①由《公路工程预算定额》目录可知桥梁拱盔定额在836页，定额表号为4-9-2。

②确定定额号为[836-4-9-2-3]。

③该定额节说明1、9、10规定，桥梁拱盔、木支架及简单支架均按有效宽度8.5 m计。钢支架按有效宽度12.0 m计，当实际宽度与定额不同时，可按比例换算。说明9、10给出了工程量的计算方法，其具体规定见《公路工程预算定额》833页节说明。

④计算工程量：

拱盔立面积工程量：$F=2\times0.172\times30^2=309.6$（$m^2$）

支架立面积工程量：$F=2\times30\times12=720$（m^2）

⑤计算定额值：

人工：$30.3\times(18\div8.5)\approx64.2$（工日）

基价：$5\ 556\times(18\div8.5)\approx11\ 766$（元）

【例3.6】 已知设计数量为50 m^3，钢模施工。试用《公路工程预算定额》确定预制及安装某路线桥涵缘（帽）石的人工的用量。

【解】 ①由《公路工程预算定额》目录可知预制小型构件在790页，定额表号为4-7-25；安装小型构件定额在793页，定额表号为4-7-26。

②确定预制小型构件的定额号为[790-4-7-25-2]；安装小型构件的定额号为[793-4-7-26-1]。该定额节说明15(2)规定，使用定额时，构件的预制数量应为安装定额中括号内的构件备制数量，其具体规定见《公路工程预算定额》717页节说明15(2)。

③预制小型构件的预算定额中，其工程内容为：木模制作、安装、拆除、修理、涂脱模剂、堆放；组合钢模板组拼拆及安装、拆除、修理、涂脱模剂、堆放；钢筋除锈、制作、电焊、绑扎；混凝土浇筑、捣固及养护。工程内容中不包括混凝土拌和，混凝土工程中基价都不包括混凝土拌和，特别注明者除外。故需要增加混凝土拌和的定额，混凝土拌和在《公路工程预算定额》908页，定额表号为4-11-11-1。

④计算人工用量：

工程数量 $=50\div10=5$

预制所需人工：$22.5\times5\times1.01\approx113.6$（工日）

混凝土拌和所需人工：$2\times5\times1.01\times1.01\approx10.2$（工日）

安装所需人工：$6.7\times5=33.5$（工日）

总人工：157.3 工日

【例3.7】 某桥为3×20m（标准跨径）预应力简支T梁桥，每孔横向20片T梁，T梁翼板宽1.6 m，底板宽0.2 m，梁长19.96 m。计划分5次预制完成，试计算预制T梁底座所需要水泥用量和蒸汽养护室的工程量及所需锯材的数量。

【解】 ①由《公路工程预算定额》目录可知预制构件底座定额在904页，定额表号为4-11-9，蒸汽养护室建筑及蒸汽养护定额在902页，定额表号为4-11-8。

②确定定额号为[904-4-11-9-1]及[902-4-11-8-1]。

③该定额节说明2、4规定给出了大型预制构件底座和蒸汽养护室工程量的计算方法，其具体规定见《公路工程预算定额》887页节说明。

④计算工程量：

共 $20\times3=60$ 片梁，分5次预制，需要12个底座。

预制底座的面积：$12\times(19.96+2)\times(1.6+1)=685.152$（$m^2$）

一个蒸汽养护室放置两片梁，需要6个蒸汽养护室。

蒸汽养护室的面积：$6\times(19.96+2\times1.5)\times(1+1.6+0.8+1.6+1)=826.56$（$m^2$）

⑤计算水泥及锯材用量：

水泥用量：$0.84\times685.152\div10\approx57.553$（t）

锯材用量：$0.14\times826.56\div10\approx11.57$（$m^3$）

4.复杂定额的套用

复杂定额指一个定额的工程内容与设计图纸不符,为了加以完善而需进行另外相关定额的补充定额,即必须由多个定额才能完成一道工艺流程的组合定额。这一部分定额占总定额量的比重不大,但对总造价的影响有时很大。

如果按设计的要求、工作内容及确定的工程项目与相应定额的工程项目不完全符合,则不能直接套用简单定额。这些工艺流程必须几个定额联合起来才能完成。一般在编制时,如果遇到设计的工艺流程与定额的工程内容不一致,定额值中的“项目”与工艺过程中的消耗有差别时,如多出一种材料或少掉一种材料或机械等,首先要看定额表小注,再看节说明、章说明,但也要特别注意定额总说明及使用要求,应细心阅读,以免发生错误。

【例3.8】 用《公路工程预算定额》确定自卸汽车配合挖掘机联合作业1 000 m^3普通土所消耗的人工、机械数量(6 t自卸汽车运距1.5 km,挖掘机挖斗容积0.6 m^3)。

【解】 根据路基工程的土石方工程查《公路工程预算定额》[16-1-1-11-1+2]。

工程内容:等待装、运、卸;空回。

定额单位:1 000 m^3。

分析工艺流程,缺挖土工序,补查《公路工程预算定额》[13-1-1-9-2]。

工程内容:挖掘机就位,开辟工作面,挖土或爆破后石方,装车,移位,清理工作面。

定额单位:1 000 m^3。

分析两表的工艺流程,合并相加后,定额单位1 000 m^3,工程数量为1 000 m^3,则消耗的人工、机械数量为:

人工:$3.1 \div 1\,000 \times 1\,000 = 3.1$(工日)

0.6 m^3以内履带式挖掘机:$3.16 \div 1\,000 \times 1\,000 = 3.16$(台班)

6 t以内自卸汽车:$[11.19 + 1.44 \times (1.5 - 1) \div 0.5] \div 1\,000 \times 1\,000 = 12.63$(台班)

【例3.9】 某靠岸桥台,人工开挖基坑普通土(Ⅱ类土)1 000 m^3,地面水深1 m,基坑深3 m,试确定预算定额。

【解】 题目所给条件属于桥梁工程定额的第四章,定额代号为[420-4-1-1-3]。

工程内容:人工挖土或人工打眼、装药、爆破石方,清运土、石渣出坑外;安拆简单脚手架及整修运土、石渣便道;清理、整平、夯实土质基底,检平石质基底;挖排水沟及集水井;取土回填、铺平,洒水、夯实。

定额单位:1 000 m^3

定额值:人工:359.3工日

一般情况下,如不仔细分析工程内容与工艺流程的具体过程,很容易漏掉一项排水工作。

因为定额值中没有列出水泵消耗台班,但从已知条件或具体施工图纸情况看一定需要排水水泵。

水泵台班的计算查《公路工程预算定额》第417页的节说明10,计算得:

每挖基坑10 m^3所需台班为:0.17台班

每座墩台砌筑所需水泵台班为:3.72台班

则挖基坑工程量1 000 m^3的消耗量为:

人工:$359.3 \div 1\,000 \times 1\,000 = 359.3$(工日)

ϕ150 mm 水泵：$0.17\div10\times1\ 000+3.72=20.72$(台班)

5. 基本定额的运用

由于定额是按合理的施工组织和一般正常的施工条件编制的，定额中所采用的施工方法和工程质量标准，是根据国家现行公路工程施工技术及验收规范、质量评定标准及安全操作规程取定的。除定额中规定允许换算者外，均不得因具体工程的施工组织、操作方法和材料消耗与定额的规定不同而调整定额。只有在以下几种情况下，才允许对定额中某些项目进行抽换，使定额的使用更符合实际情况。

①就地浇筑钢筋混凝土梁用的支架及拱圈用的拱盔、支架，如确因施工安排达不到规定的周转次数时，可根据具体情况进行换算并按规定计算回收。

②使用预算定额时，路面基层材料、混凝土、砂浆的配合比与定额不相符时，以及水泥强度等级与定额中的水泥强度等级不同时，水泥用量可按《公路工程预算定额》附录二的基本定额中的混凝土、砂浆配合比表进行换算。

③钢筋工程中，设计用 HPB300 钢筋和 HRB400 钢筋比例与定额比例不同时，可进行换算。

【例 3.10】 某三级公路路面基层为水泥石灰稳定土，设计配比为水泥：石灰：土 =4:8:88，厚 30 cm。采用拖拉机带铧犁沿路拌和，初期洒水养生，洒水用水源运距为 6 km，试确定概算定额。

【解】 ①由《公路工程概算定额》目录可知定额在 175 页，定额表号为 2-1-6。

②确定定额号为[175-2-1-6-9 +10]或[主定额 2-2-6-9，辅助定额 2-1-6-10]。

③该定额节说明 1、2 和章说明 4 规定，如超过定额规定的压实厚度进行分层拌和、碾压时，拖拉机、平地机、摊铺机和压路机的台班消耗按定额数量加倍计算，每 1 000 m^2 增加 1.5 个工日；当设计配比与定额标明的配比不同时，要进行换算；定额中凡列有洒水汽车的子目，均按 5 km范围内洒水汽车在水源处自吸水编制，不计水费。如工地附近无天然水源可用，必须采用供水部门供水(如自来水)时，可根据定额子目中洒水汽车的台班数量，按每台班 35 m^3 计算定额用水量，乘以供水部门规定的水价增列水费。洒水汽车取水的平均运距超过 5 km 时，可按路基工程的洒水汽车洒水定额中的增运定额增加洒水汽车的台班消耗，但增加的洒水汽车台班消耗不得再计水费。其具体规定见《公路工程概算定额》141 页章说明和 143 页节说明。

④该定额子目中水泥、石灰、土的配比不同于设计配比需进行抽换。

⑤计算定额值：

定额单位：1 000 m^2

人工：$12.7+(30-20)\times0.5+1.5=19.2$(工日)

土：$[268.07+(30-20)\times13.4]\times88\div90\approx393.14$($m^3$)

熟石灰：$[14.943+(30-20)\times0.747]\times8\div4=44.826$(t)

32.5 级水泥：$[20.392+(30-20)\times1.02]\times4\div6\approx20.395$(t)

其他材料费：301 元

设备摊销费：$2.1+(30-20)\times0.1=3.1$(元)

120 kW 以内自行式平地机：$0.31\times2=0.62$(台班)

75 kW 以内履带式拖拉机：$0.18\times2=0.36$(台班)

12 ~15 t 光轮压路机：$0.26\times2=0.52$(台班)

18～21 t 光轮压路机：$0.82\times2=1.64$（台班）

10 000 L 以内洒水汽车：

$0.34+(30-20)\times0.02+0.26\times2\times(0.34+10\times0.02)\times35\div1\,000\approx0.55$（台班）

基价：$16\,297+10\times726+(393.135-268.07-13.4\times10)\times9.71+(44.826-14.943-10\times0.747)\times276.7+(20.395-20.392-10\times1.02)\times307.69+1.5\times106.28+0.31\times1\,188.74+0.18\times654.89+0.26\times587.09+0.82\times752.93+1\,104.87\times0.26\times2\times(0.34+10\times0.02)\times35\div1\,000\approx36\,197$（元）

【例3.11】　某桥梁的台帽工程设计为C35水泥混凝土，台帽钢筋设计为HPB300钢筋25 t，HRB400钢筋30 t，试分别确定混凝土及钢筋的预算定额值。

【解】　①由《公路工程预算定额》目录可知定额在667页，定额表号为4-6-3。

②确定定额号为[667-4-6-3-1]和[667-4-6-3-5]。

③该定额子目中混凝土配合比与设计配合比不同，HPB300钢筋和HRB400钢筋的比例不同，要进行换算。当混凝土强度等级及砂浆强度等级等与设计等级不同时，需运用基本定额进行抽换。基本定额是指在合理的条件下，为生产单位数量半成品、中间产品所规定的各种资源（工、料、机、费用等）消耗量标准。基本定额按消耗资源对象的不同，可分为劳动定额和材料消耗定额两类，基本定额的具体内容见《公路工程预算定额》1213页。其用途为进行定额抽换和分析分项工程或半成品所需的人工、材料、机械消耗量。

④计算定额值：

a. 混凝土。查基本定额1216页混凝土配合比表（不可作为施工配合比使用）可知，1 m^3 C35混凝土需32.5级水泥418 kg，中粗砂0.45 m^3，碎石（4 cm）0.82 m^3。人工12.4工日，钢模板0.049 t，螺栓5.91 kg，铁件3.48 kg，水12 m^3，中粗砂：$10.2\times0.45=4.59$（m^3），碎石（4 cm）：$10.2\times0.82=8.364$（m^3），32.5级水泥：$10.2\times0.418=4.264$（t），其他材料费86.2元，25 t以内汽车式起重机0.66台班，小型机具使用费11.4元，基价：$4\,991+(4.59-4.69)\times87.38+(8.364-8.47)\times86.41+(4.264-3.845)\times307.69\approx5\,102$（元）。

b. 钢筋。定额中HPB300钢筋和HRB400钢筋比例为1∶5.029，设计为1∶1.2，需要换算。

设HPB300钢筋为x，HRB400钢筋为y，有：

$$\begin{cases}\dfrac{x}{y}=\dfrac{25}{30}\\ x+y=1.025\end{cases}$$

得：

$$\begin{cases}x=0.466\\ y=0.559\end{cases}$$

人工：6.9工日，HPB300钢筋：0.466 t，HRB400钢筋：0.559 t，20～22号铁丝：2.86 kg，电焊条：2.23 kg，32 kVA以内交流电弧焊机：0.32台班，小型机具使用费：18.8元。

基价：$4\,181+(0.466-0.17)\times3\,333.33+(0.559-0.855)\times3\,247.86=4\,206$（元）

【例3.12】　某跨径20 m的石拱桥，浆砌块石拱圈工程，设计采用M10水泥砂浆砌筑。问编制预算时是否需要抽换？怎样抽换？

【解】　①由《公路工程预算定额》目录可知定额在630页，定额表号为4-5-3。

②确定定额号为[630-4-5-3-6]。

③该定额节说明1规定，定额中M7.5水泥砂浆为砌筑砂浆，M10水泥砂浆为勾缝用砂浆，所以需进行抽换。其具体规定见《公路工程预算定额》626页节说明。

④计算定额值：

查基本定额1213页砂浆配比表可知，1 m^3 M10砂浆需32.5级水泥311 kg，中粗砂1.07 m^3，人工10工日，8～12号铁丝1.5 kg，铁钉0.1 kg，水15 m^3，原木0.01 m^3，锯材0.02 m^3，中粗砂：$(2.7+0.11)\times1.07=3.007(m^3)$，块石10.5 m^3，水泥：$(2.7+0.11)\times0.311=0.874(t)$，其他材料费4.4元，1.0 m^3以内轮胎式装载机，400 L以内灰浆搅拌机0.12台班。

基价：$2\ 710+(0.874-0.752)\times307.69+(3.007-3.06)\times87.38=2\ 743$(元)

【例3.13】 某2孔跨径为20 m的石拱桥，制备1孔木拱盔（满堂式），试确定其实际周转次数的周转性材料预算定额。

【解】 ①由《公路工程预算定额》目录可知定额在836页，定额表号为4-9-2。

②确定定额号为[836-4-9-2-2]。

③该定额总说明八规定，就地浇筑钢筋混凝土梁用的支架及拱圈用的拱盔、支架，如确因施工安排达不到规定的周转次数时，可根据具体的情况换算并按规定计算回收。其具体规定见《公路工程预算定额》总说明第八条。

在《公路工程预算定额》附录三中编制有材料的周转及摊销定额，它的主要用途有：

a.规定各种周转性材料的周转、摊销次数；

b.对达不到规定周转次数的材料定额进行抽换。

④具体计算按下式进行：

$$E'=E\times\frac{n}{n'}$$

式中 E'——实际周转次数的周转性材料定额；

E——定额规定的周转性材料定额；

n——定额规定的材料周转次数；

n'——实际的材料周转次数。

计算结果见表3.29。

表3.29 计算表

序　号	材料规格名称	单　位	定额值 E	n	n'	换算值 E'
1	铁件	kg	41.8	5	2	104.5
2	铁钉	kg	1.1	4	2	2.2
3	原木	m^3	0.47	5	2	1.18
4	锯材	m^3	1.63	5	2	4.08

6.定额的补充

随着科学技术的发展，新结构、新工艺、新材料、新设备在公路工程上推广使用很快，但是定额的制订必须要有一定的周期。新定额未颁布以前，为了合理正确地反映工程造价和经济效益，在现行使用的概预算定额基础上，对于定额中未包括的项目，各省级公路造价管理部门可根据实际情况编制补充定额在本地区执行；对于还缺少的项目，各设计单位可编制补充定额，随同预算文件一并送审。所有补充定额均应按照预算定额的编制原则、方法进行编制，并将数据上传至"公路工程造价依据信息管理平台"。另外，在查用现行定额时，应注意定额表左上方的"工程内容"所包含的项目与实际的工程项目是否完全一致，结构形式、施工工艺是否相同。根据施工经验、实际的工程内容及对定额了解选用相应的补充定额，做到定额使用不重不漏，特别应注意在设计资料中工程量计算表不提供的一些工程量和设计内容。

【例 3.14】　试确定某桥梁用单导梁安装标准跨径 20 m 的预应力混凝土空心板的预算定额。

【解】　①由《公路工程预算定额》目录可知定额在 744 页，定额表号为 4-7-13：整修构件；构件起吊、横移、就位、校正；起重机、单导梁过墩移动；锯断吊环。

②根据施工过程和工艺的要求，应补充金属结构吊装设备（单导梁）定额。

③应补充的定额号为[801-4-7-28-1-1]。

任务5　工、料、机单价计算

1. 工日单价

人工工日单价是按照本地区公路建设项目的人工工资统计情况以及公路建设劳务市场情况进行综合分析、确定的。人工工日单价由省级交通运输主管部门制定发布，并适时进行动态调整，具体查各省有关补充规定。人工工日单价仅作为编制概算、预算的依据，不作为施工企业实发工资的依据。

2. 材料预算单价

材料预算价格是指材料从来源地或交货地到达工地仓库或施工地点堆放材料的地点后的综合平均价格，所以材料预算价格由材料原价、运杂费、场外运输损耗费、采购及保管费组成。

鉴于材料预算价格的重要性及其计算的复杂性，专门设计了"材料预算单价计算表"（22表）来进行计算。材料预算价格按式(3.1)计算。

$$材料预算价格=(材料原价+运杂费)\times(1+场外运输损耗率)\times(1+采购及保管费率)-包装品回收价值 \tag{3.1}$$

1）材料原价

各种材料原价按以下规定计算：

①外购材料：外购材料价格参照本行政区域内交通运输主管部门发布的价格和按调查的市场价格进行综合取定。

②自采材料：自采的砂、石、黏土等，按定额中开采单价加辅助生产间接费和矿产资源税（如有）计算。

外购材料的原价一般容易确定，只要通过实地调查或向有关部分咨询即可；而自采材料的原价确定比较困难，在概预算工作中，应通过"自采材料料场价格计算表"（23-1 表）进行计算。自采材料料场价格需要用《公路工程预算定额》第八章"材料采集及加工"的定额进行计算。计算时需注意：定额中人工工日消耗按人工工日单价计算人工费，材料消耗按材料预算价格计算材料费,机械台班消耗按机械台班单价计算机械使用费;辅助生产间接费以定额人工费为基数计算,《公路工程建设项目投资估算编制办法》中规定辅助生产间接费的费率为3%。

【例3.15】 计算机械轧碎石的料场单价:已知碎石已筛分,碎石机的装料口径为400 mm×250 mm,碎石的最大粒径为4 cm,人工费预算单价为89.59元/工日,片石的预算单价为85元/m^3,电动碎石机的台班单价为263.13元/台班,滚筒式筛分机的台班单价为235.11元/台班。

【解】 ①由《公路工程预算定额》目录可知,定额在1152页,定额表号为[1152-8-1-7-14]。

②计算各项费用:

人工费:$0.302\times89.59\approx27.056$(元)

辅助生产间接费:$0.302\times106.28\times3\%\approx0.963$(元)

材料费:$1.149\times85\approx97.67$(元)

机械费:

碎石机:$0.0342\times263.13\approx8.999$(元)

筛分机:$0.0348\times235.11\approx8.182$(元)

③汇总计算料场价格:

碎石的料场价格:$27.056+0.963+97.67+8.999+8.182\approx142.87$(元/$m^3$)

应特别注意的是,辅助生产间接费只出现在材料预算单价(自采材料料场价格和自办运输单位运费)计算中,施工单位自己开采、采集、加工、装卸、运输时需要计算,按《公路工程建设项目投资估算编制办法》规定以定额人工费的3%为基数计算。

2)运杂费

运杂费是指材料自供应地点至工地仓库(施工地点存放材料的地方)的运杂费用,包括装卸费、运费,如果发生,还应计囤存费及其他杂费(如过磅、标签、支撑加固、路桥通行等费用)。

材料运杂费在材料预算价格中占有很大的比重,其运输费用的高低与材料供应地和运输方式的选择有密切关系。材料供应地一经确定,运输方式、运距也就随之确定。材料供应地的选择要综合考虑可供量、供应价格、运输条件及运距长短等因素,进行经济比较后确定,以达到降低材料预算价格和工程造价的目的。

通过铁路、水路和公路运输的材料,按调查的市场运价计算运费。

$$单位运杂费=(运价率\times运距+装卸费+其他杂费)\times毛质量系数或单位毛质量 \quad (3.2)$$

施工单位自办的运输,单程运距15 km以上的长途汽车运输按当地交通部门规定的统一运价计算运费;单程运距5~15 km的汽车运输按当地交通部门规定的统一运价计算运费。当工程所在地交通不便、社会运输力量缺乏时,如边远地区和某些山岭区,允许按当地交通部门规定的统一运价加50%计算运费;单程运距5 km及以内的汽车运输以及人力场外运输,按预算定额计算运费,其中人力装卸和运输另按定额人工费加计辅助生产间接费。

3)材料运距确定

一种材料如有两个以上供应点时,应根据不同的运距、运量、运价采用加权平均的方法计算运费。

(1)运距终点的确定

由于路线是线形构造物,所以材料运料终点的确定对运距的确定影响极大。原则上,材料运料终点是工地或工地堆料点。但当施工组织设计不能提供工地仓库或工地堆料点的具体位置时,其运料终点为:

①独立大中桥为桥梁中心桩号,大型隧道为中心桩号,集中型工程为范围中心的桩号。

②作为路线工程,对于外购材料一般以路线中心桩为运料终点,当工程用料分布不均衡时,可按加权平均法确定某种材料的卸料重心点位置作为运料终点;对于自采材料,则应根据料场供应范围及各工程点用料量、距料场运距等情况具体计算确定。

(2)材料经济供应范围的确定

自采材料对路线经济范围的划分,有两种方法可供选择,即最大运距相等法和平均运距相等法。这两种方法的计算结果相差不大,下面介绍比较直观的最大运距相等法。

当一条路线工程,在其沿线有多个供应同种材料的料场,则应在各相邻料场间确定一个经济供应分界点,即经济合理地确定各自采材料料场的经济供应范围。

料场供应范围的经济划分,与料场开采价格、沿路线(各段)各点的用料量、料场到卸料点的运距、运价等有关。

用最大运距相等法确定料场(或供应点)间的经济分界点 K 时,一般认为:

①各料场的开采价格(供应价格)相等;

②某种材料沿路线的用量是比较均匀的(个别用量特别大的路段材料用量超出平均用量的部分,应另按点式卸料计算其运距),设计阶段无法细算;

③各料场至用料地点间的运价相等。

按最大运距相等法确定料场间分界点的原则是:当 A 料场与 B 料场相邻,且料价、运价相等,沿线材料用量均匀,则 A、B 两料场至分界点 K 的运距相等(图3.4)。

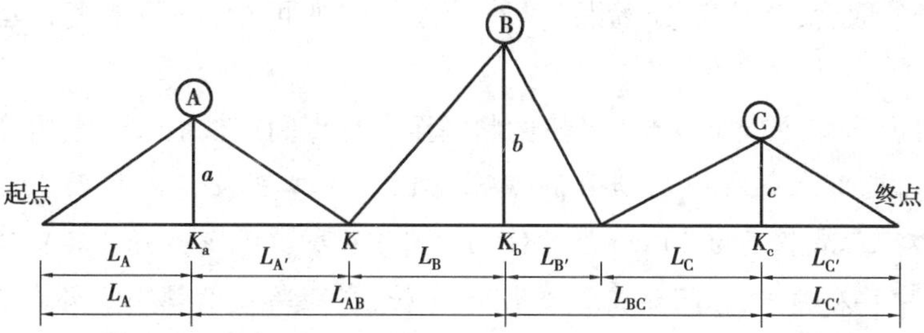

图3.4　材料经济供应范围

当 $b>(a+L_{AB})$ 时,取消 B 料场,由 A 料场供料;

当 $a<(b+L_{AB})$ 或 $b<(a+L_{AB})$ 时,应确定两料场的经济分界点 K,其计算式表达如下:

$$L_{max}=a+L_{A'}=b+L_B \tag{3.3}$$

根据定义,则:

$$L_{A'}=\frac{1}{2}[L_{AB}+(b-a)] \tag{3.4}$$

$$L_B=\frac{1}{2}[L_{AB}-(b-a)] \tag{3.5}$$

式中　a——A 料场至上路桩号距离;

b——B 料场至上路桩号距离；

L_{AB}——A 料场支线上路点 K_a 至 B 料场支线上路点 K_b 之间的距离；

$L_{A'}$——K_a 点到 K 点距离；

L_B——K 点至 K_b 点距离；

L_{max}——最大运距。

同理可得：

$$L_{B'}=\frac{1}{2}[L_{BC}+(c-b)] \tag{3.6}$$

$$L_C=\frac{1}{2}[L_{BC}-(c-b)] \tag{3.7}$$

此时，材料的平均运距为：

$$L_{平均}=\frac{\sum_{i=1}^{n}Q_iL_i}{\sum_{i=1}^{n}Q_i} \tag{3.8}$$

式中 $L_{平均}$——某种材料全路线加权平均运距，km；

n——卸料仓库点个数；

Q_i——某种材料需用数量；

L_i——卸料点到供料点运距，km。

确定相邻料场之间的经济分界点的注意事项如下：

①路线起点或终点之外无料场时，则路线的起点和终点为自然分界点；若有料场，则应视为路线供应点之一，按上述方法确定经济分界点。

②计算运距时，要考虑路线长度断链影响。

③支线等运距以调查的实际运距为准。

④确定料场的取舍，尚应充分考虑料场开发、运输的可行性；还要考虑运料重载升坡的影响。

⑤若料场料价、运价差异很大时，可按两料场至分界点间加权最大运距相等的原则来划分。

【例 3.16】 某高速公路采用沥青混凝土路面。施工图设计的路面基层为 20 cm 厚的(5%)水泥稳定碎石，底基层为 20 cm 厚的(5∶15∶80)石灰粉煤灰砂砾。其中某标段路线长 30 km，要求采用集中拌和施工，根据施工组织设计资料，在距路线两端 1/3 处各有一块比较平坦的场地，上路距离为 0.3km。试分别确定设置一座拌和站和两座拌和站的混合料平均运距。

【解】 由于沿线路面宽度一致，路面基层和底基层厚度一致，因此设每公里混合料运量为 q，则设一座拌和站时：

$L_{平均}=[10q\times(0.3+10\div2)+20q\times(0.3+20\div2)]\div30q\approx8.63(\text{km})$

设两座拌和站时：

$L_{平均}=[10q\times(0.3+10\div2)+5q\times(0.3+5\div2)]\times2\div30q\approx4.47(\text{km})$

由于概算、预算定额中已考虑了工地运输便道的特点，以及定额中已计入了“工地小搬运”的费用，因此汽车运输平均运距中不得乘以调整系数，也不得在工地仓库或堆料场之外再加场内运距或二次倒运的运距。

有容器或包装的材料及长大轻浮材料，应按表 3.30 规定的毛重计算。桶装沥青、汽油、柴油按每吨摊销一个旧汽油桶计算包装费(不计回收)。

表3.30　材料毛质量系数及单位毛质量表

材料名称	单位	毛质量系数	单位毛质量
爆破材料	t	1.35	—
水泥、块状沥青	t	1.01	—
铁钉、铁件、焊条	t	1.10	—
液体沥青、液体燃料、水	t	桶装1.17,油罐车装1.00	—
木料	m^3	—	原木0.750 t,锯材0.650 t
草袋	个	—	0.004 t

【例3.17】　水泥的原价为370元/t,自办运输,运距分别为20 km和12 km,运价0.55元/t·km,装卸费3.5元/t,分别计算水泥20 km和12 km的运杂费。

【解】　①运距20 km,属于单程运距15 km以上的长途汽车运输,按当地交通部门规定的统一运价计算运费,即按题目给定的运距20 km计算运杂费,查表3.30得水泥的毛重系数为1.01,计算如下:

$$(20 \times 0.55 + 3.5) \times 1.01 \approx 14.65(\text{元/t})$$

②运距12 km,属于单程运距5~15 km的汽车运输,按当地交通部门规定的统一运价计算运费,并加计50%计算运费,计算如下:

$$[12 \times 0.55 \times (1 + 50\%) + 3.5] \times 1.01 \approx 13.53(\text{元/t})$$

【例3.18】　水泥的原价为370元/t,自办运输,运距4 km,采用人工装卸,8 t载货汽车运输,人工工日单价为49.59元/工日,8 t载货汽车的台班单价为528.74元/台班,试计算水泥的运杂费。

【解】　①运距4 km,属于单程运距5 km及以内的汽车运输以及人力场外运输,按预算定额计算运费,其中人力装卸和运输另按人工费加计辅助生产间接费。自办运输单程运距5 km及以内的汽车运输以及人力场外运输需要用《公路工程预算定额》第九章"材料运输"的定额进行计算。计算时需要注意:定额中人工工日消耗按人工工日单价计算人工费,机械台班消耗按机械台班单价计算机械使用费;辅助生产间接费以定额人工费为基数计算,《公路工程建设项目概算预算编制办法》中规定辅助生产间接费费率为3%。

②由《公路工程预算定额》目录可知,运输定额在1173页,定额表号为[1173-9-1-5-35+36];

装卸定额在1205页,定额表号为[1205-9-1-9-4]。

③计算运杂费:

$$(1.75 + 0.09 \times 3) \div 100 \times 528.74 + 7 \div 100 \times 49.59 + 7 \div 100 \times 106.28 \times 3\% = 14.38(\text{元/t})$$

4)场外运输损耗

场外运输损耗是指有些材料在正常的运输过程中发生的损耗,这部分损耗应摊入材料预算单价内。场外运输损耗以材料原价和运杂费之和为基数,乘以材料场外运输损耗率计算,材料场外运输损耗率见表3.31。

表 3.31 材料场外运输损耗率表 单位:%

材料名称		场外运输(包括一次装卸)	每增加一次装卸
块状沥青		0.5	0.2
石屑、碎砾石、砂砾、煤渣、工业废渣、煤		1.0	0.4
砖、瓦、桶装沥青、石灰、黏土		3.0	1.0
草皮		7.0	3.0
水泥(袋装、散装)		1.0	0.4
砂	一般地区	2.5	1.0
	多风地区	5.0	2.0

注:汽车运水泥如运距超过 500 km 时,袋装水泥损耗率增加 0.5 个百分点。

5)材料采购及保管费

材料采购及保管费是指在组织采购、保管过程中,所需的各项费用及工地仓库的材料储存损耗。

材料采购及保管费,以材料的原价加运杂费及场外运输损耗的合计数为基数,乘以采购保管费率计算。

钢材的采购及保管费费率为 0.75%,燃料、爆破材料费率为 3.26%,其余材料费率为 2.06%。商品水泥混凝土、沥青混合料和各类稳定土混合料、外购的构件、成品及半成品的预算价格计算方法与材料相同。商品水泥混凝土、沥青混合料和各类稳定土混合料不计采购及保管费,外购的构件、成品及半成品的采购及保管费费率为 0.42%。

6)材料费计算步骤

①分项并计算工程数量。将工程按要求分项,计算各分项工程的工程量,并按定额单位计算定额工程数量。

②查定额。查各分项工程相应定额,确定材料的消耗种类及相应数量。

③计算材料预算价格。将定额中所出现的所有种类材料,按规定分别计算其预算价格。

④计算材料费。先计算各分项工程的材料费,然后按式(3.13)计算工程项目的材料费。

⑤有容器或包装的材料及长大轻浮材料,应按表 3.31 规定的毛重计算。桶装沥青、汽油、柴油按每吨摊销一个旧汽油桶计算包装费(不计回收)。

3. 机械台班单价

机械台班预算单价应按《公路工程机械台班费用定额》计算,机械台班单价由不变费用和可变费用组成。不变费用包括折旧费、检修费、维护费、安拆辅助费等。可变费用包括机上人员人工费、动力燃料费、车船税。可变费用中的人工工日数及动力燃料消耗量,应以机械台班费用定额中的数值为准。台班人工费工日单价同生产工人人工费单价。动力燃料费用则按材料费的计算规定计算。

工程仪器仪表使用费指机电工程施工作业所发生的仪器仪表使用费,以施工仪器仪表台班耗用量乘以施工仪器仪表台班单价计算。工程仪器仪表台班预算价格应按《公路工程机械台班费用定额》计算。台班人工费工日单价同生产工人人工费单价。动力燃料费用则按材料费的计算规定计算。

各种机械台班单价通过“机械台班单价计算表”(24表)计算。

【例3.19】 试确定10 t以内自卸汽车的台班单价。预算编制年的人工工日单价为85元/工日,柴油的预算单价为8.9元/kg,车船税4.57元/台班。

【解】 查《公路工程机械台班费用定额》水平运输机械代号[8007015]可知:

①不变费用:折旧费163.85元;检修费17.63元;维护费59.85元;安拆辅助费0元;不变费用小计241.33元。

②可变费用:由定额可知需人工1工日,柴油55.32 kg。故:

可变费用 $=1\times85+55.32\times8.9+4.57\approx581.92$(元)

台班单价 $=241.33+581.92=823.25$(元/台班)

$$人工费=人工的定额消耗量\times人工工日单价 \tag{3.9}$$

$$动力燃料费=\sum(各种动力燃料的定额消耗量\times相应的预算单价) \tag{3.10}$$

当工程用电为自行发电时,电动机械每度电的单价可由式(3.11)计算。

$$A=0.15K/N \tag{3.11}$$

式中 A——每1 kW·h电单价,元;

K——发电机组的台班单价,元;

N——发电机组的总功率,kW。

4.小型机具使用费

从定额中查出相应项目定额单位所规定的消耗费用与分项工程数量相乘即可。

【例3.20】 某高速公路沥青混凝土路面施工,采用320 t/h以内的沥青混合料拌和设备拌和沥青混凝土,配备1台320 kW的柴油发电机组提供动力。已知人工单价为85元/工日,重油的预算单价为5.0元/kg,柴油的预算单价为8.9元/kg,试确定沥青混合料拌和设备的预算单价。

【解】 ①查《公路工程机械台班费用定额》动力机械代号[8017011]可知:

①不变费用:折旧费172.43元;检修费66.86元;维护费193.67元;安拆辅助费7.29元;不变费用小计440.25元。可变费用:需柴油327.85 kg。

确定发电机组的台班单价:

$$440.25+327.85\times8.9=3\ 358.115(元/台班)$$

②确定自发电的预算单价:

$$A=0.15K/N=0.15\times3\ 358.115\div320\approx1.574(元)$$

③查《公路工程机械台班费用定额》路面工程机械代号[8003053]可知:

不变费用:折旧费4 098.20元;检修费873.72元;维护费2 664.26元;安拆辅助费0元;不变费用小计7 636.18元。可变费用:需人工3工日;重油13 787.14 kg;电5 151.17 kW·h。

确定沥青混合料拌和设备的台班单价:

$7\ 636.18+3\times85+13\ 787.14\times5+5\ 151.17\times1.574=84\ 934.82$(元/台班)

任务6 建筑安装工程费计算

建筑安装工程费包括直接费、设备购置费、措施费、企业管理费、规费、利润、税金和专项费用。建筑安装工程费除专项费用外，其他均按“价税分离专”计价规则计算，即各项费用均以不含增值税可抵扣进项税额的价格（费率）进行计算，具体要素价格适用增值税税率执行财税部门的相关规定。定额建筑安装工程费包括定额直接费、定额设备购置费的40%、措施费、企业管理费、规费、利润、税金和专项费用，定额直接费包括定额人工费、定额材料费、定额施工机械使用费。

定额人工费、定额材料费、定额施工机械使用费以及定额设备购置费均按《公路工程预算定额》附录四“定额人工、材料、设备单价表”及《公路工程机械台班费用定额》中规定的人工、材料、设备、机械的相应基价计算的定额费用。

1. 直接费计算

直接费指施工过程中耗费的构成工程实体和有助于工程形成的各项费用，包括人工费、材料费、施工机械使用费。直接费是建筑安装工程费的主体部分，它的高低直接决定了工程造价的高低。直接费的多少取决于设计质量、施工方法、概预算定额、工程所在地的人工工日单价、材料预算价格、机械台班单价等因素。

直接费的计算过程如下：

①将工程项目按要求分解成分项工程，并计算各分项工程的工程量；

②查阅和套用定额项目表中各分项工程的人工、材料、机械台班消耗量及定额基价；

③根据分项工程的工程量大小和定额的规定，计算出各分项工程的人工、材料、机械台班消耗量及定额基价；

④用人工工日单价、材料预算单价和机械台班单价计算出各分项工程的人工费、材料费、施工机械使用费；

⑤把各分项工程的人工费、材料费和施工机械使用费相加，即得该分项工程直接费。

因此，直接费的计算是以定额为基础，以工、料、机预算单价为依据。定额规定的只是实物量指标，而在摘取分项工程量以后所计算的实物量指标还要根据相应的预算价格进行计算，然后才能确定建筑安装工程的直接费。定额的使用已在“模块2项目1中任务4”中介绍，关键是工、料、机预算单价的计算（已在“模块2项目1中任务5”中讲述）。

1）人工费计算

人工费指列入概算、预算定额的直接从事建筑安装工程施工的生产工人开支的各项费用。

①人工费包括以下内容：

a. 计时工资或计件工资：按计时工资标准和工作时间或对已做工作按计件单价支付给个人的劳动报酬。

b. 津贴、补贴：为了补偿职工特殊或额外的劳动消耗和因其他特殊原因支付给个人的津贴，以及为了保证职工工资水平不受物价影响支付给个人的物价补贴，如流动施工津贴、特殊地区施工津贴、高温（寒）作业临时津贴、高空津贴等。

c. 特殊情况下支付的工资：根据国家法律、法规和政策规定，因病、工伤、产假、计划生育假、婚丧假、事假、探亲假、定期休假、停工学习、执行国家或社会义务等原因按计时工资标准或计时工资标准的一定比例支付的工资。

②人工费以概算、预算定额人工工日数乘以综合工日单价计算。

③人工费标准按照本地区公路建设项目的人工工资统计情况以及公路建设劳务市场情况

进行综合分析、确定人工工日单价。人工工日单价由省级交通运输主管部门制定发布，并适时进行动态调整。人工工日单价仅作为编制概算、预算的依据，不作为施工企业实发工资的依据。人工费按式(3.12)计算。

$$人工费 = \sum(分项工程工程数量 \times 相应项目人工定额消耗量 \times 工日单价) \quad (3.12)$$

式(3.12)中各项内容的规定和计算如下：

a. 分项工程工程数量：由设计图纸工程量计算规则计算所得的定额单位工程数量。

$$工程数量 = 工程量 \div 定额单位$$

b. 人工定额消耗量：指完成一定数量单位的分项工程量定额规定所需的人工工日，通过定额直接查得。如《公路工程概算定额》规定完成 10 m^3 的轻型墩台混凝土(跨径 4 m 以内)需用人工 15.4 工日。

c. 工日单价："模块 3 项目 1 中任务 5"中已讲述。

d. 计算各分项工程的人工费并汇总得出项目人工费。将各分项工程的工程数量及定额人工工日数算出，按工日单价即可算出各分项工程的人工费，然后按式(3.12)得到人工费。

2)材料费计算

材料费是指施工过程中耗用的构成工程实体的原材料、辅助材料、构(配)件、零件、半成品、成品等，按工程所在地的材料价格计算的费用。

材料费在建筑安装工程中占主要地位，材料费一般占工程造价比重的 40%。因此，准确计算材料费对概预算工作质量有巨大意义。材料费按式(3.13)计算。

$$材料费 = \sum[分项工程工程数量 \times (\sum 相应项目各材料定额消耗量 \times 材料预算价格 + 其他材料费 + 设备摊销费)] \quad (3.13)$$

式中，分项工程工程数量同前，定额单位材料消耗量由定额查得。需要注意的是，任何一个分项工程材料消耗的种类、品质都有差别，各种材料的品质要求由设计单位规定。这两项工作内容比较简单，关键是材料预算价格的计算(材料预算价格的计算在"模块 3 项目 1 中任务 5"已讲述)。

3)施工机械使用费

施工机械使用费是指列入概算、预算定额的工程机械和工程仪器仪表台班数量，按相应的施工机械台班费用定额计算的费用等。具体按式(3.14)计算。

$$施工机械使用费 = \sum[分项工程工程数量 \times (\sum 相应项目各机械台班定额消耗量 \times 机械台班单价 + 小型机具使用费)] \quad (3.14)$$

(1)分项工程工程数量

同前述内容。

(2)定额机械台班消耗量

由定额直接查得完成一定数量单位的分项工程定额所规定消耗的机械种类的台班数量。

(3)机械台班单价

在"模块 3 项目 1 中任务 5"已讲述。

2. 设备购置费计算

设备购置费指为满足公路初期运营、管理需要购置的构成固定资产标准的设备和虽低于固定资产标准但属于设计明确列入设备清单的设备的费用,包括渡口设备,隧道照明、消防、通风的动力设备,公路收费、监控、通信、路网运行监测、供配电及照明设备等。

设备购置费应列出计划购置的清单(包括设备的规格、型号、数量),以设备预算价计入。

设备购置费包括设备原价、运杂费、运输保险费、采购及保管费,各种税费按编制期有关部门规定计算。

需要安装的设备,按建筑安装工程费的有关规定计算设备的安装工程费。

3. 措施费

$$措施费=(定额人工费+定额施工机械使用费)\times 综合费率\text{Ⅰ}+定额直接费\times 综合费率\text{Ⅱ} \tag{3.15}$$

4. 企业管理费

$$企业管理费=定额直接费\times 企业管理费综合费率 \tag{3.16}$$

5. 规费

规费指按法律、法规、规章、规程规定施工企业必须缴纳的费用。

$$规费=各类工程人工费(含施工机械人工费)\times 规费综合费率 \tag{3.17}$$

6. 利润

利润指施工企业完成所承包工程获得的盈利,按定额直接费及措施费、企业管理费之和的7.42%计算。

$$利润=(定额直接费+措施费+企业管理费)\times 7.42\% \tag{3.18}$$

7. 税金

税金是指按国家税法规定应计入建筑安装工程造价的增值税销项税额,按式(3.19)计算。

$$税金=(直接费+设备购置费+措施费+企业管理费+规费+利润)\times 9\% \tag{3.19}$$

8. 专项费用

专项费用包括施工场地建设费和安全生产费。

(1)施工场地建设费

施工场地建设费包括以下内容:

①按照工地建设标准化要求进行承包人驻地、工地试验室建设,钢筋集中加工、混合料集中拌制、构件集中预制等所需的办公、生活居住房屋(包括职工家属房屋及探亲房屋),公用房屋(如广播室、文体活动室、医疗室等)和生产用房屋(如仓库、加工厂、加工棚、发电站、变电站、空压机站、停机棚、值班室等)等费用。

②包括场区平整(山岭重丘区的土石方工程除外)、场地硬化、排水、绿化、标志、污水处理设施、围墙隔离设施等的费用,不包括钢筋加工的机械设备、混合料拌和设备及安拆、预制构件台座、预应力张拉设备、起重及养护设备,以及概算、预算定额中临时工程的费用。

③包括以上范围内的各种临时工作便道(包括汽车、人力车道)、人行便道,工地临时用水、用电的水管支线和电线支线,临时构筑物(如水井、水塔等)、其他小型临时设施等的搭设或租赁、维修、拆除、清理的费用;但不包括红线范围内贯通便道、进出场的临时道路、保通便道。

④工地试验室所发生的属于固定资产的试验设备和仪器等折旧、维修或租赁费用。

⑤施工扬尘污染防治措施费指裸露的施工场地覆盖防尘网、施工便道和施工场地洒水或喷洒抑尘剂、运输车辆的苫盖和冲洗、环境敏感区设置围挡、防尘标识设置、环境监控与检测等所需要的费用。

⑥文明施工、职工健康生活的费用。

施工场地建设费以施工场地计费基数，按表3.32的费率，以累进方法计算。施工场地计费基数为定额建筑安装工程费扣除专项费用。

表3.32　施工场地建设费费率表

施工场地计费基数（万元）	费率（%）	算例（万元）	
		施工场地计费基数	施工场地建设费
500及以下	5.338	500	500×5.338% =26.69
500~1 000	4.228	1 000	26.69+(1 000-500)×4.228% =47.83
1 000~5 000	2.665	5 000	47.83+(5 000-1 000)×2.665% =154.43
5 000~10 000	2.222	10 000	154.43+(10 000-5 000)×2.222% =265.53
10 000~30 000	1.785	30 000	265.53+(30 000-10 000)×1.785% =622.53
30 000~50 000	1.694	50 000	622.53+(50 000-30 000)×1.694% =961.33
50 000~100 000	1.579	100 000	961.33+(100 000-50 000)×1.579% =1 750.83
100 000~50 000	1.498	150 000	1 750.83+(150 000-100 000)×1.498% =2 499.83
150 000~200 000	1.415	200 000	2 499.83+(200 000-150 000)×1.415% =3 207.33
200 000~300 000	1.348	300 000	3 207.33+(300 000-200 000)×1.348% =4 555.33
300 000~400 000	1.289	400 000	4 555.33+(400 000-300 000)×1.289% =5 844.33
400 000~600 000	1.235	600 000	5 844.33+(600 000-400 000)×1.235% =8 314.33
600 000~800 000	1.188	800 000	8 314.33+(800 000-600 000)×1.188% =10 690.33
800 000~1 000 000	1.149	1 000 000	10 690.33+(1 000 000-800 000)×1.149% =12 988.33
1 000 000以上	1.118	1 200 000	12 988.33+(1 200 000-1 000 000)×1.118% =15 224.33

(2)安全生产费

安全生产费包括完善、改造和维护安全设施设备费用，配备、维护、保养应急救援器材、设备费用，开展重大危险源和事故隐患评估和整改费用，安全生产检查、评价、咨询费用，配备和更新现场作业人员安全防护用品支出，安全生产宣传、教育、培训费用，安全设施及特种设备检测检验费用，施工安全风险评估、应急演练等有关工作及其他与安全生产直接相关的费用。

安全生产费按建筑安装工程费乘以安全生产费费率计算，费率按不少于1.5%计取。

9.编制建筑安装工程费

建筑安装工程费称为建筑安装工程造价，又称建设工程造价第一部分费用，是通过兴工动料、完成符合设计要求的建筑安装工程部分所需的费用，是工程造价的主要组成部分。

公路工程建筑安装工程费由直接费、设备购置费、措施费、企业管理费、规费、利润、税金、专项费用组成。在编制工程造价中，它是比较复杂的一项工作，不仅计算工作量大，而且要严格执行国家有关的方针、政策和制度,正确按照有关依据和资料编制建筑安装工程费。

(1)建筑安装工程费的编制依据

①国家发布的有关法律、法规等。

②编制办法及配套定额。

③工程所在地省级交通运输主管部门发布的补充规定和定额等。

④可行性研究报告的批(核)准文件(修正概算时为初步设计批复文件)、批准的初步设计文件(或技术设计文件,若有)等有关资料。

⑤初步设计(或技术设计)、施工图设计图纸等设计文件工程施工方案(含施工组织设计)。

⑥工程所在地的人工、材料与设备、施工机械价格等。

⑦有关合同、协议等。

⑧其他有关资料。

(2)建筑安装工程费的计算程序和方法

公路工程建筑安装工程费的编制按照实物量法的计价方法进行,由单个到总体,即按照分项工程、分部工程、工程项目逐项计算,层层汇总。

①分项工程(又称工程细目)建筑安装工程费。如路基土方,要按人工挖运松土、普通土、硬土或推土机推运松土、普通土、硬土等,分别逐项进行计算,具体见式(3.12)至式(3.19)。

②分部工程的建筑安装工程费指将上述人工挖松土、普通土、硬土综合为人工土方一项。不过,这种综合要根据工程造价项目表的规定和要求与建设工程的实际情况来确定,其综合的内容,就是将各分项工程的各种材料和机械台班数量及其各项金额分别进行汇总。

③工程项目的建筑安装工程费指将各分部工程的建筑安装工程费进一步汇总。如将人工土方和机械土方综合为土方一项,其汇总的内容还包括各种实物量(工、料、机)和各种金额。

④最后,将各工程项目的金额进行汇总,即得建筑安装工程费。建筑安装工程费的编制工作至此就全部完成。

项目2 土地使用及拆迁补偿费计算

1)费用内容

土地使用及拆迁补偿费包含永久占地费、临时占地费、拆迁补偿费、水土保持补偿费、其他费用。

(1)永久占地费

永久占地费包括土地补偿费、征用耕地安置补助费、耕地开垦费、森林植被恢复费、失地农民养老保险费。

①土地补偿费包括征地补偿费、被征用土地上的青苗补偿费、征用城市郊区的菜地等缴纳的菜地开发建设基金、耕地占用税、用地图编制费及勘界费等。

②征用耕地安置补助费指征用耕地需要安置农业人口的补助费。

③耕地开垦费指公路建设项目占用耕地的,应由建设项目法人(业主)负责补充耕地所发生的费用;没有条件开垦或者开垦的耕地不符合要求的,按规定缴纳的耕地开垦费。

④公路建设项目发生跨省域补充耕地国家统筹的,应执行《关于印发跨省域不从耕地国家

统筹管理办法和城乡建设用地增减挂钩节余指标跨省域调剂管理办法的通知》(国办发〔2018〕16号)的规定;发生省内跨区域补充耕地的,执行本省相关规定。

⑤森林植被恢复费指公路建设项目需要占用、征用林地的,经县级以上林业主管部门审核同意或批准,建设项目法人(业主)单位按照省级人民政府有关规定向县级以上林业主管部门预缴的森林植被恢复费。

⑥失地农民养老保险费指根据国家规定为保障依法被征地农民养老而交纳的保险费用。失地农民养老保险费按项目所在地省级人民政府的相关规定进行计算。

(2)临时占地费

临时占地费包括临时征地使用费、复耕费。

①临时征地使用费指为满足施工所需的承包人驻地、预制场、拌和场、仓库、加工厂(棚)、堆料场、取弃土场、进出场便道、便桥等所有的临时用地及其附着物的补偿费用。

②复耕费指临时占用的耕地、鱼塘等,在工程交工后将其恢复到原有标准所发生的费用。

(3)拆迁补偿费

拆迁补偿费指被征用或占用土地地上、地下的房屋及附属构筑物,公用设施、文物等的拆除、发掘及迁建补偿费,拆迁管理费等。

(4)水土保持补偿费

水土保持补偿费根据国家相关法律、法规规定缴纳。

(5)其他费用

其他费用指国务院行政主管部门及省级人民政府规定的与征地拆迁相关的费用。

2)计算方法

①土地使用及拆迁补偿费应根据设计文件确定的建设工程用地和临时用地面积及其附着物的情况,以及实际发生的费用项目,按国家有关规定及工程所在地的省(自治区、直辖市)颁布的有关规定和标准计算。

②森林植被恢复费应根据审批单位批准的建设工程占用林地的类型及面积,按国家有关规定及工程所在地的省(自治区、直辖市)颁布的有关规定和标准计算。

③当与原有的电力电信设施、管线、水利工程、铁路及铁路设施互相干扰时,应与有关部门联系,商定合理的解决方案和补偿金额,也可由这些部门按规定编制费用以确定补偿金额。

④水土保持补偿费按各省(自治区、直辖市)制定的水土保持补偿费收费标准进行计算。

项目3　工程建设其他费计算

任务1　建设项目管理费计算

建设项目管理费包括建设单位(业主)管理费、建设项目信息化费、工程监理费、设计文件审查费、竣(交)工验收试验检测费。其中建设单位(业主)管理费、建设项目信息化费和工程监理费均为实施建设项目管理的费用,可根据建设单位(业主)、施工、监理单位所实际承担的工作内容和工作量统筹使用。

(1)建设单位(业主)管理费

建设单位(业主)管理费指建设单位(业主)为进行建设项目的立项、筹建、建设、竣(交)工验收、总结等工作所发生的费用。

①建设单位(业主)管理费包括工作人员的工资、工资性津贴、施工现场津贴,社会保险费用(基本养老、基本医疗、失业、工伤保险)、住房公积金、职工福利费、工会经费、劳动保护费,办公费、会议费、差旅交通费、固定资产使用费(包括办公及生活房屋折旧、维修或租赁费,车辆折旧、维修、使用或租赁费,通信设备购置、使用费,测量、试验设备仪器折旧、维修或租赁费,其他设备折旧、维修或租赁费等)、零星固定资产购置费、招募生产工人费,技术图书资料费、职工教育培训经费,招标管理费,合同契约公证费、法律顾问费、咨询费,建设单位的临时设施费、完工清理费、竣(交)工验收费(含其他行业或部门要求的竣工验收费用、建设单位负责的竣(交)工文件编制费)、各种税费(包括房产税、车船使用税、印花税等),对建设项目前期工作、项目实施及竣工决算等全过程进行审计所发生的审计费用;境内外融资费用(不含建设期贷款利息)、业务招待费及工程质量、安全生产管理费和其他管理性开支。

②建设单位(业主)管理费以定额建筑安装工程费为基数,按表3.33的费率,以累进方法计算。

表3.33 建设单位(业主)管理费费率表

定额建筑安装工程费(万元)	费率(%)	算例(万元)	
		定额建筑安装工程费	建设单位(业主)管理费
500及以下	4.858	500	500×4.858%=24.29
500~1 000	3.813	1 000	24.29+(1 000-500)×3.813%=43.355
1 000~5 000	3.049	5 000	43.355+(5 000-1 000)×3.049%=165.315
5 000~10 000	2.562	10 000	165.315+(10 000-5 000)×2.562%=293.415
10 000~30 000	2.125	30 000	293.415+(30 000-10 000)×2.125%=718.415
30 000~50 000	1.773	50 000	718.415+(50 000-30 000)×1.773%=1 073.015
50 000~100 000	1.312	100 000	1 073.015+(100 000-50 000)×1.312%=1 729.015
100 000~150 000	1.057	150 000	1 729.015+(150 000-100 000)×1.057%=2 257.515
150 000~200 000	0.826	200 000	2 257.515+(200 000-150 000)×0.826%=2 670.515
200 000~300 000	0.595	300 000	2 670.515+(300 000-200 000)×0.595%=3 265.515
300 000~400 000	0.498	400 000	3 265.515+(400 000-300 000)×0.498%=3 763.515
400 000~600 000	0.450	600 000	3 763.515+(600 000-400 000)×0.45%=4 663.515
600 000~800 000	0.400	800 000	4 663.515+(800 000-600 000)×0.4%=5 463.515
800 000~1 000 000	0.375	1 000 000	5 463.515+(1 000 000-800 000)×0.375%=6 213.515
1 000 000以上	0.350	1 200 000	6 213.515+(1 200 000-1 000 000)×0.35%=6 913.515

③双洞长度超过5 000 m的独立隧道,水深大于15 m、跨径大于或等于400 m的斜拉桥和跨径大于或等于800 m的悬索桥等独立特大型桥梁工程的建设单位(业主)管理费,按表3.34中的费率乘以系数1.3计算;海上工程[指由于风浪影响,工程施工期(不包括封冻期)全年月

平均工作日少于15 d的工程]的建设单位(业主)管理费,按表3.34中的费率乘以系数1.2计算。

(2)建设项目信息化费

建设项目信息化费指建设单位(业主)和各参建单位用于建设项目的质量、安全、进度、费用等方面的信息化建设、运维及各种税费等费用,包括建设项目全寿命周期的建筑信息模型(Building Information Modeling,BIM)等相关费用。建设项目信息化费以定额建筑安装工程费为基数,按表3.34费率,以累进方法计算。

表3.34　建设项目信息化费费率表

定额建筑安装工程费(万元)	费率(%)	算例(万元)	
		定额建筑安装工程费	建设项目信息化费
500及以下	0.600	500	500×0.6%=3
500~1 000	0.452	1 000	3+(1 000-500)×0.452%=5.26
1 000~5 000	0.356	5 000	5.26+(5 000-1 000)×0.356%=19.5
5 000~10 000	0.285	10 000	19.5+(10 000-5 000)×0.285%=33.75
10 000~30 000	0.252	30 000	33.75+(30 000-10 000)×0.252%=84.15
30 000~50 000	0.224	50 000	84.15+(50 000-30 000)×0.224%=128.95
50 000~100 000	0.202	100 000	128.95+(100 000-50 000)×0.202%=229.95
100 000~150 000	0.171	150 000	229.95+(150 000-100 000)×0.171%=315.45
150 000~200 000	0.160	200 000	315.45+(200 000-150 000)×0.16%=395.45
200 000~300 000	0.142	300 000	395.45+(300 000-200 000)×0.142%=537.45
300 000~400 000	0.135	400 000	537.45+(400 000-300 000)×0.135%=672.45
400 000~600 000	0.131	600 000	672.45+(600 000-400 000)×0.131%=934.45
600 000~800 000	0.127	800 000	934.45+(800 000-600 000)×0.127%=1 188.45
800 000~1 000 000	0.125	1 000 000	1 188.45+(1 000 000-800 000)×0.125%=1 438.45
1 000 000以上	0.122	1 200 000	1 438.45+(1 200 000-1 000 000)×0.122%=1 682.45

(3)工程监理费

工程监理费指建设单位(业主)委托具有监理资格的单位,按施工监理规范进行全面的监督和管理所发生的费用。

①工程监理费内容包括工作人员的工资、工资性津贴、施工现场津贴、社会保险费用(基本养老、基本医疗、失业、工伤保险)、住房公积金、职工福利费、工会经费、劳动保护费,办公费、会议费、差旅交通费,办公、试验固定资产使用费(包括办公及生活房屋折旧、维修或租赁费,车辆折旧、维修、使用或租赁费,通信设备购置、使用费,测量、试验、检测设备仪器折旧、维修或租赁费,其他设备折旧、维修或租赁费等)、零星固定资产购置费、招募生产工人费,技术图书资料费、职工教育经费、投标费用,合同契约公证费、法律顾问费、咨询费、业务招待费,财务费用、监理单位的临时设施费、完工清理费、竣(交)工验收费、各种税费、安全生产管理费和其他管理性开支。

②工程监理费以定额建筑安装工程费为基数，按表3.35费率，以累进方法计算。

表3.35 工程监理费费率表

定额建筑安装工程费(万元)	费率(%)	算例(万元)	
		定额建筑安装工程费	工程监理费
500及以下	3.00	500	500×3% =15
500~1 000	2.40	1 000	15+(1 000-500)×2.4% =27
1 000~5 000	2.10	5 000	27+(5 000-1 000)×2.1% =111
5 000~10 000	1.94	10 000	111+(10 000-5 000)×1.94% =208
10 000~30 000	1.87	30 000	208+(30 000-10 000)×1.87% =582
30 000~50 000	1.83	50 000	582+(50 000-30 000)×1.83% =948
50 000~100 000	1.78	100 000	948+(100 000-50 000)×1.78% =1 838
100 000~150 000	1.72	150 000	1 838+(150 000-100 000)×1.72% =2 698
150 000~200 000	1.64	200 000	2 698+(200 000-150 000)×1.64% =3 518
200 000~300 000	1.55	300 000	3 518+(300 000-200 000)×1.55% =5 068
300 000~400 000	1.49	400 000	5 068+(400 000-300 000)×1.49% =6 558
400 000~600 000	1.45	600 000	6 558+(600 000-400 000)×1.45% =9 458
600 000~800 000	1.42	800 000	9 458+(800 000-600 000)×1.42% =12 298
800 000~1 000 000	1.37	1 000 000	12 298+(1 000 000-800 000)×1.37% =15 038
1 000 000以上	1.33	1 200 000	15 038+(1 200 000-1 000 000)×1.33% =17 698

(4)设计文件审查费

设计文件审查费指在项目审批前，建设单位(业主)为保证勘察设计工作的质量，组织有关专家或委托有资质的单位，对提交的建设项目可行性研究报告和勘察设计文件进行审查所需要的相关费用。设计文件审查费以定额建筑安装工程费为基数，按表3.36的费率，以累进方法计算。

表3.36 设计文件审查费费率表

定额建筑安装工程费(万元)	费率(%)	算例(万元)	
		定额建筑安装工程费	设计文件审查费
5 000以下	0.077	5 000	5 000×0.077% =3.85
5 000~10 000	0.072	10 000	3.85+(10 000-5 000)×0.072% =7.45
10 000~30 000	0.069	30 000	7.45+(30 000-10 000)×0.069% =21.25
30 000~50 000	0.066	50 000	21.25+(50 000-30 000)×0.066% =34.45
50 000~100 000	0.065	100 000	34.45+(100 000-50 000)×0.065% =66.95
100 000~150 000	0.061	150 000	66.95+(150 000-10 000)×0.061% =97.45
150 000~200 000	0.059	200 000	97.45+(200 000-150 000)×0.059% =126.95

续表

定额建筑安装工程费（万元）	费率（%）	算例（万元）	
		定额建筑安装工程费	设计文件审查费
200 000～300 000	0.057	300 000	126.95＋(300 000－200 000)×0.057%＝183.95
300 000～400 000	0.055	400 000	183.95＋(400 000－300 000)×0.055%＝238.95
400 000～600 000	0.053	600 000	238.95＋(600 000－400 000)×0.053%＝344.95
600 000～800 000	0.052	800 000	344.95＋(800 000－600 000)×0.052%＝448.95
800 000～1 000 000	0.051	1 000 000	448.95＋(800 000－600 000)×0.051%＝550.95
1 000 000 以上	0.050	1 200 000	550.95＋(800 000－600 000)×0.050%＝650.95

①建设项目若有地质勘察监理，费用在此项目开支。

②建设项目若有设计咨询（或称设计监理、设计双院制），其费用在此项目内开支。

(5)竣(交)工验收试验检测费

竣(交)工验收试验检测费指在公路建设项目竣(交)工验收前，由建设单位(业主)或工程质量监督机构委托有资质的公路工程质量检测单位按照有关规定对建设项目的工程质量进行检测并出具检测试验意见，以及进行桥梁动(静)载试验或其他特殊检测等所需的费用。

①竣(交)工验收试验检测费按表3.37规定的费率计算。道路工程按主线路基长度计算，桥梁工程以主线桥梁、分离式立交、匝道桥的长度之和进行计算，隧道按单洞长度计算。

②道路工程，高速公路、一级公路按四车道计算，二级及二级以下公路按两车道计算，每增加1个车道，按表3.37的费用增加10%。桥梁和隧道按双向四车道计算，每增加1个车道费用增加15%。二级及二级以下公路的桥隧工程，按表3.37费用的40%计算。

表3.37 竣(交)工验收试验检测费

检测项目			竣(交)工验收试验检测费	备 注
道路工程(元/km)		高速公路	23 500	包括路基、路面、涵洞、通道、路段安全设施和机电、房建、绿化、环境保护及其他工程
		一级公路	17 000	
		二级公路	11 500	
		三级及以下公路	5 750	
桥梁工程	一般桥梁(元/延米)	—	40	包括桥梁范围内的所有土建、安全设施和机电、声屏障等环境保护工程及必要的动(静)载试验
	技术复杂桥梁(元/延米)	钢管拱	750	
		连续刚构	500	
		斜拉桥	600	
		悬索桥	560	
隧道工程(元/延米)		单洞	80	包括隧道范围内的所有土建、安全设施、机电、消防设施等

任务2 研究试验费计算

研究试验费指按项目特点和有关规定，在建设过程中必须进行的研究和试验所需的费用，以及支付科技成果、专利、先进技术的一次性技术转让费。

①研究试验费不包括以下内容：

a. 应由前期工作费（为建设项目提供或验证设计数据、资料等专题研究）开支的项目。

b. 应由科技三项费用（即新产品试制费、中间试验费和重要科学研究补助费）开支的项目。

c. 应由施工辅助费开支的施工企业对建筑材料、构件和建筑物进行一般鉴定、检查所发生的费用及技术革新研究试验费。

②计算方法。按设计提出的研究试验内容和要求进行编制。

任务3 建设项目前期工作费计算

建设项目前期工作费指委托勘察设计单位、咨询单位对建设项目进行可行性研究、工程勘察设计，以及设计、监理、施工招标文件及招标标底或造价控制值文件编制时，按规定应支付的费用。

（1）费用组成

①编制项目建议书（或预可行性研究报告）、可行性研究报告、投资估算，以及相应的勘察、设计等所需的费用。

②通过风洞试验、地震动参数、索塔足尺模型试验、桥墩局部冲刷试验、桩基承载力试验等为建设项目提供或验证设计数据所需的专题研究费用。

③初步设计和施工图设计的勘察费、设计费、概（预）算编制及调整概算编制费用等。

④设计、监理、施工招标及招标标底（或造价控制值或清单预算）文件编制费等。

（2）计算方法

前期工作费以定额建筑安装工程费为基数，按表3.38的费率，以累进方法计算。

表3.38 建设项目前期工作费费率表

定额建筑安装工程费（万元）	费率（%）	算例（万元）	
		定额建筑安装工程费	建设项目前期工作费
500及以下	3.00	500	500×3.00%＝15
500～1 000	2.70	1 000	15＋（1 000－500）×2.70%＝28.5
1 000～5 000	2.55	5 000	28.5＋（5 000－1 000）×2.55%＝130.5
5 000～10 000	2.46	10 000	130.5＋（10 000－5 000）×2.46%＝253.5
10 000～30 000	2.39	30 000	253.5＋（30 000－10 000）×2.39%＝731.5
30 000～50 000	2.34	50 000	731.5＋（50 000－30 000）×2.34%＝1 199.5
50 000～100 000	2.27	100 000	1 199.5＋（100 000－50 000）×2.27%＝2 334.5
100 000～150 000	2.19	150 000	2 334.5＋（150 000－100 000）×2.19%＝3 429.5
150 000～200 000	2.08	200 000	3 429.5＋（200 000－150 000）×2.08%＝4 469.5
200 000～300 000	1.99	300 000	4 469.5＋（300 000－200 000）×1.99%＝6 459.5

续表

定额建筑安装工程费（万元）	费率（%）	算例（万元）	
		定额建筑安装工程费	建设项目前期工作费
300 000～400 000	1.94	400 000	6 459.5＋(400 000－300 000)×1.94%＝8 399.5
400 000～600 000	1.86	600 000	8 399.5＋(600 000－400 000)×1.86%＝12 119.5
600 000～800 000	1.80	800 000	12 119.5＋(800 000－600 000)×1.80%＝15 719.5
800 000～1 000 000	1.76	1 000 000	15 719.5＋(1 000 000－800 000)×1.76%＝19 239.5
1 000 000 以上	1.72	1 200 000	19 239.5＋(1 200 000－1 000 000)×1.72%＝22 679.5

任务4　专项评价(估)费计算

专项评价（估）费指依据国家法律、法规规定进行评价（评估）、咨询，按规定应支付的费用。

(1)费用组成

专项评价（估）费包括环境影响评价费、水土保持评估费、地震安全性评价费、地质灾害危险性评价费、压覆重要矿床评估费、文物勘察费、通航论证费、行洪论证（评估）费、使用林地可行性研究报告编制费、用地预审报告编制费、项目风险评估费、节能评估费和社会风险评估费、放射性影响评估费、规划选址意见书编制费等费用。

(2)计算方法

依据委托合同，或参照类似工程已发生的费用进行计列。

任务5　联合试运转费计算

联合试运转费指建设项目的机电工程，按照有关规定标准，需要进行整套设备带负荷联合试运转所需的全部费用，不包括应由设备安装工程费中开支的调试费用。

(1)费用组成

联合试运转费包括联合试运转期间所需的材料、燃料和动力的消耗，机械和检测设备使用费，工具用具和低值易耗品费，参加联合试运转的人员工资及其他费用等。

(2)计算方法

联合试运转费以定额建筑安装工程费为基数，按费率0.04%计算。

任务6　生产准备费计算

生产准备费指为保证新建、改扩建项目交付使用后满足正常的运行、管理发生的工器具购置、办公和生活用家具购置、生产人员培训、应急保通设备购置等费用。

①工器具购置费指建设项目交付使用后为满足初期正常运营必须购置的第一套不构成固定资产的设备、仪器、仪表、工卡模具、器具、工作台（框、架、柜）等的费用，不包括构成固定资产的设备、工器具和备品、备件，及已列入设备费中的专用工具和备品、备件。工器具购置费由设计单位列出计划购置清单（包括规格、型号、数量），计算方法同设备购置费。

②办公和生活用家具购置费指新建、改扩建工程项目，为保证初期正常生产、使用和管理所购置的办公和生活用家具、用具的费用，包括行政、生产部门的办公室、会议室、资料档案室、阅

览室、宿舍及生活福利设施等的家具、用具。办公和生活用家具购置费按表3.39的规定计算。

表3.39 办公和生活用家具购置费标准表

<table>
<tr><th rowspan="3">工程所在地</th><th colspan="4">路线(元/千米)</th><th colspan="3">单独管理或单独收费的桥梁、隧道(元/座)</th></tr>
<tr><th rowspan="2">高速公路</th><th rowspan="2">一级公路</th><th rowspan="2">二级公路</th><th rowspan="2">三、四级公路</th><th colspan="2">特大桥、大桥</th><th rowspan="2">特长隧道</th></tr>
<tr><th>一般桥梁</th><th>技术复杂大桥</th></tr>
<tr><td>内蒙古、黑龙江、青海、新疆、西藏</td><td>21 500</td><td>15 600</td><td>7 800</td><td>4 000</td><td>24 000</td><td>60 000</td><td>78 000</td></tr>
<tr><td>其他省、自治区、直辖市</td><td>17 500</td><td>14 600</td><td>5 800</td><td>2 900</td><td>19 800</td><td>49 000</td><td>63 700</td></tr>
</table>

③生产人员培训费指为保证生产的正常运行,在工程交工验收交付使用前对运营部门生产人员和管理人员进行培训所需的费用,包括培训人员的工资、工资性津贴、职工福利费、差旅交通费、劳动保护费、培训及教学实习费等。该费用按设计定员和3 000元/人的标准计算。

④应急保通设备购置费指新建、改扩建工程项目,为满足初期正常营运,购置保障抢修保通、应急处置,且构成固定资产的设备所需的费用。该费用由设计单位列出计划购置清单,计算方法同设备购置费。

任务7 工程保通管理费计算

工程保通管理费指新建或改扩建工程需边施工边维持通车或通航的建设项目,为保证公(铁)路运营安全、船舶航行安全及施工安全而进行交通(公路、航道、铁路)管制、交通(铁路)与船舶疏导所需的和媒体、公告等宣传费用及协管人员经费等。工程保通管理费应按设计需要进行列支。涉水项目施工期通航安全保障费用计算方法按附录G执行。

任务8 工程保险费计算

工程保险费指在合同执行期内,施工企业按合同条款要求办理保险的费用,包括建筑工程一切险和第三方责任险。

①建筑工程一切险是为永久工程、临时工程和设备及已运至施工工地用于永久工程的材料和设备所投的保险。

②第三者责任险是对因实施合同工程而造成的财产(本工程除外)损失或损害,或人员(业主和承包人雇员除外)的死亡或伤残所负责进行的保险。

③工程保险费以建筑安装工程费(不含设备费)为基数,按费率0.4%计算。

任务9 其他相关费用计算

其他相关费用指国务院行政主管部门及省级人民政府规定的其他与公路建设相关的费用,按其相关规定计算。

项目4 预备费计算

预备费用由价差预备费及基本预备费两部分组成。在公路建设期限内,凡需动用预备费用时,属于公路交通部门投资的项目,需经建设单位提出,按建设项目隶属关系报交通运输部或交通厅(局、委)基建主管部门核定批准;属于其他部门投资的建设项目,按其隶属关系报有关部门核定批准。

1. 价差预备费

价差预备费是指设计文件编制年至工程交工年期间,建筑安装工程费中的人工费、材料费、设备费、施工机械使用费、措施费、企业管理费等由于政策、价格变化可能发生上浮而预留的费用,及外资贷款汇率变动部分的费用。

①计算方法。

价差预备费以建筑安装工程费用总额为基数,按设计文件编制年始至建设项目工程交工年终的年数和年工程造价增涨率计算,按式(3.20)计算。

$$\text{价差预备费} = P \times [(1+i)^{n-1} - 1] \tag{3.20}$$

式中 P——建筑安装工程费总额,元;

i——年造价增涨率,%;

n——设计文件编制年至建设项目开工年+建设项目建设期限,年。

②年工程造价增涨率按有关部门公布的工程投资价格指数计算。

③设计文件编制至工程交工在一年以内的工程,不列此项费用。

2. 基本预备费

基本预备费是指在初步设计和概算、施工图设计和施工图预算中难以预料的工程和费用,其用途如下:

①在进行技术设计、施工图设计和施工过程中,在批准的初步设计和概算范围内所增加的工程费用;

②在设备订货时,由于规格、型号改变的价差,材料货源变更、运输距离或方式的改变以及因规格不同而代换使用等原因发生的价差;

③在项目主管部门组织竣(交)工验收时,验收委员会(或小组)为鉴定工程质量而必须开挖和修复隐蔽工程的费用。

基本预备费以建筑安装工程费、土地使用及拆迁补偿费、工程建设其他费之和为基数,按下列费率计算:

①设计概算按5%计列;

②修正概算按4%计列;

③施工图预算按3%计列。

项目5 建设期贷款利息计算

建设期贷款利息指工程项目使用的贷款部分在建设期内应计取的贷款利息,包括各种金融机构贷款、建设债券和外汇贷款等利息。

根据不同的资金来源按需付息的分年度投资计算,按式(3.21)计算。

建设期贷款利息 = $\sum$(上年末付息贷款本息累计 + 本年度付息贷款额 ÷ 2) × 年利率

即

$$S = \sum_{n=1}^{N}(F_{n-1} + b_n \div 2) \times i \tag{3.21}$$

式中 S——建设期贷款利息,元;

N——项目建设期,年;

n——施工年度;

F_{n-1}——建设期第 $n-1$ 年末需付息贷款本息累计;

b_n——建设期第 n 年度付息贷款额;

i——中国人民银行公布的贷款基准年利率。

【例 3.21】 某新建项目建设期为 2 年,需向银行贷款 2 000 万元。贷款时间安排为:第 1 年 1 000 万元,第 2 年 1 000 万元。年利率 10%。试用复利法计算该项目建设期贷款利息。

【解】 依据式(3.21)计算可得:

$S = 1\ 000 \div 2 \times 10\% + (1\ 000 + 1\ 000 \div 2 \times 10\%) \times 10\% + 1\ 000 \div 2 \times 10\% = 205$(万元)

也可分别进行计算,在建设期,各年利息计算如下:

第 1 年应计利息:$1\ 000 \div 2 \times 10\% = 50$(万元)

第 2 年应计利息:$(1\ 000 + 50 + 1\ 000 \div 2) \times 10\% = 155$(万元)

建设期贷款利息总和:$50 + 155 = 205$(万元)

项目 6 总造价计算及审查

任务 1 总造价计算

公路工程概预算总金额即总造价等于第一、二、三、四、五部分费用合计。

任务 2 造价审查

对设计阶段的造价审查主要通过基本建设程序、基本建设计划,对设计文件的审查、审批等方式来进行,初步设计经过审批,列入国家基本建设计划,即可进入项目的技术设计或施工图设计阶段。对技术设计或施工图设计文件,特别是概(预)算文件,要在设计评审的基础上,由国家有关机构进行审批。根据有关规定,大中型项目的概预算文件分别由国家发改委和地方发改委组织审查,一般建设项目的概预算由建设项目的主管部门审查。

根据《财政性基本建设资金投资项目工程预、决算审查操作规程》的规定,对工程预算进行审查的内容包括建设项目工程预算是否控制在概算允许范围以内,工程量计算、定额套用与换算,费用和费率计取是否合理、准确。审查步骤如下:

①收集建设单位提供的相关资料。

②根据项目技术特点和具体情况制订审查方案。

③组织初审,根据审查重点深入现场实地调查。

④复审并出具审查结论。审查的依据有工程施工图,国家和地方统一制定的工程预算定额、费用定额、人工和材料价格、价格调整指数等相关取费规定,行业主管部门制定的相关专业定额等。

在概预算审查时,应重点审查以下事项。

①单项工程预算编制是否真实,主要包括:

a. 工程量计算是否符合规定的计算规则、计算方法,计算结果是否准确;

b. 分项工程概预算定额选用与套用是否符合规定,定额抽换是否正确;

c. 有关取费是否执行了定额基价与《公路工程建设项目概算预算编制办法》中相应的计算基数和费率标准;

d. 设备、材料是否按国家定价或市场价计价;

e. 利润和税金的计算基数、利润率、税率是否符合规定。

②所列预算项目是否与设计图纸相符。

③多个单项工程构成一个工程项目时,要审查工程项目是否包含各个单项工程,费用内容是否正确、项目是否齐全等。

④预算是否控制在概算允许范围内。

项目7　总　结

1. 编制的步骤

概预算文件的编制是一项十分严肃的工作,编制质量的高低及各项费用计算的准确与否,直接关系着国家的经济利益。为了确保概算预算文件的编制质量,必须根据工程概算预算内在的规律和国家的有关规定,按一定的程序编制。概算预算编制的基本程序如图3.5所示。

1)熟悉设计图纸和资料

编制设计概算、修正概算、施工图预算等文件前,应对相应的初步设计、技术设计和施工图设计内容进行检查和整理,认真阅读和核对设计图纸及有关表格,如工程一览表、工程数量表等。若图纸中所用材料规格或要求不清时,要核对查实。

2)准备概预算资料

概预算资料包括概预算表格、定额和有关文件及现场调查的一系列数据等。在编制概预算前,应将有关文件,如《公路工程基本建设项目设计文件编制办法》《公路工程建设项目概算预算编制办法》、地方和中央的有关文件(如《公路工程建设项目概算预算编制办法补充规定》)等准备好,同时,也应将定额(如《公路工程概算定额》《公路工程预算定额》)及各类补充定额等资料准备齐全。

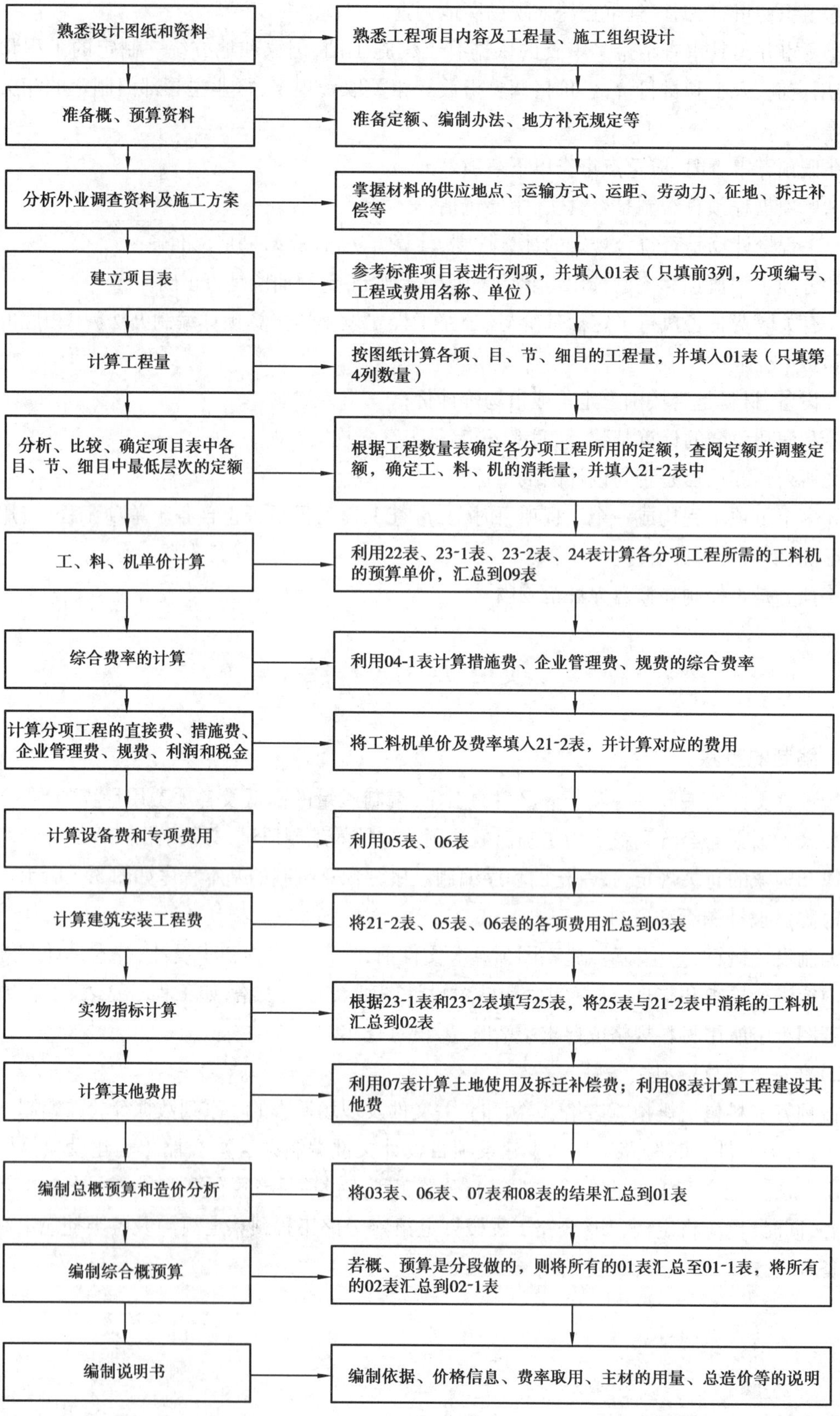
熟悉设计图纸和资料
熟悉工程项目内容及工程量、施工组织设计
准备概、预算资料
准备定额、编制办法、地方补充规定等
分析外业调查资料及施工方案
掌握材料的供应地点、运输方式、运距、劳动力、征地、拆迁补偿等
建立项目表
参考标准项目表进行列项，并填入01表（只填前3列，分项编号、工程或费用名称、单位）
计算工程量
按图纸计算各项、目、节、细目的工程量，并填入01表（只填第4列数量）
分析、比较、确定项目表中各目、节、细目中最低层次的定额
根据工程数量表确定各分项工程所用的定额，查阅定额并调整定额，确定工、料、机的消耗量，并填入21-2表中
工、料、机单价计算
利用22表、23-1表、23-2表、24表计算各分项工程所需的工料机的预算单价，汇总到09表
综合费率的计算
利用04-1表计算措施费、企业管理费、规费的综合费率
计算分项工程的直接费、措施费、企业管理费、规费、利润和税金
将工料机单价及费率填入21-2表，并计算对应的费用
计算设备费和专项费用
利用05表、06表
计算建筑安装工程费
将21-2表、05表、06表的各项费用汇总到03表
实物指标计算
根据23-1表和23-2表填写25表，将25表与21-2表中消耗的工料机汇总到02表
计算其他费用
利用07表计算土地使用及拆迁补偿费；利用08表计算工程建设其他费
编制总概预算和造价分析
将03表、06表、07表和08表的结果汇总到01表
编制综合概预算
若概、预算是分段做的，则将所有的01表汇总至01-1表，将所有的02表汇总到02-1表
编制说明书
编制依据、价格信息、费率取用、主材的用量、总造价等的说明

图 3.5　概预算编制的基本程序

3）分析外业调查资料及施工方案

（1）概预算调查资料分析

概预算资料的调查工作是一项关系到概预算文件质量的基础工作，一般在公路工程外业勘察时同时进行。其调查的内容很广，原则上凡对施工生产有影响的一切因素都必须调查，主要是筑路材料的来源（沿线料场及有无自采材料），材料运输方式及运距，运费标准，占用土地的补偿费、安置费及拆迁补偿费，沿线可利用的房屋及劳动力供应情况等。对这些调查资料应进行分析，若有不明确或不全的部分，应另行调查，以保证概预算的准确和合理。

（2）施工方案分析

对于相应设计阶段配套的施工组织设计文件（尤其是施工方案），应认真分析其可行性、合理性和经济性。因为施工方案将直接影响概预算金额的高低和定额的查用，因此编制概预算时，应重点对施工方案进行认真分析。

①施工方法。同一工程内容，可以采用不同的施工方法来完成。例如，土方施工有人工挖土方和机械挖土方两种方法；钢筋混凝土工程既可以采用现浇施工，也可以采用预制安装等。因此，应根据工程设计的意图和要求与工程实际相结合，选择最经济的施工方法。

②施工机械。施工机械的选择也将直接影响施工费用，因此应根据选定的施工方法选配相应的施工机械。例如，挖填土方既可以采用铲运机，又可以采用挖掘机配合自卸汽车；又如混凝土预制构件安装，也可采用多种机械施工等。

③工期。同一工程项目如果施工工期不同，则预算造价将有很大差别。施工工期对概预算的影响主要有3个方面：首先，施工工期的不同，施工方法的选择将不同；其次，施工工期不同，编制预算时，辅助工程与临时工程的数量将不同，如大型桥梁上部结构安装，要根据工期的长短合理配备吊装设备的数量；最后，施工工期的不同，与工期有关的费用计算将不同，如建设期贷款利息、价差预备费等。

④辅助工程与临时工程。按交通运输部定额站的统计，辅助工程与临时工程在一般公路工程项目中占工程造价的比重约为20%，在长江上修建的特大型桥梁占工程造价的比重约为50%。辅助工程与临时工程对概预算的影响主要有两个方面：一是辅助工程与临时工程的数量的多少直接影响概预算工程造价；二是辅助工程与临时工程的位置不同将影响原材料与半成品的运距，如沥青混凝土拌和站的位置不同，则沥青、碎石等原材料的运距就不同，沥青混凝土半成品的运距也不同。

4）建立项目表

为了保证概预算编制的准确合理，防止漏项、重项，首先应对工程内容进行分解排列，具体做法就是参考《公路工程建设项目概算预算编制办法》中的概预算项目表，从中选择本项目所有的内容，并将选择的内容填到01表中。注意部分、项、目、节、细目的编号。

5）计算工程量

根据工程数量表，计算部分、项、目、节、细目对应的工程量，并将其填入01表中。

6）查定额

概预算定额就是以分项工程为对象，统一规定完成一定计量单位分项工程所需的人工、材料、机械台班消耗数量。分项工程一般是按照选用的施工方法，所使用的材料、结构构件规格等因素划分，经过较简单的施工过程就能完成，以适当的计量单位就可以计算工程量及其单价的建筑安装工程产品,是建设项目最基本的组成要素。因此,根据分项所得的工程细目(分项工程),即可从定额中查出相应的人工、材料、施工机械的名称、单位及消耗量定额值。查出各分项工程的定额,并将查得的定额值及定额号分别填入 21-2 表的有关栏目,再将各分项工程的实际工程换算的定额工程数量乘以相应的定额,即可得出各分项工程的工料机资源消耗量,填入 21-2 表的数量栏中。

7)基础单价的计算

编制概预算的另一项重要工作为确定基础单价。基础单价是人工工日单价、材料预算单价和施工机械台班单价的统称。定额中除小额零星材料及小型机具用货币指标“元”表示外,其他均是资源消耗的实物指标。要以货币来表现消耗,就必须计算各种资源的单价。有关单价的计算方法已在前面的有关内容中介绍,公路工程概预算的基础单价通过材料预算单价计算表(22 表)、自采材料料场价格计算表(23-1 表)、材料自办运输单位运费计算表(23-2 表)和施工机械台班单价计算表(24 表)来计算,最后汇总到人工、材料、施工机械台班单价汇总表(09 表)。

①根据 21-2 表中所出现的材料种类、规格及机械作业所需的燃料和水、电编制 22 表;

②根据 21-2 表中所出现的自采材料种类、规格,按照外业调查资料编制 23-1 表,并将计算结果汇入 22 表的材料原价栏中;

③根据 21-2 表、23-1 表中所出现的所有机械种类和 23-2 表中自办运输的机械种类计算所有机械的台班单价,即编制 24 表;

④根据工资地区类别划分或地方规定等资料计算确定人工工日单价;

⑤将上面 4 项所算得的各基础单价汇总编制人工、材料、机械台班单价汇总表(09 表)。

8)计算分项工程的直接费、措施费、企业管理费、规费、利润和税金

有了各分项工程的资源消耗数量及基础单价,便可计算其直接费、措施费、企业管理费和规费:

①将 09 表的单价填入 21-2 表中的单价栏,将单价与数量相乘得出人工费、材料费、机械使用费,可算得工、料、机合计费用;

②根据工程类别和工程所在地区,取定各项费率,并计算措施费、企业管理费、规费费率,即编制 04 表;

③将 04 表中各费率填入 21-2 表中的相应栏目,并计算措施费、企业管理费、规费;

④分别在 21-2 表中计算直接费、措施费、企业管理费和规费、利润、税金及每一分项工程的金额合计。

9)计算设备费和专项费用

利用 05 表计算设备费,利用 06 表计算专项费用。

10)计算建筑安装工程费

建筑安装工程费通过 03 表计算。

①将 21-2 表中各分项工程的直接费、措施费、企业管理费、规费、利润、税金按工程(单位工程)汇总填入 03 表中的相应栏目;将 05 表的设备费和 06 表的专项费用填入 03 表相应栏目内。

②合计各单位工程的直接费、措施费、企业管理费和规费、利润、税金,得到各单位工程的建筑安装工程费,总计各单位工程的建筑安装工程费,得到工程项目的建筑安装工程费。

11)实物指标计算

根据各分项工程的工料机实物消耗量,考虑辅助生产、临时用工及场外运输损耗率等统计实物消耗指标,可通过02表的计算完成。

①将22表和23-1表中的人工、材料、机械消耗量汇总,编制辅助生产工、料、机单位数量表(25表);

②汇总21-2表中人工,主要材料、机械台班数量;

③计算各种增工数量;

④合计上面1、2、3项中的各项数据,得出工程概预算的实物数量,即得到02表。

12)计算其他有关费用

按规定计算第二、三、四、五部分费用。

13)编制总概预算表并进行造价分析

①编制总概预算表。将03表、06表、07表、08表中的各项填入01表中相应栏目,并计算各项技术经济指标。

②造价分析。根据概(预)算总金额、各单项工程或分项工程的费用比值和各项技术经济指标进行全面分析,对设计提出修改建议,并从经济角度对设计是否合理予以评价,找出挖潜措施。

14)编制综合概(预)算

根据建设项目要求,当分段或分部编制01表和02表时,需要汇总编制综合概预算。

①汇总各种概预算表,编制"总概(预)算汇总表"(01-1表);

②汇总各段的02表,编制"全概(预)算人工、主要材料、机械台班数量汇总表"(02-1表)。

15)编制说明

概预算表格计算并编制完成后,必须编制概预算说明,主要说明概预算编制依据、编制中存在的问题、工程总造价的货币和实物量指标及其他与概预算有关但不能在表格中反映的事项。

16)复核与审核

所谓复核,就是指负责编制工程造价的单位,在工程造价编制完成或某些计算表也已计算好后,由本单位另外的具有公路工程造价执业资格的人员对所编制的工程造价内容及计算情况进行一次全面的检查核对,对发现的差错及时进行改正,以提高工程造价的准确性。为此,要求一人负责编制,另一人进行复核,这是一个必要的组织过程。至于审核,则是指工程造价文件经编制和复核的环节后,在出版工作之前,将初稿提交设计院的造价主管部门的人员进行再一次的检查核对工作,使工程造价文件符合规定、合理可靠。由于工程造价工作计算烦琐,涉及国家建设有关的方针政策的贯彻执行,而且个人认识能力有限,难免会产生某些差错,所以建立严格的复核与审核制度十分必要。

(1)复核

工程造价的复核工作,应该像编制工程造价一样进行,可以说是造价编制工作的一次重复。因此,首先要对设计图纸资料进行必要的了解,复核所摘取的计价工程量以及有关的一些计算数据是否有错误;然后逐表逐项进行检查核对,并对量大价高的分部分项工程等影响造价大的因素进行必要验算,以检查其计算结果是否正确。总之,复核工程造价原则上要求按编制工程造价的程序和方法进行。同时,考虑到编制工程造价的各种计算表格都是环环相扣、紧密相连的,若某一个计价数据发生错误,就会引起连锁反应,使得其他有关的计算表格也要改动。为了不致延迟编制时间,减少返工浪费,应采取分序分步进行复核。例如,摘取路基土石方的工程量完成之后,随即进行复核,而不要等待全部工程量摘取好后再进行复核;当人工、材料、机械台班预算价格计算好后,即检查各种计算依据和计算方法是否正确,绝不要等工程造价编制工作全部完成之后,再进行复核。复核可相互交叉进行,以免延误工作。根据实践经验,复核时一般应注意如下内容:

①摘取的各项计价工程量是否符合工程计价的要求,分部分项工程的划分是否符合规定,有无漏项和重复计列情况。

②拟订的施工组织设计或施工方案是否合理可行,机械的选型配套能否满足建设工程的技术要求而又切合实际和经济合理。

③人工、材料、机械台班预算价格所采用的计算依据、原则和方法是否符合规定,计算过程有无错误。

④措施费、企业管理费、规费综合费率中各项费率的取定是否符合中央和地方的有关规定,取定的综合费率是否正确。

⑤分项工程概(预)算表,按分部分项套用定额是否符合规定,计量单位或小数位置是否错误;定额规定可以抽换或可增计的系数和数量是否按规定执行,有无多计或少计情况。结合实际情况,对这些计算表要逐项进行必要的核算,以检查计算是否有错误。

⑥工程建设其他费用、设备费和土地使用及拆迁补偿费的计算,要核对各种计算依据是否符合规定,数量要有依据,防止高估冒算。

⑦凡根据施工组织设计或施工方案提供或凭经验确定的辅助工程的数量是否符合规定和一般工程的实际情况,对其计算环节应进行必要的复核。

⑧补充定额的编制是否符合定额的编制原则。

⑨造价表与相关的各种计算表的相应数据是否一致,散、总是否相符。

⑩编制说明的内容是否与采用的各种计算依据一致,有无与建设项目实际情况不符之处或遗漏内容等。

(2)审核

工程造价审核是承担勘察设计任务的勘察设计单位中负责工程造价管理部门的主要职责,也是保证工程造价编制质量的必要环节,一般应在工程造价文件全部完成草稿之后进行。经审核后,即成为定稿的工程造价文件。要求审核的主要内容是:

①总体施工部署是否合理可行,施工机械的选型配套是否经济合理;

②根据设计图纸资料和施工组织设计或施工方案,摘取的各种分部分项的计价工程量是否符合计价定额的规定与工程造价编制办法的有关规定,选用定额是否正确,有无漏项或重列情况;

③审核取定的各种费率标准和采用的计算基数是否与国家有关规定或建设工程的实际情况,以及建设主管部门或委托单位的规定与要求相符;

④对编制的补充定额,要检查编制的依据、原则和方法是否符合规定,定额水平是否先进合理;

⑤检查工程造价文件的各种计算表格是否符合规定、齐全,分部分项造价数据及总造价的

汇总有无差错等;

⑥审阅编制说明内容、文字有无不当之处。

总之,在复核与审核工程造价文件的过程中,要注意造价编制是否严格贯彻执行了国家有关公路基本建设的方针、政策和规定,以及珍惜国土资源、节约用地、改土造田、保护环境等基本国策和以钢代木等技术经济政策。若发现有不符合规定和计算上的差错,要秉承实事求是的原则予以改正。复核与审核是编制工程造价的一个重要环节,应该在思想上给予足够的重视,在组织上给予必要的保证,选派经验丰富、业务娴熟的造价人员,专门负责复核与审核工作。

17)出版、总结、归档

出版、总结、归档,是编制工程造价的3项收尾工作,虽然内容简单,但作为一个比较重要的工作环节,要认真按如下要求进行。

(1)出版

所谓出版,就是指工程造价文件经按审核意见(如有)修正后,进行修正、印刷、装订成册等工作过程,要求字迹清楚,整齐完善,具体要求是:

①各阶段的工程造价文件的幅面尺寸应采用297 mm×420 mm(横式),并按工程造价文件编制办法的规定,分册装订,但每册不宜过厚或过薄,以便保管和使用。例如,概预算要求按甲、乙两组文件分册装订。

②工程造价文件的各种计算表均应经编制和复核人员签名,并应注明造价人员的从业执证等级及编号。

③工程造价文件的扉页上应盖主办单位公章,各级负责人要签名,并写明勘察设计证书等级及编号。

④工程造价文件是设计文件的一个组成部分,要随同设计文件报送主管部门或委托单位,其份数应按报送设计文件的规定执行。

(2)总结

对造价编制活动过程中的工作经验进行科学客观的总结,是做好造价工作的重要环节。在工程造价编制完成之后,对正反两方面的经验进行总结提高必不可少。例如,对一些疑难问题的处理原则和方法、有关方面的认可情况、尚存在的不够经济合理的情况,在总结分析的基础上,提出改进意见,并进行简明扼要的文字说明。

(3)归档

根据国家规定工程造价文件,属于科学技术档案的资料,要按照机密文件立卷归档。按《科学技术档案构成的一般要求》(GB/T 11822—2008)和交通运输部发布的《交通文件材料立卷归档办法》的规定,工程造价文件归档时,应按210 mm×297 mm(立式)折叠,要求折叠整齐,符合规定。

对工程造价整理计算的重要基础资料、计算机运算数据准备表、工程造价编制的全部底稿、总结的书面文字材料以及编制的工程造价资料积累计算表等,均应整理装订成册,归档备查。

2.编制的注意事项及各项费用计算程序

(1)编制的注意事项

概预算编制中应注意的事项很多,下面只简要说明几个主要方面。

①注意表格之间的内在联系,理清其交叉关系。概预算表格是一个有机的整体,相互联系、

相互补充,这些表格可反映整个工程的资源消耗,因此应熟练掌握各表格之间的内在联系。各表之间的关系见图3.1,特别是其中的09表、21-2表、22表、23-1表、23-2表、24表5个表格,在编制时交叉进行,需要特别注意。如23-1表中出现的外购材料单价及24表中出现的动力燃料单价通过22表计算,但要注意其运料终点是“料场”还是“工地料库”。22表中出现的自办运输台班单价和23-1表中出现的机械台班单价通过24表计算。

②21-2表的“工程名称”(01表中“目”“节”“细目”的名称)要按项目填列。

③注意各取费费率适用范围的说明。

④使用定额时,一定要注意其小注和章、节说明等。

(2)费用计算程序

各项费用之间有着紧密的联系,其计算也有一定的规律和程序。各项费用的计算程序及计算方式归纳如表3.40所示。

表3.40 公路工程建设各项费用的计算程序及计算方式

序 号	项 目	说明及计算式
(一)	定额直接费	$\sum$人工消耗量×人工基价+$\sum$(材料消耗量×材料基价+机械台班消耗量×机械台班基价)
(二)	定额设备购置费	$\sum$设备购置数量×设备基价
(三)	直接费	$\sum$人工消耗量×人工单价+$\sum$(材料消耗量×材料预算单价+机械台班消耗量×机械台班预算单价)
(四)	设备购置费	$\sum$设备购置数量×预算单价
(五)	措施费	(一)×施工辅助费费率+定额人工费和定额施工机械使用费之和×其余措施费综合费率
(六)	企业管理费	(一)×企业管理费综合费率
(七)	规费	各类工程人工费(含施工机械人工费)×规费综合费率
(八)	利润	[(一)+(五)+(六)]×利润率
(九)	税金	[(三)+(四)+(五)+(六)+(七)+(八)]×9%
(十)	专项费用	
	施工场地建设费	[(一)+(五)+(六)+(七)+(八)+(九)]×累进费率
	安全生产费	建筑安装工程费(不含安全生产费本身)×(≥1.5%)
(十一)	定额建筑安装工程费	(一)+(二)×40%+(五)+(六)+(七)+(八)+(九)+(十)
(十二)	建筑安装工程费	(三)+(四)+(五)+(六)+(七)+(八)+(九)+(十)
(十三)	土地使用及拆迁补偿费	按规定计算
(十四)	工程建设其他费	
	建设项目管理费	
	建设单位(业主)管理费	(十一)×累进费率
	建设项目信息化费	(十一)×累进费率
	工程监理费	(十一)×累进费率

续表

序　号	项　目	说明及计算式
	设计文件审查费	(十一)×累进费率
	竣(交)工验收试验检测费	按规定计算
	研究试验费	
	建设项目前期工作费	(十一)×累进费率
	专项评价(估)费	按规定计算
	联合试运转费	(十一)×费率
	生产准备费	
	工具器购置费	按规定计算
	办公和生活用家具购置费	按规定计算
	生产人员培训费	按规定计算
	应急保通设备购置费	
	工程保通管理费	按规定计算
	工程保险费	[(十二)-(四)]×费率
	其他相关费用	
(十五)	预备费	
	基本预备费	[(十二)+(十三)+(十四)]×费率
	价差预备费	(十二)×费率
(十六)	建设期贷款利息	按实际贷款额度及利率计算
(十七)	公路基本造价	(十二)+(十三)+(十四)+(十五)+(十六)

(3)概预算表格计算

概预算表格共有14种19张,其表格数据的计算按编制办法规定,各表格之间的数据过渡与转换也存在一定技巧,必须多练习。详见《公路工程建设项目概算预算编制办法》附录五。

项目8　工程案例

1.题目

编制××公路新建工程施工图预算。

2.设计资料

①该工程位于甘肃省兰州市境内,路线等级为山岭重丘区三级公路。本段设计长度为7.866 km(新建),工程项目内容详见表3.41。

②施工单位离工地距离按80 km考虑。

③施工时,场内需铺设2 km汽车便道(砂砾路面宽度6 m,路基宽7 m),作为施工物资运输通道。

表 3.41 工程项目汇总表

建设项目名称		单位	数量
第一部分 建筑安装工程费			
1	临时便道	km	详见设计资料
2	挖路基土方	m^3	详见路基每千米土石方数量表
3	路基填方	m^3	详见路基每千米土石方数量表
4	浆砌片石边沟	m^3	详见路基、路面排水工程数量表
5	浆砌片石排水沟	m^3	详见路基、路面排水工程数量表
6	浆砌片石挡土墙	m^3	详见路基防护工程数量表
7	天然砂砾垫层	m^2	详见路面工程数量表
8	水泥稳定砂砾基层	m^2	详见路面工程数量表
9	沥青混凝土面层	m^2	详见路面工程数量表
10	涵洞	m/道	详见涵洞设计图及数量表
第二部分(略)			
第三部分 工程建设其他费用			
11	建设项目管理费		详见施工图预算编制规定
	预备费		
12	基本预备费		详见施工图预算编制规定

④外购材料原价、运距及运输方式调查资料见表 3.42；自采及自办运输材料价格计算：砂砾采堆，平均运距 5 km；施工用碎石系由人工开采的片石用机械轧制，平均运距 3 km。上述材料均用 6 t 自卸汽车运输，碎石和砂砾用装载机装车。

⑤工期要求：总工期一年。

表 3.42 外购材料价格及运距表

序号	规格名称	单位	单价（元）	供应地点	运输方式及运距	运价率（元/t·km）	装卸费（元/t）
1	钢筋(HPB300)	t	4 500	××县城	汽-50	0.48	7.65
2	钢筋(HRB400)	t	4 800	××县城	汽-50	0.48	7.65
3	柴油	kg	8.50		预算价格		
4	原木	m^3	1 200.00		预算价格		
5	中(粗)砂	m^3	45.00	××料场	汽-20	0.43	3.15
6	32.5 级水泥	t	420.00	××县城	汽-50	0.48	7.65

注：①其他未提供材料信息价的外购材料，预算价格请采用定额价。

②机械台班预算单价计算时，车船税标准采用“甘肃车船税标准”。

3. 施工图预算编制规定

①工资标准：按《甘肃省执行交通运输部〈公路工程建设项目投资估算编制办法〉〈公路工程建设项目概算预算编制办法〉的补充规定(试行)》执行。

②其他标准：各项费率按《甘肃省执行交通运输部〈公路工程建设项目投资估算编制办法〉〈公路工程建设项目概算预算编制办法〉的补充规定(试行)》执行。

③其他资料：粮食运距10 km，蔬菜运距8 km，煤运距60 km，水运距为0。当地汽车运价及装卸费按《甘肃编办补充规定》执行。

④根据预算编制办法规定，需计第三部分建设项目管理费，包括建设单位管理费、工程监理费、设计文件审查费及竣(交)工验收试验检测费。

⑤基本预备费费率为3%。

4. 工程数量表

工程数量表详见表3.43至表3.47。

5. 造价编制成果

本项目造价编制成果见表3.48至表3.60。

表 3.43 路基每千米土石方数量表

建设项目名称：××公路新建工程　　　　第 1 页 共 1 页

起讫桩号	长度(m)	挖方							填方			本桩利用		远运利用				借方				废方				备注
		总体积	土方(m^3)			石方(m^3)			总数量	土方	石方	土方	石方	土方	石方	平均运距(km)		土方	平均运距(km)	石方	平均运距(km)	土方	石方	平均运距(km)		
			松土	普通土	硬土	软石	次坚石	坚石	(m^3)	(m^3)	(m^3)	(m^3)	(m^3)	(m^3)	(m^3)	土方	石方	(m^3)	(km)	(m^3)	(km)	(m^3)	(m^3)	土方	石方	
K0 +000 ~ K1 +000	1 000	7 726.1		7 726.1					20 467.8	20 467.8		1 142.1		6 216.1		0.545		13 109.6	1.151							
K1 +000 ~ K2 +000	1 000	776.6		776.6					39 264.6	39 264.6		706.9		32.8		0.365		38 525.0	2.253							
K2 +000 ~ K3 +000	1 000	1 356.4		1 356.4					35 111.9	35 111.9		195.4		4 781.4		0.840		30 135.1	3.157							调入土 3 685.010 m^3
K3 +000 ~ K4 +000	1 000	18 783.9		18 783.9					67 074.4	67 074.4		868.6		13 335.8		0.482		52 870.0	3.857							调出土 3 685.010 m^3
K4 +000 ~ K4 +500	500								15 414.2	15 414.2								15 414.2	4.333							
K4 +500 ~ K5 +000	500								83 463.3	83 463.3								83 463.3	3.375							
K5 +000 ~ K5 +500	500								44 592.7	44 592.7								44 582.7	2.306							
K5 +500 ~ K6 +000	500								46 889.7	46 889.7								46 889.7	1.355							
K6 +000 ~ K7 +000	1 000	2 118.3		2 118.3					2 856.2	2 856.2		507.1		1 510.3		0.152		838.7	0.299							支线 1
K7 +000 ~ K7 + 865.569	866	5 552.7		5 552.7					15 906.0	15 906.0		354.4		4 933.8		0.207		10 617.8	0.490							支线 2
小计		36 314.1		36 314.1					371 040.8	371 040.8		3 774.5		30 810.3				336 456.0								

编制：　　　　复核：

表 3.44　路基、路面排水工程数量表

建设项目名称：× ×公路新建工程　　　　第1页 共1页

序号	起讫桩号或中心桩号	工程名称	结构形式	单位	数量(m)		工程数量									备注
					左	右	M7.5浆砌片石（m^3）	M10砂浆抹面（m^2）	挖土方（m^3）	沉降缝沥青麻絮（m^2/处）	盖板数量（块）	C25混凝土边沟盖板（m^3）	HPB300钢筋（kg）	HRB400钢筋（kg）	现浇C20混凝土	
1	K0 +609 ~ K0 +643	矩形边沟	0.6×0.6	m	34		23.05	56.44	25.81	2.3	68	4.35	74.12	384.2		
2	K0 +647 ~ K0 +678	矩形边沟	0.6×0.6	m	31		21.02	51.46	23.53	1.5	62	3.97	67.58	350.3		
3	K0 +660 ~ K0 +678	矩形边沟	0.6×0.6	m		18	12.20	29.88	13.66	0.8	36	2.30	39.24	203.4		
4	K0 +740 ~ K0 +796	矩形边沟	0.6×0.6	m		56	37.97	92.96	42.50	0.5	112	7.17	122.08	632.8		
5	K0 +740 ~ K0 +823	矩形边沟	0.6×0.6	m	83		56.27	137.78	63.00	6.1	166	10.62	180.94	937.9		
6	K0 +860 ~ K0 +865	矩形边沟	0.6×0.6	m		5	3.05	7.47	3.42	0.0	10	0.58	9.81	50.85		
7	K1 +137 ~ K1 +724	矩形边沟	0.6×0.6	m		588	398.33	975.25	445.91	44.0	1 176	75.20	1 280.75	6 638.75		
8	K2 +825 ~ K2 +940	梯形排水沟	0.8×0.8	m		115	124.55	449.65	124.55	11.9						
9	K2 +940 ~ K3 +180	矩形边沟	0.6×0.6	m		240	162.72	398.40	182.16	17.5	480	30.72	523.2	2 712		
10	K3 +020 ~ K3 +184	矩形边沟	0.6×0.6	m	164		111.19	272.24	124.48	12.1	328	20.99	357.52	1 853.2		
11	K3 +310 ~ K3 +340	矩形边沟	0.6×0.6	m		30	20.34	49.80	22.77	1.5	60	3.84	65.4	339		
12	K3 +320 ~ K3 +340	矩形边沟	0.6×0.6	m	20		13.56	33.20	15.18	0.8	40	2.56	43.6	226		
13	K3 +500 ~ K3 +660	矩形边沟	0.6×0.6	m	160		108.48	265.60	121.44	11.4	320	20.48	348.8	1 808		
14	K3 +500 ~ K3 +860	矩形边沟	0.6×0.6	m		360	244.08	597.60	273.24	26.6	720	46.08	784.8	4 068		
15	K3 +860 ~ K4 +140	梯形排水沟	0.8×0.8	m		280	303.24	1 094.80	303.24	29.2						
本页小计					2 184		1 640.05	4 512.53	1 784.88	177.1	3 590.0	288.9	3 911.8	20 219.4		

编制：　　　　复核：

表 3.45　挡土墙工程数量表

建设项目名称：××公路新建工程　　　　第 1 页 共 1 页

序号	起讫里程	位置		挡墙形式	长度（m）	工程细目及数量										备注
		左	右			M7.5 浆砌片石/M10 砂浆勾缝墙身（m^3）	M7.5 浆切片石基础（m^3）	5% 水泥稳定砂砾（m^3）	沥青麻絮伸缩缝（m^2）	ϕ10 cm PE 管（m）	开挖基坑土方（干处）（m^3）	开挖基坑土方（湿处）（m^3）	天然砂砾（m^3）	透水土工布（m^2）	现浇 C20 混凝土加筋肋（m^3）	
1	K1 +765 ~ K1 +798	√		仰斜式路堤墙	33.00	406.28	209.55		61.58	63.67	233.00	155.00	72.00	0.20		
2	K1 +916 ~ K1 +960	√		仰斜式路堤墙	44.00	265.65	197.85		45.35	53.15	239.00	159.00	61.07	0.50		
3	K2 +800 ~ K2 +870	√		仰斜式路堤墙	69.81	591.05	547.32		113.84	126.40	748.00	499.00	148.47	0.70		
4	K3 +365 ~ K3 +395	√		仰斜式路堤墙	28.95	364.36	181.49		54.58	42.70	230.00	153.00	60.30	0.45		
5	K7 +110 ~ K7 +135	√		仰斜式路堤墙	25.00	135.71	134.42		27.01	30.08	138.00	92.00	42.00	0.38		
6	K7 +230 ~ K7 +245	√		仰斜式路堤墙	15.00	100.96	47.11		14.81	17.05	70.00	46.00	19.35	0.19		
7	K7 +725 ~ K7 +865.569	√		仰斜式路堤墙	140.57	316.09	326.73		27.01	63.45	473.00	316.00	130.50	1.10		
合计					356.33	2 180.10	1 644.47		344.18	396.50	2 131.00	1 420.00	533.69	3.52		

编制：　　　　复核：　　　　审核：

表3.46　路面工程数量表

建设项目名称：××公路新建工程　　　　第1页 共1页

序号	起讫桩号	路面						行车道及路缘带工程数量					中央分隔带		C20混凝土硬化路肩	备注
		铺筑长度	图纸	厚度(cm)				加宽面积	天然砂砾垫层	水泥稳定砂砾基层	AC-16沥青混凝土下面层	AC-13沥青混凝土上面层	中央分隔带培土	C25混凝土路缘石	C20混凝土硬化路肩	
		(m)	编号	垫层	基层	下面层	上面层	(1 000 m^2)	(1 000 m^2)	(1 000 m^2)	(1 000 m^2)	(1 000 m^2)	(m^3)	(m^3)	(m^3)	
1	2	3	4	5	6	7	8	9	10	11	12	13	15	16	17	18
1	K0 +000 ~ K7 +865.569	7 865.569	SⅧ -13	15	18	4	3	0	128.05	115.86	102.25	102.25	3 930	629.25	2 269.00	主线
合计									128.05	115.86	102.25	102.25	3 930.00	629.25	2 269.00	

编制：　　　　复核：　　　　审核：

表 3.47 涵洞工程数量表

建设项目名称：××公路新建工程 第 1 页 共 2 页

序号	中心桩号	与路中线法向交角（°）	孔数及孔径（孔－m）	结构类型	涵长（m）	进出口形式		单位：钢筋—kg；防水层、沉降缝—m²；其他—m³															
						进口	出口	明涵盖板				台帽	洞身								基础		
								HRB400 钢筋二级钢			HPB 300 钢	HPB 300 钢	C30 混凝土涵顶铺装	C30 混凝土盖板	C25 混凝土涵台帽	M7.5 浆砌片石台身	M7.5 浆砌片石盖板涵铺底	沥青麻絮沉降缝	C25 混凝土帽石	C25 混凝土支撑梁	M7.5 浆砌片石基础	填方	干处挖土方
								Φ22	Φ12	Φ20	Φ8	Φ6	C30 混凝土	C30 混凝土	C25 混凝土	M7.5 浆砌片石	M7.5 浆砌片石	沥青麻絮	C25 混凝土	C25 混凝土	M7.5 浆砌片石	填方	干处挖土方
								kg					m³					m²	m³				
1	2	3	4	5	6	7	8	9	10	11	12	13	14	15	16	17	18	19	20	21	22	23	24
1	K1+283.00	90	1-1.50 m×1.60 m	明板涵	16	边沟跌井	铺砌	954.6	78.3	39.5	622	51	1.7	4.3	7.6	46.7	5.3	10	0.6		18.1	1.6	122.1
2	K1+533.00	90	1-1.50 m×1.50 m	明板涵	16	边沟跌井	铺砌	954.6	78.3	39.5	621.3	51	1.7	4.3	7.6	43.6	5.3	14	0.8		17.8		99.7
3	K2+654.00	90	1-1.50 m×1.60 m	明板涵	16	八字翼墙	铺砌	954.6	78.3	39.5	621.3	51	1.7	4.3	7.6	46.7	5.3	10	0.5		18.1		31.6
4	K3+452.00	90	1-1.50 m×1.40 m	明板涵	16	八字翼墙	铺砌	835.2	68.5	34.6	554.5	51	1.7	4.3	7.6	34.3	5.3	13	0.7		17.4		81.2
5	K4+140.00	90	1-1.50 m×1.30 m	明板涵	16	八字翼墙	八字翼墙	780.2	68.5	34.6	545.6	51	1.7	4.3	7.6	51.2	5.3	14	0.3		17.1		83.1
6	K4+423.00	90	1-1.50 m×1.20 m	明板涵	16	八字翼墙	八字翼墙	954.6	78.3	39.5	643.9	50.4	1.7	4.3	6.8	43.9	5.3	4	0.4		15.2		113.6
7	K5+110.00	90	1-4.00 m×2.00 m	明板涵	16	八字翼墙	八字翼墙	2 504.2	128.3	39.5	1 249.9	66	4.5	15.4	12.8	81.4	23	11	0.9	0.6	52.2		203.5
8	K5+500.00	90	1-2.00 m×1.80 m	明板涵	16	八字翼墙	八字翼墙	1 264.5	78.3	39.5	740.2	54.7	2.2	5.8	9.2	59.6	7.7	19	0.4		24.4		49.3
9	K5+880.00	90	1-1.50 m×1.50 m	明板涵	16	八字翼墙	八字翼墙	954.6	78.3	39.5	622	51	1.7	4.3	7.6	43.6	5.3	10	0.3		21.3		56.6
10	K6+420.00	90	1-1.50 m×1.60 m	明板涵	16	八字翼墙	八字翼墙	954.6	78.3	39.5	622	51	1.7	4.3	7.6	46.7	5.3	10	0.3		21.7		55.4
11	K7+800.00	90	1-1.50 m×1.00 m	明板涵	16	八字翼墙	八字翼墙	954.6	78.3	39.5	628.9	50.4	1.7	4.3	6.8	27.1	5.3	3	0.4		17.5		94.4
小计					176			12 066	892	425	7 472	578	22	60	89	525	78	117	6	1	241	2	991
合计					176			12 066	892	425	7 472	578	22	60	89	525	78	117	6	1	241	2	991

编制： 复核： 审核：

表3.47 涵洞工程数量表

建设项目名称：××公路新建工程　　　　第2页 共2页

序号	中心桩号	与路中线法向交角（°）	孔数及孔径（孔-m）	结构类型	涵长（m）	进出口形式		单位：钢筋—kg；防水层、沉降缝—m^2；其他—m^3															
						进口	出口	基础			洞口					洞身接合部							
								干处挖石方	M7.5浆砌片石八字翼墙基础	M7.5浆砌片石八字墙截水墙	M7.5浆砌片石跌水截水墙	M7.5浆砌片石跌水	M7.5浆砌片石边沟跌井	M7.5浆砌片石八字墙身	M7.5浆砌片石八字墙铺砌	C15片石混凝土一字墙身	C15片石混凝土一字墙基础						
								干处挖石方	M7.5浆砌片石	M7.5浆砌片石	M7.5浆砌片石	M7.5浆砌片石	M7.5浆砌片石	M7.5浆砌片石	M7.5浆砌片石	C15片石混凝土	C15片石混凝土						
								m^3															
1	2	3	4	5	6	7	8	9	10	11	12	13	14	15	16	17	18	19	20	21	22	23	24
1	K1+283.00	90	1-1.50 m×1.60 m	明板涵	16	边沟跌井	铺砌	32			1.3	8.1	8.2			9.9	4.3						
2	K1+533.00	90	1-1.50 m×1.50 m	明板涵	16	边沟跌井	铺砌	29			1.2	6.3	7.4			6.3	4.1						
3	K2+654.00	90	1-1.50 m×1.60 m	明板涵	16	八字翼墙	铺砌	11.4	3.4	0.8	1.3	9.3		4.3	1.6	2.4	2.8						
4	K3+452.00	90	1-1.50 m×1.40 m	明板涵	16	八字翼墙	铺砌	24.4	2.9	0.7	1.1	6.7		3.4	1.3	4.4	3.7						
5	K4+140.00	90	1-1.50 m×1.30 m	明板涵	16	八字翼墙	八字翼墙	25.4	7.3	1.7				9.6	3.5								
6	K4+423.00	90	1-1.50 m×1.20 m	明板涵	16	八字翼墙	八字翼墙	31.5	6.7	1.6				8.6	3.1								
7	K5+110.00	90	1-4.00 m×2.00 m	明板涵	16	八字翼墙	八字翼墙	65	10.4	3.4				16	10.3								
8	K5+500.00	90	1-2.00 m×1.80 m	明板涵	16	八字翼墙	八字翼墙	17.5	8.9	2.2				12.6	5.3								
9	K5+880.00	90	1-1.50 m×1.50 m	明板涵	16	八字翼墙	八字翼墙	18.5	7.2	1.7				9.3	3.4								
10	K6+420.00	90	1-1.50 m×1.60 m	明板涵	16	八字翼墙	八字翼墙	18.2	7.8	1.8				10.3	3.7								
11	K7+800.00	90	1-1.50 m×1.00 m	明板涵	16	八字翼墙	八字翼墙	26.6	4.2	1.3	17.5			3.1	1.9								
小计					176			300	59	15	5	30	16	77	34	23	15						
合计					176			300	59	15	5	30	16	77	34	23	15						

编制：　　　　复核：　　　　审核：

表 3.48 **总预算表**

建设项目名称：××公路新建工程
编制范围：K0+000—K7+866

第 1 页 共 3 页 01 表

分项编号	工程或费用名称	单位	数量	金额(元)	技术经济指标	各项费用比例(%)	备注
1	第一部分 建筑安装工程费	公路公里	7.866	24 977 372	3 175 358.76	91.54	
101	临时工程	公路公里	7.866	312 790	39 764.81	1.15	
10101	临时道路	km	2.000	312 790	156 395.00	1.15	
1010101	临时便道(修建、拆除与维护)	km	2.000	312 790	156 395.00	1.15	
102	路基工程	km	7.866	9 342 910	1 187 758.71	34.24	
LJ02	路基挖方	m^3	36 314.000	352 750	9.71	1.29	
LJ0201	挖土方	m^3	36 314.100	352 750	9.71	1.29	
LJ03	路基填方	m^3	371 040.800	6 559 750	17.68	24.04	
LJ0301	利用土方填筑	m^3	34 584.800	174 252	5.04	0.64	
LJ0302	借土方填筑	m^3	336 456.000	6 385 498	18.98	23.40	
LJ06	排水工程	km	2.184	1 026.677	470 090.20	3.76	
LJ0601	边沟	m^3/m	1 212.260/1 789.000	859 492	709.00/480.43	3.15	
LJ060103	浆砌片块石边沟	m^3/m	1 212.260/1 789.000	859 492	709.00/480.43	3.15	
LJ06010301	M7.5 浆砌片石边沟	m^3/m	1 212.260/1 789.000	859 492	709.00/480.43	3.15	
LJ0602	排水沟	m^3/m	427.790/395.000	167 185	390.81/423.25	0.61	
LJ060203	浆砌片(块)石排水沟	m^3/m	427.790/395.000	167 185	390.81/423.25	0.61	
LJ06020301	M7.5 浆砌片石排水沟	m^3/m	427.790/395.000	167 185	390.81/423.25	0.61	
LJ07	路基防护与加固工程	km	0.356	1 403 733	3 943 070.22	5.14	
LJ0701	一般边坡防护与加固	km	0.356	1 403 733	3 943 070.22	5.14	
LJ070101	M7.5 浆砌片石挡土墙	m^3/m	3 824.570/356.330	1 403 733	367.03/3 939.42	5.14	

编制： 复核：

表 3.48 总预算表

建设项目名称：××公路新建工程
编制范围：K0+000—K7+866

第2页 共3页 01表

分项编号	工程或费用名称	单位	数量	金额(元)	技术经济指标	各项费用比例(%)	备注
103	路面工程	km	7.866	13 802 485	1 754 701.88	50.59	
LM01	沥青混凝土路面	m^2	102 250.000	12 110 549	118.44	44.38	
LM0101	路面垫层	m^2	128 050.000	1 093 354	8.54	4.01	
LM010102	厚 15 cm 砂砾垫层	m^2	128 050.000	1 093 354	8.54	4.01	
LM0103	路面基层	m^2	115 860.000	2 800 464	24.17	10.26	
LM010302	水泥稳定类基层	m^2	115 860.000	2 800 464	24.17	10.26	
LM01030201	厚 18 cm 水泥稳定砂砾基层	m^2	115 860.000	2 800 464	24.17	10.26	
LM0105	沥青混凝土面层	m^2	102 250.000	8 216 731	80.36	30.11	
LM010502	中粒式沥青混凝土下面层	m^2	102 250.000	4 610 004	45.09	16.90	
LM01050201	厚 4 cmAC-16 沥青混凝土下面层	m^2	102 250.000	4 610 004	45.09	16.90	
LM010503	细粒式沥青混凝土面层	m^2	102 250.000	3 606 727	35.27	13.22	
LM01050301	厚 3 cmAC-13 沥青混凝土上面层	m^2	102 250.000	3 606 727	35.27	13.22	
LM04	路槽、路肩及中央分隔带	km	7.866	1 691 936	215 094.84	6.20	
LM0402	路肩	km	7.866	1 208 096	153 584.54	4.43	
LM040202	土路肩加固	m^3	3 930.000	1 208 096	307.40	4.43	
LM04020201	现浇混凝土	m^3	3 930.000	1 208 096	307.40	4.43	
LM0403	中间带	km	7.866	483 840	61 510.30	1.77	
LM040301	回填土	m^3	629.250	173 394	275.56	0.64	
LM040302	路缘石	m^3	629.250	310 446	493.36	1.14	
104	桥梁涵洞工程	km	0.176	677 421	3 848 982.95	2.48	

编制： 复核：

表 3.48 总预算表

建设项目名称：× ×公路新建工程
编制范围：K0 +000—K7 +866

第 3 页 共 3 页 01 表

分项编号	工程或费用名称	单位	数量	金额(元)	技术经济指标	各项费用比例(%)	备注
10401	涵洞工程	m/道	176.000/11.000	677 421	3 848.98/61 583.73	2.48	
HD02	盖板涵	m/道	176.000/11.000	677 421	3 848.98/61 583.73	2.48	
HD0201	钢筋混泥土盖板明涵	m/道	176.000/11.000	677 421	3 848.98/61 583.73	2.48	
110	专项费用	元		841 766		3.09	
11001	施工场地建设费	元		841 766		3.09	841 766
2	第二部分　土地使用及拆迁补偿费	公路公里	7.866				
3	第三部分　工程建设其他费	公路公里	7.866	1 513 219	192 374.65	5.55	
301	建设项目管理费	公路公里	7.866	1 513 219	192 374.65	5.55	
30101	建设单位(业主)管理费	公路公里	7.866	875 053	111 244.98	3.21	875 053
30103	工程监理费	公路公里	7.866	574 086	72 983.22	2.10	574 086
30104	设计文件审查费	公路公里	7.866	18 850	2 396.39	0.07	18 850
30105	竣(交)工验收试验检测费	公路公里	7.866	45 230	5 750.06	0.17	5 750 ×7.866
4	第四部分　预备费	公路公里	7.866	794 718	101 032.04	2.91	
401	基本预备费	公路公里	7.866	794 718	101 032.04	2.91	26 490 591 ×3%
5	第一至四部分合计	公路公里	7.866	27 285 309	3 468 765.45	100.00	24 977 372 +0 + 1 513 219 +794 718
6	建设期贷款利息	公路公里	7.866				
	新增加费用项目	元					
7	公路基本造价	公路公里	7.866	27 285 309	3 468 765.45	100.00	27 285 309 +0 +0

编制：　　　　复核：

表3.49 人工、主要材料、施工机械台班数量汇总表

建设项目名称：××公路新建工程

编制范围：K0 +000—K7 +866

第1页 共6页 02表

代号	规格名称	单位	单价(元)	总数量	分项统计						辅助生产	场外运输损耗	
					临时工程	路基工程	路面工程	桥梁涵洞工程				%	数量
1001001	人工	工日	103.41	28 115.870	463.000	8 046.931	5 797.611	1 374.164			12 434.164		
1051001	机械工	工日	103.41	11 379.801	99.220	7 285.691	1 266.114	70.262					
1517001	预制构件	m^3		297.849		291.789		6.060					
2001001	HPB300 钢筋	t	4 565.64	12.252		4.006		8.246					
2001002	HRB400 钢筋	t	4 867.89	34.451		20.729		13.723					
2001019	钢丝绳	t	5 970.09	0.009				0.009					
2001021	8～12 号铁丝	kg	4.36	626.012		588.627		37.385					
2001022	20～22 号铁丝	kg	4.79	260.517		186.080		74.437					
2003004	型钢	t	3 504.27	1.698			1.623	0.074					
2003008	钢管	t	4 179.49	0.275				0.275					
2003025	钢模板	t	5 384.62	1.094		0.462		0.632					
2003026	组合钢模板	t	4 700.85	0.166			0.076	0.090					
2009003	空心钢钎	kg	6.84	4.140				4.140					
2009004	ϕ50 mm 以内合金钻头	个	31.88	6.300				6.300					
2009011	电焊条	kg	5.73	16.722				16.722					
2009013	螺栓	kg	7.35	74.592				74.592					
2009028	铁件	kg	4.53	154.298			63.800	90.498					
2009030	铁钉	kg	4.70	42.226		21.828		20.398					

编制： 复核：

表 3.49 人工、主要材料、施工机械台班数量汇总表

建设项目名称：××公路新建工程
编制范围：K0+000—K7+866

第 2 页 共 6 页 02 表

代号	规格名称	单位	单价(元)	总数量	分项统计						辅助生产	场外运输损耗	
					临时工程	路基工程	路面工程	桥梁涵洞工程				%	数量
3001001	石油沥青	t	4 529.91	845.630		1.095	844.290	0.246					
3003001	重油	kg	3.59	125 195.909			125 193.117						
3003002	汽油	kg	8.29	1 200.867			1 171.682	29.189					
3003003	柴油	kg	8.50	444 089.448	2 637.558	339 527.691	46 233.030	1 330.769					
3005002	电	kW·h	0.85	64 630.802		2 190.633	48 921.677	631.297					
3005004	水	m^3	2.72	12 798.541	224.000	7 061.941	4 530.600	982.000					
4003001	原木	m^3	1 200.00	6.600		6.540		0.060					
4003002	锯材	m^3	1 504.42	17.765		4.360	11.355	2.050					
5001013	PVC 塑料管(ϕ50 mm)	m	6.41	392.418		392.418							
5005002	硝铵炸药	kg	11.97	47.130				47.130					
5005008	非电毫秒雷管	个	3.16	60.300				60.300					
5005009	导爆索	m	2.05	27.240				27.240					
5007001	土工布	m^2	4.27	4.327		4.327							
5009012	油毛毡	m	3.42	118.800				118.800					
5501003	黏土	m^3	11.65	45.500		44.175						3.00	1.325
5503005	中(粗)砂	m^3	65.51	5 017.856		2 438.917	1 954.734	501.818				2.50	122.387
5503007	砂砾	m^3	29.54	53 384.482		680.455	52 175.468					1.00	528.559
5503009	天然级配	m^3	60.19	2 410.668	2 386.800							1.00	23.868

编制：　　　　复核：

表 3.49 人工、主要材料、施工机械台班数量汇总表

建设项目名称：××公路新建工程
编制范围：K0 +000—K7 +866

第 3 页 共 6 页 02 表

代号	规格名称	单位	单价(元)	总数量	分项统计						辅助生产	场外运输损耗	
					临时工程	路基工程	路面工程	桥梁涵洞工程				%	数量
5503013	矿粉	t	155.34	717.203			696.314					3.00	20.889
5503014	石屑	m^3	73.79	179.859			178.078					1.00	1.781
5503015	路面用石屑	m^3	106.80	2 800.871			2 773.140					1.00	27.731
5505005	片石	m^3	63.11	7 971.966		6 284.313	471.820	1 215.833					
5505012	碎石(2 cm)	m^3	131.01	242.968		235.714		4.848				1.00	2.406
5505013	碎石(4 cm)	m^3	113.36	2 727.260			2 555.109	145.148				1.00	27.003
5505015	碎石(8 cm)	m^3	105.55	52.022		23.981		27.526				1.00	0.515
5505017	路面用碎石(1.5 cm)	m^3	136.96	6 253.904			6 191.984					1.00	61.920
5505018	路面用碎石(2.5 cm)	m^3	127.72	1 763.729			1 746.266					1.00	17.463
5505025	块石	m^3	93.20	646.200			646.200						
5509001	32.5 级水泥	t	465.89	4 209.657		680.569	3 314.585	172.822				1.00	41.680
7801001	其他材料费	元	1.00	45 505.583		5120.454	38 084.498	2 300.630					
7901001	设备摊销费	元	1.00	40 034.878			40 034.878						
8001002	75 kW 以内履带式推土机	台班	936.74	35.800	35.800								
8001004	105 kW 以内履带式推土机	台班	1 255.28	7.413		7.413							
8001025	0.6 m^3 以内履带式液压单斗挖掘机	台班	866.41	12.761			9.540	3.221					

编制： 复核：

表 3.49 人工、主要材料、施工机械台班数量汇总表

建设项目名称：××公路新建工程
编制范围：K0+000—K7+866

第 4 页 共 6 页 02 表

代号	规格名称	单位	单价(元)	总数量	分项统计						辅助生产	场外运输损耗	
					临时工程	路基工程	路面工程	桥梁涵洞工程				%	数量
8001027	1.0 m^3 以内履带式液压单斗挖掘机	台班	1 268.68	783.532		783.532							
8001035	1.0 m^3 以内履带式机械单斗挖掘机	台班	1 115.03	1.038				1.038					
8001045	1.0 m^3 以内轮胎式装载机	台班	636.95	266.151		51.366	37.677	9.604			167.504		
8001047	2.0 m^3 以内轮胎式装载机	台班	1 086.22	52.407			52.407						
8001058	120 kW 以内自行式平地机	台班	1 276.61	608.359		545.430	62.929						
8001078	6～8 t 光轮压路机	台班	378.50	2.800	2.800								
8001079	8～10 t 光轮压路机	台班	418.21	4.080	4.080								
8001081	12～15 t 光轮压路机	台班	626.62	70.777	12.360		58.417						
8001083	18～21 t 光轮压路机	台班	812.81	134.945			134.945						
8001085	0.6 t 以内手扶式振动碾	台班	165.13	8.380	8.380								
8001088	10 t 以内振动压路机(单钢轮)	台班	960.69	664.163		664.163							
8001095	蛙式夯土机	台班	29.88	0.141				0.141					
8003005	235 kW 以内稳定土拌和机	台班	2 164.91	25.489			25.489						

编制： 复核：

表 3.49 人工、主要材料、施工机械台班数量汇总表

建设项目名称：××公路新建工程
编制范围：K0+000—K7+866

第5页 共6页 02表

代号	规格名称	单位	单价(元)	总数量	分项统计						辅助生产	场外运输损耗	
					临时工程	路基工程	路面工程	桥梁涵洞工程				%	数量
8003050	120 t/h 内沥青混合料拌和设备	台班	23 683.99	24.215			24.214						
8003058	6.0 m 内沥青混合料摊铺机	台班	1 926.47	29.225			29.225						
8003063	10 t 以内振动压路机（双钢轮）	台班	1 147.40	82.460			82.460						
8003067	16~20 t 轮胎式压路机	台班	807.59	39.287			39.287						
8003068	20~25 t 轮胎式压路机	台班	1 004.29	16.811			16.811						
8003085	混凝土电动切缝机	台班	207.41	2.222				2.222					
8003090	混凝土路缘石机动铺筑机	台班	238.54	24.541			24.541						
8005002	250 L 以内强制式混凝土搅拌机	台班	174.99	10.447		7.887	2.560						
8005010	400 L 以内灰浆搅拌机	台班	134.92	97.719		81.969		15.750					
8005028	3 m^3 以内混凝土搅拌运输车	台班	863.67	69.558			69.558						
8005056	15 m^3/h 以内混凝土搅拌站	台班	796.03	37.677			37.677						
8007006	8 t 以内载货汽车	台班	652.38	1.536				1.536					
8007012	5 t 以内自卸汽车	台班	573.56	27.957			27.957						

编制： 复核：

表 3.49　人工、主要材料、施工机械台班数量汇总表

建设项目名称：××公路新建工程
编制范围：K0 +000—K7 +866

第 6 页 共 6 页　02 表

代号	规格名称	单位	单价（元）	总数量	分项统计						辅助生产	场外运输损耗	
					临时工程	路基工程	路面工程	桥梁涵洞工程				%	数量
8007016	12 t 以内自卸汽车	台班	908.92	3 208.285		3 143.393	64.892						
8007023	15 t 以内平板拖车组	台班	828.38	6.770			6.770						
8007043	1 000 L 以内洒水汽车	台班	1 162.53	53.841			53.841						
8007046	1 t 以内机动翻斗车	台班	219.83	0.990				0.990					
8009025	5 t 以内汽车式起重机	台班	635.27	1.134				1.134					
8009026	8 t 以内汽车式起重机	台班	742.25	5.820				5.820					
8009027	12 t 以内汽车式起重机	台班	882.57	1.570			1.570						
8009029	20 t 以内汽车式起重机	台班	1 255.38	15.560			15.560						
8009030	25 t 以内汽车式起重机	台班	1 406.01	7.419				7.419					
8009032	40 t 以内汽车式起重机	台班	2 288.28	15.230			15.230						
8015028	32 kV · A 以内交流电弧焊机	台班	181.36	2.896				2.896					
8017049	9 m^3/min 内机动空压机	台班	783.06	2.100				2.100					
8099001	小型机具使用费	元	1.00	5 343.469		297.920	4 384.628	660.921					

编制：　　　　　　　　　　复核：

表3.50　建筑安装工程费计算表

建设项目名称：××公路新建工程

编制范围：K0+000—K7+866　　　　第1页 共3页　03表

序号	分项编号	工程名称	单位	工程量	定额直接费(元)	定额设备购置费(元)	直接费(元)				设备购置费	措施费	企业管理费	规费	利润(元)	税金(元)	金额合计(元)	
							人工费	材料费	施工机械使用费	合计					费率7.42%	税率9%	合计	单价
1	2	3	4	5	6	7	8	9	10	11	12	13	14	15	16	17	18	19
1	101	临时工程	公路公里	7.866													312 790	39 764.81
2	10101	临时道路	km	2.000													312 790	156 395.00
3	1010101	临时便道(修建、拆除与维护)	km	2.000	236 398		47 879	144 271	45 430	237 580		3 379	7 321	20 349	18 335	25 826	312 790	156 395.00
4	102	路基工程	km	7.866													9 342 910	1 187 758.71
5	LJ02	路基挖方	m^3	36 314.000													352 750	9.71
6	LJ0201	挖土方	m^3	36 314.100	259 290		11 437		265 821	277 258		3 638	6 575	16 156	19 997	29 126	352 750	9.71
7	LJ03	路基填方	m^3	371 040.800													6 559 750	17.68
8	LJ0301	利用土方填筑	m^3	34 584.800	124 099		7 511		124 376	131 887		3 216	4 212	10 790	9 759	14 388	174 252	5.04
9	LJ0302	借土方填筑	m^3	336 456.000	4 669 576		189 552		4 804 608	4 994 160		73 866	124 421	304 613	361 195	527 243	6 385 498	18.98
10	LJ06	排水工程	km	2.184													1 026 677	470 090.20
11	LJ0601	边沟	m^3/m	1 212.260													859 492	709.00
12	LJ060103	浆砌片块石边沟	m^3/m	1 212.260													859 492	709.00
13	LJ06010301	M7.5浆砌片石边沟	m^3/m	1 212.260	569 704		203 456	424 594	10 309	638 359		9 415	23 533	72 503	44 715	70 967	859 492	709.00
14	LJ0602	排水沟	m^3/m	427.790													167 185	390.81
15	LJ060203	浆砌片(块)石排水沟	m^3/m	427.790													167 185	390.81
16	LJ06020301	M7.5浆砌片石排水沟	m^3/m	427.790	118 291		42 770	75 670	3 046	12 1486		2 142	5 111	15 326	9 316	13 804	167 185	390.81

编制：　　　　复核：

表 3.50 建筑安装工程费计算表

建设项目名称：××公路新建工程
编制范围：K0 +000—K7 +866

第 2 页 共 3 页 03 表

序号	分项编号	工程名称	单位	工程量	定额直接费(元)	定额设备购置费(元)	直接费(元)				设备购置费	措施费	企业管理费	规费	利润(元)	税金(元)	金额合计(元)	
							人工费	材料费	施工机械使用费	合计					费率 7.42%	税率 9%	合计	单价
1	2	3	4	5	6	7	8	9	10	11	12	13	14	15	16	17	18	19
17	LJ07	路基防护与加固工程	km	0.356													1 403 733	3 943 070.22
18	LJ0701	一般边坡防护与加固	km	0.356													1 403 733	3 943 070.22
19	LJ070101	M7.5 浆砌片石挡土墙	m^3/m	3 824.570	1 007 617		377 409	602 648	32 101	1 012 158		18 441	42 975	135 554	79 028	115 577	1 403 733	367.03
20	103	路面工程	km	7.866													13 802 485	1 754 701.88
21	LM01	沥青混凝土路面	m^2	102 250.000													12 110 549	118.44
22	LM0101	路面垫层	m^2	128 050.000													1 093 354	8.54
23	LM010102	厚 15 cm 砂砾垫层	m^2	128 050.000	1257 495		6 621	723 422	117 049	847 092		12 112	38 945	7 833	97 095	90 277	1 093 354	8.54
24	LM0103	路面基层	m^2	115 860.000													2 800 464	24.17
25	LM010302	水泥稳定类基层	m^2	115 860.000													2 800 464	24.17
26	LM01030201	厚 18 cm 水泥稳定砂砾基层	m^2	115 860.000	2 343 910		104 235	1 916 946	224 021	2 245 202		24 134	72 591	46 211	181 095	231 231	2 800 464	24.17
27	LM0105	沥青混凝土面层	m^2	102 250.000													8 216 731	80.36
28	LM010502	中粒式沥青混凝土面层	m^2	102 250.000													4 610 004	45.09
29	LM01050201	厚 4 cmAC－16 沥青混凝土下面层	m^2	102 250.000	3 555 281		103 595	3 083 150	566 212	3 752 957		39 783	112 725	48 778	275 118	380 643	4 610 004	45.09
30	LM010503	细粒式沥青混凝土面层	m^2	102 250.000													3 606 727	35.27

编制： 复核：

表3.50 建筑安装工程费计算表

建设项目名称：××公路新建工程

编制范围：K0+000—K7+866　　　　第3页 共3页　03表

序号	分项编号	工程名称	单位	工程量	定额直接费(元)	定额设备购置费(元)	直接费(元) 人工费	直接费(元) 材料费	直接费(元) 施工机械使用费	直接费(元) 合计	设备购置费	措施费	企业管理费	规费	利润(元) 费率7.42%	税金(元) 税率9%	金额合计(元) 合计	金额合计(元) 单价
1	2	3	4	5	6	7	8	9	10	11	12	13	14	15	16	17	18	19
31	LM01050301	厚3 cmAC-13沥青混凝土上面层	m^2	102 250.000	2 781 976		78 179	2 447 237	412 860	2 938 276		30 677	88 166	36 564	215 240	297 804	3 606 727	35.27
32	LM04	路槽、路肩及中央分隔带	km	7.866													1 691 936	215 094.84
33	LM0402	路肩	km	7.866													1 208 096	153 584.54
34	LM040202	土路肩加固	m^3	3 930.000													1 208 096	307.40
35	LM04020201	现浇混凝土	m^3	3 930.000	792 861		183 017	652 500	91 343	926 860		13 879	34 862	70 297	62 447	99 751	1 208 096	307.40
36	LM0403	中间带	km	7.866													483 840	61 510.30
37	LM040301	回填土	m^3	629.250	108 597		105 664			105 664		3 020	4 775	36 982	8 636	14 317	173 394	275.56
38	LM040302	路缘石	m^3	629.250	205 084		18 220	196 927	32 274	247 421		3 250	9 018	8 996	16 128	25 633	310 446	493.36
39	104	桥梁涵洞工程	km	0.176													677 421	3 848 982.95
40	10401	涵洞工程	m/道	176.000													677 421	3 848.98
41	HD02	盖板涵	m/道	176.000													677 421	3 848.98
42	HD0201	钢筋混凝土盖板明涵	m/道	176.000	455 565		142 102	332 210	32 174	506 486		7 642	19 279	52 280	35 800	55 934	677 421	3 848.98
43	110	专项费用	元														841 766	
44	11001	施工场地建设费	元														841 766	
		合计			18 485 744	0	1 621 647	10 599 575	6 761 624	18 982 846	0	248 594	594 509	883 232	1 433 904	1 992 521	24 977 372	3 175 358.76

编制：　　　　复核：

表 3.51 综合费率计算表

建设项目名称：××公路新建工程
编制范围：K0+000—K7+866

第1页 共1页 04表

序号	工程类别	措施费(%)											企业管理费(%)						规费(%)					
		冬季施工增加费	雨季施工增加费	夜间施工增加费	高原地区施工增加费	风沙地区施工增加费	沿海地区施工增加费	行车干扰施工增加费	施工辅助费	工地转移费	综合费率		基本费用	主副食运费补贴	职工探亲路费	职工取暖补贴	财务费用	综合费率	养老保险费	失业保险费	医疗保险费	工伤保险费	住房公积金	综合费率
											Ⅰ	Ⅱ												
1	2	3	4	5	6	7	8	9	10	11	12	13	14	15	16	17	18	19	20	21	22	23	24	25
1	土方	1.800							0.521	0.270	2.070	0.521	2.747	0.155		0.221	0.271	3.394	16.000	1.000	10.000	1.000	7.000	35.000
2	石方	0.368							0.470	0.198	0.566	0.470	2.792	0.140		0.183	0.259	3.374	16.000	1.000	10.000	1.000	7.000	35.000
3	运输	0.354							0.154	0.185	0.539	0.154	1.374	0.156		0.228	0.264	2.022	16.000	1.000	10.000	1.000	7.000	35.000
4	路面	1.181							0.818	0.389	1.570	0.818	2.427	0.111		0.155	0.404	3.097	16.000	1.000	10.000	1.000	7.000	35.000
5	隧道	0.548							1.195	0.313	0.861	1.195	3.569	0.123		0.158	0.513	4.363	16.000	1.000	10.000	1.000	7.000	35.000
6	构造物Ⅰ	1.265							1.201	0.315	1.580	1.201	3.587	0.138		0.206	0.466	4.397	16.000	1.000	10.000	1.000	7.000	35.000
7	构造物Ⅰ(不计冬)								1.201	0.315	0.315	1.201	3.587	0.138		0.206	0.466	4.397	16.000	1.000	10.000	1.000	7.000	35.000
8	构造物Ⅱ	1.675							1.537	0.403	2.078	1.537	4.726	0.161		0.234	0.545	5.666	16.000	1.000	10.000	1.000	7.000	35.000
9	构造物Ⅲ(桥梁)	3.114							2.729	0.753	3.867	2.729	5.976	0.288		0.425	1.094	7.783	16.000	1.000	10.000	1.000	7.000	35.000
10	构造物Ⅲ(除桥以外不计雨夜)	3.114							2.729	0.753	3.867	2.729	5.976	0.288		0.425	1.094	7.783	16.000	1.000	10.000	1.000	7.000	35.000
11	技术复杂大桥	1.975							1.677	0.469	2.444	1.677	4.143	0.136		0.203	0.637	5.119	16.000	1.000	10.000	1.000	7.000	35.000
12	钢材及钢结构(桥梁)	0.141							0.564	0.424	0.565	0.564	2.242	0.137		0.141	0.653	3.173	16.000	1.000	10.000	1.000	7.000	35.000
13	钢材及钢结构(除桥以外不计夜)	0.141							0.564	0.424	0.565	0.564	2.242	0.137		0.141	0.653	3.173	16.000	1.000	10.000	1.000	7.000	35.000
14	费率为0																							
15	路面(不计雨)	1.181							0.818	0.389	1.570	0.818	2.427	0.111		0.155	0.404	3.097	16.000	1.000	10.000	1.000	7.000	35.000
16	构造物Ⅰ(不计雨)	1.265							1.201	0.315	1.580	1.201	3.587	0.138		0.206	0.466	4.397	16.000	1.000	10.000	1.000	7.000	35.000
17	构造物Ⅲ(除桥以外)	3.114							2.729	0.753	3.867	2.729	5.976	0.288		0.425	1.094	7.783	16.000	1.000	10.000	1.000	7.000	35.000
18	钢材及钢结构(除桥以外)	0.141							0.564	0.424	0.565	0.564	2.242	0.137		0.141	0.653	3.173	16.000	1.000	10.000	1.000	7.000	35.000

编制：　　　　　　　　　　复核：

表3.52　专项费用计算表

建设项目名称：××公路新建工程

编制范围：K0+000—K7+866　　　　第1页 共1页　06表

序号	工程或费用名称	说明及计算式	金额(元)	备注
11001	施工场地建设费	{施工场地建设费}	841 766	841 766

编制：　　　　　　　　复核：

表 3.53　工程建设其他费计算表

建设项目名称：××公路新建工程

编制范围：K0+000—K7+866　　　　第1页 共1页　08表

序号	费用名称及项目	说明及计算式	金额(元)	备注
3	第三部分　工程建设其他费		1 513 219	
301	建设项目管理费		1 513 219	
30101	建设单位(业主)管理费	{建设单位(业主)管理费}	875 053	875 053
30103	工程监理费	{工程监理费}	574 086	574 086
30104	设计文件审查费	{设计文件审查费}	18 850	18 850
30105	竣(交)工验收试验检测费	5 750×7.866	45 230	5 750×7.866
401	基本预备费	{一、二、三部分合计}×3%	794 718	26 490 591×3%
6	建设期贷款利息			

编制：　　　　　　　　　　复核：

表3.54 人工、材料、施工机械台班单价汇总表

建设项目名称：××公路新建工程

编制范围：K0+000—K7+866

第1页 共3页 09表

序号	名称	单位	代号	预算单价（元）	备注	序号	名称	单位	代号	预算单价（元）	备注
1	人工	工日	1001001	103.41		19	石油沥青	t	3001001	4 529.91	
2	机械工	工日	1051001	103.41		20	重油	kg	3003001	3.59	
3	预制构件	m^3	1517001	0.00		21	汽油	kg	3003002	8.29	
4	HPB300 钢筋	t	2001001	4 565.64		22	柴油	kg	3003003	8.50	
5	HRB400 钢筋	t	2001002	4 867.89		23	电	kW·h	3005002	0.85	
6	钢丝绳	t	2001019	5 970.09		24	水	m^3	3005004	2.72	
7	8~12 号铁丝	kg	2001021	4.36		25	原木	m^3	4003001	1 200.00	
8	20~22 号铁丝	kg	2001022	4.79		26	锯材	m^3	4003002	1 504.42	
9	型钢	t	2003004	3 504.27		27	PVC 塑料管（ϕ50 mm）	m	5001013	6.41	
10	钢管	t	2003008	4 179.49		28	硝铵炸药	kg	5005002	11.97	
11	钢模板	t	2003025	5 384.62		29	非电毫秒雷管	个	5005008	3.16	
12	组合钢模板	t	2003026	4 700.85		30	导爆索	m	5005009	2.05	
13	空心钢钎	kg	2009003	6.84		31	土工布	m^2	5007001	4.27	
14	ϕ50 mm 以内合金钻头	个	2009004	31.88		32	油毛毡	m	5009012	3.42	
15	电焊条	kg	2009011	5.73		33	黏土	m^3	5501003	11.65	
16	螺栓	kg	2009013	7.35		34	中（粗）砂	m^3	5503005	65.51	
17	铁件	kg	2009028	4.53		35	砂砾	m^3	5503007	29.54	
18	铁钉	kg	2009030	4.70		36	天然级配	m^3	5503009	60.19	

编制：　　　　　　　　复核：

表 3.54 人工、材料、施工机械台班单价汇总表

建设项目名称：××公路新建工程

编制范围：K0+000—K7+866

第 2 页 共 3 页 09 表

序号	名称	单位	代号	预算单价（元）	备注	序号	名称	单位	代号	预算单价（元）	备注
37	矿粉	t	5503013	155.34		56	1.0 m^3 以内轮胎式装载机	台班	8001045	636.95	
38	石屑	m^3	5503014	73.79		57	2.0 m^3 以内轮胎式装载机	台班	8001047	1 086.22	
39	路面用石屑	m^3	5503015	106.80		58	120 kW 以内自行式平地机	台班	8001058	1 276.61	
40	片石	m^3	5505005	63.11		59	6～8 t 光轮压路机	台班	8001078	378.50	
41	开采片石	m^3	5505006	48.54		60	8～10 t 光轮压路机	台班	8001079	418.21	
42	碎石(2 cm)	m^3	5505012	131.01		61	12～15 t 光轮压路机	台班	8001081	626.62	
43	碎石(4 cm)	m^3	5505013	113.36		62	18～21 t 光轮压路机	台班	8001083	812.81	
44	碎石(8 cm)	m^3	5505015	105.55		63	0.6 t 以内手扶式振动碾	台班	8001085	165.13	
45	路面用碎石(1.5 cm)	m^3	5505017	136.96		64	10 t 以内振动压路机(单钢轮)	台班	8001088	960.69	
46	路面用碎石(2.5 cm)	m^3	5505018	127.72		65	蛙式夯土机	台班	8001095	29.88	
47	块石	m^3	5505025	93.20		66	235 kW 以内稳定土拌和机	台班	8003005	2 164.91	
48	32.5 级水泥	t	5509001	465.89		67	120 t/h 内沥青混合料拌和设备	台班	8003050	23 683.99	
49	其他材料费	元	7801001	1.00		68	6.0 m 内沥青混合料摊铺机	台班	8003058	1 926.47	
50	设备摊销费	元	7901001	1.00		69	10 t 以内振动压路机(双钢轮)	台班	8003063	1 147.40	
51	75 kW 以内履带式推土机	台班	8001002	936.74		70	16～20 t 轮胎式压路机	台班	8003067	807.59	
52	105 kW 以内履带式推土机	台班	8001004	1 255.28		71	20～25 t 轮胎式压路机	台班	8003068	1 004.29	
53	0.6 m^3 以内履带式液压单斗挖掘机	台班	8001025	866.41		72	混凝土电动切缝机	台班	8003085	207.41	
54	1.0 m^3 以内履带式液压单斗挖掘机	台班	8001027	1 268.68		73	混凝土路缘石机动铺筑机	台班	8003090	238.54	
55	1.0 m^3 以内履带式机械单斗挖掘机	台班	8001035	1 115.03		74	250 L 以内强制式混凝土搅拌机	台班	8005002	174.99	

编制： 复核：

表3.54 人工、材料、施工机械台班单价汇总表

建设项目名称：××公路新建工程

编制范围：K0+000—K7+866　　　　第3页 共3页　09表

序号	名称	单位	代号	预算单价（元）	备注	序号	名称	单位	代号	预算单价（元）	备注
75	400 L以内灰浆搅拌机	台班	8005010	134.92		94	滚筒式筛分机生产率8～20 m^3/h	台班	8015081	227.22	
76	3 m^3以内混凝土搅拌运输车	台班	8005028	863.67		95	9 m^3/min内机动空压机	台班	8017049	783.06	
77	15 m^3/h以内混凝土搅拌机	台班	8005056	796.03		96	小型机具使用费	元	8099001	1.00	
78	8 t以内载货汽车	台班	8007006	652.38							
79	5 t以内自卸汽车	台班	8007012	573.56							
80	6 t以内自卸汽车	台班	8007013	622.19							
81	12 t以内自卸汽车	台班	8007016	908.92							
82	15 t以内平板拖车组	台班	8007023	828.38							
83	10 000 L以内洒水汽车	台班	8007043	1 162.53							
84	1 t以内机动翻斗车	台班	8007046	219.83							
85	5 t以内汽车式起重机	台班	8009025	635.27							
86	8 t以内汽车式起重机	台班	8009026	742.25							
87	12 t以内汽车式起重机	台班	8009027	882.57							
88	20 t以内汽车式起重机	台班	8009029	1 255.38							
89	25 t以内汽车式起重机	台班	8009030	1 406.01							
90	40 t以内汽车式起重机	台班	8009032	2 288.28							
91	32 kV·A以内交流电弧焊机	台班	8015028	181.36							
92	150 mm×250 mm电动颚式破碎机	台班	8015060	131.97							
93	250 mm×400 mm电动颚式破碎机	台班	8015061	209.23							

编制：　　　　复核：

表 3.55 分项工程预算表

编制范围:K0 +000—K7 +866

分项编号:1010101 工程名称:临时便道(修建、拆除与维护) 单位:km 数量:2 单价:156 395 第1页 共63页 21-2表

代号	工程项目			汽车便道			汽车便道						合计	
	工程细目			汽车便道天然砂砾路面(压实厚度 15 cm)路面宽 6 m			汽车便道路基宽 7 m(山岭重丘区)							
	定额单位			1 km			1 km							
	工程数量			2.000			2.000							
	定额表号			7-1-1-5			7-1-1-2							
	工、料、机名称	单位	单价(元)	定额	数量	金额(元)	定额	数量	金额(元)	定额	数量	金额(元)	数量	金额(元)
1	人工	工日	103.41	149.400	298.800	30 899	82.100	164.200	16 980				463.000	47 879
2	水	m^3	2.72	112.000	224.000	609							224.000	609
3	天然级配	m^3	60.19	1 193.400	2 386.800	143 661							2 386.800	143 661
4	75 kW 以内履带式推土机	台班	936.74				17.900	35.800	33 535				35.800	33 535
5	6 ~ 8 t 光轮压路机	台班	378.50				1.400	2.800	1 060				2.800	1 060
6	8 ~ 10 t 光轮压路机	台班	418.21	1.150	2.300	962	0.890	1.780	744				4.080	1 706
7	12 ~ 15 t 光轮压路机	台班	626.62	2.470	4.940	3 096	3.710	7.420	4 650				12.360	7 745
8	0.6 t 以内手扶式振动碾	台班	165.13	4.190	8.380	1 384							8.380	1 384
9	基价	元	1.00	90 609.000	181 218.000	181 218	27 589.000	55 178.000	55 178				236 396.000	236 396
	直接费	元				180 611			56 969					237 580
	措施费 I	元			1.570%	580		1.570%	866					1 446
	措施费 Ⅱ	元			0.818%	1 482		0.818%	451					1 933
	企业管理费	元			3.097%	5 612		3.097%	1 709					7 321
	规费	元			35.000%	11 380		35.000%	8 969					20 349
	利润	元			7.42%	14 016		7.42%	4 319					18 335
	税金	元			9%	19 231		9%	6 595					25 826
	金额合计	元				232 912			79 878					312 790

编制： 复核：

表 3.55 分项工程预算表

编制范围:K0 + 000—K7 + 866

分项编号:LJ0201　　工程名称:挖土方　　单位:m³　　数量:36 314.1　　单价:9.71　　第 2 页 共 63 页　21-2 表

代号	工程项目			推土机推土、石方			挖掘机挖装土、石方			自卸汽车运土、石方			合计	
	工程细目			105 kW 以内推土机推普通土 20 m			1.0 m³ 以内挖掘机挖装普通土			12 t 以内自卸汽车运土 1 km				
	定额单位			1 000 m³ 天然密实方			1 000 m³ 天然密实方			1 000 m³ 天然密实方				
	工程数量			3.964			32.351			32.351				
	定额表号			1-1-12-10			1-1-9-5			1-1-11-7				
	工、料、机名称	单位	单价(元)	定额	数量	金额(元)	定额	数量	金额(元)	定额	数量	金额(元)	数量	金额(元)
1	人工	工日	103.41	2.600	10.306	1 066	3.100	100.288	10 371				110.594	11 437
2	105 kW 以内履带式推土机	台班	1 255.28	1.870	7.413	9 305							7.413	9 305
3	1.0 m³ 以内履带式液压单斗挖掘机	台班	1 268.68				1.980	64.055	81 265				64.055	81 265
4	12 t 以内自卸汽车	台班	908.92							5.960	192.812	175 251	192.812	175 251
5	基价	元	1.00	2 483.000	9 842.612	9 843	2 696.000	87 218.296	87 218	5 015.000	162 240.265	162 240	259 301.173	259 301
	直接费	元				10 371			91 636			175 251		277 258
	措施费 I	元			2.070%	204		2.070%	1 805		0.539%	874		2 883
	措施费 Ⅱ	元			0.521%	51		0.521%	454		0.154%	250		755
	企业管理费	元			3.394%	334		3.394%	2 960		2.022%	3 281		6 575
	规费	元			35.000%	910		35.000%	8 267		35.000%	6 979		16 156
	利润	元			7.42%	774		7.42%	6 858		7.42%	12 365		19 997
	税金	元			9%	1 138		9%	10 078		9%	17 910		29 126
	金额合计	元				13 782			122 058			216 910		352 750

编制:　　　　复核:

表 3.55 分项工程预算表

编制范围:K0+000—K7+866

分项编号:LJ0301　　工程名称:利用土方填筑　　单位:m^3　　数量:34 584.8　　单价:5.04　　第 3 页 共 63 页　21-2 表

代号	工程项目			1. 填方路基									合计	
	工程细目			三、四级公路填方路基 10 t 以内振动压路机碾压土方										
	定额单位			1 000 m^3 压实方										
	工程数量			34.585										
	定额表号			1-1-18-11										
	工、料、机名称	单位	单价(元)	定额	数量	金额(元)	定额	数量	金额(元)	定额	数量	金额(元)	数量	金额(元)
1	人工	工日	103.41	2.100	72.629	7 511							72.629	7 511
2	120 kW 以内自行式平地机	台班	1 276.61	1.470	50.840	64 903							50.840	64 903
3	10 t 以内振动压路机(单钢轮)	台班	960.69	1.790	61.907	59 474							61.907	59 474
4	基价	元	1.00	3 588.000	124 090.980	124 091							124 090.980	124 091
	直接费	元				131 887								131 887
	措施费 I	元			2.070%	2 569								2 569
	措施费 Ⅱ	元			0.521%	647								647
	企业管理费	元			3.394%	4 212								4 212
	规费	元			35.000%	10 790								10 790
	利润	元			7.42%	9 759								9 759
	税金	元			9%	14 388								14 388
	金额合计	元				174 252								174 252

编制:　　　　复核:

表3.55　分项工程预算表

编制范围：K0+000—K7+866

分项编号：LJ0302　　工程名称：借土方填筑　　单位：m^3　　数量：336 456　　单价：18.98　　第4页 共63页　21-2表

代号	工程项目			挖掘机挖装土、石方			自卸汽车运土、石方			Ⅰ.填方路基			合计	
	工程细目			1.0 m^3 以内挖掘机挖装普通土			12 t以内自卸汽车运土2.5 km			三、四级公路填方路基10 t以内振动压路机碾压土方				
	定额单位			1 000 m^3 天然密实方			1 000 m^3 天然密实方			1 000 m^3 压实方				
	工程数量			363.372			363.372			336.456				
	定额表号			1-1-9-5			1-1-11-7改			1-1-18-11				
	工、料、机名称	单位	单价(元)	定额	数量	金额(元)	定额	数量	金额(元)	定额	数量	金额(元)	数量	金额(元)
1	人工	工日	103.41	3.100	1 126.453	116 487				2.100	706.558	73 065	1 833.011	189 552
2	1.0 m^3 以内履带式液压单斗挖掘机	台班	1 268.68	1.980	719.477	912 786							719.477	912 786
3	120 kW以内自行式平地机	台班	1276.61							1.470	494.590	631 399	494.590	631 399
4	10 t以内振动压路机(单钢轮)	台班	960.69							1.790	602.256	578 582	602.256	578 582
5	12 t以内自卸汽车	台班	908.92				8.120	2 950.581	2 681 842				2 950.581	2 681 842
6	基价	元	1.00	2 696.000	979 650.912	979 651	6 833.000	2 482 920.876	2 482 921	3 588.000	1 207 204.128	1 207 204	4 669 775.916	4 669 776
	直接费	元				1 029 273			2 681 842			1 283 045		4 994 160
	措施费 Ⅰ	元			2.070%	20 276		0.539%	13 382		2.070%	24 991		58 649
	措施费 Ⅱ	元			0.521%	5 103		0.154%	3 824		0.521%	6 290		15 217
	企业管理费	元			3.394%	33 244		2.022%	50 202		3.394%	40 975		124 421
	规费	元			35.000%	92 851		35.000%	106 792		35.000%	104 970		304 613
	利润	元			7.42%	77 029		7.42%	189 225		7.42%	94 941		361 195
	税金	元			9%	113 200		9%	274 074		9%	139 969		527 243
	金额合计	元				1 370 976			3 319 341			1 695 181		6 385 498

编制：　　　　　　复核：

表 3.55 分项工程预算表

编制范围：K0 +000—K7 +866

分项编号：LJ06010301　　工程名称：M7.5 浆砌片石边沟　　单位：m^3/m　　数量：1 212.26　　单价：709　　第 5 页 共 63 页　21-2 表

代号	工程项目			石砌边沟、排水沟、截水沟、急流槽			水泥砂浆勾缝及抹面			开挖沟槽			沥青麻絮沉降缝		
	工程细目			浆砌片石边沟、排水沟			水泥砂浆抹面 2 cm 厚			人工开挖土方			沥青麻絮伸缩缝(沉降缝)		
	定额单位			10 m^3 实体			100 m^2			1 000 m^3 天然密实方			10 m^2		
	工程数量			121.226			29.681			1.357			13.600		
	定额表号			1-3-3-1			4-11-6-17			1-3-1-1			4-11-1-1		
	工、料、机名称	单位	单价(元)	定额	数量	金额(元)	定额	数量	金额(元)	定额	数量	金额(元)	定额	数量	金额(元)
1	人工	工日	103.41	6.600	800.092	82 737	2.900	86.075	8 901	200.100	271.536	28 080	0.200	2.720	281
2	预制构件	m^3													
3	HPB300 钢筋	t	4 565.64												
4	HRB400 钢筋	t	4 867.89												
5	20 ~22 号铁丝	kg	4.79												
6	钢模板	t	5 384.62												
7	石油沥青	t	4 529.91										0.021	0.286	1 294
8	水	m^3	2.72	18.000	2 182.068	5 935	15.000	445.215	1211						
9	中(粗)砂	m^3	65.51	4.170	505.512	33 116	2.780	82.513	5 405						
10	片石	m^3	63.11	11.500	1 394.099	87 982									
11	碎石(2 cm)	m^3	131.01												
12	32.5 级水泥	t	465.89	1.037	125.711	58 568	0.837	24.843	11 574						
13	其他材料费	元	1.00	2.300	278.820	279							53.400	726.240	726
14	1.0 m^3 以内轮胎式装载机	台班	636.95	0.080	9.698	6177									
15	250 L 以内强制式混凝土搅拌机	台班	174.99												
16	400 L 以内灰浆搅拌机	台班	134.92	0.150	18.184	2453									

编制：　　　　复核：

表3.55 分项工程预算表

编制范围：K0 + 000—K7 + 866

分项编号：LJ06010301　　工程名称：M7.5 浆砌片石边沟　　单位：m^3/m　　数量：1 212.26　　单价：709　　第6页 共63页　21-2表

代号	工程项目			石砌边沟、排水沟、截水沟、急流槽			水泥砂浆勾缝及抹面			开挖沟槽			沥青麻絮沉降缝		
	工程细目			浆砌片石边沟、排水沟			水泥砂浆抹面 2 cm 厚			人工开挖土方			沥青麻絮伸缩缝(沉降缝)		
	定额单位			10 m^3 实体			100 m^2			1 000 m^3 天然密实方			10 m^2		
	工程数量			121.226			29.681			1.357			13.600		
	定额表号			1-3-3-1			4-11-6-17			1-3-1-1			4-11-1-1		
	工、料、机名称	单位	单价(元)	定额	数量	金额(元)	定额	数量	金额(元)	定额	数量	金额(元)	定额	数量	金额(元)
17	小型机具使用费	元	1.00												
18	基价	元	1.00	2 229.000	270 212.754	270 213	849.000	25 199.169	25 199	21 267.000	28 859.319	28 859	170.000	2 312.000	2 312
	直接费	元				277 247			27 092			28 080			2 301
	措施费 Ⅰ	元			1.580%	1 473		1.580%	145		2.070%	597		1.580%	5
	措施费 Ⅱ	元			1.201%	3 246		1.201%	303		0.521%	150		1.201%	28
	企业管理费	元			4.397%	11 883		4.397%	1 109		3.394%	979		4.397%	102
	规费	元			35.000%	29 967		35.000%	3115		35.000%	9 828		35.000%	98
	利润	元			7.42%	21 285		7.42%	1 986		7.42%	2 269		7.42%	181
	税金	元			9%	31 059		9%	3 038		9%	3 771		9%	244
	金额合计	元				376 160			36 788			45 674			2 959

编制：　　　　　　　　　　　　　　　　复核：

表 3.55 分项工程预算表

编制范围:K0 + 000—K7 + 866

分项编号:LJ06010301　　工程名称:M7.5 浆砌片石边沟　　单位:m^3　　数量:1 212.26　　单价:709　　第 7 页 共 63 页　21-2 表

代号	工程项目			混凝土边沟、排水沟、截水沟、急流槽			混凝土边沟、排水沟、截水沟、急流槽			混凝土边沟、排水沟、截水沟、急流槽			合计	
	工程细目			预制混凝土水沟盖板(矩形)			水沟盖板钢筋			水沟盖板安装				
	定额单位			10 m^3			1 t			10 m^3				
	工程数量			28.890			24.131			28.890				
	定额表号			1-3-4-9 改			1-3-4-11 改			1-3-4-12				
	工、料、机名称	单位	单价(元)	定额	数量	金额(元)	定额	数量	金额(元)	定额	数量	金额(元)	数量	金额(元)
1	人工	工日	103.41	15.554	449.355	46 468	7.400	178.569	18 466	6.200	179.118	18 523	1 967.465	203 456
2	预制构件	m^3								10.100	291.789		291.789	
3	HPB300 钢筋	t	4 565.64				0.166	4.006	18 289				4.006	18 289
4	HRB400 钢筋	t	4 867.89				0.859	20.729	100 904				20.729	100 904
5	20 ~ 22 号铁丝	kg	4.79	3.434	99.208	475	3.600	86.872	416				186.080	891
6	钢模板	t	5 384.62	0.016	0.462	2 489							0.462	2 489
7	石油沥青	t	4 529.91										0.286	1 294
8	水	m^3	2.72	16.160	466.862	1 270				10.000	288.900	786	3 383.045	9 202
9	中(粗)砂	m^3	65.51	4.897	141.474	9 268				0.410	11.845	776	741.344	48 565
10	片石	m^3	63.11										1 394.099	87 982
11	碎石(2 cm)	m^3	131.01	8.159	235.714	30 881							235.714	30 881
12	32.5 级水泥	t	465.89	3.754	108.453	50 527				0.118	3.409	1588	262.416	122 257
13	其他材料费	元	1.00	28.886	834.517	835							1 839.577	1 840
14	1.0 m^3 以内轮胎式装载机	台班	636.95										9.698	6 177
15	250 L 以内强制式混凝土搅拌机	台班	174.99	0.273	7.887	1 380							7.887	1 380

编制:　　　　复核:

表 3.55　分项工程预算表

编制范围：K0 +000—K7 +866

分项编号：LJ06010301　　工程名称：M7.5 浆砌片石边沟　　单位：m^3/m　　数量：1 212.26　　单价：709　　第 8 页 共 63 页　21-2 表

代号	工程项目			混凝土边沟、排水沟、截水沟、急流槽			混凝土边沟、排水沟、截水沟、急流槽			混凝土边沟、排水沟、截水沟、急流槽			合计	
	工程细目			预制混凝土水沟盖板（矩形）			水沟盖板钢筋			水沟盖板安装				
	定额单位			10 m^3			1 t			10 m^3				
	工程数量			28.890			24.131			28.890				
	定额表号			1-3-4-9 改			1-3-4-11 改			1-3-4-12				
	工、料、机名称	单位	单价（元）	定额	数量	金额（元）	定额	数量	金额（元）	定额	数量	金额（元）	数量	金额（元）
16	400 L 以内灰浆搅拌机	台班	134.92										18.184	2 453
17	小型机具使用费	元	1.00	5.050	145.895	146	6.300	152.025	152				297.920	298
18	基价	元	1.00	4 186.000	120 933.540	120 934	4 153.000	100 216.043	100 216	758.000	21 898.620	21 899	569 631.445	569 631
	直接费	元				143 739			138 227			21 673		638 359
	措施费 I	元			1.580%	779		0.565%	108		1.580%	301		3 408
	措施费 Ⅱ	元			1.201%	1 452		0.564%	565		1.201%	263		6007
	企业管理费	元			4.397%	5 317		3.173%	3 180		4.397%	963		23 533
	规费	元			35.000%	16 549		35.000%	6 463		35.000%	6 483		72 503
	利润	元			7.42%	9 533		7.42%	7 722		7.42%	1 739		44 715
	税金	元			9%	15 963		9%	14 064		9%	2 828		70 967
	金额合计	元				193 332			170 329			34 250		859 492

编制：　　　　复核：

表 3.55　分项工程预算表

编制范围:K0 + 000—K7 + 866
分项编号:LJ06020301　　工程名称:M7.5 浆砌片石排水沟　　单位:m³/m　　数量:427.79　　单价:390.81　　第 9 页 共 63 页　21-2 表

代号	工程项目			石砌边沟、排水沟、截水沟、急流槽			水泥砂浆勾缝及抹面			开挖沟槽			沥青麻絮沉降缝		
	工程细目			浆砌片石边沟、排水沟			水泥砂浆抹面 2 cm 厚			人工开挖土方			沥青麻絮伸缩缝(沉降缝)		
	定额单位			10 m^3 实体			100 m^2			1 000 m^3 天然密实方			10 m^2		
	工程数量			42.779			15.445			0.428			4.110		
	定额表号			1-3-3-1			4-11-6-17			1-3-1-1			4-11-1-1		
	工、料、机名称	单位	单价(元)	定额	数量	金额(元)	定额	数量	金额(元)	定额	数量	金额(元)	定额	数量	金额(元)
1	人工	工日	103.41	6.600	282.341	29 197	2.900	44.791	4 632	200.100	85.643	8 856	0.200	0.822	85
2	石油沥青	t	4 529.91										0.021	0.086	391
3	水	m^3	2.72	18.000	770.022	2 094	15.000	231.675	630						
4	中(粗)砂	m^3	65.51	4.170	178.388	11 686	2.780	42.937	2 813						
5	片石	m^3	63.11	11.500	491.959	31 048									
6	32.5 级水泥	t	465.89	1.037	44.362	20 668	0.837	12.927	6 023						
7	其他材料费	元	1.00	2.300	98.392	98							53.400	219.474	219
8	1.0 m^3 以内轮胎式装载机	台班	636.95	0.080	3.422	2 180									
9	400 L 以内灰浆搅拌机	台班	134.92	0.150	6.417	866									
10	基价	元	1.00	2 229.000	95 354.391	95 354	849.000	13 112.805	13 113	21 267.000	9 102.276	9 102	170.000	698.700	699
	直接费	元				97 837			14 098			8 856			695
	措施费 I	元			1.580%	520		1.580%	75		2.070%	188		1.580%	1
	措施费 Ⅱ	元			1.201%	1145		1.201%	158		0.521%	47		1.201%	8
	企业管理费	元			4.397%	4 194		4.397%	577		3.394%	309		4.397%	31
	规费	元			35.000%	10 575		35.000%	1 621		35.000%	3 100		35.000%	30
	利润	元			7.42%	7 511		7.42%	1 034		7.42%	716		7.42%	55
	税金	元			9%	10 960		9%	1 581		9%	1 189		9%	74
	金额合计	元				132 742			19 144			14 405			894

编制:　　　　复核:

表 3.55 分项工程预算表

编制范围:K0 + 000—K7 + 866

分项编号:LJ06020301　　工程名称:M7.5 浆砌片石排水沟　　单位:m^3/m　　数量:427.79　　单价:390.81　　第 10 页 共 63 页　21-2 表

代号	工程项目												合计	
	工程细目													
	定额单位													
	工程数量													
	定额表号													
	工、料、机名称	单位	单价(元)	定额	数量	金额(元)	定额	数量	金额(元)	定额	数量	金额(元)	数量	金额(元)
1	人工	工日	103.41										413.597	42 770
2	石油沥青	t	4 529.91										0.086	391
3	水	m^3	2.72										1 001.697	2725
4	中(粗)砂	m^3	65.51										221.325	14 499
5	片石	m^3	63.11										491.959	31 048
6	32.5 级水泥	t	465.89										57.289	26 691
7	其他材料费	元	1.00										317.866	318
8	1.0 m^3 以内轮胎式装载机	台班	636.95										3.422	2 180
9	400 L 以内灰浆搅拌机	台班	134.92										6.417	866
10	基价	元	1.00										118 268.172	118 268
	直接费	元												121 486
	措施费 Ⅰ	元												784
	措施费 Ⅱ	元												1 358
	企业管理费	元												5 111
	规费	元												15 326
	利润	元												9 316
	税金	元												13 804
	金额合计	元												167 185

编制:　　　　复核:

注:限于篇幅,表 3.55 分项工程表仅摘录第 1 ~ 10 页,完整表格可扫描本页二维码查看。

分项工程预算表

表 3.56　材料预算单价计算表

建设项目民称：××公路新建工程

编制范围：K0 +000—K7 +866

第 1 页　共 1 页　22 表

序号	规格名称	单位	原价（元）	运杂费					原价运费合计（元）	场外运输损耗		采购及保管费		预算单价（元）
				供应地点	运输方式、比重及运距	毛质量系数或单位毛质量	运杂费构成说明或计算式	单位运费（元）		费率（%）	金额（元）	费率（%）	金额（元）	
1	HPB300 钢筋	t	4 500.000	××县城-工地	汽车,1.00,50 km	1.000 000	0.480 ×50 +7.650	31.650	4 531.65			0.750	33.987	4 565.640
2	HRB400 钢筋	t	4 800.000	××县城-工地	汽车,1.00,50 km	1.000 000	0.480 ×50 +7.650	31.650	4 831.65			0.750	36.237	4 867.890
3	中(粗)砂	m^3	45.000	××料场-工地	汽车,1.00,20 km	1.500 000	(0.430 ×20 +3.150) ×1.5	17.625	62.63	2.50	1.566	2.060	1.322	65.510
4	砂砾	m^3	17.482	料场-工地	自办运输,1.00,5 km	1.700 000	(1.53 ×622.19 ×0.01 +0.26 ×636.95 ×0.01)	11.176	28.66	1.00	0.287	2.060	0.596	29.540
5	碎石(2 cm)	m^3	118.033	料场-工地	自办运输,1.00,3 km	1.500 000	(1.19 ×622.19 ×0.01 +0.26 ×636.95 ×0.01)	9.060	127.09	1.00	1.271	2.060	2.644	131.010
6	碎石(4 cm)	m^3	103.028	料场-工地	自办运输,1.00,1 km	1.500 000	(0.85 ×622.19 ×0.01 +0.26 ×636.95 ×0.01)	6.945	109.97	1.00	1.100	2.060	2.288	113.360
7	碎石(8 cm)	m^3	93.337	料场-工地	自办运输,1.00,3 km	1.500 000	(1.19 ×622.19 ×0.01 +0.26 ×636.95 +0.01)	9.060	102.40	1.00	1.024	2.060	2.131	105.550
8	路面用碎石(1.5 cm)	m^3	123.804	料场-工地	自办运输,1.00,3 km	1.500 000	(1.19 ×622.19 ×0.01 +0.26 ×636.95 +0.01)	9.060	132.86	1.00	1.329	2.060	2.764	139.960
9	路面用碎石(2.5 cm)	m^3	114.842	料场-工地	自办运输,1.00,3 km	1.500 000	(1.19 ×622.19 ×0.01 +0.26 ×636.95 +0.01)	9.060	123.90	1.00	1.239	2.060	2.578	127.720
10	32.5 级水泥	t	420.000	××县城-工地	汽车,1.00,50 km	1.010 000	(0.480 ×50 +7.650) ×1.01	31.967	451.97	1.00	4.520	2.060	9.404	465.890

编制：　　　　　　　　　　　　　　　　　　　　　　复核：

表 3.57 自采材料料场价格计算表

编制范围：××公路新建工程

自采材料名称：砂砾　　单位：m^3　　数量：53 384.482　　料场价格：17.48　　第1页 共6页　23-1表

代号	工程项目			采砂砾、碎(砾)石土、砾石、卵石									合计	
	工程细目			人工采堆砂砾、天然级配料										
	定额单位			100 m^3										
	工程数量			0.010										
	定额表号			8-1-4-1										
	工、料、机名称	单位	单价(元)	定额	数量	金额(元)	定额	数量	金额(元)	定额	数量	金额(元)	数量	金额(元)
1	人工	工日	103.41	16.400	0.164	16.959							0.164	16.959
2	基价	元	1.00	1 743.000	17.430	17.430							17.430	17.430
	直接费	元				16.959								16.959
	辅助生产间接费	元			3.000%	0.523								0.523
	高原取费	元												
	金额合计	元				17.482								17.482

编制：　　　　复核：

表 3.57 自采材料料场价格计算表

编制范围：××公路新建工程

自采材料名称：碎石(2 cm)　　单位：m^3　　数量：242.968　　料场价格：118.03　　第 2 页 共 6 页　23-1 表

代号	工程项目			机械轧碎石									合计	
	工程细目			颚式破碎机轧筛分碎石 粒径 2.0 cm(250×150)										
	定额单位			100 m^3 堆方										
	工程数量			0.010										
	定额表号			8-1-7-11										
	工、料、机名称	单位	单价(元)	定额	数量	金额(元)	定额	数量	金额(元)	定额	数量	金额(元)	数量	金额(元)
1	人工	工日	103.41	33.300	0.333	34.436							0.333	34.436
2	开采片石	m^3	48.54	117.600	1.176	57.083							1.176	57.083
3	150 mm×250 mm 电动颚式破碎机	台班	131.97	7.010	0.070	9.251							0.070	9.251
4	滚筒式筛分机生产率 8～20 m^3/h	台班	227.22	7.130	0.071	16.201							0.071	16.201
5	基价	元	1.00	11 833.000	118.330	118.330							118.330	118.330
	直接费	元				116.971								116.971
	辅助生产间接费	元			3.000%	1.062								1.062
	高原取费	元												
	金额合计	元				118.033								118.033

编制：　　　　复核：

表 3.57　自采材料料场价格计算表

编制范围：××公路新建工程

自采材料名称：碎石(4 cm)　　单位：m^3　　数量：2 727.260　　料场价格：103.03　　第 3 页 共 6 页　23-1 表

代号	工程项目			机械轧碎石									合计	
	工程细目			颚式破碎机轧筛分碎石 粒径 4.0 cm(400×250)										
	定额单位			100 m^3 堆方										
	工程数量			0.010										
	定额表号			8-1-7-14										
	工、料、机名称	单位	单价(元)	定额	数量	金额(元)	定额	数量	金额(元)	定额	数量	金额(元)	数量	金额(元)
1	人工	工日	103.41	30.200	0.302	31.230							0.302	31.230
2	开采片石	m^3	48.54	114.900	1.149	55.772							1.149	55.772
3	250 mm×400 mm 电动颚式破碎机	台班	209.23	3.420	0.034	7.156							0.034	7.156
4	滚筒式筛分机生产率 8～20 m^3/h	台班	227.22	3.480	0.035	7.907							0.035	7.907
5	基价	元	1.00	10 313.000	103.130	103.130							103.130	103.130
	直接费	元				102.065								102.065
	辅助生产间接费	元			3.000%	0.963								0.963
	高原取费	元												
	金额合计	元				103.028								103.028

编制：　　　　　　　　复核：

表 3.57　自采材料料场价格计算表

编制范围：××公路新建工程

自采材料名称：碎石（8 cm）　　单位：m^3　　数量：52.022　　料场价格：94.34　　第 4 页 共 6 页　23-1 表

代号	工程项目			机械轧碎石									合计	
	工程细目			颚式破碎机轧筛分碎石 粒径 8.0 cm（400×250）										
	定额单位			100 m^3 堆方										
	工程数量			0.010										
	定额表号			8-1-7-18										
	工、料、机名称	单位	单价（元）	定额	数量	金额（元）	定额	数量	金额（元）	定额	数量	金额（元）	数量	金额（元）
1	人工	工日	103.41	27.400	0.274	28.334							0.274	28.334
2	开采片石	m^3	48.54	109.900	1.099	53.345							1.099	53.345
3	250 mm×400 mm 电动颚式破碎机	台班	209.23	2.450	0.025	5.126							0.025	5.126
4	滚筒式筛分机生产率 8～20 m^3/h	台班	227.22	2.490	0.025	5.658							0.025	5.658
5	基价	元	1.00	9 339.000	93.390	93.390							93.390	93.390
	直接费	元				92.463								92.463
	辅助生产间接费	元			3.000%	0.874								0.874
	高原取费	元												
	金额合计	元				93.337								93.337

编制：　　　　复核：

表3.57　自采材料料场价格计算表

编制范围：××公路新建工程

自采材料名称：路面用碎石(1.5 cm)　　单位：m^3　　数量：6 253.904　　料场价格：123.80　　第5页 共6页　23-1表

代号	工程项目			机械轧碎石									合计	
	工程细目			颚式破碎机轧筛分碎石 粒径1.5 cm(250×150)										
	定额单位			100 m^3 堆方										
	工程数量			0.010										
	定额表号			8-1-7-10										
	工、料、机名称	单位	单价(元)	定额	数量	金额(元)	定额	数量	金额(元)	定额	数量	金额(元)	数量	金额(元)
1	人工	工日	103.41	35.000	0.350	36.194							0.350	36.194
2	开采片石	m^3	48.54	119.050	1.191	57.787							1.191	57.787
3	150 mm×25 mm 电动颚式破碎机	台班	131.97	7.910	0.079	10.439							0.079	10.439
4	滚筒式筛分机生产率 8～20 m^3/h	台班	227.22	8.040	0.080	18.268							0.080	18.268
5	基价	元	1.00	12 415.000	124.150	124.150							124.150	124.150
	直接费	元				122.688								122.688
	辅助生产间接费	元			3.000%	1.116								1.116
	高原取费	元												
	金额合计	元				123.804								123.804

编制：　　　　复核：

表 3.57　自采材料料场价格计算表

编制范围：××公路新建工程

自采材料名称：路面用碎石(2.5 cm)　　单位：m^3　　数量：1 763.729　　料场价格：114.84　　第 6 页 共 6 页　23-1 表

代号	工程项目			机械轧碎石									合计	
	工程细目			颚式破碎机轧筛分碎石 粒径 2.5 cm(250×150)										
	定额单位			100 m^3 堆方										
	工程数量			0.010										
	定额表号			8-1-7-12										
	工、料、机名称	单位	单价(元)	定额	数量	金额(元)	定额	数量	金额(元)	定额	数量	金额(元)	数量	金额(元)
1	人工	工日	103.41	32.400	0.324	33.505							0.324	33.505
2	开采片石	m^3	48.54	116.900	1.169	56.743							1.169	56.743
3	150 mm×25 mm 电动颚式破碎机	台班	131.97	6.490	0.065	8.565							0.065	8.565
4	滚筒式筛分机生产率 8～20 m^3/h	台班	227.22	6.600	0.066	14.997							0.066	14.997
5	基价	元	1.00	11 512.000	115.120	115.120							115.120	115.120
	直接费	元				113.809								113.809
	辅助生产间接费	元			3.000%	1.033								1.033
	高原取费	元												
	金额合计	元				114.842								114.842

编制：　　　　复核：

表 3.58 材料自办运输单位运费计算表

编制范围：K0 + 000—K7 + 866

自采材料名称：砂砾　　单位：m^3　　数量：53 384.482　　单位运费：11.18　　第 1 页 共 6 页　23-2 表

代号	工程项目			Ⅰ. 1 m^3 以内轮式装载机			Ⅱ. 6 t 以内自卸汽车						合计	
	工程细目			土、砂、石屑、黏土、碎(砾)石、碎(砾)石土、煤渣、矿渣、粉煤灰			砂砾、碎(砾)石、碎(砾)石土运 5 km(6 t)内							
	定额单位			100 m^3			100 m^3							
	工程数量			0.010			0.010							
	定额表号			9-1-10-1			9-1-6-23							
	工、料、机名称	单位	单价(元)	定额	数量	金额(元)	定额	数量	金额(元)	定额	数量	金额(元)	数量	金额(元)
1	1.0 m^3 以内轮胎式装载机	台班	636.95	0.260	0.003	1.656							0.003	1.656
2	6 t 以内自卸汽车	台班	622.19				1.530	0.015	9.520				0.015	9.520
3	基价	元	1.00	152.000	1.520	1.520	881.000	8.810	8.810				10.330	10.330
	直接费	元				1.656			9.520					11.176
	辅助生产间接费	元			3.000			3.000						
	高原取费	元												
	金额合计	元				1.656			9.520					11.176

编制：　　　　复核：

表 3.58　材料自办运输单位运费计算表

编制范围：K0 +000—K7 +866

自采材料名称：碎石(2 cm)　　单位：m^3　　数量：242.968　　单位运费：9.06　　第 2 页 共 6 页　23-2 表

代号	工程项目			Ⅰ.1 m^3 以内轮式装载机			Ⅱ.6 t 以内自卸汽车						合计	
	工程细目			土、砂、石屑、黏土、碎(砾)石、碎(砾)石土、煤渣、矿渣、粉煤灰			砂砾、碎(砾)石、碎(砾)石土运 3 km(6 t)内							
	定额单位			100 m^3			100 m^3							
	工程数量			0.010			0.010							
	定额表号			9-1-10-1			9-1-6-23							
	工、料、机名称	单位	单价(元)	定额	数量	金额(元)	定额	数量	金额(元)	定额	数量	金额(元)	数量	金额(元)
1	1.0 m^3 以内轮胎式装载机	台班	636.95	0.260	0.003	1.656							0.003	1.656
2	6 t 以内自卸汽车	台班	622.19				1.190	0.012	7.404				0.012	7.404
3	基价	元	1.00	152.000	1.520	1.520	685.000	6.850	6.850				8.370	8.370
	直接费	元				1.656			7.404					9.060
	辅助生产间接费	元			3.000			3.000						
	高原取费	元												
	金额合计	元				1.656			7.404					9.060

编制：　　　　复核：

表 3.58 材料自办运输单位运费计算表

编制范围:K0 +000—K7 +866

自采材料名称:碎石(4 cm)　　单位:m^3　　数量:2 727.260　　单位运费:6.95　　第 3 页 共 6 页　23-2 表

代号	工程项目			Ⅰ.1 m^3 以内轮式装载机			Ⅱ.6 t 以内自卸汽车						合计	
	工程细目			土、砂、石屑、黏土、碎(砾)石、碎(砾)石土、煤渣、矿渣、粉煤灰			砂砾、碎(砾)石、碎(砾)石土运 1 km(6 t)内							
	定额单位			100 m^3			100 m^3							
	工程数量			0.010			0.010							
	定额表号			9-1-10-1			9-1-6-23							
	工、料、机名称	单位	单价(元)	定额	数量	金额(元)	定额	数量	金额(元)	定额	数量	金额(元)	数量	金额(元)
1	1.0 m^3 以内轮胎式装载机	台班	636.95	0.260	0.003	1.656							0.003	1.656
2	6 t 以内自卸汽车	台班	622.19				0.850	0.009	5.289				0.009	5.289
3	基价	元	1.00	152.000	1.520	1.520	489.000	4.890	4.890				6.410	6.410
	直接费	元				1.656			5.289					6.945
	辅助生产间接费	元			3.000			3.000						
	高原取费	元												
	金额合计	元				1.656			5.289					6.945

编制:　　　　复核:

表 3.58　材料自办运输单位运费计算表

编制范围:K0 +000—K7 +866

自采材料名称:碎石(8 cm)　　单位:m^3　　数量:52.022　　单位运费:9.06　　第 4 页 共 6 页　23-2 表

代号	工程项目			Ⅰ.1 m^3 以内轮式装载机			Ⅱ.6 t 以内自卸汽车						合计	
	工程细目			土、砂、石屑、黏土、碎(砾)石、碎(砾)石土、煤渣、矿渣、粉煤灰			砂砾、碎(砾)石、碎(砾)石土运 3 km(6 t)内							
	定额单位			100 m^3			100 m^3							
	工程数量			0.010			0.010							
	定额表号			9-1-10-1			9-1-6-23							
	工、料、机名称	单位	单价(元)	定额	数量	金额(元)	定额	数量	金额(元)	定额	数量	金额(元)	数量	金额(元)
1	1.0 m^3 以内轮胎式装载机	台班	636.95	0.260	0.003	1.656							0.003	1.656
2	6 t 以内自卸汽车	台班	622.19				1.190	0.012	7.404				0.012	7.404
3	基价	元	1.00	152.000	1.520	1.520	685.000	6.850	6.850				8.370	8.370
	直接费	元				1.656			7.404					9.060
	辅助生产间接费	元			3.000			3.000						
	高原取费	元												
	金额合计	元				1.656			7.404					9.060

编制:　　　　　　　　复核:

表 3.58　材料自办运输单位运费计算表

编制范围:K0 +000—K7 +866

自采材料名称:路面用碎石(1.5 cm)　　单位:m^3　　数量:6 253.904　　单位运费:9.06　　第 5 页 共 6 页　23-2 表

代号	工程项目			Ⅰ.1 m^3 以内轮式装载机			Ⅱ.6 t 以内自卸汽车						合计	
	工程细目			土、砂、石屑、黏土、碎(砾)石、碎(砾)石土、煤渣、矿渣、粉煤灰			砂砾、碎(砾)石、碎(砾)石土运 3 km(6 t)内							
	定额单位			100 m^3			100 m^3							
	工程数量			0.010			0.010							
	定额表号			9-1-10-1			9-1-6-23							
	工、料、机名称	单位	单价(元)	定额	数量	金额(元)	定额	数量	金额(元)	定额	数量	金额(元)	数量	金额(元)
1	1.0 m^3 以内轮胎式装载机	台班	636.95	0.260	0.003	1.656							0.003	1.656
2	6 t 以内自卸汽车	台班	622.19				1.190	0.012	7.404				0.012	7.404
3	基价	元	1.00	152.000	1.520	1.520	685.000	6.850	6.850				8.370	8.370
	直接费	元				1.656			7.404					9.060
	辅助生产间接费	元			3.000			3.000						
	高原取费	元												
	金额合计	元				1.656			7.404					9.060

编制:　　　　复核:

表 3.58 材料自办运输单位运费计算表

编制范围：K0 + 000—K7 + 866

自采材料名称：路面用碎石（2.5 cm）　　单位：m^3　　数量：1 763.729　　单位运费：9.06　　第 6 页 共 6 页　23-2 表

代号	工程项目			Ⅰ.1 m^3 以内轮式装载机			Ⅱ.6 t 以内自卸汽车						合计	
	工程细目			土、砂、石屑、黏土、碎（砾）石、碎（砾）石土、煤渣、矿渣、粉煤灰			砂砾、碎（砾）石、碎（砾）石土运 3 km（6 t）内							
	定额单位			100 m^3			100 m^3							
	工程数量			0.010			0.010							
	定额表号			9-1-10-1			9-1-6-23							
	工、料、机名称	单位	单价（元）	定额	数量	金额（元）	定额	数量	金额（元）	定额	数量	金额（元）	数量	金额（元）
1	1.0 m^3 以内轮胎式装载机	台班	636.95	0.260	0.003	1.656							0.003	1.656
2	6 t 以内自卸汽车	台班	622.19				1.190	0.012	7.404				0.012	7.404
3	基价	元	1.00	152.000	1.520	1.520	685.000	6.850	6.850				8.370	8.370
	直接费	元				1.656			7.404					9.060
	辅助生产间接费	元			3.000			3.000						
	高原取费	元												
	金额合计	元				1.656			7.404					9.060

编制：　　　　　　　　　　复核：

表3.59 施工机械台班单价计算表

建设项目名称：××公路新建工程

编制范围：K0+000—K7+866

第1页 共2页 24表

序号	代号	规格名称	台班单价（元）	不变费用（元）		可变费用（元）																	
				调整系数		人工		汽油		柴油		重油		煤		电		水		木柴		车船税	合计
				1		103.41（元/工日）		8.29（元/kg）		8.50（元/kg）		3.59（元/kg）		561.95（元/t）		0.85[元/（kW·h）]		2.72（元/m^3）		0.71（元/kg）			
				定额	调整值	定额	金额	定额	金额	定额	金额	定额	金额	定额	金额	定额	金额	定额	金额	定额	金额		
1	8001002	75 kW以内履带式推土机	936.74	262.67	262.67	2.00	206.82			54.97	467.25												674.07
2	8001004	105 kW以内履带式推土机	1 255.28	398.04	398.04	2.00	206.82			76.52	650.42												857.24
3	8001025	0.6 m^3以内履带式液压单斗挖掘机	866.41	341.26	341.26	2.00	206.82			37.45	318.33												525.15
4	8001027	1.0 m^3以内履带式液压单斗挖掘机	1 268.68	425.12	425.12	2.00	206.82			74.91	636.74												843.56
5	8001035	1.0 m^3以内履带式机械单斗挖掘机	1 115.03	358.34	358.34	2.00	206.82			64.69	549.87												756.69
6	8001045	1.0 m^3以内轮胎式装载机	636.95	114.16	114.16	1.00	103.41			49.03	416.76											2.62	522.79
7	8001047	2.0 m^3以内轮胎式装载机	1 086.22	188.38	188.38	1.00	103.41			92.86	789.31											5.12	897.84
8	8001058	120 kW以内自行式平地机	1 276.61	365.13	365.13	2.00	206.82			82.13	698.11											6.55	911.48
9	8001078	6～8 t光轮压路机	378.50	111.89	111.89	1.00	103.41			19.20	163.20												266.61
10	8001079	8～10 t光轮压路机	418.21	117.60	117.60	1.00	103.41			23.20	197.20												300.61
11	8001081	12～15 t光轮压路机	626.62	183.21	183.21	1.00	103.41			40.00	340.00												443.41
12	8001083	18～21 t光轮压路机	812.81	206.20	206.20	1.00	103.41			59.20	503.20												606.61
13	8001085	0.6 t以内手扶式振动碾	165.13	34.52	34.52	1.00	103.41			3.20	27.20												130.61
14	8001088	10 t以内振动压路机（单钢轮）	960.69	250.67	250.67	2.00	206.82			59.20	503.20												710.02
15	8001095	蛙式夯土机	29.88	15.14	15.14											17.34	14.74						14.74
16	8003005	235 kW以内稳定土拌和机	2 164.91	702.47	702.47	2.00	206.82			147.72	1 255.62												1 462.44
17	8003050	120 t/h内沥青混合料拌和设备	23 683.99	3 437.15	3 437.15	3.00	310.23					5 170.18	18 560.95			1 618.42	1 375.66						20 246.83
18	8003058	6.0 m内沥青混合料摊铺机	1 926.47	1 323.29	1 323.29	2.00	206.82			46.63	396.36												603.18
19	8003063	10 t以内振动压路机（双钢轮）	1 147.40	478.18	478.18	2.00	206.82			54.40	462.40												669.22
20	8003067	16～20 t轮胎式压路机	807.59	343.78	343.78	1.00	103.41			42.40	360.40												463.81
21	8003068	20～25 t轮胎式压路机	1 004.29	472.48	472.48	1.00	103.41			50.40	428.40												531.81
22	8003085	混凝土电动切缝机	207.41	87.89	87.89	1.00	103.41									18.95	16.11						119.52
23	8003090	混凝土路缘石机动铺筑机	238.54	51.74	51.74	1.00	103.41			9.81	83.39												186.80

编制：　　　　　　复核：

表 3.59 施工机械台班单价计算表

建设项目名称：××公路新建工程

编制范围：K0 + 000—K7 + 866

第 2 页 共 2 页 24 表

序号	代号	规格名称	台班单价（元）	不变费用（元）		可变费用（元）																	
				调整系数		人工		汽油		柴油		重油		煤		电		水		木柴		车船税	合计
				1		103.41（元/工日）		8.29（元/kg）		8.50（元/kg）		3.59（元/kg）		561.95（元/t）		0.85[元/(kW·h)]		2.72（元/m^3）		0.71（元/kg）			
				定额	调整值	定额	金额	定额	金额	定额	金额	定额	金额	定额	金额	定额	金额	定额	金额	定额	金额		
24	8005002	250 L 以内强制式混凝土搅拌机	174.99	25.51	25.51	1.00	103.41									54.20	46.07						149.48
25	8005010	400 L 以内灰浆搅拌机	134.92	13.23	13.23	1.00	103.41									21.51	18.28						121.69
26	8005028	3 m^3 以内混凝土搅拌运输车	863.67	413.79	413.79	1.00	103.41			40.23	341.96											4.51	449.88
27	8005056	15 m^3/h 以内混凝土搅拌站	796.03	269.36	269.36	3.00	310.23									254.63	216.44						526.67
28	8007006	8 t 以内载货汽车	652.38	164.33	164.33	1.00	103.41			44.95	382.08											2.56	488.05
29	8007012	5 t 以内自卸汽车	573.56	120.53	120.53	1.00	103.41	41.91	347.43													2.19	453.03
30	8007013	6 t 以内自卸汽车	622.19	142.15	142.15	1.00	103.41			44.00	374.00											2.63	480.04
31	8007016	12 t 以内自卸汽车	908.92	276.88	276.88	1.00	103.41			61.60	523.60											5.03	632.04
32	8007023	15 t 以内平板拖车组	828.38	269.49	269.49	2.00	206.82			40.46	343.91											8.16	558.89
33	8007043	10 000 L 以内洒水汽车	1 162.53	605.76	605.76	1.00	103.41			52.80	448.80											4.56	556.77
34	8007046	1 t 以内机动翻斗车	219.83	39.48	39.48	1.00	103.41			9.00	76.50											0.44	180.35
35	8009025	5 t 以内汽车式起重机	635.27	211.28	211.28	2.00	206.82	25.74	213.38													3.79	423.99
36	8009026	8 t 以内汽车式起重机	742.25	288.76	288.76	2.00	206.82			28.50	242.25											4.42	453.49
37	8009027	12 t 以内汽车式起重机	882.57	408.05	408.05	2.00	206.82			30.59	260.02											7.68	474.52
38	8009029	20 t 以内汽车式起重机	1 255.38	709.36	709.36	2.00	206.82			38.55	327.68											11.52	546.02
39	8009030	25 t 以内汽车式起重机	1 406.01	841.18	841.18	2.00	206.82			40.65	345.53											12.48	564.83
40	8009032	40 t 以内汽车式起重机	2 288.28	1 650.99	1 650.99	2.00	206.82			48.61	413.19											17.28	637.29
41	8015028	32 kV·A 以内交流电弧焊机	181.36	5.17	5.17	1.00	103.41									85.62	72.78						176.19
42	8015060	150 mm×250 mm 电动颚式破碎机	131.97	28.56	28.56	1.00	103.41																103.41
43	8015061	250 mm×400 mm 电动颚式破碎机	209.23	75.47	75.47	1.00	103.41									35.70	30.35						133.76
44	8015081	滚筒式筛分机生产率 8～20 m^3/h	227.22	112.78	112.78	1.00	103.41									12.98	11.03						114.44
45	8017049	9 m^3/min 内机动空压机	783.06	270.17	270.17					60.34	512.89												512.89

编制：　　　　复核：

表 3.60 辅助生产人工、材料、施工机械台班单位数量表

建设项目名称：××公路新建工程

编制范围：K0+000—K7+866　　　　第1页 共1页　25表

序号	规格名称	单位	人工（工日）	开采片石（m^3）	1.0 m^3 以内轮胎式装载机（台班）	6 t 以内自卸汽车（台班）	150 mm×250 mm 电动颚式破碎机（台班）	250 mm×400 mm 电动颚式破碎机（台班）	滚筒式筛分机生产率 8～20 m^3/h（台班）
1	砂砾	m^3	0.164		0.003	0.015			
2	碎石(2 cm)	m^3	0.333	1.176	0.003	0.012	0.070		0.071
3	碎石(4 cm)	m^3	0.302	1.149	0.003	0.009		0.034	0.035
4	碎石(8 cm)	m^3	0.274	1.099	0.003	0.012		0.025	0.025
5	路面用碎石(1.5 cm)	m^3	0.350	1.191	0.003	0.012	0.079		0.080
6	路面用碎石(2.5 cm)	m^3	0.324	1.169	0.003	0.012	0.065		0.066

编制：　　　　复核：

复习思考题

3.1 概预算资料调查的目的是什么？

3.2 概预算现场调查应包括哪些主要内容？

3.3 调查的方法有哪些？调查工作的基本要求是什么？

3.4 简述概预算文件组成。

3.5 简述概预算费用组成。

3.6 简述建立项目表时的要求及编码规则。

3.7 简述工程类别的划分。

3.8 概预算定额的组成部分有哪些？

3.9 概预算定额的编号方法有哪些？

3.10 简述运用定额的步骤。

3.11 运用定额应注意的问题有哪些？

3.12 当路面混合料的设计配合比与概预算定额规定不符时，应如何进行调整？

3.13 材料预算价格由哪几项费用组成？

3.14 简述编制施工机械台班预算价格的方法。

3.15 简述编制建筑安装工程费的程序和方法。

3.16 怎样编制设备、工器具购置费？要注意哪些问题？

3.17 编制施工图预算的主要依据有哪些？

3.18 某桥预制空心板，采用32.5级水泥，调查价格为243元/t，运价率为0.44元/(t·km)，装卸费为3.2元/t，运距为28 km，试确定其预算价格（已知场外运输损耗率为1%，采购及保管费率为2.5%，毛质量系数为1.01）。

3.19 某新建项目建设期为3年，需向银行贷款4 000万元。贷款时间安排：第一年1000万元，第二年2000万元，第三年1000万元，年利率10%。试计算建设期贷款利息。

3.20 某6孔净跨径30 m的混凝土拱桥，拱盔宽度为18 m，拱矢比为1/4，起拱线至地面高度为10 m，设计允许一次可灌孔2孔，故需制备2孔满堂式拱盔及支架。试计算：

①该桥所需的拱盔立面积及支架立面积。

②该桥拱盔的工、料、机消耗数量及材料的回收金额。

3.21 求木料周转4次的$L=2$ m以内的拱涵拱盔及支架定额。

3.22 某公路工程料场分布如图3.6所示。已知A料场的上路桩号为K2+100，上路距离为1.6 km；B料场上路桩号为K7+900，上路距离为2.5 km。试确定A、B料场的经济分界点桩号及材料的平均运距。

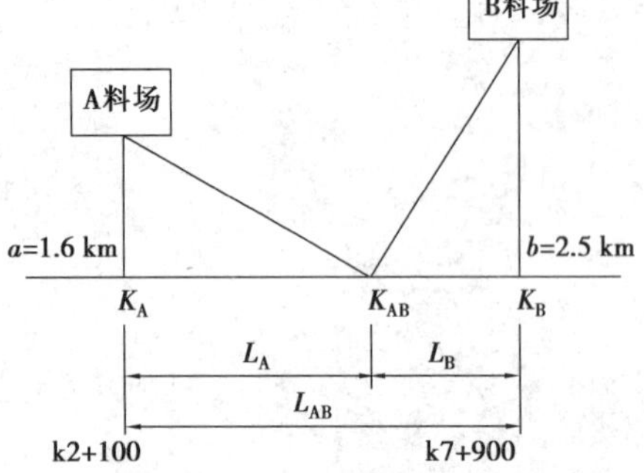

图3.6 题3.22图

模块4　公路工程投标报价编制

工程招标投标是市场经济的一种竞争方式，投标者通过竞标与买方就产品价格达成一致，获得工程项目。衡量施工企业投标成功与否的重要标准就是，标价是否足够低，能够赢得项目，同时又足够高，能够按照合同要求完成工程，并有一定的利润。因此，可以说合理编制标价是施工企业投标的核心工作。

公路工程投标报价的编制既不同于概、预算的编制，也不同于标底的编制。概、预算是国家为控制基本建设投资进行宏观管理，在设计阶段编制的工程建设项目总造价文件。标底是业主在工程招标前，委托咨询单位或自行编制的建筑产品在交易中的预期价格，其目的是衡量投标报价是否合理，并作为评标的参考。建筑产品的最终成交价由中标单位的投标价所决定。

项目1　投标准备工作

任务1　现场考察

1. 现场考察的重要性

投标人应该参加由招标人安排的正式现场考察，否则，投标者可能会被拒绝投标。按照惯例，投标人提出的报价一般被认为是在现场考察的基础上编制的，一旦标书交出，如果在投标截止日期后发现问题，投标人就无法因现场考察不周、情况不了解而提出修改标书，或调整标价给予补偿的要求。另外，编制标书需要许多数据并了解有关情况，也要从现场调查中得出。因此，投标人在报价前必须认真地进行现场考察，全面、细致地了解工地及其周围的政治、地理、经济、法律等情况。如考察时间不够，参加编标人员应在投标预备会结束后，一定要再留下几天，再到现场查看，或重点补充考察，并在当地做材料、物资等调查研究，收集编标用的资料。

2. 现场考察的主要内容

①地理条件；

②地质和地表下资料；

③气象资料；

④施工现场准备工作；

⑤进场道路和停车场；

⑥卸货和保管；

⑦公用设施和临时设施；

⑧当地材料及分包人；

⑨当地条件；

⑩健康、安全、环境和治安；

⑪其他情况。

任务2 确定投标方案

1.确定投标策略

报价策略是投标人在激烈竞争的环境下，为了企业的生存与发展而有可能使用的对策。报价策略运用是否得当，对投标人能否中标并获得利润影响很大。常用的报价策略大致有如下4种。

(1)以获得最大利润为投标策略

施工企业的经营业务近期比较饱满，该企业施工设备和施工水平又较高，而投标的项目施工难度较大、工期短，竞争对手少，非我莫属。在这种情况下，施工企业的报价可以比一般市场价格高一些，以获得较大利润。

(2)以获得微利为投标策略

施工企业的经营业务近期不饱满，或预测市场工程项目因资金不足开工较少，为防止职工“窝工”，投标策略往往是多抓几个项目，标价以微利为主。

要确定一个低而适度的报价，首先要编制出先进合理的施工方案，在此基础上计算出能够确保合同工期要求和质量要求的最低预算成本。降低公路工程预算成本要从降低直接费和间接费入手。

(3)以保本为投标策略

有些企业为了参加市场竞争，打入其他新的地区、开辟新的业务，并想在这个地区占据一定的位置，往往在第一次参加投标时，用最大限度低的报价，保本价、无利润价，甚至是亏损5%标价报价，进行投标。中标后在施工中充分发挥本企业专长，在质量、工期上创优质工程，创立新的信誉、缩短工期、业主早得益，并且取得立足之地，同时取得业主的信任与同情，以提高奖的形式给予补助，使总价不亏本。

(4)亏损报价策略

在激烈的建筑市场竞争中，有的投标企业报出的标价是超常规的低标，令业主和竞争对手吃惊。超常规的报价方法，常用于施工企业面临生存危机或者竞争对手较强，为了保住施工地盘或急于解决本企业“窝工”。一旦中标，除解决职工“不窝工”的危机，同时保住地盘并且促进企业加强管理、精兵简政、优化组合，采用合理的施工方法和新工艺，降低消耗和成本来完成此项目，力争减少亏损或不亏损。

2.确定报价技巧

具体计算标价时，总的来说是要贯彻总的报价策略意图。例如，整个投标工程采用“低利策略”，则利润要定得较低或很低，甚至管理费率也定得较低，这样才能使标价降低。除此以外，计算标价中还有一定的技巧，即在工程成本不变的情况下，设法把对外标价报得低一些，待中标后，再按既定办法争取获得较多的收益。报价中这两方面相辅相成，以提高战胜对手的可能性。依据工程承包的经验与方法,常用的报价技巧有以下 4 种。

(1)不平衡报价法

所谓不平衡报价是相对于通常的平衡报价而言的,它是指在不影响总报价水平的前提下,将某些项目的单价定得比正常单价高一些,而将另一些项目的单价定得比正常单价低一些,在保证报价具有竞争力的前提下,获得最大收益。例如,为了将初期的资金尽早回收,以减少资金占用时间和利息,而将待摊入单价中的各项费用多摊入早收款的项目(如基础工程、土石方工程等)中,使这些项目的单价提高,而将后期的项目单价适当降低;对可能增加工程量的项目适当提高单价,而对实施中可能减少的工程量的项目则适当降低其单价;图纸不明确或有错误的,估计今后有可能修改的项目单价可提高,工程内容说明不清楚的单价可降低等(表 4.1)。

表 4.1　不平衡报价法应用表

序　号	信息类别	变动趋势	不平衡报价结果
1	资金收入的时间	早	单价高
		晚	单价低
2	工程量估计不准确	增加	单价高
		减少	单价低
3	报价图纸不明确	增加工程量	单价高
		减少工程量	单价低
4	暂定工程	自己承包的可能性高	单价高
		自己承包的可能性低	单价低
5	单价和包干混合制的项目	固定包干价格项目	单价高
		单价项目	单价低
6	单价组成分析表	人工费和机械费	单价高
		材料费	单价低
7	谈判时业主要求压低单价	工程量大的项目	单价小幅度降低
		工程量小的项目	单价较大幅度提高
8	报单价项目	没有工程量	单价高
		有假定的工程量	单价适中

不平衡报价方法在运用时,要注意单价的不平衡幅度一定要控制在合理范围内,一般控制在 5% ~10%,以免引起业主反对,甚至导致废标。如果不注意这一点,有时业主会挑出报价过高的项目,要求投标者进行单价分析,而围绕单价分析中过高的内容压价,以致投标人得不偿失。

(2)利用可谈判的无形标价

在投标文件中,某些不以价格形式表达的“无形价格”,在开标后有谈判的余地,承包人可利用这些条件争取利益。例如,一些发展中国家货币对世界主要货币的兑换率逐年贬值,在这些国家投标时,投标文件填报的汇率比可以提高些。因为投标时一般是规定采用投标截止日期前 28 天官方公布的固定外汇兑换率。承包人在外汇付款后再换成当地货币使用时,就可以因兑换率的差值而得到额外收益。

(3)调价系数的利用

多数施工承包合同中都包括有关价格调整的条款,并给出利用物价指数计算调价系数的公式,付款时承包人可以根据系数得到由于物价上涨的补偿。投标者在投标阶段就应对该条款进行仔细研究,以便利用该条款得到最大的补偿。对此,可参考以下几种情况:

①有的合同提供的计算调价系数的公式中,各项系数未定,标书中只给出一个系数的取值范围,要求承包人自己确定系数的具体值。此时,投标者应在掌握全部物价趋势的基础上,对价格增长较快的项目取较高的系数,价格较稳定的项目取较低的系数。这样,最终计算出的调价系数较高,因而可以得到较高的补偿。

②在各项费用指数或系数确定的情况下,计算各分项工程的调价指数并预测公式中各项费用的变化趋势。在保持总报价不变的情况下,利用不平衡报价的原理,对计算出的调价指数较大的工程报较高的单价,可获较大的利益。

(4)附加优惠条件

如延期付款、缩短工期、留赠施工设备等,可以吸引业主,提高中标的可能性。

【例 4.1】 某承包商经研究决定参与某工程投标。经造价工程师估价,该工程预算成本为 8 500 万元,其中材料费占 60%,拟议高、中、低 3 个报价方案的利润率分别为 8%、5%、3%。根据过去类似工程的投标经验,相应的中标概率分别为 0.2、0.5、0.8。编制投标文件的费用为 10 万元。该工程业主在招标文件中明确规定采用固定总价合同。据估计,在施工过程中材料费可能平均上涨 2.5%,其发生概率为 0.4。

问题:该承包商应按哪个方案投标报价?相应的报价和期望利润为多少?

【解】 (1)计算各投标方案的利润

①投高标且材料不涨价时的利润:

$8\,500 \times 8\% = 680$(万元)

②投高标且材料涨价时的利润:

$8\,500 \times 8\% - 8\,500 \times 60\% \times 2.5\% = 552.5$(万元)

③投中标且材料不涨价时的利润:

$8\,500 \times 5\% = 425$(万元)

④投中标且材料涨价时的利润:

$8\,500 \times 5\% - 8\,500 \times 60\% \times 2.5\% = 297.5$(万元)

⑤投低标且材料不涨价时的利润:

$8\,500 \times 3\% = 255$(万元)

⑥投低标且材料涨价时的利润:

$8\,500 \times 3\% - 8\,500 \times 60\% \times 2.5\% = 127.5$(万元)

将以上结果列于表 4.2。

(2)画决策树,标明各方案的概率和利润(图 4.1)

(3)计算决策树中各机会点的期望值

点⑤的期望值:$680 \times 0.6 + 552.5 \times 0.4 = 629$(万元)

表4.2　例4.1表

方　案	效　果	概　率	利润(万元)
高标	好	0.6	680
	差	0.4	552.5
中标	好	0.6	425
	差	0.4	297.5
低标	好	0.6	253
	差	0.4	127.5

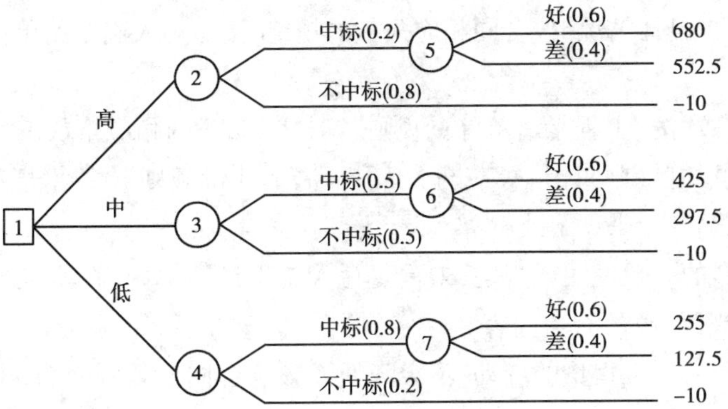

图4.1　决策树

点⑥的期望值:425 ×0.6 +297.5 ×0.4 =374(万元)

点⑦的期望值:255 ×0.6 +127.5 ×0.4 =204(万元)

点②的期望值:629 ×0.2 -10 ×0.8 =117.8(万元)

点③的期望值:374 ×0.5 -10 ×0.5 =182(万元)

点④的期望值:204 ×0.8 -10 ×0.2 =161.2(万元)

(4)决策

由于点③的期望利润最大,因此应投中标。

相应的报价为:8 500 ×(1 +5%) =8 925(万元)

相应的期望利润为 182 万元。

项目2　工程量清单

任务1　工程量清单组成

1. 工程量清单组成

工程量清单一般由工程量清单说明、投标报价说明、计日工说明、其他说明、工程量清单(工程量清单表、计日工表、暂估价表、投标报价汇总表、工程量清单单价分析表)组成。

1)工程量清单说明

①本工程量清单是根据招标文件中包括的有合同约束力的工程量清单计量规则、图纸以及有关工程量清单的国家标准、行业标准、合同条款中约定的其他规则编制。约定计量规则中没有的子目,其工程量按照有合同约束力的图纸所标示尺寸的理论净量计算。计量采用中华人民共和国法定计量单位。

②本工程量清单应与招标文件中的投标人须知、通用合同条款、专用合同条款、工程量清单计量规则、技术规范及图纸等一起阅读和理解。

③本工程量清单中所列工程数量是估算的或设计的预计数量,仅作为投标报价的共同基础,不能作为最终结算与支付的依据。实际支付应按实际完成的工程量,由承包人按工程量清单计量规则规定的计算方法,以监理人认可的尺寸、断面计量,按本工程量清单的单价和总额价计算支付金额;或根据具体情况,按合同相应条款的规定,按监理人确定的单价或总额价计算支付额。

④工程量清单各章按"工程量清单计量规则""技术规范"的相应章次编号,因此,工程量清单中各章的工程子目的范围与计量等应与"工程量清单计量规则""技术规范"相应章节的范围、计量与支付条款结合起来理解或解释。

⑤对作业和材料的一般说明或规定,未重复写入工程量清单内,在给工程量清单各子目标价前,应参阅"技术规范"章的有关内容。

⑥工程量清单中所列工程量的变动,不会降低或影响合同条款的效力,也不免除承包人按规定的标准进行施工和修复缺陷的责任。

⑦图纸中所列的工程数量表及数量汇总表仅是提供资料,不是工程量清单的外延。当图纸与工程量清单所列数量不一致时,以工程量清单所列数量作为报价的依据。

2)投标报价说明

①工程量清单中的每一子目须填入单价或价格,且只允许有一个报价。

②除非合同另有规定,工程量清单中有标价的单价和总额价均已包括了为实施和完成合同工程所需的劳务、材料、机械、质检(自检)、安装、缺陷修复、管理、保险、税费、利润等费用,以及合同明示或暗示的所有责任、义务和一般风险。

③工程量清单中投标人没有填入单价或价格的子目,其费用视为已分摊在工程量清单中其他相关子目的单价或价格之中。承包人必须按监理人指令完成工程量清单中未填入单价或价格的子目,但不能得到结算与支付。

④符合合同条款规定的全部费用应认为已被计入有标价的工程量清单所列各子目之中,未列子目不予计量的工作,其费用应视为已分摊在本合同工程的有关子目的单价或总额价之中。

⑤承包人用于本合同工程的各类装备的提供、运输、维护、拆卸、拼装等支付的费用,已包括在工程量清单的单价与总额价之中。

⑥工程量清单中各项金额均以人民币(元)结算。

⑦暂列金额(不含计日工总额)的数量及拟用子目的说明。

⑧暂估价的数量及拟用子目的说明。

3)计日工说明

(1)总则

①该说明应参照通用合同条款有关条款一并理解。

②未经监理人书面指令,任何工程不得按计日工施工;接到监理人按计日工施工的书面指令,承包人也不得拒绝。

③投标人应在计日工单价表中填列计日工子目的基本单价或租价,该基本单价或租价适用于监理人指令的任何数量计日工的结算与支付。计日工的劳务、材料和施工机械由招标人(或发包人)列出正常的估计数量,投标人报出单价,计算出计日工总额后列入工程量清单汇总表中并进入评标价。

④计日工不调价。

(2)计日工劳务

①在计算应付给承包人的计日工工资时,工时应从工人到达施工现场,并开始从事指定的工作算起,到返回原出发地点为止,扣去用餐和休息的时间。只有直接从事指定的工作,且能胜任该工作的工人才能计工,随同工人一起做工的班长应计算在内,但不包括领工(工长)和其他质检管理人员。

②承包人可以得到用于计日工劳务的全部工时的支付,此支付按承包人填报的"计日工劳务单价表"所列单价计算,该单价应包括基本单价及承包人的管理费、税费、利润等所有附加费,说明如下:

a. 劳务基本单价包括承包人劳务的全部直接费用,如工资、加班费、津贴、福利费及劳动保护费等。

b. 承包人的利润、管理、质检、保险、税费,易耗品的使用,水电及照明费,工作台、脚手架、临时设施费,手动机具与工具的使用及维修,以及上述各项伴随而来的费用。

(3)计日工材料

承包人可以得到计日工使用的材料费用(上述"计日工劳务"中已计入劳务费内的材料费用除外)的支付,此费用按承包人"计日工材料单价表"中所填报的单价计算。该单价应包括基本单价及承包人的管理费、税费、利润等所有附加费,说明如下:

a. 材料基本单价按供货价加运杂费(到达承包人现场仓库)、保险费、仓库管理费以及运输损耗等计算。

b. 承包人的利润、管理、质检、保险、税费及其他附加费。

c. 从现场运至使用地点的人工费和施工机械使用费不包括在上述基本单价内。

(4)计日工施工机械

①承包人可以得到用于计日工作业的施工机械费用的支付,该费用按承包人填报的"计日工施工机械单价表"中的租价计算。该租价应包括施工机械的折旧、利息、维修、保养、零配件、油燃料、保险和其他消耗品的费用以及全部有关使用这些机械的管理费、税费、利润和司机与助手的劳务费等费用。

②在计日工作业中,承包人计算所用的施工机械费用时,应按实际工作小时支付。除非经监理人的同意,计算的工作小时才能将施工机械从现场某处运到监理人指令的计日工作业的另一现场往返运送时间包括在内。

4)其他说明

除前述内容外,需补充的其他说明。

5)工程量清单

工程量清单详细内容参见《公路工程标准施工招标文件》(2018 年版)。

(1)工程量清单表

工程量清单表是招标工程中按章的顺序排列的各个项目表。表中有子目号、子目名称、单位、数量、单价及合价栏目。其中,单价或合价栏的数字一般由承包商投标时填写,而其他部分一般由业主或者招标单位在编制工程量清单时确定。

工程量清单表分章排列有利于将不同性质、不同部位、不同施工阶段或其他特性不同的工程区别开来,同时也有利于将需要采用不同施工方法或不同施工阶段或成本不一样的工程区别开来。

工程子目按章、目、节、细目的形式设置,至于具体分多少章,章中又设多少目,目下又划分多少节,节下又分多少细目,则视工程实际情况确定。

(2)计日工表

计日工表由计日工劳务、计日工材料、计日工施工机械等内容组成。在招标文件中一般列有劳务、材料、施工机械和计日工汇总表。

计日工清单用来处理一些临时性的或新增加项目(小到可以用计日工的形式来计价)计价。清单中计日工的数量是业主虚拟的,通常称为“名义工程量”。投标者在填入计日工单价后,再乘以“名义工程量”,然后将汇总的计日工总价加入投标总报价中,以避免承包商投标时将计日工的单价报得太高。

(3)暂估价表

暂估价表由材料暂估价表、工程设备暂估价表、专业工程暂估价表等内容组成。

(4)投标报价汇总表

投标报价汇总表是将各章的工程量清单表及计日工表进行汇总,再加上一定比例或数量(按招标文件规定)的暂列金额而得出该项目的总报价,该报价与投标书中填写的投标总价一致。

(5)工程量清单单价分析表

根据招标文件明确的概预算编制办法、外业调查资料、企业自身情况等资料编制工程量清单单价分析表。

任务2 复核、分解工程量

要正确合理地确定投标报价,首先就要复核工程量,然后按照工程量清单再对工程量进行分解。

公路工程设计文件是安排建设项目、控制造价、编制招标文件、组织施工和竣工验收的重要依据。作为公路造价编制人员,认真熟悉并读懂设计文件中的设计图表和设计说明,是正确计算工程量、合理确定工程造价的首要前提。在公路工程不同设计阶段的设计图表中,实际上已经由设计人员计算出了工程数量并用表格的形式在设计文件中给出;在设计结构图中,也给出了相应的工程数量。但需要注意的是,在设计图中给出的工程数量往往不能直接作为造价(估算、概预算、标底、报价、结算等）文件编制的工程数量，其原因在于设计人员在工程数量计算中采用的工程量计算规则或计算方法可能会与造价文件编制中要求的工程量计算方法、计算规则有出入，而且设计图中的单位工程量往往与造价文件编制中要求的单位工程量不一致。因此，在造价文件编制的工程量计算中，首先应认真熟悉并读懂设计文件，正确计算或在设计图中正确摘取工程数量。

在工程量清单模式下，对设计图纸的理解和领会就更加重要。在设计文件中，设计人员通过图纸来表达设计意图，其工程量主要表现为最终结果的预期数量；在工程量清单模式下，根据工程量清单重新进行组织，采用实物量化将图纸工程量进行分解或归拢；在投标价和标底组价中，又需要根据定额的工程量计算规则和计算方法进行分解、调整，在不同的计算规则和计算方法之间相互转化。总体上来讲，都是相同工程量在相互转化，但是不同的组织方式可能出现不同的结果，尤其在工程量清单招标中，对量的不合理分解将导致不合理报价的产生或者对投标单位产生严重的后果。设计图纸与定额工程量之间的区别和联系如表4.3所示。

表4.3　设计图与定额工程量关系表

项目名称	设计图纸	定额应用
范围不同	给出设计项目最终结果的工程量	需要从项目实施到结果的全过程工程量，包括直接项目、措施项目、附属项目和其他项目的工程量
计量单位不同	最终结果的表现形态的单位作为设计图纸单位，如灌注桩工程中，其设计单位为m	完成项目中某个定额对应流程所代表项目的最直接形态作为定额数量。如灌注桩工程中，其中的埋设护筒的单位为t
工作内容不一致	如路基挖方中包括挖运和到路床顶的碾压	定额中的挖方仅仅是挖土方
结果一致	完成设计意图	

项目3　基础标价计算

1. 公路工程投标价编制依据

(1) 招标文件

招标文件是编制投标报价的重要资料，编标前应认真仔细地研究，以全面了解承包人在投标中的权利和义务，深入分析施工中所面临和需要承担的风险，发现招标文件中的漏洞和疏忽，为合理确定标价、制订投标策略寻找依据，创造条件。实践证明，吃透招标文件可为投标成功打下良好的基础，否则，易导致投标失误甚至造成无法弥补的损失。

(2) 现场考察收集的资料

现场考察是承包人投标时全面了解现场施工环境及施工风险的重要途径，是投标单位做好投标报价的先决条件。投标单位在报价以前必须认真地进行现场考察，全面、细致地了解工程所在地的政治、经济、法律、地理及现场施工条件等情况，收集与报价有关的各种数据资料。

(3)施工组织设计

施工组织设计的优劣不仅影响施工能否顺利进行,而且影响标价的高低。不同的施工方案、不同的施工顺序、不同的平面布置所需的工程费用也不一样,有时会相差很大,因此在进行投标时,应编制出技术上可行、经济上合理的施工组织设计,并以此作为编制投标报价的依据。

(4)本企业的资料

①本企业历年来(至少5年)已完工程的成本分析资料。

②本企业为本项目提供新添施工设备经费的可能性。

③本企业的定额。

(5)其他资料

①招标文件所规定的各种国家标准、部颁标准、技术规范等。

②国家颁发的《公路工程施工定额》《公路工程预算定额》和《公路工程建设工程概算预算编制办法》及地方政府颁发的有关收费标准和定额。

2.基础标价计算

我国投标人员常采用定额单价分析法来计算建筑安装工程费。定额单价法是按照招标文件的工程量清单所列工程细目,选用与工作内容相适应的工、料、机消耗定额,并分析实际的工、料、机单价,从而计算出各工程细目的直接费;根据有关费用定额计算措施费、企业管理费和规费。它与编制工程概预估算的方法大致相同,但报价所依据的工、料、机消耗定额应是反映企业实际水平的施工定额,工、料、机价格应是市场价格。

但是,由于技术及经验和所掌握的资料的限制,目前投标人还是以概、预算定额及概、预算编制办法为基础来进行成本预测,并以此作为报价的依据。但从长远来看,根据企业定额进行的投标报价才具有竞争力,才符合《中华人民共和国招标投标法》和国际惯例。本教材主要介绍基于预算定额和预算编制办法的定额单价法。

【例4.2】 某二级公路设计路基土石方数量如表4.4所示。

表4.4 路基土石方表

挖方(m^3)				填方(m^3)
松土	普通土	硬土	次坚石	
50 000	150 000	65 000	45 000	420 000

本项目路线长30 km,路基宽12 m,挖方、填方路段长度各占50%,全部挖方均利用作路基填方。其中土方平均运距为1 500 m,石方平均运距为60 m,如需借方,其平均运距为2 000 m(按普通土考虑)。路基平均填土高度为2 m,边坡坡度为1∶1.5,填前压实沉陷厚度为0.1 m,土的压实密度为1.4 t/m^3,自然状态的土的含水率约低于最佳含水率2%,水的平均运距为1 000 m。

清单如表4.5所示。

表4.5　清单　第200章　路基

编　号	子目名称	单　位	数　量	单价	合价
203-1	路基挖方				
-a	挖土方	m^3	265 000		
-b	挖石方	m^3	45 000		
204-1	路基填筑(包括填前压实)				
-b	利用土方	m^3	229 594		
-c	利用石方	m^3	48 913		
-d	借土填方	m^3	168 493		
清单　第200章合计　人民币____________元					

问题:设报价编制年工程所在地的工、料、机单价按《公路工程预算定额》的基价计算,措施费中施工辅助费费率为3.58%,其余措施费综合费率为6.26%,规费费率为0%,企业管理费综合费率为3.63%。分析计算该工程项目的工程量清单单价(本案例只计措施费、企业管理费和规费,不考虑利润和税金等费用)。

由《公路工程预算定额》可知,天然密实方与压实方的调整系数如表4.6所示。

表4.6　天然方与压实方调整系数表

公路等级	松土	普通土	硬土	石方
二级及以上等级公路	1.23	1.16	1.09	0.92
三、四级公路	1.11	1.05	1.00	0.84

则:

①挖土方(天然方)=50 000+150 000+65 000=26 5000(m^3);

②挖石方(天然方)=45 000(m^3);

③利用土方(压实方)=50 000÷1.23+150 000÷1.16+65 000÷1.09≈229 594(m^3);

④利用石方(压实方)=45 000÷0.92≈48 913(m^3);

⑤路基填前压实沉陷增加数量=30 000×50%×(12+2×1.5×2)×0.1=27 000(m^3);

⑥借方(压实方)=420 000+27 000−229 594−48 913=168 493(m^3);

⑦路基填前压实数量=30 000×50%×(12+2×1.5×2)=270 000(m^2);

⑧挖方及零填段压实数量=30 000×50%×12=180 000(m^2);

⑨土方压实需加水数量=(420 000+27 000−48 913)×1.4×2%=11 146(m^3);

⑩整修路拱数量=30 000×12=360 000(m^2);

⑪整修边坡数量=30 km。

【解】　(1)分摊费用计算

挖方总量=265 000+45 000=310 000(m^3)。

填方总量=420 000+27 000=447 000(m^3)。

①计算各子目应分摊的路基填前压实的工程数量。

204-1-b 利用土方:270 000×(229 594÷447 000)≈138 681(m^2);

204-1-c 利用石方:270 000×(48 913÷447 000)≈29 545(m^2);

204-1-e 借土填方:270 000×(168 493÷447 000)≈101 774(m^2)。

②计算各子目应分摊的挖方及零填段压实的工程数量。

203-1-a 挖土方:180 000×(265 000÷310 000)≈153 871(m^2);

203-1-b 挖石方:180 000×(45 000÷310 000)≈26 129(m^2)。

③计算各子目应分摊的土方压实需加水的工程数量。

204-1-b 利用土方:11 146×[229 594÷(447 000−48 913)]≈6 428(m^3);

204-1-c 利用石方:0 m^3;

204-1-e 借土填方:11 146×[168 493÷(447 000−48 913)]≈4 718(m^3)。

④计算各子目应分摊的整修路拱的工程数量。

203-1-a 挖土方:15 000×12×(265 000÷310 000)≈153 871(m^2);

203-1-b 挖石方:15 000×12×(45 000÷310 000)≈26 129(m^2);

204-1-b 利用土方:15 000×12×(229 594÷447 000)≈92 454(m^2);

204-1-c 利用石方:15 000×12×(48 913÷447 000)≈19 697(m^2);

204-1-e 借土填方:15 000×12×(168 493÷447 000)≈67 850(m^2)。

⑤计算各子目应分摊的整修边坡的工程数量。

203-1-a 挖土方:15×(265 000÷310 000)≈12.823(km);

203-1-b 挖石方:15×(45 000÷310 000)≈2.177(km);

204-1-b 利用土方:15×(229 594÷447 000)≈7.704(km);

204-1-c 利用石方:15×(48 913÷447 000)≈1.642(km);

204-1-e 借土填方:15×(168 493÷447 000)≈5.654(km)。

(2)分解工程量清单及套用定额(表 4.7)

表 4.7 工程量清单分解及定额编号表

序号	子目号（定额编号）	子目名称（工程细目）	单位	工程量	定额调整	基价（元）	定额直接费(元) 定额人工费(元) 定额机械使用费(元)
1	203-1-a	挖土方	m^3	265 000			
(1)	1-1-9-7	2 m^3 挖掘机挖装松土	1 000 m^3	50		1 998	99 918 (14 348) 85 570
(2)	1-1-9-8	2 m^3 挖掘机挖装普通土	1 000 m^3	150		2 281	342 160 (49 420) 292 740
(3)	1-1-9-9	2 m^3 挖掘机挖装硬土	1 000 m^3	65		2 568	166 931 (23 488) 143 443

续表

序号	子目号（定额编号）	子目名称（工程细目）	单位	工程量	定额调整	基价（元）	定额直接费(元) 定额人工费(元) 定额机械使用费(元)
(4)	1-1-11-7	12t 自卸汽车运土第一个 1km	1 000 m^3	265		5 015	1 329 002 (0) 1 329 002
(5)	1-1-11-8	每增运 0.5 km	1 000 m^3	265		606	160 551 (0) 160 551
(6)	1-1-18-27	零填及挖方段路基压实	1 000 m^2	153.871		1 913	294 344 (11 447) 282 897
(7)	1-1-20-1	整修路拱	1 000 m^2	153.871		147	22 564 (0) 22 564
(8)	1-1-20-4	整修边坡	km	12.823		21 688	278 100 (192 704) 85 396
2	203-1-b	挖石方	m^3	45 000			
(1)	1-1-14-5	机械打眼开炸次坚石	1 000 m^3	45		14 907	670 836 (245 347) 249 282
(2)	1-1-12-32	135 kW 推土机推石方第一个 20 m	1 000 m^3	45		3 632	163 431 (17 217) 146 214
(3)	1-1-12-35	每增运 10 m	1 000 m^3	45	4	976	175 745 (0) 175 745
(4)	1-1-18-27	零填及挖方段路基压实	1 000 m^2	26.129		1913	49 983 (1 944) 48 039
(5)	1-1-20-1	整修路拱	1 000 m^2	26.129		147	3 832 (0) 3832

续表

序号	子目号（定额编号）	子目名称（工程细目）	单位	工程量	定额调整	基价（元）	定额直接费（元） 定额人工费（元） 定额机械使用费（元）
(6)	1-1-20-4	整修边坡	km	2.177		21 688	47 214 (32 716) 14 498
3	204-1-b	利用土方	m^3	229 594			
(1)	1-1-18-9	土方碾压	1 000 m^3 压实方	229.594		3 750	860 928 (51 243) 809 685
(2)	1-1-5-4	耕地填前压实	1 000 m^2	138.681		371	51 461 (29 478) 21 983
(3)	1-1-20-1	整修路拱	1 000 m^2	92.454		147	13 558 (0) 13 558
(4)	1-1-20-4	整修边坡	km	7.704		21 688	167 082 (115 776) 51 306
(5)	1-1-22-5	8 000 L 洒水汽车洒水第一个 1 km	1 000 m^3	6.428		8 501	54 644 (0) 54 644
4	204-1-c	利用石方	m^3	48 913			
(1)	1-1-18-16	石方碾压	1 000 m^3 压实方	48.913		5 067	247 823 (41 588) 206 235
(2)	1-1-5-4	耕地填前压实	1 000 m^2	29.545		371	10 963 (6 280) 4 683
(3)	1-1-20-1	整修路拱	1 000 m^2	19.696		147	2 888 (0) 2 888

续表

序号	子目号（定额编号）	子目名称（工程细目）	单位	工程量	定额调整	基价（元）	定额直接费(元) 定额人工费(元) 定额机械使用费(元)
(4)	1-1-20-4	整修边坡	km	1.642		21 688	35 611 (24 676) 10 935
5	204-1-e	借土填方	m^3	168 493			
(1)	1-1-9-8	2 m^3 挖掘机挖装普通土	1 000 m^3	168.493	1.16	2 281×1.19	457 370 (66 061) 391 309
(2)	1-1-11-7	12 t 自卸汽车运土第一个 1km	1 000 m^3	168.493	1.19	5 015×1.19	1 005 505 (0) 1 005 505
(3)	1-1-11-8	每增运 0.5 km	1 000 m^3	168.493	1.19×2	606×1.19×2	243 001 (0) 243 001
(4)	1-1-18-9	土方碾压	1 000 m^3 压实方	168.493		3 750	631 812 (37 606) 594 206
(5)	1-1-5-4	耕地填前压实	1 000 m^2	101.774		371	37766 (21 633) 16 133
(6)	1-1-20-1	整修路拱	1 000 m^2	67.850		147	9 950 (0) 9 950
(7)	1-1-20-4	整修边坡	km	5.654		21 688	122 621 (84 968) 37 653
(8)	1-1-22-5	8 000 L 洒水汽车洒水第一个 1km	1 000 m^3	4.718		8 633	40 108 (0) 40 108

(3)计算工程量清单单价

工程量清单价格＝直接费＋措施费＋企业管理费＋规费

工程量清单单价＝工程量清单价格÷工程量

其中：

直接费 = 定额直接费

措施费 = 定额直接费 × 施工辅助费费率 + 定额人工费和定额施工机械使用费之和 × 其余措施费综合费率

企业管理费 = 定额直接费 × 企业管理费费率

即

工程量清单单价 = 直接费 + 措施费 + 企业管理费 + 规费

= 直接费 + 定额直接费 × 施工辅助费费率 + 定额人工费和定额施工机械使用费之和 × 其余措施费综合费率 + 定额直接费 × 企业管理费费率 + 0

= 直接费 × (1 + 3.58% + 3.63%) + 定额人工费和定额施工机械使用费之和 × 6.26%

= 直接费 × 1.072 1 + 定额人工费和定额施工机械使用费之和 × 0.062 6

分别按上述公式计算土方工程量清单单价。

①203-1-a 挖土方：

直接费 = 99 918 + 342 160 + 166 931 + 1 329 002 + 160 551 + 294 344 + 22 564 + 278 100 = 2 693 570(元)

定额人工费与定额机械使用费之和 = 14 348 + 85 570 + 49 420 + 292 740 + 23 488 + 143 443 + 0 + 1 329 002 + 0 + 160 551 + 11 447 + 282 897 + 0 + 22 564 + 192 704 + 85 396 = 2 693 570(元)

工程量清单单价 = (2 693 570 × 1.072 1 + 2 693 570 × 0.062 6) ÷ 265 000 ≈ 11.53(元/m^3)

②203-1-b 挖石方：

直接费 = 670 836 + 163 431 + 175 745 + 49 983 + 3 832 + 47 214 = 1 111 041(元)

定额人工费与定额机械使用费之和 = 245 347 + 249 282 + 17 217 + 146 214 + 0 + 175 745 + 1 944 + 48 039 + 0 + 3 832 + 32 716 + 14 498 = 934 834(元)

工程量清单单价 = (1 111 041 × 1.072 1 + 934 834 × 0.062 6) ÷ 45 000 ≈ 27.77(元/m^3)

③204-1-b 利用土方：

直接费 = 860 928 + 51 461 + 13 558 + 167 082 + 54 644 = 1 147 673(元)

定额人工费与定额机械使用费之和 = 51 243 + 809 685 + 29 478 + 21 983 + 0 + 13 558 + 115 776 + 51 306 + 0 + 54 644 = 1 147 673(元)

工程量清单单价 = (1 147 673 × 1.072 1 + 1 147 673 × 0.062 6) ÷ 229 594 ≈ 5.67(元/m^3)

④204-1-c 利用石方：

直接费 = 247 823 + 10 963 + 2 888 + 35 611 = 297 285(元)

定额人工费与定额机械使用费之和 = 41 588 + 206 235 + 6 280 + 4 683 + 0 + 2 888 + 24 676 + 10 935 + 0 = 297 285(元)

工程量清单单价 = (297 285 × 1.072 1 + 297 285 × 0.062 6) ÷ 48 913 ≈ 6.90(元/m^3)

⑤204-1-e 借土填方：

直接费 = 457 370 + 1 005 505 + 243 001 + 631 812 + 37 766 + 9 950 + 122 621 + 40 108 = 2 548 133(元)

定额人工费与定额机械使用费之和 = 66 061 + 391 309 + 0 + 1 005 505 + 0 + 243 001 +

37 606 + 594 206 + 21 633 + 16 133 + 0 + 9 950 + 84 968 + 37 653 + 0 + 40 108 = 2 548 133(元)

工程量清单单价 = (2 548 133 × 1.072 1 + 2 548 133 × 0.062 6) ÷ 168 493 ≈ 17.16(元/m^3)

将各子目的单价填入工程量清单表的单价栏中，即得如表4.8所示清单。

表4.8　清单　第200章　路基

编　号	子目名称	单　位	数　量	单　价	合　价
203-1	路基挖方				
-a	挖土方	m^3	265 000	11.53	3 055 450
-b	挖石方	m^3	45 000	27.77	1 249 650
204-1	路基填筑(包括填前压实)				
-b	利用土方	m^3	229 594	5.67	1 301 798
-c	利用石方	m^3	48 913	6.90	337 500
-e	借土填方	m^3	168 493	17.16	2 891 340
清单　第200章合计　人民币 8 835 738 元					

项目4　报价分析及调整

任务1　报价分析

初步计算出标价后，应对标价进行多方面分析和评估，其目的是探讨标价的经济合理性，从而作出最终报价决策。标价分析包括单价分析与总价分析。单价分析就是对工程量清单中所列分项单价进行分析和计算，确定出每一分项的单价和合价，分析标价计算中使用的劳务、材料、施工机械的基础单价以及选用的工程定额是否合理，是否符合拟投标工程的实际情况。同时，应根据以往本企业的投标报价资料进行对比分析，合理确定投标单价和总报价。

标价的分析评估可以从以下3个方面进行。

(1)标价的宏观审核

标价的宏观审核是依据长期的工程实践中积累的大量经验数据，用类比的方法，从宏观上判断初步计算标价的合理性。

①首先，应分析分项统计计算书中的汇总数据，并计算其比例指标。

②通过对各类指标及其比例关系的分析，从宏观上分析标价结构的合理性。例如，分析总直接费和总的管理费的比例关系，劳务费和材料费的比例关系，临时设施和机具设备费与总的直接费用的比例关系，利润、流动资金及其利息与总标价的比例关系等。承包过类似工程的有经验的承包人不难从这些比例关系中判断标价的构成是否基本合理，如果发现有不合理的部分，应当初步分析其原因。首先研究拟投标工程与其他类似工程是否存在某些不可比因素。如果考虑了不可比因素的影响后，仍存在不合理的情况，就应当深入分析其原因，并考虑调整某些定额或分摊系数。

③探讨上述平均人月产值和人年产值的合理性和实现的可能性。如果从本企业的实践经

验角度判断这些指标过高或过低,就应当考虑所采用定额的合理性。

④参照同类工程的经验,扣除不可比因素后,分析单位工程价格及用工、用料量的合理性。

⑤从上述宏观分析得出初步印象后,对明显不合理的标价构成部分进行微观方面的分析检查。重点是在提高工效、改变施工方案、降低材料设备价格和节约管理费用等方面提出可行措施,并修正初步计算的标价。

(2)标价的动态分析

标价的动态分析是假定某些因素发生变化,测算标价的变化幅度,特别是这些变化对计划利润的影响。

①工期延误的影响。由于承包人自身的原因,如材料设备交货拖延、管理不善造成工程延误、质量问题造成返工等,承包人可能会增大管理费、劳务费、机械使用费以及占用的资金及利息,这些费用的增加不可能通过索赔得到补偿,而且还会导致误期赔偿。一般情况下,可以测算工期延长某一段时间,上述各种费用增大的数额及其占总标价的比率。这种增大的开支部分只能用风险费和计划利润来弥补。因此,可以通过多次测算,分析工期拖延多久,利润将全部丧失,从而得出可行的补偿费。

②物价和工资上涨的影响。通过调整标价计算中材料设备和工资上涨系数,测算其对工程计划利润的影响。同时,切实调查工程物资和工资的升降趋势和幅度,以便做出恰当判断。通过这一分析,可以得知投标计划利润对物价和工资上涨因素的承受能力。

③其他可变因素影响。影响标价的可变因素很多,而有些是投标人无法控制的,如贷款利率的变化、政策法规的变化等。通过分析这些可变因素的变化,可以了解投标项目计划利润的受影响程度。

(3)标价的盈亏分析

初步计算的标价经过宏观审核与进一步分析检查后,可能对某些分项的单价做必要的调整,然后形成基础标价,再经盈亏分析,提出可能的低标价和高标价,供投标报价决策时选择。

盈亏分析包括盈余分析和亏损分析两个方面。盈余分析是从标价组成的各个方面挖掘潜力、节约开支,计算出基础标价可能降低的数额,即所谓“挖潜盈余”进而算出低标价。盈余分析主要从下列4个方面进行:

①定额和效率,即对工料、机械台班消耗定额以及人工、机械效率进行分析;

②价格分析,即对劳务、材料设备、施工机械台班(时)价格3个方面进行分析;

③费用分析,即对管理费、临时设施费等方面逐项分析;

④其他方面,如对流动资金与贷款利息及保险费、维修费等方面逐项复核,找出有潜可挖之处。

考虑到挖潜不可能百分之百实现,尚需乘以一定的修正系数(一般取0.5~0.7),据此求出可能的低标价。

$$\text{低标价} = \text{基础标价} - (\text{挖潜盈余} \times \text{修正系数}) \tag{4.1}$$

亏损分析是分析在算标时由于对未来施工过程中可能出现的不利因素考虑不周和估计不足,可能产生的费用增加和损失。其主要从以下5个方面分析:

①人工、材料、机械设备价格;

②自然条件;

③管理不善造成质量、工作效率等问题；

④建设单位、监理工程师方面问题；

⑤管理费失控。

以上分析估计出的亏损额，同样乘以修正系数0.5～0.7，并据此求出可能的高标价。即

$$高标价=基础标价+(估计亏损\times修正系数) \tag{4.2}$$

任务2　报价调整

1. 有关费用的分摊

所谓"摊销费"是指不能作为"第100章　总则"费用的单独项目，且其所发生的费用涉及两个以上清单编号，需要直接摊入各分项单价中的费用。

摊销费可分为两种类型：一类是费用类，如利润风险金等；二类是实物类，如预制场站（或拌和站）的建设费用、拌和站的安拆费用等。对上述费用进行分摊的目的是使报价更为合理，做到不重不漏。

2. 单价的调整

投标人的总报价确定后，应按照前面所讲的报价技巧调整单价，以期在工程结算时取得最好的经济效益。

复习思考题

4.1　什么是工程招投标？

4.2　衡量施工企业成功与否的重要标准是什么？

4.3　现场考察的内容有哪些？

4.4　常用的投标策略和报价技巧有哪些？

4.5　简述工程量清单的组成。

4.6　投标报价的编制依据有哪些？

4.7　如何进行报价分析？

模块5　公路工程结算编制

公路工程结算对优质完成建设任务具有十分重要的作用,是在公路工程实施过程中或工程完工后,发、承包双方依据国家有关法律、法规,按合同约定计算确定的最终工程价款。工程费用结算是业主、承包人、监理工程师共同参与的活动,应当遵循合法、平等、诚信的原则,并符合国家有关法律、法规和政策。

任务1　公路工程结算与支付内容

1. 工程费用结算的作用

正确合理地办理工程费用结算,对贯彻国家的方针、政策、财务制度,加强建设资金管理,合理确定、筹措和控制建设资金,优质完成建设任务,具有十分重要的作用。

①促使各方严格遵守合同,确保工程施工正常进行;

②强化监理工程师监督作用,保证工程质量;

③促进资金周转,提高经济效益;

④确定工程费用的实际数额;

⑤是业主和承包人办理财务对账的依据;

⑥建设单位编制竣工决算报告的基础资料;

⑦承包人核对工程成本、考核企业盈亏的依据。

2. 工程费用结算及支付的内容

根据《公路工程标准施工招标文件》(2018年版),施工正常结算的费用项目按其内容一般可以划分为两类:一类是工程量清单内的费用项目,它包括清单内各章、节、细目实际完成的工程数量按合同单价计算应支付的费用项目;另一类是清单以外、合同以内的费用项目,它包括开工预付款、材料设备预付款、质量保证金、工程变更费用、价格调整费用、索赔费用、逾期竣工违约金、工期提前奖励等费用项目。合同终止后的费用结算有3种不同情况:承包人违约造成的合同终止、特殊风险造成的合同终止和业主违约造成的合同终止。

1)工程量清单内费用项目

《公路工程标准施工招标文件》(2018年版)中的工程量清单内容包括第100章　总则、第200章　路基、第300章　路面、第400章　桥梁涵洞、第500章　隧道、第600章　安全设施及预埋管线、第700章　绿化及环境保护设施。

工程量清单所列工程数量是估算或设计的预计数量,仅作为投标报价的共同基础,不能作为最终结算和支付的依据。实际支付按应按实际完成的工程量,由承包人按工程量清单计量规则的计量方法,以监理人认可的尺寸、断面计量,按工程量清单的单价和总额价计算支付金额;或根据具体情况,按合同条款规定,按监理人确定的单价或总额价计算支付额。

2)工程量清单以外、合同以内的费用项目

(1)预付款

①预付款包括开工预付款和材料、设备预付款。其具体额度和预付办法如下:

a.开工预付款的金额在项目专用条款数据表中约定。在承包人签订了合同协议书且承包人承诺的主要设备进场后,监理人应在当期进度付款证书中向承包人支付开工预付款。

承包人不得将该预付款用于与本工程无关的支出,监理人有权监督承包人对该项费用的使用,如经查实承包人滥用开工预付款,发包人有权立即向银行索赔履约保证金,并解除合同。

b.材料、设备预付款按项目专用合同条款数据表中所列主要材料、设备单据费用(进口的材料、设备为到岸价,国内采购的为出厂价或销售价,地方材料为堆场价)的百分比支付。其预付条件为:

- 材料、设备符合规范要求并经监理人认可;
- 承包人已出具材料、设备费用凭证或支付单据;
- 材料、设备已在现场交货,且存储良好,监理人认为材料、设备的存储方法符合要求。

监理人应将此项金额作为材料、设备预付款计入下一次的进度付款证书中。在预计交工前3个月,将不再支付材料、设备预付款。

②预付款的扣回与还清:

a.开工预付款在进度付款证书的累计金额未达到签约合同价的30%之前不予扣回,在达到签约合同价30%后,开始按工程进度以固定比例(即每完成签约合同价的1%,扣回开工预付款的2%)分期从各月的进度付款证书中扣回,全部金额在进度付款证书的累计金额达到签约合同价的80%时扣完。

b.当材料、设备已用于或安装在永久工程之中时,材料、设备预付款应从进度付款证书中扣回,扣回期不超过3个月。已经支付材料、设备预付款的材料、设备的所有权应属于发包人。

(2)质量保证金

质量保证金是在中期支付中将承包人已完工程应得的款项扣留一部分,用以促使承包人履行合同中规定的责任。

监理人应从第一个付款周期开始,在发包人的进度付款中,按项目专用合同条款数据表规定的百分比扣留质量保证金,直至扣留的质量保证金总额达到项目专用合同条款数据表规定的限额为止。质量保证金的计算额度不包括预付款的支付、扣回以及价格调整的金额。

在约定的缺陷责任期满时,承包人向发包人申请到期应返还承包人剩余的质量保证金金额,发包人应在14天内会同承包人按照合同约定的内容核实承包人是否完成缺陷责任。如无异议,发包人应当在核实后将剩余保证金返还承包人。

在约定的缺陷责任期满时,承包人没有完成缺陷责任的,发包人有权扣留与未履行责任剩余工作所需金额相应的质量保证金余额,并有权要求延长缺陷责任期,直至完成剩余工作为止。

(3)工程变更

①变更提出。在合同履行过程中,可能发生或发生下列约定情形的,如取消合同中任何一项工作但被取消的工作不能转由发包人或其他人实施;改变合同中任何一项工作的质量或其他

特性;改变合同工程的基线、标高、位置或尺寸;改变合同中任何一项工作的施工时间或改变已批准的施工工艺或顺序;为完成工程需要追加的额外工作,监理人可向承包人发出变更意向书。变更意向书应说明变更的具体内容和发包人对变更的时间要求,并附必要的图纸和相关资料。变更意向书应要求承包人提交包括拟实施变更工作的计划、措施和竣工时间等内容的实施方案。发包人同意承包人根据变更意向书要求提交的变更实施方案的,由监理人按《公路工程标准施工招标文件》(2018 年版)约定发出变更指示。

承包人收到监理人按合同约定发出的图纸和文件,经检查认为其中存在上述约定情形的,可向监理人提出书面变更建议。变更建议应阐明要求变更的依据,并附必要的图纸和说明。监理人收到承包人书面建议后,应与发包人共同研究,确认存在变更的,应在收到承包人书面建议后的 14 天内作出变更指示。经研究后不同意作为变更的,应由监理人书面答复承包人。

若承包人收到监理人的变更意向书后认为难以实施此项变更,应立即通知监理人,说明原因并附详细依据。监理人与承包人和发包人协商后确定撤销、改变或不改变原变更意向书。

②变更估价:

a. 除专用合同条款对期限另有约定外,承包人应在收到变更指示或变更意向书后的 14 天内,向监理人提交变更报价书,报价内容应根据《公路工程标准施工招标文件》(2018 年版)约定的估价原则,详细开列变更工作的价格组成及其依据,并附必要的施工方法说明和有关图纸。

b. 变更工作影响工期的,承包人应提出调整工期的具体细节。监理人认为有必要时,可要求承包人提交要求提前或延长工期的施工进度计划及相应施工措施等详细资料。

c. 除专用合同条款对期限另有约定外,监理人收到承包人变更报价书后的 14 天内,根据《公路工程标准施工招标文件》(2018 年版)约定的估价原则,商定或确定变更价格。

③估价原则。除专用合同条款另有约定外,因变更引起的价格调整按照本款约定处理。

a. 已标价工程量清单中有适用于变更工作的子目的,采用该子目的单价。

b. 已标价工程量清单中无适用于变更工作的子目,但有类似子目的,可在合理范围内参照类似子目的单价,由监理人按《公路工程标准施工招标文件》(2018 年版)中通用合同条款第3.5 款商定或确定变更工作的单价。

c. 已标价工程量清单中无适用或类似子目的单价,可按照成本加利润的原则,由监理人按《公路工程标准施工招标文件》中通用合同条款第 3.5 款商定或确定变更工作的单价。

(4)计日工

发包人认为有必要时,由监理人通知承包人以计日工方式实施变更的零星工作。其价款按列入已标价工程量清单中的计日工计价子目及其单价进行计算。

采用计日工计价的任何一项变更工作,应从暂列金额中支付,承包人应在该项变更的实施过程中,每天提交以下报表和有关凭证报送监理人审批:

①工作名称、内容和数量;

②投入该工作所有人员的姓名、工种、级别和耗用工时;

③投入该工作的材料类别和数量;

④投入该工作的施工设备型号、台数和耗用台时;

⑤监理人要求提交的其他资料和凭证。

计日工由承包人汇总后,列入进度付款申请单,由监理人复核并经发包人同意后列入进度付款。

(5)价格调整费用

工程建设的周期往往都较长,在这个比较长的建设周期中,无论是业主还是承包人都必须考虑与工程有关的各种价格变化。为了避免双方的风险损失,降低投标报价和合理确定工程造价,《公路工程标准施工招标文件》(2018 年版)对价格调整做出了专门规定。

①物价波动引起的价格调整。因人工、材料和设备等价格波动影响合同价格时,根据投标函附录中的价格指数和权重表约定的数据,按以下公式计算差额并调整合同价格。

$$\Delta P = P_0\left[A + \left(B_1 \times \frac{F_{t1}}{F_{01}} + B_2 \times \frac{F_{t2}}{F_{02}} + B_3 \times \frac{F_{t3}}{F_{03}} + \cdots + B_n \times \frac{F_{tn}}{F_{0n}}\right) - 1\right] \tag{5.1}$$

式中 ΔP——需调整的价格差额;

P_0——《公路工程标准施工招标文件》(2018 年版)第 17.3.3 项、第 17.5.2 项和第 17.6.2项约定的付款证书中承包人应得到的已完成工程量的金额,此项金额应不包括价格调整、不计质量保证金的扣留和支付、预付款的支付和扣回,第 15 条约定的变更及其他金额已按现行价格计价的,也不计在内;

A——定值权重(即不调部分的权重);

$B_1,B_2,B_3,\cdots,B_n$——各可调因子的变值权重(即可调部分的权重),为各可调因子在投标函投标总报价中所占的比例;

$F_{t1},F_{t2},F_{t3},\cdots,F_{tn}$——各可调因子的现行价格指数,指第 17.3.3 项、第 17.5.2 项和第 17.6.2 项约定的付款证书相关周期最后一天的前 42 天的各可调因子的价格指数;

$F_{01},F_{02},F_{03},\cdots,F_{0n}$——各可调因子的基本价格指数,指基准日期的各可调因子的价格指数。

以上价格调整公式中的各可调因子、定值和变值权重,以及基本价格指数及其来源在投标函附录价格指数和权重表中约定。价格指数应首先采用有关部门提供的价格指数,缺乏上述价格指数时,可采用有关部门提供的价格代替。

在采用价格调整公式进行调价时,还应遵守以下规定:

a. 暂时确定调整差额。计算调整差额时得不到现行价格指数的,可暂用上一次价格指数计算,并在以后的付款中再按实际价格指数进行调整。

b. 权重的调整。按《公路工程标准施工招标文件》(2018 年版)第 15.1 款约定的变更导致原定合同中的权重不合理时,由监理人与承包人和发包人协商后进行调整。

c. 承包人工期延误后的价格调整。由于承包人原因未在约定的工期内竣工的,则对原约定竣工日期后继续施工的工程,使用价格调整式(5.1)时,应采用原约定竣工日期与实际竣工日期的两个价格指数中较低的一个作为现行价格指数。

d. 采用造价信息调整价格差额。施工期内,因人工、材料、设备和机械台班价格波动影响合同价格时,人工、机械使用费按照国家或省、自治区、直辖市建设行政管理部门、行业建设管理部门或其授权的工程造价管理机构发布的人工成本信息、机械台班单价或机械使用费系数进行调整;需要进行价格调整的材料,其单价和采购数应由监理人复核,监理人确认需调整的材料单价及数量,作为调整工程合同价格差额的依据。

②法律变化引起的价格调整。在基准日后,因法律变化导致承包人在合同履行中所需要的工程费用发生物价波动引起的价格调整以外的增减时,监理人应根据法律、国家或省、自治区、直辖市有关部门的规定,按《公路工程标准施工招标文件》(2018 年版)商定或确定需调整的合同价款。

(6)索赔

索赔是当事人一方在工程承包合同履行过程中,由于另一方未履行合同所规定的义务或不可抗力因素而遭受损失,向另一方提出赔偿要求的行为。承包人向业主索赔为施工索赔,业主向承包人索赔为业主反索赔。索赔的内容包括工期索赔与费用索赔,费用索赔是索赔的最终目的,工期索赔最大程度上也是为了费用索赔。

①承包人索赔的提出。承包人应在知道或应当知道索赔事件发生后 28 天内,向监理人递交索赔意向通知书,并说明发生索赔事件的事由。承包人未在前述 28 天内发出索赔意向通知书的,丧失要求追加付款和(或)延长工期的权利;承包人应在发出索赔意向通知书后 28 天内,向监理人正式递交索赔通知书。索赔通知书应详细说明索赔理由以及要求追加的付款金额和(或)延长的工期,并附必要的记录和证明材料;索赔事件具有连续影响的,承包人应按合理时间间隔继续递交延续索赔通知,说明连续影响的实际情况和记录,列出累计的追加付款金额和(或)工期延长天数;在索赔事件影响结束后的 28 天内,承包人应向监理人递交最终索赔通知书,说明最终要求索赔的追加付款金额和延长的工期,并附必要的记录和证明材料。

②承包人索赔处理程序。监理人收到承包人提交的索赔通知书后,应及时审查索赔通知书的内容、查验承包人的记录和证明材料,必要时监理人可要求承包人提交全部原始记录副本;监理人应按《公路工程标准施工招标文件》(2018 年版)商定或确定追加的付款和(或)延长的工期,并在收到上述索赔通知书或有关索赔的进一步证明材料后的 42 天内,将索赔处理结果答复承包人;承包人接受索赔处理结果的,发包人应在作出索赔处理结果答复后 28 天内完成赔付。承包人不接受索赔处理结果的,按《公路工程标准施工招标文件》(2018 年版)的约定办理。

《公路工程标准施工招标文件》(2018 年版)中"通用合同条款"规定的可以合理补偿承包人索赔条款如表 5.1 所示。

表 5.1 《公路工程标准施工招标文件》(2018 年版)中"通用合同条款"规定的可以合理补偿承包人索赔条款

序号	条款号	主要内容	可补偿内容		
			工期	费用	利润
1	1.10.1	在施工场地发现文物、古迹以及具有地质研究或考古价值的其他遗迹、化石、钱币或物品	√	√	
2	3.4.5	监理人未能按合同约定发出指示、指示延误或指示错误	√	√	
3	4.1.8	为他人提供方便		√	
4	4.11.2	承包人遇到不利物质条件(不包括气候条件)	√	√	
5	5.2.4	发包人要求向承包人提前交付材料和工程设备		√	

续表

序号	条款号	主要内容	可补偿内容		
			工期	费用	利润
6	5.2.6	发包人提供的材料和工程设备的规格、数量或质量不符合合同要求,或由于发包人原因发生交货日期延误及交货地点变更等情况	√	√	√
7	5.4.3	发包人提供的材料或工程设备不符合合同要求的,承包人有权拒绝,要求发包人更换	√	√	
8	8.3	发包人提供的测量基准点、基准线和水准点及其书面资料错误导致承包人测量放线工作的返工或造成工程损失	√	√	√
9	11.3	发包人的原因造成工期延误	√	√	√
10	11.4	异常恶劣的气候条件	√		
11	11.6	发包人要求承包人提前竣工		√	
12	12.2	发包人原因引起的暂停施工造成工期延误	√	√	√
13	12.4.2	暂停施工后由于发包人原因无法按时复工	√	√	√
14	13.1.3	发包人原因造成工程质量达不到合同约定验收标准	√	√	√
15	13.5.3	监理人对隐蔽工程重新检查,经检验证明工程质量符合合同要求	√	√	√
16	13.6.2	发包人提供的材料或工程设备不合格造成的工程不合格,需要承包人采取措施补救	√	√	√
17	14.1.3	监理人对材料、工程设备和工程重新试验和检验,结果证明该项材料、工程设备和工程符合合同要求	√	√	√
18	16.2	法律变化引起的价格调整		√	
19	18.4.2	发包人在全部工程竣工前,使用已接收的单位工程导致承包人费用增加	√	√	√
20	18.6.2	发包人的原因导致试运行失败		√	√
21	19.2.3	发包人原因造成缺陷和(或)损坏		√	√
22	21.3.1	不可抗力造成损害	√	√	
23	21.3.4	因不可抗力解除合同		√	

(7)逾期竣工违约金

由于承包人原因造成工期延误,承包人应支付逾期竣工违约金。逾期竣工违约金的计算方法在专用合同条款中约定。承包人支付逾期竣工违约金,不免除承包人完成工程及修补缺陷的义务。

(8)工期提前奖励

发包人要求承包人提前竣工,或承包人提出提前竣工的建议能够给发包人带来效益的,应由监理人与承包人共同协商采取加快工程进度的措施和修订合同进度计划。发包人应承担承包人由此增加的费用,并向承包人支付专用合同条款约定的相应奖金。

【例5.1】 ××工程承包商实行总价承包合同。工程招标文件参考资料中提供的用砂地点距工地4 km,但开工后,发现该砂不符合质量要求,承包商只得从另一距工地20 km供砂点采购,而在一个关键工作面上又发生了以下事件造成暂时停工:4月20日至4月26日,承包商的施工设备出现了从未出现的故障;应于4月24日交给承包商的后续图纸直到5月10日才交给承包商;5月7日到5月12日,工地下了该季节罕见的特大暴雨,造成了5月11日到5月14日该地区的供电全面中断。

问题:

(1)由于供砂距离的增大,必然引起费用的增加,承包商经过仔细计算后,在业主指令下达的第三天,向业主提交了将原用砂单价提高5元的索赔要求。该索赔要求成立吗?为什么?

(2)由于几种情况的暂时停工,承包商在5月15日向业主提交了延长工期25天,成本损失费2万元/天(此费率已经核准)和利润损失费2 000元/天的索赔要求,共计索赔款55万元。试问:

①应批准索赔款额多少万元?为什么?

②你认为会在业主给承包商工程款的支付中扣除竣工拖期违约损失赔偿金吗?为什么?

(3)索赔成立的条件是什么?

(4)若承包商对因业主造成的窝工损失,要求设备窝工按台班计算,人工的窝工按日计价是否合理?如不合理,应怎样计算?

【解】 (1)承包商提出的因砂场地点变化而提出的索赔不成立,原因是:

《公路工程标准施工招标文件》(2018年版)中4.10.1条规定:发包人提供的本合同工程的水文、地质、气象和料场分布、取土场、弃土场位置等资料属于参考资料,并不构成合同文件的组成部分,承包人应对自己就上述资料的解释、推论和应用负责,发包人不对承包人据此作出的判断和决策承担任何责任。

(2)①批准的索赔额为24万元,原因是:

a.4月20日至4月26日的停工属于承包商自身的原因造成的,应由承包商承担,因此,不考虑承包商的索赔要求。

b.4月27日至5月6日的停工属于业主的原因造成的,应由业主承担,应考虑承包商的索赔要求,但不考虑承包商提出的利润索赔要求,索赔额为$10\times2=20$(万元)。

c.5月7日至5月12日的停工属于业主和承包商共同承担的风险,因此,不考虑承包商的索赔要求。

d.5月13日到5月14日的停工属于有经验的承包商无法预见的自然条件变化,应由业主承担,但不考虑承包商的利润索赔要求,索赔额为$2\times2=4$(万元)。

②由上述事件引起的工程进度拖延不等于竣工工期的延误。原因是:如果不能够通过施工方案的调整将延误的工期补回,将会造成延误,支付中要扣除拖期违约金;如果能够通过施工方案的调整将工期补回,不会造成竣工延误,不产生拖期违约金,支付中不扣除。

3. 承包商的索赔成立必须具备以下4个条件：

①与合同相比较，已造成了实际的额外费用增加或工期损失。

②造成费用增加或工期损失的原因不是承包商的过失。

③按合同规定不应由承包商承担。

④承包商在事件发生后的规定时限内提出了索赔的书面意向通知。

4. 不合理。因窝工而闲置的设备按折旧费或停置台班费或租赁费计价，不包括运转费部分。人工费损失应考虑这部分工作的工人调做其他工作时工效降低的损失费用，一般用工日单价乘以一个测算的降效系数计算该部分损失，而且只按成本费用计算，不包括利润。

【例5.2】　某施工单位承包某工程项目，甲乙双方签订的关于工程价款的合同内容有：

①建筑安装工程造价为660万元，材料及设备费占施工总产值的比重为60%。

②工程预付款为建筑安装工程造价的20%。工程实施后，工程预付款从未施工工程尚需的建筑材料及设备费相当于工程预付款额时起扣，从每次计算工程款中按材料和设备占施工产值的比重抵扣工程预付款，竣工前全部扣清。

③工程进度款逐月计算。

④工程质量保证金为建筑安装工程造价的3%，竣工结算月一次扣留。

⑤建筑材料和设备费价差调整按当地工程造价管理部门有关规定执行（按当地工程造价管理部门的有关规定，上半年材料和设备价差上调10%，在6月份一次调增）。

工程各月实际完成产值如表5.2所示。

表5.2　各月实际完成产值

月　份	2	3	4	5	6
完成产值（万元）	55	110	165	220	110

问题：①通常工程竣工结算的前提是什么？

②工程价款结算的方式有哪几种？

③该工程预付款起扣点为多少？

④该工程2月至5月每月拨付工程款为多少？累计工程款为多少？

⑤6月办理竣工结算，该工程结算造价为多少？甲方应付工程款为多少？

⑥该工程在保修期间发生屋面漏水，甲方多次催促乙方修理，乙方一再拖延，最后甲方另请施工单位维修，修理费1.5万元，该项费用如何处理？

【解】　问题①：工程竣工结算的前提条件是承包商按照合同规定的内容全部完成所承包的工程，并符合合同要求，经相关部门联合验收质量合格。

问题②：工程价款的结算方式有按月结算、分段结算、竣工后一次结算和双方约定的其他结算方式。

问题③：工程预付款：$660 \times 20\% = 132$（万元）

起扣点：$660 - 132/60\% = 440$（万元）

问题④：各月拨付工程款：

2月工程款为55万元，累计工程款为55万元；

3 月工程款为 110 万元,累计工程款为 165 万元;

4 月工程款为 165 万元,累计工程款为 330 万元;

5 月工程款为 $220-(220+330-440)\times 60\%=154$ 万元,累计工程款为 484 万元。

问题⑤:工程结算总造价为 $660+660\times 0.6\times 10\%=699.6$(万元)。

甲方应付工程结算款为 $699.6-484-(699.6\times 3\%)-132=62.612$(万元)。

问题⑥:1.5 万元维修费应从乙方(承包方)的质量保证金中扣除。

任务 2 计量支付台账编写

1. 计量支付的概念

计量支付是指在中间结算时,监理工程师或甲方代表按照施工合同的有关规定,对施工企业已完的分项工程进行计量,根据计量的结果和施工合同规定的应付给施工企业其他有关款项,由监理工程师出具证明并向施工企业支付款项的过程。工程计量支付是工程建设施工阶段投资控制的重要手段,是合同管理的核心内容,是监理人实施工期控制、质量控制和投资控制的前提条件。

2. 计量支付报表的申报

下面以某高速公路项目计量申报为例说明。

1)承包人申请

①承包人计量起讫时间为从上月的 26 日至本月的 25 日,并于每月 30 日前提出工程计量支付申请。

②承包人申报的计量支付资料为计量支付报表及其附件,附件包括中间计量资料和材料预付款的有关证明文件,其中在中间计量表中应列出详细计算式和简图。

2)驻地办及监理代表处审查签认

①驻地办对承包人上报的计量支付资料要认真计算、核实,按合同文件所规定的方法、范围、内容、单位进行计量,对不符合合同文件要求的工程不得计量,对于不合格工程数量应坚决扣除。若监理人对承包人提交的工程数量有疑问,可进行现场复核并对其进行修改,但同时必须修改其计算资料,使其资料前后保持一致。对经审查核实后符合要求的工程给予签证后报总监办,由总监办按合同要求进行审查签认。

②驻地办审签(审签时间为 3 天)完毕后上报总监办审核,总监办按照规定严格把关,审核无误后将审签(审签时间为 7 天)完的计量资料报送业主计划合同部。

3)业主审查、拨款

①经总监办审查签认的计量支付资料,按规定时间及时报送到业主计划合同部,再由计划合同部分别传到各职能部室审核。

②业主各职能部门依据工程合同文件、技术标准、规范以及主管部门批准的各项专用技术标准等对承包人申报的计量资料进行严格审查,若计量资料未发现存在工程质量、工程数量成其他方面的问题时,即可正常计量。

③计量资料经审核无误,按正常程序最终签认工程价款结算表,逐级审批后,由财务处办理付款手续。业主审查、付款的期限为 28 天。

4)计量支付报表的填写

(1)计量支付报表的组成

计量支付报表一般由支表01 付款申请表、支表02 工程进度表、支表03 中期支付证书、支表04 清单支付报表、支表05 工程变更一览表、支表06 永久性工程材料到达现场计量表、支表07 扣回材料预付款一览表、支表08 扣回动员预付款一览表、支表09 中间计量支付汇总表、支表10 中间计量表、中间交工证书组成。

(2)中间工程计量支付用表填写说明

①开工预付款支付:

a. 根据合同条款的规定,承包人进场后,填报开工预付款申请表及付款申请。

附件包括履约银行保函、开工预付款银行保函。

b. 经合同管理监理工程师审查,符合开工预付款申请条件,总监理工程师签认开工预付款支付证书。

②中间计量表的填写。计量支付月报中,支表10 中间计量表为基础数据计算表,汇总到支表09 中间计量支付汇总表。下面重点讲解中间计量表的填写。

a. 中间交工证书上必须注明交工桩号、部位、项目名称,其中路基填方还需注明交工所属压实区域及压实层次。

b. 支表10 中间计量表(计算式和简图)及有关证明材料,主要包括分项工程开工申请单、工程质量检验评定表、工程检验认可书等,如结构物混凝土工程需附强度试验资料和桩基检测资料、路基填方需附压实的检测资料。

c. 中间计量表还需注明工程检验认可书编号。

d. 对于额外工程、变更工程、计日工作等,应附工程变更通知、工程变更令、设计变更工程图纸、额外或紧急工程通知、计日工作通知等。

③中间支付证书。承包人每月的月计量支付申请经总监办审核后,签发中间支付证书。

④中间计量。承包人签订合同后一个月内必须按照业主提供的格式完成施工图纸数量复核计算以及工程量清单拆分工作,经驻地监理、监理代表处复核签认后报业主计划合同部。此工程数量作为中间计量控制的依据,不作为最终支付的依据。

⑤计量支付台账。总监办计划合同部管理每月按合同标段工程量清单"章""子目"的计量、支付汇总,及时做好计量支付台账,业主将定期检查承包人、监理单位的计量支付台账,必要时承包人、监理单位应提交每月的计量支付台账。

3. 工程质量保证资料

①为了避免计量支付报表中出现大量的工序报验资料,计量支付报表不需要附质检资料。但是,要求承包人、驻地办及代表处必须建立完整的内业资料档案,按单位、分部、分项工程划分的类别进行整理编号,承包人、驻地办及代表处原始资料档案必须一致。

②业主及监理代表处将定期抽检施工单位的质检资料和工地实际施工情况,对比施工图纸,核实已完成工程与计量工程是否相符。

4. 计量台账类型

承包人、驻地办、总监办和业主建立中期支付计量台账,主要有以下计量台账:

①承包人主要有工程量清单中期计量台账、清单支付台账、变更工程计量支付台账等。

②监理人主要有工程量清单中期计量台账、变更工程计量支付台账、各合同段计量支付台账等。

③业主主要有各合同段计量支付台账、工程量清单中期计量台账、变更设计受理台账、变更工程计量支付台账等。

5. 计量台账填写

①为保证中期计量支付不重不漏,需要建立详细的工程量清单中期计量台账,工程量清单中期计量台账按合同标段的工程量清单中的“章”“子目”进行统计,表中第1—4 栏中数据应与签订的合同工程量清单一致,第 5 栏为施工图数量,第 6—7 栏为变更设计内容,第 8 栏为业主审核后的合计数量,第 9—16 栏为每期计量批复数量,第 17 栏为剩余数量 =8 - 16。表中每一子目按分项工程详细填写,如 202-1-a 清理与挖掘,台账中要按计量段进行分解、细化填写;400 章桥梁工程按工程量清单子目对每一座桥分部分项进行归类填写,如表 5.3 所示。

表 5.3　403-1-a 某桥梁工程桩基光圆钢筋(HPB235、HPB300)工程数量计量台账

子目	项目名称	单位	合同数量	施工图数量	变更数量	变更令编号	审核数量	第 1 期计量	剩余数量
1	2	3	4	5	6	7	8	9	10
403-1-a	光圆钢筋(HPB235、HPB300)	kg	7 962						
	桩基础								
	0-1		2 654	2 654				2 654	0
	0-2		2 654	2 654				0	2 654
	0-3		2 654	2 654				0	2 654

②清单支付台账为合同金额到上期末、本期和截至本期的每章、子目的数量和金额支付台账。

③变更工程计量支付台账详细填写变更令编号、变更工程内容、变更前后的数量、单价和金额,以及变更工程的计量支付时间和剩余工程量。

工程中常用的计量台账如表 5.4 至表 5.8 所示,计量支付报表如表 5.9 至表 5.19 所示。

表 5.4 工程量清单中期计量台账

支付子目	项目名称	计量单位	合同数量	施工图纸数量	变更数量	变更令编号	审核数量	第1期计量	第2期计量	第3期计量	第4期计量	第5期计量	第6期计量	……	累计计量数量	剩余数量
1	2	3	4	5	6	7	8	9	10	11	12	13	14	15	16 = 9 + 10 + ⋯ + 15	17 = 8 − 16

表 5.5 清单支付台账

（ 年 月 第 期）

施工单位：　　　　　　　　合同段：

监理单位：　　　　　　　　日　期：

项目编号	项目名称	单位	合同			完成百分比	到上期末累计计量		本期计量		到本期末累计计量		备注
			数量	单价	金额		数量	金额	数量	金额	数量	金额	
1	2	3	4	5	6	7	8	9	10	11	12	13	14

制表：　　　　　　　　复核：　　　　　　　　项目经理：

表 5.6 变更工程计量支付台账

项目名称：

承包单位：　　　　　　　　监理单位：　　　　　　　　合同段：

序号	变更令编号	变更工程内容	项目编号	项目名称	计量单位	单价		原设计		变更后增减		计量		计量时间	剩余	
						原合同单价	变更后单价	数量	金额	数量	金额	数量	金额		数量	金额
1	2	3	4	5	6	7	8	9	10	11	12	13	14	15	16	17

表 5.7　计量支付台账

合同号：

项目编号	项目名称	合同总价及变更金额			累计完成百分比(%)	01	02	03	04	05	合计
		合同总金额	变更总金额	变更后总金额							
第 100 章	总则										
第 200 章	土石方工程										
第 300 章	路面										
第 400 章	桥梁										
第 600 章	安全设施及预埋管线										
暂定金额											
小计											
保留金											
返还保留金											
动员预付款											
扣回动员预付款											
材料预付款											
扣回材料预付款											
优先价(本次计量款 -3%)											
工程管理(奖 +、罚 -)											
合计											

表 5.8　设计变更台账

合同段	编　号	变更内容	上报日期	受理日期	受理意见	份　数

表5.9 支表01 付款申请表

施工单位：　　　　　　　　　　合同号：
监理单位：　　　　　　　　　　编　号：

致(监理工程师)：
　　兹申请支付　　年　　月完成下列工程项目的进度款　　　元,作为本期的全部付款。
　　附件:各项计量证明。

承包人：　　　　　　年　　月　　日

项目号	项目名称	计量证明表编号	申请金额(元)	驻地监理工程师批准金额(元)	总监理工程师审核金额(元)	业主批复金额(元)
100	总则					
200	路基工程					
300	路面工程					
400	桥梁、涵洞					
500	隧道					
600	安全设施及预埋管线					
700	绿化及环境保护					
小计						
计日工						
设计变更						
其他变更						
价格调整						
优质优酬						
索赔金额						
违约赔偿金						
迟付款利息						
合计						
动员预付款						
扣回动员预付款						
材料设备预付款						
扣回材料设备预付款						
保留金						
确认支付						

注:由承包人呈报一式三份,批准后业主代表、驻地监理、承包人各一份。

计量监理工程师：　　　　　　　　日期：
驻地监理工程师代表：　　　　　　日期：

表 5.10 支表 02 工程进度表

项目名称： 承包单位：
截止日期： 监理单位：

业主：
开工令日期：
合同工期：
合同完成日期：
修改合同完成日期：
时间延长：
合同总价：
暂定金额：
清单金额：
工程变更：
估计最终金额：

项目号	项目内容	合同金额(元)	核实金额(元)	本期完成(%)	累计完成(%)	2016 年			2017 年												2018 年						
						10 月	11 月	12 月	1 月	2 月	3 月	4 月	5 月	6 月	7 月	8 月	9 月	10 月	11 月	12 月	1 月	2 月	3 月	4 月	5 月	6 月	7 月
100	总则																										
200	路基																										
300	路面																										
400	桥梁、涵洞																										
500	隧道																										
600	安全设施及预埋管线																										
700	绿化及环境保护																										
总计																											

制表： 承包人： 驻地监理工程师： 总监理工程师：

表 5.11　支表 03　中期支付证书

项目名称：　　　　　　施工单位：　　　　　　合同号：

截止日期：　　　　　　监理单位：　　　　　　编　号：

项目号	项目内容	合同价及变更金额(元)				到本期末完成(元)				到上期末完成(元)	本期完成(元)				备注
		合同金额	核实金额	变更总金额	变更后总金额	申请金额	驻地监理工程师批准金额	总监理工程师审核金额	业主批复金额		申请金额	驻地监理工程师批准金额	总监理工程师审核金额	业主批复金额	
100	总则														
200	路基														
300	路面														
400	桥梁、涵洞														
500	隧道														
600	安全设施及预埋管线														
700	绿化及环境保护														
	小计														
	计日工														
	设计变更														
	其他变更														
	价格调整														
	优质优酬														
	索赔金额														
	违约赔偿金														
	迟付款利息														
	合计														
	动员预付款														
	扣回动员预付款														
	材料设备预付款														
	扣回材料设备预付款														
	保留金														
	确认支付														

制表：　　　　承包人：　　　　驻地监理工程师：　　　　总监理工程师：　　　　项目办主任：

表 5.12　支表 04　清单支付报表

项目名称：　　　　施工单位：　　　　合同号：
截止日期：　　　　监理单位：　　　　编　号：

清单号	项目内容	单位	原合同			核　实			到本期末完成		到上期末完成		本期完成		备注
			合同单价	数量	金额(元)	核实单价	核实数量	核实金额(元)	数量	金额(元)	数量	金额(元)	数量	金额(元)	
	本页小计														
	第(　)章合计														
	100 章—700 章合计														

制表：　　　　承包人：　　　　驻地监理工程师：　　　　总监理工程师：　　　　业主审查：

表 5.13　支表 05　工程变更一览表

项目名称：　　　　施工单位：　　　　合同号：
截止日期：　　　　监理单位：　　　　编　号：

工程项目名称	支付项目编号	单　位	合同数量	单价(元)	截至本期末累计完成		截至上期末累计完成(－＋)		本期完成(－＋)		批准文号或项目编号	计量日期	备注
					数量	金额(元)	数量	金额(元)	数量	金额(元)			
合计													

制表：　　　　承包人：　　　　驻地监理工程师：　　　　总监办审查：　　　　业主审查：

表5.14　支表06　永久性工程材料到达现场计量表

项目名称：　　　　　　施工单位：　　　　　　合同号：

截止日期：　　　　　　监理单位：　　　　　　编　号：

材料代号	进场材料名称	单　位	本　期								到本期末进场数量	到上期末进场数量
			进场数量	综合单价（元）	合计价（元）	垫付金额（元）	材料来源	单据号	材料检验单编号	进场日期		
	本页小计											
	合计											

制表：　　　　承包人：　　　　驻地监理工程师：　　　　总监办审查：　　　　业主审查：

表5.15　支表07　扣回材料预付款一览表

项目名称：　　　　　　施工单位：　　　　　　合同号：

截止日期：　　　　　　监理单位：　　　　　　编　号：

材料代号	进场材料名称	单　位	累计预付金额	本期预付金额	本期末回扣金额	上期末回扣金额	本期回扣金额	剩余金额	备注
	合计								

制表：　　　　承包人：　　　　驻地监理工程师：　　　　总监办审查：　　　　业主审查：

表 5.16 支表 08 扣回动员预付款一览表

项目名称： 施工单位： 合同号：

截止日期： 监理单位： 编 号：

A：合同总价（元）	
B：合同总价的 30%（元）	
C：到本月末支表 02（表 5.10）“合计”栏累计完成金额（元）	
D：C > B 时的时间（第几期）	
E：合同期限（月）	
F：已付动员预付款（元）	
G：支表 02（表 5.10）“合计”栏本期完成金额（元）	
H：月扣除动员预付款（元）	
本月扣回动员预付款（元）	
上月末扣回动员预付款（元）	
到本月末扣回动员预付款（元）	
到本月末未扣回动员预付款（元）	

制表： 承包人： 驻地监理工程师： 总监办审查： 业主审查：

表5.17　支表09　中间计量支付汇总表

施工单位：　　　　　　　　　　　　　　　　合同号：

监理单位：　　　　　　　　　　　　　　　　编　号：

清单项目编号	工程项目或支付细目名称	凭证号	单位	数量	单价	金额

表5.18　支表10　中间计量表

施工单位：　　　　　　　　　　　　　　　　合同号：

监理单位：　　　　　　　　　　　　　　　　编　号：

<table>
<tr><td>章节名称</td><td colspan="2"></td><td colspan="2">计量类型</td><td></td></tr>
<tr><td>支付项目编号</td><td colspan="2"></td><td colspan="2">项目名称</td><td></td></tr>
<tr><td>起止桩号</td><td colspan="2"></td><td colspan="2">部位</td><td></td></tr>
<tr><td>图号</td><td colspan="2"></td><td colspan="2">工程检验认可书或
工序质量认证单号</td><td></td></tr>
<tr><td colspan="6">计量草图及几何尺寸：</td></tr>
<tr><td colspan="6">计算式：</td></tr>
<tr><td>计量单位</td><td></td><td>工程数量</td><td></td><td>日期</td><td></td></tr>
</table>

制表：　　　　　　　　　　　　承包人：　　　　　　　　　　　　专项监理工程师：

表 5.19 **中间交工证书**

施工单位： 合同号：

监理单位： 编　号：

<table>
<tr><td colspan="5">下列工程已完，申请交验，以便进行下一步。
工程内容：</td></tr>
<tr><td>桩号</td><td></td><td>日期</td><td></td><td>承包人签字</td></tr>
<tr><td>监理工程师收件日期</td><td></td><td>签字</td><td></td><td></td></tr>
<tr><td colspan="5">结论：

监理工程师：　　　　日期：</td></tr>
<tr><td colspan="5">承包人收件日期：

签字：</td></tr>
</table>

复习思考题

5.1 什么是工程结算？工程结算的作用有哪些？

5.2 工程结算的内容有哪些？

5.3 什么是工程变更？工程变更后单价如何确定？

5.4 什么是索赔？索赔的内容有哪些？

5.5 简述计量支付的概念。

5.6 计量台账类型有哪些？

5.7 某建设施工土方工程中，承包商在合同标明有松软石的地方没有遇到松软石，因此工期提前1个月。但在合同中另一未标明有坚硬岩石的地方遇到更多的坚硬岩石，开挖工作变得更加困难，因此造成了实际生产效率比原计划低得多，经测算影响工期3个月。由于施工进度减慢，使得部分施工任务拖到雨季进行，按一般公认标准推算，又影响工期2个月。为此，承包商准备提出索赔。

问题：(1)简述索赔程序。

(2)该项施工索赔能否成立？为什么？

(3)该索赔事件中，应提出的索赔内容包括哪些？

模块 6　公路工程竣工决算编制

工程竣工决算是建设单位编制的反映建设项目实际造价和投资效果的文件,是竣工验收报告的重要组成部分。所有竣工验收的项目应在办理手续之前,对所有建设项目的财产和物资进行认真的清理,及时、正确地编制竣工决算报告,没有编制竣工决算的项目不得进行竣工验收。它对总结分析建设过程的经验教训,提高工程造价管理水平和积累技术经济资料,为有关部门制订类似工程的建设计划与制订概预算定额指标提供资料和经验,都具有重要的意义。

竣工决算(财务决算)是从财务管理的角度出发,侧重于对资金的流向、大小和在时间上分布的分析,以现行的财税制度为依据,通过对资金的流动情况为重点进行分析,形成符合基本建设财务管理办法的科目体系,来反映竣工工程从开始建设起至竣工为止的全部资金来源和运用情况,达到核定使用资产价值的目的。由于它侧重于对财务制度执行情况的反映,因此能够确定资金流动的真实性和合法性,是办理资产交付使用手续的依据。

项目一般不得预留尾工工程,确需预留尾工工程的,尾工工程投资不得超过批准的概(预)算总投资的5%。项目除预留与项目编报竣工财务决算有关的费用外,不得预留其他费用。

尾工工程投资以及预留费用应满足实施与管理的需要,以概(预)算、合同(协议)等为依据列入竣工财务决算。

竣工财务决算应反映从筹建到竣工财务决算基准日发生的全部费用和预留费用、尾工工程投资。

建设项目完成时,建设单位要认真做好各项财务、物资、财产、债权债务、投资资金到位情况和报废工程的清理工作,做到工完料清,账实相符。各种材料、物资、设备、施工机具等要逐项清点核实,妥善保管,按照国家规定处理,不得任意侵占。

建设单位编制的竣工决算报告在审计部门提出审计意见后,方可组织竣工验收。未经竣工验收委员会认定的竣工报告不得上报。中央级大中型基本建设项目的项目竣工决算报告经省级交通主管部门或部属一级单位签署意见后报部备案(一式4份)。竣工决算报告在竣工验收委员会审查同意后3个月内报出。

1. 竣工决算的作用

竣工决算是建设各方考核工程经济活动成果的主要依据,主要有以下6个作用。

(1)全面反映竣工项目最初计划和最终建成的工程概况

竣工决算报告要求编制的概况表及有关说明,反映了竣工计划和实际的建设规模、技术标准,建设工期、投资、用地、质量及主要工程数量、材料消耗等工程的全面情况。

(2)竣工决算是检查基本建设投资计划、设计概算执行情况和考核投资效果的依据

公路建设项目是在国家基本建设投资计划安排下进行的,其投资额要以批准的可行性研究

投资估算、设计概算、施工图预算文件为依据；实施要符合批准的建设计划和设计文件要求，工程项目的建设方案、技术标准不得随意变更；建设规模应当符合设计文件确定下来的修建原则的要求；投资应控制在批准的概算或预算金额以内。因此，竣工决算要围绕着检查基本建设投资计划的执行情况和概预算的执行情况进行。

通过竣工验收和竣工决算，检查落实是否已经达到了设计要求，是否提高了技术标准或加大了建设规模的情况；通过各项实际完成的货币工作量的分析，来检查有无不合理的开支或违背财经纪律和投资计划的情况；竣工决算还应对其他费用开支分析是否超过了标准规定；对临时设施、占地、拆迁以及新增工程都应认真进行核对。

(3)竣工决算是核定新增固定资产流动和流动资产价值、办理交付使用财产的依据

交通建设项目建设好后，要核定新增资产价值，并办理交付使用财产的移交手续。通常新增资产包括新增固定资产、流动资产、无形资产、递延资产、其他资产等。根据编制决算报告的内容要求，要编制交付使用财产总表和交付使用财产明细表，并详细计算交付使用财产的价值，还应向使用或管理单位提交交付使用财产具体的项目的名称、规格、数量、价值等明细表作为办理交付使用资产交接手续的依据。

(4)竣工决算是全面反映建设项目的财务情况，总结提高财务管理水平的重要资料

竣工决算反映着建设项目开始建设以来各项资金的来源和支出，以及取得财务成果的综合反映，也体现了项目建设中的财务管理水平。通过竣工决算，可以检查建设单位遵守财经自律和完成投资计划的情况，为基建主管部门、财务部门总结经验、改善财务管理和拨款贷款监督工作提供重要资料。

(5)竣工决算是竣工验收的主要依据

按照公路工程基本建设程序规定，当批准的设计文件规定的公路项目经负荷运转能够正常使用时，应及时组织竣工验收工作，对建设项目进行全面考核。按工程的不同情况，由负责验收委员会或小组进行验收。

在竣工验收之前，建设单位向主管部门提出验收报告，其中主要组成部分是建设单位编自的竣工决算文件，作为验收委员会(或小组)的验收依据。验收人员要检查建设项目的实际建筑物、构筑物与设施的使用情况，同时审查竣工决算文件中的有关内容和指标，确定建设项目的验收结果。

(6)竣工决算为公路工程定额修订提供资料和依据

竣工决算要反映主要工程的全部数量和实际成本、工程总造价，以及从开始筹建至竣工为止全部资金的运用情况和工程建设后新增固定资产和流动资产价值。大中型交通工程建设项目竣工决算报告要报交通运输部。它是国家基本建设技术经济档案，也可以为以后的国家基本建设项目投资提供参考。

在工程决算中对已完工的人工、材料、机械台班消耗都要做必要的计算和分析；对其他费用的开支也应分析测算；人工、材料、机械台班消耗水平和其他费用开支额度，除能够反映本工程的情况外，还可以作为以后定额修订和各项费用开支标准编制的参考。

某些工程项目由于改进了施工方法，采用了新技术、新工艺、新设备、新结构，减低了材料消耗，提高了劳动生产率，降低了成本。通过决算资料的分析和积累，就可以为以后编制新定额或补充定额提供必要的数据。

通过决算对工程技术经济资料的分析和整理,还可以为公路基本建设评估和投资决策,加强投资管理提供依据,对提高工程造价的编制水平和管理水平具有积极的作用。

2.竣工财务决算编报

(1)竣工财务决算的编制依据

竣工财务决算编制依据主要包括以下内容:

①国家有关法律、法规、文件。

②经批准的可行性研究报告、初步设计、施工图设计、设计变更、概(预)算调整等文件。

③招投标文件、政府采购文件、合同(协议)、工程结算等管理资料。

④历年下达的年度投资计划、支出预算。

⑤会计核算、年度财务决算及财务管理资料。

⑥竣工验收证书、廉政合同、质量监督报告及工程监理报告等其他有关资料。

(2)竣工财务决算的内容

竣工财务决算应包括竣工财务决算封面及目录、竣工财务决算说明书、竣工财务决算报表及相关资料。

竣工财务决算说明书主要包括以下内容:

①项目概况。

②会计账务处理、财产物资清理及债权债务清偿情况。

③建设资金计划及到位情况,财政资金支出预算、投资计划及到位情况。

④建设资金使用、结余资金处理情况。

⑤预备费动用情况。

⑥尾工工程投资及预留费用情况,应包含竣工财务决算基准日至上报日期间尾工工程投资及预留费用安排使用、债权债务清理等变化情况。

⑦概(预)算执行情况及分析,竣工实际完成投资与概算差异及原因分析。

⑧建设管理制度执行情况、政府采购情况、招投标情况、合同履行情况。

⑨主要技术经济指标的分析、计算情况。

⑩征地拆迁补偿情况、移民安置情况。

⑪历次审计、检查、审核、稽查意见及整改落实情况。

⑫管理经验、主要问题和建议。

⑬需说明的其他事项。

竣工财务决算报表包括:基本建设项目概况表、基本建设项目竣工财务决算表、基本建设项目资金情况明细表、基本建设项目交付使用资产总表、基本建设项目交付使用资产明细表、基本建设项目尾工工程投资及预留费用表、基本建设项目待摊投资明细表、基本建设项目待核销基建支出明细表和基本建设项目转出投资明细表。

以设备购置、房屋及其他建筑物购置为主且附有部分建筑安装工程的,只需编制基本建设项目概况表、基本建设项目竣工财务决算表、基本建设项目资金情况明细表、基本建设项目交付使用资产总表、基本建设项目交付使用资产明细表。

相关资料主要包括以下内容:

①项目建议书、可行性研究报告、初步设计文件、设计变更、概算调整批复等文件的复印件。

②历年投资计划及财政资金预算下达文件的复印件。

③审计、检查意见或文件的复印件。

④其他与决算相关资料。

项目建设单位可根据管理的实际情况增设有关反映重要事项的辅助报表。

3. 竣工财务决算的编制程序

1）编制竣工财务决算的程序

（1）制订竣工财务决算编制方案

竣工财务决算编制方案中应明确以下事项：

①组织领导和职责分工。

②竣工财务决算基准日。

③竣工财务决算编制的具体内容。

④计划进度和工作步骤。

⑤技术难题和解决方案。

（2）收集整理与竣工财务决算相关的资料

编制竣工财务决算应收集与整理以下主要资料：

①会计凭证、账簿和报告。

②内部财务管理制度。

③工程设计文件、设计变更文件、预备费动用相关资料。

④年度投资计划、预算（资金）文件。

⑤招投标、政府采购合同（协议）。

⑥工程量和材料消耗统计资料。

⑦征地与拆迁补偿、移民安置实施及其资金使用情况。

⑧工程结算资料。

⑨竣工验收、成果及效益资料。

⑩审计、财务检查结论性文件及整改材料。

（3）竣工财务清理

竣工财务清理主要包括以下内容：

①合同（协议）清理：

a. 按照合同（协议）编号或类别列示合同（协议）清单。

b. 在工程进度款结算的基础上，根据施工过程中的设计变更、现场签证、工程量核定单、索赔等资料办理竣工结算，对合同价款进行增减调整。

c. 清理各项合同（协议）履行的主要指标，包括合同金额，累计已结算金额，预付款支付、扣回、余额，质量保证金扣留、支付、余额，履约担保、预付款保函（担保）等。

d. 确认合同（协议）履行结果。

e. 落实尚未执行完毕的合同（协议）履行时限和措施。

②债权债务清理：

a. 核对和结算债权债务。

b. 清理坏账和无法偿付的应付款项。

c. 将债权债务清理形成的损益计入待摊投资。

③剩余工程物资清理：

a. 确定剩余工程物资的账面价值、变价收入、变现费用和变现净值。

b. 将剩余工程物资的变现净值计入待摊投资。

④结余资金清理：

a. 结余资金 = 建设资金来源的合计数 - 基本建设支出合计数。

b. 结余资金应按照建设资金来源中财政拨款占比确定财政拨款形成的结余资金，并按规定缴回同级财政。

⑤应移交的资产清理：

a. 按照核算资料列示移交资产账面清单。

b. 工程实地盘点，形成移交资产盘点清单。

c. 分析比较移交资产账面清单和盘点清单。

d. 调整差异，形成应移交资产目录清单。

(4)确定竣工财务决算基准日

竣工财务决算基准日应依据资金到位、投资完成、竣工财务清理等情况确定，一般应确定在月末。

与建设成本、交付使用资产价值以及其他基本建设支出相关联的会计业务应在竣工财务决算基准日之前全部入账。

(5)概(预)算与核算口径的对应分析

会计核算口径与概(预)算口径有差异的，在编制竣工财务决算时，应依据概(预)算的口径，调整会计核算指标，形成对应关系。

(6)计列尾工工程投资及预留费用

根据工程实际情况，计列尾工工程投资及预留费用。

(7)分摊待摊投资

待摊投资支出按合理比例分摊计入交付使用资产、转出投资价值和待核销基建支出。能够确定由某项资产或某项支出负担的待摊投资，应直接计入；不能确定负担对象的待摊投资，应分摊计入受益的资产成本或待核销基建支出；构成交付使用资产的无须安装的设备投资不分摊待摊投资。

项目建设单位应根据不同情况，分别选择概算分配率或实际分配率分摊待摊投资。

概算分配率的计算公式如下：

概算分配率 =(概算中各待摊投资的合计数 - 其中可直接分配部分)÷(概算中建筑工程、安装工程、在安装设备投资和待核销基建支出合计)×100%

实际分配率的计算公式如下：

实际分配率 = 待摊投资明细科目余额 ÷(建筑工程明细科目余额 + 安装工程明细科目余额 + 在安装设备投资明细科目余额 + 待核销基建支出科目余额)×100%

(8)确定建设成本

交付使用资产应具有独立的使用价值。独立使用价值的判断依据是具有较完整的使用功能，能够按照设计的要求，独立发挥作用。

交付使用资产包括固定资产、流动资产、无形资产、公共基础设施等。

(9)编制竣工财务决算报表

填写表6.1至表6.9。

(10)编写竣工财务决算说明书

最后,编写竣工财务决算说明书。

2)项目建设单位上报竣工财务决算

项目建设单位上报竣工财务决算应包括以下资料:

①申请报批的文件。

②竣工财务决算。

③竣工财务决算审核意见及审核表(表6.10至表6.15)。

④竣工验收证书。

⑤审批单位要求提供的其他资料。

竣工财务决算审核和竣工决算审计视情况可结合进行。

表 6.1　基本建设项目概况表

<table>
<tr><td>建设项目(单项工程)名称</td><td colspan="2"></td><td>建设地址</td><td colspan="2"></td></tr>
<tr><td>主要设计单位</td><td colspan="2"></td><td>主要施工企业</td><td colspan="2"></td></tr>
<tr><td rowspan="2">占地面积(m^2)</td><td>设　计</td><td>实　际</td><td rowspan="2">总投资(万元)</td><td>设　计</td><td>实　际</td></tr>
<tr><td></td><td></td><td></td><td></td></tr>
<tr><td rowspan="2">新增生产能力</td><td colspan="3">能力(效益)名称</td><td>设　计</td><td>实　际</td></tr>
<tr><td colspan="3"></td><td></td><td></td></tr>
<tr><td rowspan="2">建设起止时间</td><td>设　计</td><td colspan="4">自　年　月　日至　年　月　日</td></tr>
<tr><td>实　际</td><td colspan="4">自　年　月　日至　年　月　日</td></tr>
<tr><td>概算批准部门及文号</td><td colspan="5"></td></tr>
</table>

<table>
<tr><td rowspan="10">基建支出</td><td>项　目</td><td>概算批准金额</td><td>实际完成金额</td><td>备　注</td></tr>
<tr><td>建筑安装工程</td><td></td><td></td><td rowspan="9"></td></tr>
<tr><td>设备、工具、器具</td><td></td><td></td></tr>
<tr><td>待摊投资</td><td></td><td></td></tr>
<tr><td>其中:项目建设管理费</td><td></td><td></td></tr>
<tr><td>其他投资</td><td></td><td></td></tr>
<tr><td>待核销基建支出</td><td></td><td></td></tr>
<tr><td>转出投资</td><td></td><td></td></tr>
<tr><td>合计</td><td></td><td></td></tr>
<tr><td colspan="3"></td></tr>
</table>

<table>
<tr><td rowspan="3">完成主要工作量</td><td colspan="2">建设规模</td><td colspan="3">设备(台、套、t)</td></tr>
<tr><td>设　计</td><td>实　际</td><td colspan="2">设　计</td><td>实　际</td></tr>
<tr><td></td><td></td><td colspan="2"></td><td></td></tr>
<tr><td rowspan="4">尾工工程</td><td>单项工程项目、内容</td><td>批准概算</td><td>预计未完部分投资额</td><td>已完成投资额</td><td>预计完成时间</td></tr>
<tr><td></td><td></td><td></td><td></td><td></td></tr>
<tr><td></td><td></td><td></td><td></td><td></td></tr>
<tr><td>小　计</td><td></td><td></td><td></td><td></td></tr>
</table>

表6.2 基本建设项目竣工财务决算表

项目名称： 单位：

资金来源	金 额	资金占用	金 额
一、基建拨款		一、基本建设支出	
1. 中央财政资金		(一)交付使用资产	
其中：一般公共预算资金		1. 固定资产	
中央基建投资		2. 流动资产	
财政专项资金		3. 无形资产	
政府性基金		(二)在建工程	
国有资本经营预算安排的项目资金		1. 建筑安装工程投资	
2. 地方财政资金		2. 设备投资	
其中：一般公共预算资金		3. 待摊投资	
地方基建投资		4. 其他投资	
财政专项资金		(三)待核销基建支出	
政府性基金		(四)转出投资	
国有资本经营预算安排的项目资金		二、货币资金合计	
二、部门自筹资金(非负债性资金)		其中：银行存款	
三、项目资本		财政应返还额度	
1. 国家资本		其中：直接支付	
2. 法人资本		授权支付	
3. 个人资本		现金	
4. 外商资本		有价证券	
四、项目资本公积		三、预付及应收款合计	
五、基建借款		1. 预付备料款	
其中：企业债券资金		2. 预付工程款	
六、待冲基建支出		3. 预付设备款	
七、应付款合计		4. 应收票据	
1. 应付工程款		5. 其他应收款	
2. 应付设备款		四、固定资产合计	
3. 应付票据		固定资产原价	
4. 应付工资及福利费		减：累计折旧	
5. 其他应付款		固定资产净值	
八、未交款合计		固定资产清理	
1. 未交税金		待处理固定资产损失	
2. 未交财政结余资金			
3. 未交基建收入			
4. 其他未交款			
合计		合计	

补充资料： 基建借款期末金额： 基建结余资金：

备注：资金来源合计扣除财政资金拨款与国家资本、资本公积重叠部分。

表6.3　基本建设项目资金情况明细表

项目名称：　　　　　　　　　　　　　　　单位：

资金来源类别	合　计		备　注
	预算下达或概算批准金额	实际到位金额	需备注预算下达文件
一、财政资金拨款			
1. 中央财政资金			
其中：一般公共预算资金			
中央基建投资			
财政专项资金			
政府性基金			
国有资本经营预算安排的基建项目资金			
政府统借统还非负债性资金			
2. 地方财政资金			
其中：一般公共预算资金			
地方基建投资			
财政专项资金			
政府性基金			
国有资本经营预算安排的基建项目资金			
行政事业性收费			
政府统借统还非负债性资金			
二、项目资本金			
其中：国家资本			
三、银行贷款			
四、企业债券资金			
五、自筹资金			
六、其他资金			
合计			

补充资料：　　　　　　　　项目缺口资金：　　　　　　　　缺口资金落实情况：

表6.4　基本建设项目交付使用资产总表

项目名称：　　　　　　　　　　单位：

序号	单项工程名称	总　计	固定资产				流动资产	无形资产
			合　计	建筑物及构筑物	设　备	其　他		
	合计							

交付单位：　　　　负责人：　　　　接收单位：　　　　负责人：

盖　章：　　　　年　　月　　日　　　　盖　章：　　　　年　　月　　日

表 6.5 基本建设项目交付使用资产明细表

项目名称： 单位：

序号	单项工程名称	固定资产										流动资产		无形资产	
		建筑工程				设备工具器具家具									
		结 构	面 积	金 额	其中：分摊待摊投资	名 称	规格型号	数 量	金 额	其中：设备安装费	其中：分摊待摊投资	名 称	金 额	名 称	金 额
	合 计														

交付单位： 负责人： 接收单位： 负责人：

盖 章： 年 月 日 盖 章： 年 月 日

表 6.6 基本建设项目尾工工程投资及预留费用表

项目名称：　　　　　　　　　　　　　　单位：

项目	工程量				价值						
	计量单位	设计	已完	未完	概算	已完	未完				
							建筑	安装	设备	其他	合计
一、尾工工程											
二、预留费用											
合计											

表 6.7 基本建设项目待摊投资明细表

项目名称：　　　　　　　　　　　　　　　　　　单位：

项　目	金　额	项　目	金　额
1. 勘察费		25. 社会中介机构审计(查)费	
2. 设计费		26. 工程检测费	
3. 研究试验费		27. 设备检测费	
4. 环境影响评价费		28. 负荷联合试车费	
5. 监理费		29. 固定资产损失	
6. 土地征用及迁移补偿费		30. 器材处理亏损	
7. 土地复垦及补偿费		31. 设备盘亏及毁损	
8. 土地使用税		32. 报废工程损失	
9. 耕地占用税		33. (贷款)项目评估费	
10. 车船税		34. 国外借款手续费及承诺费	
11. 印花税		35. 汇兑损益	
12. 临时设施费		36. 坏账损失	
13. 文物保护费		37. 借款利息	
14. 森林植被恢复费		38. 减:存款利息收入	
15. 安全生产费		39. 减:财政贴息资金	
16. 安全鉴定费		40. 企业债券发行费用	
17. 网络租赁费		41. 经济合同仲裁费	
18. 系统运行维护监理费		42. 诉讼费	
19. 项目建设管理费		43. 律师代理费	
20. 代建管理费		44. 航道维护费	
21. 工程保险费		45. 航标设施费	
22. 招投标费		46. 航测费	
23. 合同公证费		47. 其他待摊投资性质支出	
24. 可行性研究费		合计	

表6.8　基本建设项目待核销基建支出明细表

项目名称：　　　　　　　　　　　　单位：

不能形成资产部分的财政投资支出				用于家庭或个人的财政补助支出			
支出类别	单　位	数　量	金　额	支出类别	单　位	数　量	金　额
1. 江河清障疏浚				1. 补助群众造林			
2. 航道整治				2. 户用沼气工程			
3. 飞播造林				3. 户用饮水工程			
4. 退耕还林(草)				4. 农村危房改造工程			
5. 封山(沙)育林(草)				5. 垦区及林区棚户区改造			
6. 水土保持							
7. 城市绿化							
8. 毁损道路恢复							
9. 护坡及清理							
10. 取消项目可行性研究费							
11. 项目报废							
……				……			
合　计				合　计			

表 6.9 基本建设项目转出投资明细表

项目名称： 单位：

序号	单项工程名称	建筑工程				设备工具器具家具							流动资产		无形资产	
		结构	面积	金额	其中：分摊待摊投资	名称	规格型号	单位	数量	金额	设备安装费	其中：分摊待摊投资	名称	金额	名称	金额
	合计															

交付单位： 负责人： 接收单位： 负责人：

盖章： 年 月 日 盖章： 年 月 日

表 6.10　基本建设项目竣工财务决算审核汇总表

项目名称：　　　　　　　　　　　　　　　　单位：

序号	工程项目及费用名称	批准概算		送审投资		审定投资		审定投资较概算增减额	备　注
		数　量	金　额	数　量	金　额	数　量	金　额		
	按批准概算明细口径或单位工程、分部工程填列								
	总计								
一	建筑安装工程投资								
	……								
二	设备、工具器具								
	……								
三	工程建设其他费用								

项目单位：　　　　负责人签字：　　　　评审机构：　　　　评审负责人签字：

年　月　日　　　　　　　　年　月　日

表6.11 基本建设项目资金情况审核明细表

项目名称： 单位：

资金来源类别	合 计		备 注
	预算下达或概算批准金额	实际到位金额	需备注预算下达文件
一、财政资金拨款			
1. 中央财政资金			
其中：一般公共预算资金			
中央基建投资			
财政专项资金			
政府性基金			
国有资本经营预算安排的项目资金			
政府统借统还非负债性资金			
2. 地方财政资金			
其中：一般公共预算资金			
地方基建投资			
财政专项资金			
政府性基金			
国有资本经营预算安排的项目资金			
行政事业性收费			
政府统借统还非负债性资金			
二、项目资本金			
其中：国家资本			
三、银行贷款			
四、企业债券资金			
五、自筹资金			
六、其他资金			
合 计			

项目单位： 评审机构：

负责人签字： 评审负责人签字：

年 月 日 年 月 日

表6.12　基本建设项目待摊投资审核明细表

项目名称：　　　　　　　　　　　　　　　　单位：

项　目	金　额	项　目	金　额
1. 勘察费		25. 社会中介机构审计(查)费	
2. 设计费		26. 工程检测费	
3. 研究试验费		27. 设备检测费	
4. 环境影响评价费		28. 负荷联合试车费	
5. 监理费		29. 固定资产损失	
6. 土地征用及迁移补偿费		30. 器材处理亏损	
7. 土地复垦及补偿费		31. 设备盘亏及毁损	
8. 土地使用税		32. 报废工程损失	
9. 耕地占用税		33. (贷款)项目评估费	
10. 车船税		34. 国外借款手续费及承诺费	
11. 印花税		35. 汇兑损益	
12. 临时设施费		36. 坏账损失	
13. 文物保护费		37. 借款利息	
14. 森林植被恢复费		38. 减:存款利息收入	
15. 安全生产费		39. 减:财政贴息资金	
16. 安全鉴定费		40. 企业债券发行费用	
17. 网络租赁费		41. 经济合同仲裁费	
18. 系统运行维护监理费		42. 诉讼费	
19. 项目建设管理费		43. 律师代理费	
20. 代建管理费		44. 航道维护费	
21. 工程保险费		45. 航标设施费	
22. 招投标费		46. 航测费	
23. 合同公证费		47. 其他待摊投资性质支出	
24. 可行性研究费		合　计	

项目单位：　　　　　　　　　　　　　　　　评审机构：

负责人签字：　　　　　　　　　　　　　　　评审负责人签字：

年　　月　　日　　　　　　　　　　　　　　年　　月　　日

表 6.13　基本建设项目交付使用资产审核明细表

项目名称：　　　　　　　　单位：

序号	单项工程名称	固定资产										流动资产		无形资产	
		建筑工程				设备工具器具家具									
		结构	面积	金额	其中：分摊待摊投资	名称	规格型号	数量	金额	其中：设备安装费	其中：分摊待摊投资	名称	金额	名称	金额
	合　计														

项 目 单 位：　　　　　　　　评　审　机　构：

负责人签字：　　　　　　　　评审负责人签字：

年　月　日　　　　　　　　年　月　日

表 6.14　基本建设项目转出投资审核明细表

项目名称：　　　　　　　　　　　　　　　　单位：

序号	单项工程名称	建筑工程				设备工具器具家具							流动资产		无形资产	
		结构	面积	金额	其中：分摊待摊投资	名称	规格型号	单位	数量	金额	设备安装费	其中：分摊待摊投资	名称	金额	名称	金额

项 目 单 位：　　　　　　　　　　　　　　评　审　机　构：

负责人签字：　　　　　　　　　　　　　　评审负责人签字：

年　　月　　日　　　　　　　　　　　　　年　　月　　日

表 6.15　基本建设项目待核销基建支出审核明细表

项目名称：　　　　　　　　　　　　　　　　　　单位：

不能形成资产部分的财政投资支出				用于家庭或个人的财政补助支出			
支出类别	单　位	数　量	金　额	支出类别	单　位	数　量	金　额
1. 江河清障				1. 补助群众造林			
2. 航道清淤				2. 户用沼气工程			
3. 飞播造林				3. 户用饮水工程			
4. 退耕还林(草)				4. 农村危房改造工程			
5. 封山(沙)育林(草)				5. 垦区及林区棚户区改造			
6. 水土保持				……			
7. 城市绿化							
8. 毁损道路恢复							
9. 护坡及清理							
10. 取消项目可行性研究费							
11. 项目报废							
……							
合　计				合　计			

项目单位：　　　　负责人签字：　　　　评审机构：　　　　评审负责人签字：

年　月　日　　　　　　　　　　　　年　月　日

复习思考题

6.1　竣工财务决算有哪些作用?

6.2　编制竣工财务决算需要哪些依据?

6.3　简述竣工财务决算的编制程序。

6.4　建设项目竣工财务决算的组成内容包括哪些?

附　录

附录 A　封面、目录及概(预)算表格样式

A.0.1　扉页的次页格式

××公路初步设计概算

(K××+×××~K××+×××)

第　册 共　册

编制:(签字并盖章)

复核:(签字并盖章)

编制单位:(盖章)

编制时间:　　　　年　　月　　日

A.0.2 甲组文件目录格式及相应内容

目 录

（甲组文件）

1. 编制说明。
2. 项目前后阶段费用对比表见表 A.0.2-1。
3. 建设项目属性及技术经济信息表(00 表)见表 A.0.2-2。
4. 总概(预)算汇总表(01-1 表)见表 A.0.2-3。
5. 总概(预)算人工、主要材料、施工机械台班数量汇总表(02-1 表)见表 A.0.2-4。
6. 总概(预)算表(01 表)见表 A.0.2-5。
7. 人工、主要材料、施工机械台班数量汇总表(02 表)见表 A.0.2-6。
8. 建筑安装工程费计算表(03 表)见表 A.0.2-7。
9. 综合费率计算表(04 表)见表 A.0.2-8。
10. 综合费计算表(04-1 表)见表 A.0.2-9。
11. 设备费计算表(05 表)见表 A.0.2-10。
12. 专项费用计算表(06 表)见表 A.0.2-11。
13. 土地使用及拆迁补偿费计算表(07 表)见表 A.0.2-12。
14. 工程建设其他费计算表(08 表)见表 A.0.2-13。
15. 人工、材料、施工机械台班单价汇总表(09 表)见表 A.0.2-14。

表 A.0.2-1　项目前后阶段费用对比表

建设项目名称：　　　　　　　　　　　　　　　　　　　　　　　第　页　共　页

分项编号	工程或费用名称	单　位	本阶段设计概算(施工图预算)			上阶段工可估算(设计概算)			费用变化		备　注
			数　量	单　价	金　额	数　量	单　价	金　额	金　额	比例(%)	
1	2	3	4	5	6	7	8	9	10	11	12

填表说明：1. 本表反映一个建设项目的前后阶段各项费用组成。

2. 本阶段和上阶段费用均从各阶段的 01-1 表转入。

编制：　　　　　　　　　　　　　　　　复核：

表 A.0.2-2 建设项目属性及技术经济信息表

建设项目： 编制日期： 00 表

一	项目基本属性			
编 号	名 称	单 位	信 息	备 注
001	工程所在地			
002	地形类别			平原或微丘
003	新建/改扩建			
004	公路技术等级			
005	设计速度	km/h		
006	路面结构			
007	路基宽度	m		
008	路线长度	公路公里		不含连接线
009	桥梁长度	km		
010	隧道长度	km		双洞长度
011	桥隧比例	%		[(009)+(010)]/(008)
012	互通式立体交叉数量	km/处		
013	支线、联络线长度	km		
014	辅道、连接线长度	km		

二	项目工程数量信息				
编 号	内 容	单 位	数 量	数量指标	备 注
10202	路基挖方	1 000 m^3			
10203	路基填方	1 000 m^3			
10206	排水圬工	1 000 m^3			包括防护、排水
10207	防护圬工	1 000 m^3			
10205	特殊路基	km			
10301	沥青混凝土路面	1 000 m^2			
10302	水泥混凝土路面	1 000 m^2			
10401	涵洞	m			
10402	小桥	m			
10403	中桥	m			
10404	大桥	m			
10405	特大桥	m			
10501	连拱隧道	m			
10502	小净距隧道	m			
10503	分离式隧道	m			

续表

编　号	内　容	单　位	数　量	数量指标	备　注
10602	通道	m			
10605	分离式立体交叉	处			
10606	互通式立体交叉	处			
10703	管理养护服务房屋	m^2			
10901	联络线、支线工程	km			
10902	连接线工程	km			
10903	辅道工程	km			
20101	永久征地	亩			不含取(弃)土场征地
20102	临时征地	亩			
三	项目造价指标信息表				
编　号	工程造价	总金额（万元）	造价指标（万元/km）	占总造价百分比(%)	备　注
1	建筑安装工程费		(必填)		
101	临时工程				
102	路基工程				
103	路面工程				
104	桥梁工程				
105	隧道工程				
106	交叉工程				
107	交通工程				
108	绿化及环境保护工程				
109	其他工程				
110	专项费用				
2	土地使用及拆迁补偿费				
3	工程建设其他费				
4	预备费				
5	建设期贷款利息				
6	公路基本造价				
四	分项造价指标信息表				
编　号	名　称	单　位	造价指标	备　注	
10202	路基挖方	m^3			
10203	路基填方	m^3			
10206	排水圬工	m^3			
10207	防护圬工	m^3			

续表

编　号	名　称	单　位	造价指标	备　注
10205	特殊路基	km		
10301	沥青混凝土路面	m^2		
10302	水泥混凝土路面	m^2		
10401	涵洞	m		
10402	预制空心板桥	m^2		
10403	预制小箱梁桥	m^2		
10404	预制 T 梁桥	m^2		
10405	现浇箱梁桥	m^2		
10406	特大桥	m^2		
10501	连拱隧道	m		
10502	小净距隧道	m		
10503	分离式隧道	m		
10602	通道	m		
10605	分离式立体交叉	处		
10606	互通式立体交叉	处		
10701	交通安全设施	km		
10702	机电及设备安装工程	km		
10707	管理养护服务房屋	m^2		含土建和安装,不含外场
10901	联络线、支线工程	km		
10902	连接线工程	km		
10903	辅道工程	km		
20101	永久征地	亩		
20102	临时征地	亩		
20201	拆迁补偿	km		
30101	建设单位管理费	km		
30103	工程监理费	km		
30301	建设项目前期工作费	km		
五	主要材料单价信息表			
编　号	名　称	单　位	单价(元)	备　注
1001001	人工	工日		
2001002	HRB400 钢筋	t		
3001001	石油沥青	t		
5503005	中(粗)砂	m^3		
5505016	碎石(4 cm)	m^3		
5509002	42.5 级水泥	t		

编制：　　　　　　　　　　　　　　　复核：

表 A.0.2-3 总概(预)算汇总表

建设项目名称： 第 页 共 页 01-1 表

分项编号	工程或费用名称	单位	总数量	数量	金额(元)	技术经济指标	数量	金额(元)	技术经济指标	数量	金额(元)	技术经济指标	总金额(元)	全路段技术经济指标	各项费用比例(%)

填表说明：

1. 一个建设项目分若干单项工程编制概(预)算时,应通过本表汇总全部建设项目概(预)算金额。
2. 本表反映一个建设项目的各项费用组成、概(预)算总值和技术经济指标。
3. 本表分项编号、工程或费用名称、单位、总数量、概(预)算金额应由各单项或单位工程总概(预)算表(01 表)转来,部分项、子项应保留,其他可视需要增减。
4. “全路段技术经济指标”以各项金额汇总合计除以相应总数量计算;“各项费用比例”以汇总的各项目公路工程造价除以公路基本造价合计计算。

编制： 复核：

表 A.0.2-4　总概(预)算人工、主要材料、施工机械台班数量汇总表

建设项目名称：　　　　　　　　　　　　　　　　　　　　　　　　第　页　共　页　02-1 表

代号	规格名称	单　位	总数量	编制范围									

填表说明：

1. 一个建设项目分若干个单项工程编制展(预)算时，应通过本表汇总全部建设项目的人工、主要材料与设备、施工机械合班数量。
2. 本表各栏数据均由各单项或单位工程概(预)算中的人工、主要材料、施工机械台班数量汇总表(02 表)转来，编制范围指单项或单位工程。

编制：　　　　　　　　　　　　　　　　　　复核：

表 A.0.2-5　总概(预)算表

建设项目名称：

编制范围：　　　　　　　　　　　　　　　　　　　　第　页　共　页　01 表

分项编号	工程或费用名称	单　位	数　量	金额(元)	技术经济指标	各项费用比例(%)	备　注

填表说明：

1. 本表反映一个单项或单位工程的各项费用组成、概(预)算金额、技术经济指标、各项费用比例(%)等。
2. 本表“分项编号”“工程或费用名称”“单位”等应按概预算项目表的编号及内容填写。
3. “数量”“金额”由专项费用计算表(06 表)、建筑安装工程费计算表(03 表)、土地使用及拆迁补偿费计算表(07 表)、工程建设其他费计算表(08 表)转来。
4. “技术经济指标”以各项目金额除以相应数量计算；“各项费用比例”以各项金额除以公路基本造价计算。

编制：　　　　　　　　　　　　　　　　复核：

表 A.0.2-6　人工、主要材料、施工机械台班数量汇总表

建设项目名称：

编制范围：　　　　　　　　　　　　　　　　　　　　　　　　第　页　共　页　02 表

代号	规格或名称	单位	单价(元)	总数量	分项统计								场外运输的损耗	
													%	数　量

填表说明：

本表各栏数据由人工、材料、施工机械台班单价汇总表(09 表)，分项工程概(预)算表(21-2 表)，辅助生产人工、材料、施工机械台班单位数量表(25 表)经分析计算后统计而来。

编制：　　　　　　　　　　　　　　　　复核：

表 A.0.2-7　建筑安装工程费计算表

建设项目名称：

编制范围：　　　　　　　　　　　　　　　　　　　　　　　　　　第　页　共　页　03 表

序号	分项编号	工程名称	单位	工程量	定额直接工程费（元）	定额设备购置费（元）	直接费(元)				设备购置费	措施费	企业管理费	规费	利润（元）	税金（元）	金额合计（元）	
							人工费	材料费	施工机械使用费	合　计					费率（%）	税率（%）	合计	单价
1	2	3	4	5	6	7	8	9	10	11	12	13	14	15	16	17	18	19
					填表说明： 1. 本表各栏数据由 05 表、06 表、21-2 表经计算后转来。 2. 本表中除列出具体分项外，还应列出子项（如临时工程、路基工程、路面工程……），并将子项下具体分项的费用进行汇总。													
	110	专项费用																
	11001	施工场地建设费	元															
	11002	安全生产费	元															
合计																		

编制：　　　　　　　　　　　　　　　　　　复核：

表 A.0.2-8　综合费率计算表

建设项目名称：

编制范围：　　　　　　　　　　　　　　　　　　　　　　第　页　共　页　04 表

序号	工程类别	措施费（%）											企业管理费（%）						规费（%）					
		冬季施工增加费	雨季施工增加费	夜间施工增加费	高原地区施工增加费	风沙地区施工增加费	沿海地区施工增加费	行车干扰施工增加费	施工辅助费	工地转移费	综合费率		基本费用	主副食运费补贴	职工探亲路费	职工取暖补贴	财务费用	综合费用	养老保险费	失业保险费	医疗保险费	工伤保险费	住房公积金	综合费率
											Ⅰ	Ⅱ												
1	2	3	4	5	6	7	8	9	10	11	12	13	14	15	16	17	18	19	20	21	22	23	24	25

填表说明：

本表应根据建设项目具体情况，按概（预）算编制办法有关规定填入数据计算。

其中，12 = 3 + 4 + 5 + 6 + 7 + 8 + 9 + 11；13 = 10；19 = 14 + 15 + 16 + 17 + 18；25 = 20 + 21 + 22 + 23 + 24。

编制：　　　　　　　　　　　　　　　　复核：

表 A.0.2-9　综合费计算表

建设项目名称：

编制范围：

第　页　共　页　04-1 表

序号	工程类别	措施费											企业管理费						规费					
		冬季施工增加费	雨季施工增加费	夜间施工增加费	高原地区施工增加费	风沙地区施工增加费	沿海地区施工增加费	行车干扰施工增加费	施工辅助费	工地转移费	综合费率		基本费用	主副食运费补贴	职工探亲路费	职工取暖补贴	财务费用	综合费用	养老保险费	失业保险费	医疗保险费	工伤保险费	住房公积金	综合费用
											Ⅰ	Ⅱ												
1	2	3	4	5	6	7	8	9	10	11	12	13	14	15	16	17	18	19	20	21	22	23	24	25

填表说明：

本表应根据建设项目具体分项工程，按投资估算编制办法规定的计算方法分别计算各项费用。

其中：12 = 3 + 4 + 5 + 6 + 7 + 8 + 9 + 11；13 = 10；19 = 14 + 15 + 16 + 17 + 18；25 = 20 + 21 + 22 + 23 + 24。

编制：　　　　　　　　复核：

表 A.0.2-10 设备费计算表

建设项目名称：

编制范围：　　　　　　　　　　　　　　　　　　　　　第 页 共 页 05 表

代号	设备名称	规格型号	单位	数量	基价	定额设备购置费(元)	单价(元)	设备购置费(元)	税金(元)	定额设备费(元)	设备费(元)
		填表说明： 本表应根据具体的设备购置清单进行计算，包括设备规格、单位、数量、设备基价、定额设备购置费、设备预算单价、税金以及定额设备费和设备费。设备购置费不计取措施费及企业管理费。									
	合计										

编制：　　　　　　　　　　　　　　复核：

表 A.0.2-11　专项费用计算表

建设项目名称：

编制范围：

第　页　共　页　06 表

序号	工程或费用名称	说明及计算式	金额(元)	备　注
		填表说明： 本表应依据项目按本办法规定的专项费用项目填写，在说明及计算式栏内填写需要说明的内容及计算式。		

编制：　　　　　　　　　　　　　　　　复核：

表 A.0.2-12　土地使用及拆迁补偿费计算表

建设项目名称：

编制范围：

第　页　共　页　07 表

序　号	费用名称	单　位	数　量	单价(元)	金额(元)	说明及计算式	备　注

填表说明：

本表按规定填写单位、数量、单价和金额；说明及计算式中应定明标准及计算式；子项下边有分项的，可以按顺序依次往下编号。

编制：　　　　复核：

表 A.0.2-13 工程建设其他费计算表

建设项目名称：

编制范围：　　　　　　　　　　　　　　　　　　　　　　　　　　第　页　共　页　08 表

序　号	费用名称及项目	说明及计算式	金额（元）	备　注
	填表说明： 本表应按具体发生的其他费用项目填写，需要说明和具体计算的费用项目依次相应在说明及计算式栏内填写或具体计算，各项费用具体填写如下： 1. 建设项目管理费包括建设单位（业主）管理费、建设项目信息化费、工程监理费、设计文件审查费竣（交）工验收试验检测费，按本办法规定的计算基数、费率、方法或有关规定列式计算。 2. 研究试验费应根据设计需要进行研究试验的项目分别填写项目名称及金额或列式计算或进行说明。 3. 建设项目前期工作费按本办法规定的计算基数、费率、方法计算。 4. 专项评价（估）费、联合试运转费、生产准备费、工程保通管理费、工程保险费、预备费、建设期贷款利息等其他费用根据本办法规定或国家有关规定依次类推计算。			

编制：　　　　　　　　　　　　　　　　复核：

表 A.0.2-14　人工、材料、施工机械台班单价汇总表

建设项目名称：

编制范围：　　　　　　　　　　　　　　　　　　　　　　　　第　页　共　页　09 表

序　号	名　称	单　位	代　号	预算单价(元)	备　注	序号	名称	单位	代号	预算单价(元)	备注

填表说明：

本表预算单价主要由材料预算单价计算表(22 表)和施工机械台班单价计算表(24 表)转来。

编制：　　　　　　　　　　　　　　　　复核：

A.0.3 乙组文件目录格式及相应内容

目录

(乙组文件)

1. 分项工程概(预)算计算数据表(21-1 表)见表 A.0.3-1。
2. 分项工程概(预)算表(21-2 表)见表 A.0.3-2。
3. 材料预算单价计算表(22 表)见表 A.0.3-3。
4. 自采材料料场价格计算表(23-1 表)见表 A.0.3-4。
5. 材料自办运输单位运费计算表(23-2 表)见表 A.0.3-5。
6. 施工机械台班单价计算表(24 表)见表 A.0.3-6。
7. 辅助生产人工、材料、施工机械台班单位数量表(25 表)见表 A.0.3-7。

表 A.0.3-1　分项工程概(预)算计算数据表

建设项目名称：

编制范围：　　标准定额库版本号：　　校验号：　　第　页　共　页　21-1 表

分项编号/定额代号/工料机代号	项目、定额或工料机名称	单　位		数　量		输入单价	输入金额	分项组价类型或定额子目取费类型	定额调整情况或分项算式

填表说明：

1. 本表应逐行从左到右横向逐栏填写。
2. “分项编号”“定额”“工料机”等的代号应根据实际需要按本办法附录 B 概预算项目表及现行《公路工程概算定额》(JYG/T 3831)、《公路工程预算定额》(JYG/T 3832)的相关内容填写。
3. 本表主要是为利用计算机软件编制概算、预算提供分项组价基础数据，列明工程项目全部计算分项的组价参数；分项组价类型包括输入单价、输入金额、算式列表、费用列表和定额组价五类；定额调整情况分配合比调整、钢筋调整、抽换、乘系数、综合调整等，非标准补充定额列出其工料机及其消耗量；具体填表规则由软件用户手册详细制定。
4. 标准定额库版本号由公路工程造价依据信息平台和最新的标准定额库一起发布，造价软件接收后直接输出。
5. 校验码由定额库版本号加密生成，由公路工程造价依据息平台与定额库版本号同时发布，造价软件直接输出，为便于校验，造价软件可按条形码形式输出。

编制：　　复核：

表 A.0.3-2 分项工程概(预)算表

编制范围：

分项编号： 工程名称： 单位： 数量： 单价： 第 页 共 页 21-2 表

代号	工程项目												合计	
	工程细目													
	定额单位													
	工程数量													
	定额表号													
	工、料、机名称	单位	单价(元)	定额	数量	金额(元)	定额	数量	金额(元)	定额	数量	金额(元)	数量	金额(元)
1	人工	工日												
2	……													
	直接费	元												
	措施费 Ⅰ	元												
	措施费 Ⅱ	元												
	企业管理费	元			%			%			%			
	规费	元			%			%			%			
	利润	元			%			%			%			
	税金	元			%			%			%			
	金额合计	元												

填表说明：

1. 本表按具体分项工程项目数量、对应概(预)算定额子目填写，单价由 09 表转来，金额 $=\sum$ 工、料、机各项的单价 × 定额 × 数量。
2. 措施费、企业管理费按相应项目的定额人工费与定额施工机械使用费之和或定额直接费 × 规定费率计算。
3. 规费按相应项目的人工费 × 规定费率计算。
4. 利润按相应项目的(定额直接费 + 措施费 + 企业管理费) × 利润率计算。
5. 税金按相应项目的(直接费 + 措施费 + 企业管理费 + 规费 + 利润) × 税率计算。
6. 措施费、企业管理费、规费、利润、税金对应定额列填入相应的计算基数，数量列填入相应的费率。

编制： 复核：

表 A.0.3-3 材料预算单价计算表

建设项目名称：

编制范围：　　　　　　　　　　　　　　　　第　页　共　页　22 表

代号	规格名称	单位	原价（元）	运杂费					原价运费合计(元)	场外运输损耗		采购及保管费		预算单价（元）
				供应地点	运输方式比重及运距	毛质量系数或单位毛质量	运杂费构成说明或计算式	单位运费（元）		费率(%)	金额(元)	费率(%)	金额(元)	

填表说明：

1. 本表计算各种材料自供应地点或料场至工地的全部运杂费与材料原价及其他费用组成预算单价。
2. 运输方式按火车、汽车、船舶等及所占运输比重填写。
3. 毛质量系数、场外运输损耗、采购及保管费按规定填写。
4. 根据材料供应地点、运输方式、运输单价、毛质量系数等，通过运杂费组成说明或计算式，计算得出材料单位运费。
5. 材料原价与单位运费、场外运输损耗、采购及保管费组成材料预算单价。

编制：　　　　　　　　　　　　　　　　复核：

表 A.0.3-4　自采材料料场价格计算表

编制范围：

自采材料名称：　　　　单位：　　　　数量：　　　　料场价格：　　　　第　页　共　页　23-1 表

代号	工程项目												合　计	
	工程细目													
	定额单位													
	工程数量													
	定额表号													
	工、料、机名称	单位	单价（元）	定额	数量	金额（元）	定额	数量	金额（元）	定额	数量	金额（元）	数量	金额（元）
				填表说明： 1. 本表主要用于分析计算自采材料料场价格，应将选用的定额人工、材料、施工机械台班数量全部列出，包括相应的工、料、机单价。 2. 材料规格用途相同而生产方式（如人工捶碎石、机械轧碎石）不同时，应分别计算单价，再以各种生产方式所占比重根据合计价格加权平均计算料场价格。 3. 定额中施工机械台班有调整系数时，应在本表内计算。 4. 辅助生产间接费、高原取费对应定额列填入相应的计算基数，数量列填入相应的费率。										
	规费	元												
	辅助生产间接费	元			%			%			%			
	高原取费	元			%			%			%			
	金额合计	元												

编制：　　　　　　　　复核：

表 A.0.3-5 材料自办运输单位运费计算表

编制范围：

自采材料名称： 单位： 数量： 单位运费： 第 页 共 页 23-2 表

代号	工程项目												合计	
	工程细目													
	定额单位													
	工程数量													
	定额表号													
	工、料、机名称	单位	单价(元)	定额	数量	金额(元)	定额	数量	金额(元)	定额	数量	金额(元)	数量	金额(元)
	直接费	元												
	辅助生产间接费	元			%			%			%			
	高原取费	元			%			%			%			
	金额合计	元												

填表说明：

1. 本表主要用于分析计算材料自办运输单位运费，应将选用的定额人工、材料、施工机械台班数量全部列出，包括相应的工、料、机单价。
2. 材料运输地点或运输方式不同时，应分别计算单价，再按所占比重加权平均计算材料运输价格。
3. 定额中施工机械台班有调整系数时，应在本表内计算。
4. 辅助生产间接费、高原取费对应定额列填入相应的计算基数，数量列填入相应的费率。

编制： 复核：

表 A.0.3-6　材料预算单价计算表

建设项目名称：

编制范围：　　　　　　　　　　　　　　　　　　第　页　共　页　24 表

序号	代号	规格名称	台班单价（元）	不变费用		可变费用（元）										车船税	合计
				调整系数		人工（元/工日）		汽油（元/kg）		柴油（元/kg）							
				定额	调整值	定额	金额	定额	金额	定额	金额	定额	金额	定额	金额		

填表说明：

1. 本表应根据公路工程机械台班费用定额进行计算。不变费用如有调整系数应填入调整值；可变费用各栏填入定额数量。
2. 人工、动力燃料的单价由材料预算单价计算表（22 表）中转来。

编制：　　　　　　　　　　　　　　　　复核：

表 A.0.3-7　辅助生产人工、材料、施工机械台班单位数量表

建设项目名称：

编制范围：　　　　　　　　　　　　　　　　　　　　　　　　第　页　共　页　25 表

序　号	规范名称	单　位	人工(工日)							

填表说明：

本表各栏数据由自采材料料场价格计算表(23-1 表)和材料自办运输单位运费计算表(23-2 表)统计而来。

编制：　　　　　　　　　　　　　　　　复核：

附录 B　概算预算项目表

B.0.1　概算预算项目表如下：

1. 概算预算项目表见表 B.0.1-1。

2. 路基工程项目分表(LJ)见表 B.0.1-2。

3. 路面工程项目分表(LM)见表 B.0.1-3。

4. 涵洞工程项目分表(HD)见表 B.0.1-4。

5. 桥梁工程项目分表(QL)见表 B.0.1-5。

6. 隧道工程项目分表(SD)见表 B.0.1-6。

7. 交通安全设施工程项目分表(JA)见表 B.0.1-7。

8. 隧道机电工程项目分表(SJ)见表 B.0.1-8。

9. 绿化及环境保护工程项目分表(LH)见表 B.0.1-9。

表 B.0.1-1　概算预算项目表

分项编号	工程或费用名称	单　位	主要工作内容	备　注
1	第一部分　建筑安装工程费	公路公里		建设项目路线总长度(主线长度)
101	临时工程	公路公里		
10101	临时道路	km		新建施工便道与利用原有道路的总长
1010101	临时便道(修建、拆除与维护)	km		新建施工便道长度
1010102	原有道路的维护与恢复	km		利用原有道路长度
1010103	保通便道	km		
101010301	保通便道(修建、拆除与维护)	km		修建、拆除与维护
101010302	保通临时安全设施	km		临时安全设施修建、拆除与维护
10102	临时便桥、便涵	m/座		
1010201	临时便桥	m/座	修建、拆除与维护	临时施工汽车便桥
1010202	临时涵洞	m/座		
10103	临时码头	座		按不同的形式分级
10104	临时供电设施	总额		包括临时电力线路、变压器摊销等，不包括场外高压供电线路
10105	临时电信设施	总额		不包括广播线
	……			
102	路基工程	km		扣除主线桥梁、隧道和互通立交的主线长度，独立桥梁或隧道为引道或接线长度，下挂路基工程项目分表
	……			
103	路面工程	km		扣除主线桥梁、隧道和互通立交的主线长度，独立桥梁或隧道为引道或接线长度，下挂路面工程项目分表
	……			
104	桥梁涵洞工程	km		指桥梁长度
10401	涵洞工程	m/道		下挂涵洞工程项目分表
	……			
10402	小桥工程	m/座		
1040201	拱桥	m^2/m		下挂桥梁工程项目分表

续表

分项编号	工程或费用名称	单 位	主要工作内容	备 注
1040202	矩形板桥	m^2/m		下挂桥梁工程项目分表
1040203	空心板桥	m^2/m		下挂桥梁工程项目分表
1040204	小箱梁桥	m^2/m		下挂桥梁工程项目分表
1040205	T 梁桥	m^2/m		下挂桥梁工程项目分表
10403	中桥工程	m/座		
1040301	拱桥	m^2/m		下挂桥梁工程项目分表，不分基础、上(下)部
1040302	预制矩形板桥	m^2/m		下挂桥梁工程项目分表，不分基础、上(下)部
1040303	预制空心板桥	m^2/m		下挂桥梁工程项目分表，不分基础、上(下)部
1040304	预制小箱梁桥	m^2/m		
1040305	预制 T 梁桥	m^2/m		
1040306	现浇箱梁桥	m^2/m		
	……			
10404	大桥工程	m/座		
1040401	×××桥(桥型、跨径)	m^2/m		下挂桥梁工程项目分表
	……			
10405	特大桥工程	m/座		
1040501	××特大桥工程			按桥名分级；技术复杂大桥先按主桥和引桥分级再按工程部位分级
104050101	引桥工程(桥型、跨径)	m^2/m	不含桥面铺装及附属工程内容	标注跨径、桥型，下挂桥梁工程项目分表
104050102	主桥工程(桥型、跨径)	m^2/m	不含桥面铺装及附属工程内容	标注跨径、桥型，下挂桥梁工程项目分表
104050103	桥面铺装	m^3		下挂桥梁工程项目分表相应部分
104050104	附属工程	m		下挂桥梁工程项目分表相应部分
10406	桥梁维修加固工程	m^2/m		下挂桥梁工程项目分表相应部分

续表

分项编号	工程或费用名称	单 位	主要工作内容	备 注
	……			
105	隧道工程	km/座		按隧道名称分级，并注明其形式
10501	连拱隧道	km/座		
1050101	××隧道	m		下挂隧道工程项目分表
	……			
10502	小净距隧道	km/座		
1050201	××隧道	m		下挂隧道工程项目分表
	……			
10503	分离式隧道	km/座		
1050301	××隧道	m		下挂隧道工程项目分表
	……			
10504	下沉式隧道	km/座		
1050401	××隧道	m		下挂隧道工程项目分表
	……			
10505	沉管隧道	km/座		
1050501	××隧道	m		下挂隧道工程项目分表
	……			
10506	盾构隧道	km/座		
1050601	××隧道	m		下挂隧道工程项目分表
	……			
10507	其他形式隧道	km/座		
1050701	××隧道	m		下挂隧道工程项目分表
	……			
106	交叉工程	处		按不同的交叉形式分目
10601	平面交叉	处		按不同的类型分级
1060101	公路与等级公路平面交叉	处		下挂路基和路面等工程项目分表
1060102	公路与等外公路平面交叉	处		下挂路基和路面等工程项目分表
	……			
10602	通道	m/处		按结构类型分级
1060201	箱式通道	m/处		

续表

分项编号	工程或费用名称	单 位	主要工作内容	备 注
1060202	板式通道	m/处		
1060203	拱形通道	m/处		
	……			
10603	天桥	m/座		按不同的结构类型分级，若有连接线，下挂路基和路面等工程项目分表
1060301	钢结构桥	m/处		
1060302	钢筋混凝土拱桥	m/处		
1060303	钢筋混凝土梁桥	m/处		
1060304	钢筋混凝土板桥	m/处		
	……			
10604	渡槽	m/处		按不同的结构类型分级
10605	分离式立体交叉	km/处		主线下穿时，上跨主线的才计入分离立交，按交叉名称分级
1060501	××分离式立体交叉	处		
106050101	××分离立交桥梁	m		下挂桥梁模块
106050102	××分离立交连接线	km		下挂路基、路面、涵洞工程项目分表
	……			
10606	互通式立体交叉	km/处		按互通名称分级
1060601	××互通式立体交叉	km		注明类型，如单喇叭，再按主线和匝道分级
106060101	主线工程	km		下挂路基、路面、涵洞、桥梁等工程项目分表
106060102	匝道工程	km		下挂路基、路面、涵洞、桥梁等工程项目分表
	……			
107	交通工程	公路公里		
10701	交通安全设施	公路公里		下挂交通安全设施工程项目分表
	……			
10702	收费系统	收费系统		收费车道数/收费站数
1070201	收费中心设备安装与土建	收费车道		按不同的设备分级
1070202	收费中心设备费	收费车道		按不同的设备分级

续表

分项编号	工程或费用名称	单　位	主要工作内容	备　注
1070203	收费站设备安装与土建	收费车道		按不同的设备分级
1070204	收费站设备费	收费车道		按不同的设备分级
1070205	收费车道设备安装与土建	收费车道		按不同的设备分级
1070206	收费车道设备费	收费车道		按不同的设备分级
1070207	收费系统配电工程	收费车道		按不同的设备分级
	……			
1070208	收费岛工程	收费车道	收费岛土建、收费亭	按不同的工程及设备分级
	……			
10703	监控系统	公路公里		
1070301	监控中心、分中心	公路公里		
107030101	监控中心、分中心设备安装	公路公里	含中心、分中心和隧道管理站等	按不同的设备分级
107030102	监控中心、分中心设备费	公路公里	含中心、分中心和隧道管理站等	按不同的设备分级
1070302	外场监控	公路公里		
107030201	外场监控设备安装	公路公里		按不同的设备分级
107030202	外场监控设备费	公路公里		按不同的设备分级
1070303	监控系统配电工程	公路公里		按不同的设备分级
	……			
10704	通信系统	公路公里		
1070401	通信系统设备安装	公路公里		按不同的设施分级
1070402	通信系统设备费	公路公里		按不同的设施分级
	……			
1070403	缆线安装工程	公路公里		主材与安装费分列
107040301	缆线安装	公路公里		
107040302	缆线主材费用	公路公里		
	……			
10705	隧道机电工程	km/座		指隧道双洞长度及座数。按单座隧道进行分级
1070501	×××隧道机电工程			下挂隧道机电工程项目分表
	……			
10706	供电及照明系统	km		不含隧道内供配电
1070601	供电系统设备及安装	公路公里		按不同的部位分级

续表

分项编号	工程或费用名称	单 位	主要工作内容	备 注
107060101	场区供电设备安装	公路公里		按不同的设施分级
107060102	场区供电设备费	公路公里		按不同的设施分级
1070602	照明系统设备与安装	公路公里		
107060201	场区照明安装	公路公里		
107060202	场区照明系统设备费	公路公里	不含灯杆、灯架、灯座箱	
107060203	大桥照明安装	公路公里		
107060204	大桥照明设备费	公路公里	不含灯杆、灯架、灯座箱	
	……			
10707	管理、养护、服务房建工程	m^2		
1070701	管理中心	m^2/处		
107070101	房建工程	m^2		
	……			
1070702	养护工区	m^2/处		
107070201	房建工程	m^2		注明砖混或框架等结构形式
107070202	附属设施	m^2		围墙、大门、道路、场区硬化、照明、排水等，不含土石方工程
	……			
1070703	服务区	m^2/处		
107070301	服务区房屋	m^2		注明砖混或框架等结构形式
107070302	附属设施	m^2	含围墙、大门、道路、场区硬化、照明、排水等，不含广场(场坪)土石方工程	广场(场坪)填挖土石方工程在主线土石方工程中
	……			
1070704	停车区	m^2/处		
	……			
1070705	收费站(棚)	m^2/处		
107070501	服务区房建工程	m^2		注明砖混或框架等结构形式
107070502	收费大棚	m^2		注明砖混或框架等结构形式

续表

分项编号	工程或费用名称	单　位	主要工作内容	备　注
107070503	附属设施	m^2	含围墙、大门、道路、场区硬化、照明、排水等，不含广场（场坪）土石方工程	广场（场坪）填挖土石方工程在主线土石方工程中
	……			
1070706	公共交通车站	处		
107070601	港湾	处		
107070605	直接式	处		
	……			
108	绿化及环境保护工程	公路公里		
10801	主线绿化及环境保护工程	公路公里		下挂绿化及环境保护工程项目分表
	……			
10802	互通立交绿化及环境保护	处		
1080201	××互通立交绿化及环境保护	处		下挂绿化及环境保护工程项目分表
	……			
10803	管养设施绿化及环境保护工程	m^2		按管养设施名称分级
1080301	××管理中心绿化及环境保护	m^2		下挂绿化及环境保护工程项目分表
	……			
1080302	××服务区绿化及环境保护	m^2		下挂绿化及环境保护工程项目分表
	……			
1080303	××停车区绿化及环境保护	m^2		下挂绿化及环境保护工程项目分表
	……			
1080304	××养护工区绿化及环境保护	m^2		下挂绿化及环境保护工程项目分表
	……			
1080305	××收费站绿化及环境保护	m^2		下挂绿化及环境保护工程项目分表
	……			

续表

分项编号	工程或费用名称	单　位	主要工作内容	备　注
10804	污水处理设施	处		按不同的内容分级
	……			
10805	取、弃土场绿化	处		下挂绿化及环境保护工程项目分表
	……			
109	其他工程	公路公里		
10901	联络线、支线工程	km/处		
1090101	××联络线、支线工程	km/处		下挂路基、路面、涵洞、桥梁、隧道、交通安全设施等工程项目分表
	……			
10902	连接线工程	km/处		
1090201	××连接线工程	km/处		下挂路基、路面、涵洞、桥梁、隧道、交通安全设施等工程项目分表
	……			
10903	辅道工程	km/处		
1090301	××辅道工程	km/处		下挂路基、路面、涵洞、桥梁、隧道、交通安全设施等工程项目分表
	……			
10904	改路工程	km/处		下挂路基工程项目分表
10905	改河、改沟、改渠	m/处		下挂路基工程项目分表
	……			
10906	悬出路台	m/处		
10907	渡口码头	处		
10908	取、弃土场排水防护	m^3		下挂路基工程项目分表
	……			
110	专项费用	元		
11001	施工场地建设费	元		
11002	安全生产费	元		
	……			
2	第二部分　土地使用及拆迁补偿费	公路公里		

续表

分项编号	工程或费用名称	单 位	主要工作内容	备 注
201	土地使用费	亩		
20101	永久征用土地	亩		按土地类别属性分类
20102	临时用地	亩		按使用性质分类
202	拆迁补偿费	公路公里		
203	其他补偿费	公路公里		
	……			
3	第三部分 工程建设其他费	公路公里		
301	建设项目管理费	公路公里		
30101	建设单位(业主)管理费	公路公里		
30102	建设项目信息化费	公路公里		
30103	工程监理费	公路公里		
30104	设计文件审查费	公路公里		
30105	竣(交)工验收试验检测费	公路公里		
302	研究试验费	公路公里		
303	建设项目前期工作费	公路公里		
304	专项评价(估)费	公路公里		
305	联合试运转费	公路公里		
306	生产准备费	公路公里		
30601	工器具购置费	公路公里		
30602	办公和生活用家具购置费	公路公里		
30603	生产人员培训费	公路公里		
30604	应急保通设备购置费	公路公里		
307	工程保通管理费	公路公里		
30701	保通便道管理费	km		
30702	施工期通航安全保障费	处		
	……			
308	工程保险费	公路公里		
309	其他相关费用	公路公里		
4	第四部分 预备费	公路公里		
401	基本预备费	公路公里		
402	价差预备费	公路公里		
5	第一至第四部分合计	公路公里		
6	建设期贷款利息	公路公里		
7	公路基本造价	公路公里		

注：此项目表和分项编码文本及电子库由本办法主编单位统一管理。编制概算、预算时，应执行统一的分项编号。

表 B.0.1-2 路基工程项目分表(LJ)

分项编号	工程或费用名称	单位	主要工程内容	备注
LJ01	场地清理	km		
LJ0101	清理与掘除	km		按清除内容分级
LJ010101	清除表土	m^3		
LJ010102	伐树、挖根	棵		
LJ0102	挖除旧路面	m^3		按挖除路面的类型分级
LJ010201	挖除水泥混凝土路面	m^3		
LJ010202	挖除沥青混凝土路面	m^3		
LJ010203	挖除碎(砾)石路面	m^3		
	……			
LJ0103	拆除旧建筑物、构筑物	m^3		按拆除材料分级
LJ010301	拆除钢筋混凝土结构	m^3		
LJ010302	拆除混凝土结构	m^3		
LJ010303	拆除砖石及其他砌体	m^3		
	……			
LJ02	路基挖方	m^3		
LJ0201	挖土方	m^3	挖、装、运、弃	
LJ0202	挖石方	m^3	挖、装、运、弃	
	……			
LJ03	路基填方	m^3		
LJ0301	利用土方填筑	m^3	填筑	不含桥涵台背回填
LJ0302	借土方填筑	m^3	挖、装、运、填筑	不含桥涵台背回填
LJ0303	利用石方填筑	m^3	挖、装、运、填筑	
LJ0304	借石方填筑	m^3	挖、装、运、解小、填筑	
LJ0305	填砂路基	m^3		
LJ0306	粉煤灰路基	m^3		
LJ0307	石灰土路基	m^3		
LJ04	结构物台背回填	m^3		按回填位置分级
LJ0401	锥坡填土	m^3		按不同的填筑材料分级
LJ0402	挡墙墙背回填	m^3		按不同的填筑材料分级
LJ0403	桥涵台背回填	m^3		按不同的填筑材料分级
LJ05	特殊路基处理	km		指需要处理的路基长度
LJ0501	软土地区路基处理	km		按不同的处理方法分级

续表

分项编号	工程或费用名称	单 位	主要工程内容	备 注
LJ050101	抛石挤淤	m^3		
LJ050102	垫层	m^3		按不同的填料分级
LJ050103	土工织物	m^2		按不同的土工织物分级
LJ050104	预压与超载预压	m^3		
LJ050105	真空预压与堆载预压	m^3		
LJ050106	塑料排水板	m		
LJ050107	水泥搅拌桩	m		
LJ050108	碎石桩	m		
LJ050109	混凝土管桩	m		
	……			
LJ0502	不良地质路段处治	km		
LJ050201	滑坡地段路基防治	km/处		按不同的处理方法分级
LJ050202	崩塌及岩堆路段路基防治	km/处		按不同的处理方法分级
LJ050203	泥石流路段路基防治	km/处		按不同的处理方法分级
LJ050204	岩溶地区防治	km/处		按不同的处理方法分级
LJ050205	采空区处理	km/处		按不同的处理方法分级
LJ050206	膨胀土处理	km		按不同的处理方法分级
LJ050207	黄土处理	m^3		按黄土的不同特性及处理方法分级
LJ05020701	陷穴	m^3		按不同的处理方法分级
LJ05020702	湿陷性黄土	m^3		按不同的处理方法分级
LJ050208	滨海路基防护与加固	km/处		按不同的处理方法分级
LJ050209	盐渍土处理	m^3		按不同的处理方法分级
	……			
LJ06	排水工程	km		路基工程长度，按不同的结构类型分级
LJ0601	边沟	m^3/m		按不同的材料分级
LJ060101	现浇混凝土边沟	m^3/m		
LJ060102	浆砌混凝土预制块边沟	m^3/m		
LJ060103	浆砌片块石边沟	m^3/m		
	……			
LJ0602	排水沟	m^3/m		按不同的材料分级
LJ060201	现浇混凝土排水沟	m^3/m		
LJ060202	浆砌混凝土预制块排水沟	m^3/m		
LJ060203	浆砌片(块)石排水沟	m^3/m		

续表

分项编号	工程或费用名称	单　位	主要工程内容	备　注
	……			
LJ0603	截水沟	m^3/m		按不同的材料分级
LJ060301	浆砌混凝土预制块截水沟	m^3/m		
LJ060302	浆砌片(块)石截水沟	m^3/m		
	……			
LJ0604	急流槽	m^3/m		按不同的材料分级
LJ060401	现浇混凝土急流槽	m^3/m		
LJ060402	浆砌片(块)石急流槽	m^3/m		
	……			
LJ0605	暗沟	m^3/m		按不同的材料分级
LJ060501	现浇混凝土暗沟	m^3/m		
LJ060502	浆砌片石暗沟	m^3/m		
	……			
LJ0606	渗(盲)沟	m^3/m		按不同的材料分级
LJ0607	其他排水工程	km		
	……			
LJ07	路基防护与加固工程	km		按不同的结构类型分级
LJ0701	一般边坡防护与加固	km		坡底与路基顶面交界长度(按单边计),指非高边坡路段的防护及支挡建筑物
LJ0702	高边坡防护与加固	km/处	包括植物防护、圬工防护、导治结构物及支挡建筑物等	坡底与路基顶面交界长度(按单边计),指土质挖方边坡高度大于20 m、岩质挖方边坡高度大于30 m或填方边坡大于20 m的边坡防护与加固
LJ0703	冲刷防护	m	包括植物防护、铺石、抛石、石笼、导治结构物等	防护水流对路基冲刷和淘刷的防护工程;防护段长度
LJ0704	其他防护	km	除以上路基防护工程外的路基其他防护工程等	指路基长度
	……			
LJ08	路基其他工程	km	除以上工程外的路基工程,包括整修路基、整修边坡等	指路基长度
	……			

表 B.0.1-3　路面工程项目分表(LM)

分项编号	工程或费用名称	单　位	主要工作内容	备　注
LM01	沥青混凝土路面			
LM0101	路面垫层	m^2		按不同的材料分级
LM010101	碎石垫层	m^2		按不同的厚度分级
LM010102	砂砾垫层	m^2		按不同的厚度分级
	……			
LM0102	路面底基层	m^2		按不同的材料分级
LM010201	石灰稳定类底基层	m^2		按不同的厚度分级
LM010202	水泥稳定类底基层	m^2		按不同的厚度分级
LM010203	石灰粉煤灰稳定类底基层	m^2		按不同的厚度分级
LM010204	级配碎(砾)石底基层	m^2		按不同的厚度分级
	……			
LM0103	路面基层	m^2		按不同的材料分级
LM010301	石灰稳定类基层	m^2		按不同的厚度分级
LM010302	水泥稳定类基层	m^2		按不同的厚度分级
LM010303	石灰粉煤灰稳定类基层	m^2		按不同的厚度分级
LM010304	级配碎(砾)石基层	m^2		按不同的厚度分级
LM010305	水泥混凝土基层	m^2		按不同的厚度分级
LM010306	沥青碎石混合料基层	m^2		按不同的厚度分级
	……			
LM0104	透层、黏层、封层	m^2		按不同的形式分级
LM010401	透层	m^2		按不同的材料分级
LM010402	黏层	m^2		按不同的材料分级
LM010403	封层	m^2		按不同的材料分级
LM010404	沥青表处封层	m^2		
LM010405	稀浆封层	m^2		
LM010406	沥青同步碎石封层	m^2		
LM010407	土工布	m^2		
LM010408	玻璃纤维格栅	m^2		
	……			
LM0105	沥青混凝土面层	m^2		
LM010501	粗粒式沥青混凝土面层	m^2		按不同的厚度分级
LM010502	中粒式沥青混凝土面层	m^2		按不同的厚度分级
LM010503	细粒式沥青混凝土面层	m^2		按不同的厚度分级

续表

分项编号	工程或费用名称	单　位	主要工作内容	备　注
LM010504	改性沥青混凝土面层	m^2		按不同的厚度分级
LM010505	沥青玛琋脂碎石混合料面层	m^2		按不同的厚度分级
	……			
LM02	水泥混凝土路面	m^2		
LM0201	路面垫层	m^2		按不同的材料分级
LM020101	碎石垫层	m^2		按不同的厚度分级
LM020102	砂砾垫层	m^2		按不同的厚度分级
	……			
LM0202	路面底基层	m^2		按不同的材料分级
LM020201	石灰稳定类底基层	m^2		按不同的厚度分级
LM020202	水泥稳定类底基层	m^2		按不同的厚度分级
LM020203	石灰粉煤灰稳定类底基层	m^2		按不同的厚度分级
LM020204	级配碎(砾)石底基层	m^2		按不同的厚度分级
	……			
LM0203	路面基层	m^2		按不同的材料分级
LM020301	石灰稳定类基层	m^2		按不同的厚度分级
LM020302	水泥稳定类基层	m^2		按水泥稳定类基层
LM020303	石灰粉煤灰稳定类基层	m^2		按不同的厚度分级
LM020304	级配碎(砾)石基层	m^2		按不同的厚度分级
LM020305	水泥混凝土基层	m^2		按不同的厚度分级
LM020306	沥青碎石混合料基层	m^2		按不同的厚度分级
	……			
LM0204	透层、黏层、封层	m^2		按不同的形式分级
LM020401	透层	m^2		按不同的材料分级
LM020402	黏层	m^2		按不同的材料分级
LM020403	封层	m^2		按不同的材料分级
LM020404	沥青表处封层	m^2		
LM020405	稀浆封层	m^2		
LM020406	沥青同步碎石封层	m^2		
LM020407	土工布	m^2		
LM020408	玻璃纤维格栅	m^2		
	……			
LM0205	水泥混凝土面层	m^2		按不同的材料分级
LM020501	水泥混凝土	m^2		按不同的厚度分级
LM020502	钢筋	t		

续表

分项编号	工程或费用名称	单 位	主要工作内容	备 注
LM03	其他路面	m^2		按不同的类型分级
	……			
LM04	路槽、路肩及中央分隔带	m^2		
LM0401	挖路槽	m^2		按不同的土质分级
LM040101	土质路槽	m^2		
LM040102	石质路槽	m^2		
LM0402	路肩	km		
LM040201	培路肩	m^3		
LM040202	土路肩加固	m^3		按不同的加固方式分级
LM04020201	现浇混凝土	m^3		
LM04020202	铺砌混凝土预制块(路边石)	m^3		
LM04020203	浆砌片石	m^3		
	……			
LM0403	中间带	km		
LM040301	回填土	m^3		
LM040302	路缘石	m^3		按现浇和预制安装分级
LM040303	混凝土过水槽	m^3		
	……			
LM05	路面排水	km		按不同的类型分级
LM0501	拦水带	m		按不同的材料分级
LM050101	沥青混凝土	m^2/m		
LM050102	水泥混凝土	m^3/m		
LM0502	排水沟	m^3/m		按不同的类型分级
LM050201	路肩排水沟	m^3/m		
LM050202	中央分隔带排水沟	m^3/m		
LM0503	混凝土过水槽	m^3		
LM0504	排水管	m		按不同的类型分级
LM050401	纵向排水管	m		按不同的管径分级
LM050402	横向排水管	m/道		
LM0505	集水井	m^3/个		按不同的规格分级
LM0506	检查井	m^3/个		
	……			
LM06	旧路面处理	km/m^2		按不同的类型分级
	……			

表 B.0.1-4　**涵洞工程项目分表(HD)**

分项编号	工程或费用名称	单　位	主要工作内容	备　注
HD01	管涵	m/道		按管径和单、双孔分级
HD02	盖板涵	m/道		按不同的材料和涵径分级
HD03	箱涵	m/道		按不同的涵径分级
HD04	拱涵	m/道		按不同的材料和涵径分级
	……			

表 B.0.1-5　**桥梁工程项目分表(QL)**

分项编号	工程或费用名称	单　位	主要工作内容	备　注
QL01	基础工程	m^3		
QL0101	扩大基础	m^3		
QL010101	轻型墩台	m^3		
QL010102	实体式	m^3		
QL0102	桩基础	m^3/m		
QL010201	灌注桩基础	m^3		
QL010202	预制桩基础	m^3		
QL010203	钢管桩基础	t/m		
	……			
QL0103	沉井基础	m^3		
QL0104	钢围堰	t		大桥或特大桥的钢围堰深水基础
QL0105	承台	m^3		
QL0106	系梁	m^3		指地面以下系梁
	……			
QL02	下部构造	m^3		
QL0201	桥台	m^3		
QL0202	桥墩	m^3		
QL0203	索塔	m^3		
	……			
QL03	上部构造			按不同的形式划分细目，并注明其跨径
QL0301	钢筋混凝土矩形板	m^3		
QL0302	钢筋混凝土空心板	m^3		
QL0303	预应力混凝土空心板	m^3		
QL0304	预应力混凝土小箱梁	m^3		

续表

分项编号	工程或费用名称	单 位	主要工作内容	备 注
QL0305	预应力混凝土 T 梁	m^3		
QL0306	现浇混凝土连续梁	m^3		
QL0307	现浇混凝土刚构	m^3		
QL0308	钢管拱肋	T		含钢管拱、钢管混凝土。如缆索安装，含缆索吊装、扣索系统等
QL0309	钢管混凝土	m^3		
QL0310	混凝土拱肋	m^3		含拱肋混凝土、预应力钢材
QL0311	箱形拱	m^3		
QL0312	钢箱梁	t		
QL0313	主缆	t		包含主缆制作、安装
QL0314	猫道	m		包含牵引系统
QL0315	索鞍	t		
QL0316	吊索	t		
QL0317	吊杆	t		
	……			
QL04	桥面铺装			
QL0401	沥青混凝土铺装	m^3		包含桥面防水层
QL0402	水泥混凝土铺装	m^3		包含桥面防水层
QL0403	钢桥面沥青混凝土铺装	m^3		包含桥面防水层
	……			
QL05	桥梁附属结构	dm^3		
QL0501	桥梁支座	个		
QL050101	板式橡胶支座			
QL050102	盆式橡胶支座	个		
	……			
QL0502	伸缩缝	m		
QL050201	模数式伸缩缝	m		
	……			
QL0503	护栏与护网	m		
QL050301	人行道及栏杆	m		
QL050302	桥梁钢防撞护栏	m		
QL050303	桥梁波形梁护栏	m		
QL050304	桥梁混凝土防撞护栏	m		
QL050305	桥梁防护网	m		
QL06	其他工程	m		
	……			

表 B.0.1-6 隧道工程项目分表(SD)

分项编号	工程或费用名称	单位	主要工作内容	备注
SD01	洞门及明洞开挖	m^3		
SD0101	挖土方	m^3		
SD0102	挖石方	m^3		
	……			
SD02	洞口坡面排水、防护	m^3		
SD0201	浆砌截水沟	m^3		
SD0202	浆砌片石护坡	m^3		
SD0203	混凝土护坡	m^3		
SD0204	喷射混凝土	m^3		
SD0205	钢筋网	t		
SD0206	锚杆	t/m		
SD0207	种草(皮)	m^2		
SD0208	保温出水口	个		
	……			
SD03	洞门建筑	m^2/座		按不同材料分级
SD0301	浆砌洞门墙	m^3		
SD0302	混凝土洞门墙	m^3		
SD04	明洞修筑	m^3		
SD0401	明洞衬砌及洞顶回填	m^3/m		
SD040101	混凝土衬砌	m^3		
SD040102	钢筋	t		
SD040103	洞顶回填	m^3		
SD04010301	浆砌片石	m^3		
SD04010302	碎石土	m^3		
SD040104	遮光棚(板)	m		
SD04010401	基础	m^3		
SD04010402	型钢支架	t		
SD04010403	遮光棚(板)	m^2		
	……			
SD05	洞身开挖	m^3/m		
SD0501	开挖	m^3/m		按围岩级别分级
SD0502	注浆小导管	m		
SD0503	管棚	m		

续表

分项编号	工程或费用名称	单 位	主要工作内容	备 注
SD0504	锚杆	m		按锚杆类型分级
SD0505	钢拱架(支撑)	t		
SD0506	注浆工程	m^3		
SD0507	套拱混凝土	m^3		
SD0508	孔口管	t		
SD0509	喷混凝土	m^3		
SD0510	钢筋网	t		
SD0511	地质超前预报	总额		
	……			
SD06	洞身衬砌	m^3		
SD0601	浆砌块(片)石	m^3		
SD0602	现浇混凝土	m^3		
SD0603	钢筋	t		
	……			
SD07	仰拱	m^3		
SD0701	仰拱混凝土	m^3		
SD0702	仰拱回填混凝土	m^3		
SD0703	钢筋	t		
	……			
SD08	洞内管、沟	m^3		洞内管沟按照不同类别单列
SD0801	电缆沟	m		
SD080101	现浇混凝土	m/m^3		
SD080102	预制混凝土	m/m^3		
SD080103	钢筋	t		
SD080104	碎石垫层	m^3		
	……			
SD09	防水与排水	m^3		
SD0901	防水板	m^2		
SD0902	止水带、条	m		
SD0903	压浆	m^3		
SD0904	排水管	m		
	……			
SD10	洞内路面	m^2		不同的路面结构和厚度分级

续表

分项编号	工程或费用名称	单　位	主要工作内容	备　注
SD1001	水泥混凝土路面	m^2		
SD1002	沥青混凝土路面	m^2		
	……			
SD11	洞身及洞门装饰	m^2		
SD1101	隧道铭牌	个		
SD1102	喷防火涂料	m^2		
	……			

表 B.0.1-7　交通安全设施工程项目分表(JA)

分项编号	工程或费用名称	单　位		备　注
JA01	护栏	m		
JA0101	混凝土、圬工砌体护栏	m^3/m		
JA010101	预制混凝土护栏	m^3/m		
	……			
JA0102	现浇钢筋混凝土防撞护栏	m^3/m		
JA010201	现浇钢筋混凝土防撞护栏墙体混凝土	m^3/m		
JA0103	柱式护栏	m^3/m		
JA0104	石砌墙式护栏	m^3/m		
JA0105	钢护栏	m		
JA010501	波形钢板护栏	m		
JA010502	缆索护栏	m		
JA010503	活动护栏	m		
JA02	隔离栅	m		
JA03	标志牌	块		
JA0301	铝合金标志牌	块		
JA030101	单柱式铝合金标志牌	块		
JA030102	双柱式铝合金标志牌	块		
JA030103	单悬臂铝合金标志牌	块		
JA030104	双悬臂铝合金标志牌	块		
JA030105	门架式铝合金标志牌	块		
JA030106	附着式铝合金标志牌	块		
JA0302	钢板标志牌	块		
JA030201	单柱式钢板标志牌	块		

续表

分项编号	工程或费用名称	单 位		备 注
JA030202	双柱式钢板标志牌	块		
JA030203	单悬臂钢板标志牌	块		
JA030204	双悬臂钢板标志牌	块		
JA030205	门架式钢板标志牌	块		
JA030206	附着式钢板标志牌	块		
	……			
JA04	标线	m^2		指标线的总面积
JA0401	路面标线	m^2		
JA040101	热熔标线	m^2/m		
JA040102	普通标线	m^2/m		
JA040103	振动标线	m^2		
JA040104	彩色铺装标线	m^2		
	……			
JA0402	路钮	个		
JA040201	路面反光路钮	个		
JA040202	自发光路面标识	个		
	……			
JA0403	减速带	m/处		
JA05	里程牌、百米桩、界碑	个		
JA0501	混凝土里程牌、百米桩、界碑	个		
JA050101	混凝土里程牌	个		
JA050102	混凝土百米桩	个		
JA050103	混凝土界碑	个		
JA0502	铝合金里程牌、百米桩、界碑	个		
JA050201	铝合金里程牌	个		
JA050202	铝合金百米桩	个		
JA050203	铝合金界碑	个		
JA06	轮廓标	个		
JA0601	钢板柱轮廓标	个		
JA0602	玻璃钢柱式轮廓标	个		
JA0603	栏式轮廓标	个		
JA07	防眩、防撞设施			
JA0701	防眩板	m		

续表

分项编号	工程或费用名称	单　位		备　注
JA0702	防眩网	m		
JA0703	防撞桶	个		
JA0704	防撞垫	个		
JA0705	水马	个		
JA08	中间带及车道分离块	公路公里		
JA0801	中间带	公路公里		
JA080101	预制混凝土中间带	m^3/m		
JA080102	现浇混凝土中间带	m^3/m		
JA080103	中间带填土	m^3		
JA0802	隔离墩	m		
JA080201	预制混凝土隔离墩	m^3/m		
JA0380202	现浇混凝土隔离墩	m^3/m		
JA0803	车道分离块	m^3/m		
JA09	安全设施拆除工程	公路公里		
JA0901	拆除铝合金标志	个		
JA0902	拆除混凝土护栏	m^3/m		
JA0903	拆除波形梁护栏	m		
JA0904	拆除隔离栅	m		
JA0905	拆除里程牌	个		
JA0906	拆除百米牌	个		
JA0907	拆除界碑	个		
JA0908	拆除防眩板	m		
JA0909	拆除突起路标	块		
JA0910	铲除标线	m^2/m		
JA10	客运汽车停靠站防雨棚	个		
JA1001	钢结构防雨棚	个		
JA1002	钢筋混凝土防雨棚	个		
JA1003	客运汽车停靠站地坪	m^2		
	……			

表 B.0.1-8 隧道机电工程项目分表(SJ)

分项编号	工程或费用名称	单 位	主要工作内容	备 注
SJ01	隧道监控			
SJ0101	隧道监控设备费			
SJ0102	隧道监控设备安装			
SJ0103	监控系统配电工程			
	……			
SJ02	隧道供电及照明系统			
SJ0201	隧道供电设备费			
SJ0202	隧道照明安装			
SJ0202	隧道照明安装			
	……			
SJ03	隧道通风系统	km		按隧道单洞长度
SJ0301	隧道通风设备费	km		
SJ0302	隧道通风设备安装	km		
	……			
SJ04	隧道消防系统	km		按隧道单洞长度
SJ0401	隧道消防设备费	km		
SJ0402	隧道消防设备安装	km		
	……			
SJ05	防火涂料	m^2		按涂料种类计列
	……			
SJ06	洞室门	个		按洞室类型分级
SJ0601	卷帘门	个		
SJ0602	检修门	个		
SJ0603	风机启动柜洞门	个		
SJ0604	消防室洞门	个		
SJ0605	防火闸门	个		
	……			

表 B.0.1-9 绿化及环境保护工程项目分表(LH)

分项编号	工程或费用名称	单 位	主要工作内容	备 注
LH01	边坡绿化工程	m^2		按不同的材料分级、建议列入绿化工程
LH0101	播种草籽	m^2		
LH0102	铺(植)草皮	m^2		
LH0103	土工织物植草	m^2		
LH0104	植生袋植草	m^2		
LH0105	液压喷播植草	m^2		
LH0106	客土喷播植草	m^2		
LH0107	喷混植草	m^2		
LH0108	路堑边坡种植(插扦)灌木	m^2 或株		
LH0109	路堤边坡种植(插扦)灌木	m^2 或株		
	……			
LH02	场地绿化及环保	m^2		按不同的内容分级
LH0201	撒播草种	m^2		按不同的内容分级
LH0202	铺植草皮	m^2		按不同的内容分级
LH0203	绿地喷灌管道	m		按不同的内容分级
	……			
LH03	种植乔木	株		按不同的树种分级
LH0301	高山榕	株		
LH0302	美人蕉	株		
	……			
LH04	种植灌木	株		按不同的树种分级
LH0401	夹竹桃	株		
LH0402	月季	株		
	……			
LH05	种植攀缘植物	株		按不同的树种分级
LH0501	爬山虎	株		
LH0502	葛藤	株		
	……			
LH06	种植竹类植物	株		按不同的内容分级
LH07	种植棕榈类植物	株		按不同的内容分级
LH08	栽植绿篱	m^2		
LH09	声屏障	m		按不同的材料及类型分级

续表

分项编号	工程或费用名称	单 位	主要工作内容	备 注
LH0901	消声板声屏障	m		
LH0902	吸音砖声屏障	m^3		
LH0903	砖墙声屏障	m^3		
	……			

附录 C 设备与材料的划分标准

C.0.1 工程建设设备与材料的划分,直接关系到投资构成的合理划分、概(预)算的编制以及施工产值的计算等方面。为合理确定工程造价,加强对建设过程投资管理,统一概(预)算编制口径,对交通工程中设备与材料的划分提出如下划分原则和规定。本规定如与国家主管部门新颁布的规定相抵触,按国家规定执行。

C.0.2 适用范围

本标准适用于公路建设机电设备和建筑材料的划分。

C.0.3 设备与材料的划分原则

1 凡是经过加工制造,由多种材料和部件按各自用途组成生产加工、动力、传送、储存、运输、科研等功能的机器、容器和其他机械、成套装置等均为设备。设备分为标准设备和非标准设备。

(1)标准设备(包括通用设备和专用设备):按国家规定的产品标准批量生产的、已进入设备系列的设备。

(2)非标准设备:国家未定型、非批量生产的,由设计单位提供制造图纸,委托承制单位或施工企业在工厂或施工现场制作的设备。

2 设备一般包括以下各项:

(1)各种设备的本体及随设备到货的配件、备件和附属于设备本体制作成型的梯子、平台、栏杆及管道等。

(2)各种计量器、仪表及自动化控制装置、试验仪器及属于设备本体部分的仪器仪表等。

(3)附属于设备本体的油类、化学药品等设备的组成部分。

(4)用于生产或生活、附属于建筑物的水泵、锅炉及水处理设备、电气、通风设备等。

3 为完成建筑、安装工程所需的原料和经过工业加工在工艺生产过程中不起单元工艺生产作用的设备本体以外的零配件、附件、成品、半成品等均为材料。材料一般包括以下各项:

(1)设备本体以外的不属于设备配套供货,需由施工企业进行加工制作或委托加工的平台、梯子、栏杆及其他金属构件等,以及成品、半成品形式供货的管道、管件、阀门、法兰等。

(2)设备本体以外的各种行车轨道、滑触线、电梯的滑轨等均为材料。

C.0.4 设备与材料的划分界限

1 设备

(1)通信系统:市内、长途电话交换机、程控电话交换机,微波、载波通信设备,电报和传真设备,中、短波通信设备及中短波电视天馈线装置,移动通信设备、卫星地球站设备,通信电源设备,光纤通信数字设备,有线广播设备等各种生产及配套设备和随机附件等。

(2)监控和收费系统:自动化控制装置、计算机及其终端、工业电视、检测控制装置、各种探测器、除尘设备、分析仪表、显示仪表、基地式仪表、单元组合仪表、变送器、传送器及调节阀、盘上安装器,压力、温度、流量、差压、物位仪表,成套供应的盘、箱、柜、屏(包括箱和已经安装就位的仪表、元件等)及随主机配套供应的仪表等。

(3)电气系统:各种电力变压器、互感器、调压器、感应移相器、电抗器、高压断路器、高压熔断器、稳压器、电源调整器、高压隔离开关、装置式空气开关、电力电容器、蓄电池、磁力启动器、交直流报警器、成套箱式变电站、共箱母线、封闭式母线槽,成套供应的箱、盘、柜、屏及其随设备带来的母线和支持瓷瓶等。

(4)通风及管道系统:空气加热器、冷却器、各种空调机、风尘管、过滤器、制冷机组、空调机组、空调器、各类风机、除尘设备、风机盘管、净化工作台、风淋室、冷却塔、公称直径 300 mm 以上的人工阀门和电动阀门等。

(5)房屋建筑:电梯、成套或散装到货的锅炉及其附属设备、汽轮发电机及其附属设备、电动机、污水处理装置、电子秤、地中衡、开水炉、冷藏箱,热力系统的除氧器水箱和疏水箱,工业水系统的工业水箱,油冷却系统的油箱,酸碱系统的酸碱储存槽,循环水系统的旋转滤网、启闭装置的启闭机等。

(6)消防及安全系统:隔膜式气压水罐(气压罐)、泡沫发生器、比例混合器、报警控制器、报警信号前端传输设备、无线报警发送设备、报警信号接收机、可视对讲主机、联动控制器、报警联动一体机、重复显示器、远程控制器、消防广播控制柜、广播功放、录音机、广播分配器、消防通信电话交换机、消防报警备用电源、X 射线安全检查设备、金属武器探测门、摄像设备、监视器、镜头、云台、控制台、监视器柜、支台控制器、视频切换器、全电脑视频切换设备、音频分配器、视频分配器、脉冲分配器、视频补偿器、视频传输设备、汉字发生设备、录像、录音设备、电源、CRT 显示终端、模拟盘等。

(7)炉窑砌筑:装置在炉窑中的成品炉管、电机、鼓风机和炉窑传动、提升装置,属于炉窑本体的金属铸体、锻件、加工件及测温装置、仪器仪表、消烟装置、回收装置、除尘装置,随炉供应已安装就位的金具、耐火衬里、炉体金属预埋件等。

(8)各种机动车辆。

(9)各种工艺设备在试车时必须填充的一次性填充材料(如各种瓷环、钢环、塑料环、钢球等)、各种化学药品(如树脂、珠光砂、触煤、干燥剂、催化剂等)及变压器油等,不论是随设备带来的,还是单独订货购置的,均视为设备的组成部分。

2 材料

(1)各种管道、管件、配件、公称直径 300 mm 以内的人工阀门、水表、防腐保温及绝缘材料、油漆、支架、消火栓、空气泡沫枪、泡沫炮、灭火器、灭火机、灭火剂、泡沫液、水泵接合器、可曲橡胶接头、消防喷头、卫生器具、钢制排水漏斗、水箱、分气缸、疏水器、减压器、压力表、温度计、调压板、散热器、供暖器具、凝结水箱、膨胀水箱、冷热水混合器、除污器、分水缸(器)、风管及其附件和各种调节阀、风口、风帽、罩类、消声器及其部(构)件、散流器、保护壳、风机减震台座、减震器、凝结水收集器、单双人焊接装置、煤气灶、煤气表、烘箱灶、火管式沸水器、水型热水器、开关、引火棒、防雨帽、放散管拉紧装置等。

（2）各种电线、母线、绞线、电缆、电缆终端头、电缆中间头、吊车滑触线、接地母线，接地极、避雷线、避雷装置（包括各种避雷器、避雷针等）、高低压绝缘子、线夹、穿墙套管、灯具、开关、灯头盒、开关盒、接线盒、插座、闸盒保险器、电杆、横担、铁塔、各种支架、仪表插座、桥架、梯架、立柱、托臂、人孔手孔、挂墙照明配电箱、局部照明变压器、按钮、行程开关、刀闸开关、组合开关、转换开关、铁壳开关、电扇、电铃、电表、蜂鸣器、电笛、信号灯、低音扬声器、电话单机、容断器等。

（3）循环水系统的钢板闸门及拦污栅、启闭构架等。

（4）现场制作与安装的炉管及其他所需的材料或填料，现场砌筑用的耐火、耐酸、保温、防腐、捣打料、绝热纤维、天然白泡石、玄武岩、金具、炉门及窥视孔、预埋件等。

（5）所有随管线（路）同时组合安装的一次性仪表、配件、部件及元件（包括就地安装的温度计、压力表）等。

（6）制造厂以散件或分段分片供货的塔、器、罐等，在现场拼接、组装、焊接、安装内件或改制时所消耗的物料均为材料。

（7）各种金属材料、金属制品、焊接材料、非金属材料、化工辅助材料、其他材料等。

3　对于一些在制造厂未整体制作完成的设备，或分片压制成型，或分段散装供货的设备，需要建安工人在施工现场加工、拼装、焊接的，按上述划分原则和其投资构成应属于设备。为合理反映建安工人付出的劳动和创造的价值，可按其在现场加工组装焊接的工作量，将其分片或组装件按其设备价值的一部分以加工费的形式计入安装工程费内。

4　供应原材料及在施工现场制作安装或施工企业附属生产单位为本单元承包工程制作并安装的非标准设备，除配套的电机、减速机外，其加工制作消耗的工、料（包括主材）、机等均应计入安装工程费内。

5　凡是制造厂未制造完成的设备，已分片压制成型、散装或分段供货，需要建安工人在施工现场拼装、组装、焊接及安装内件的，其制作、安装所需的物料为材料，内件、塔盘为设备。

附录 D　全国冬季施工气温区划分表

<table>
<tr><th>省　份</th><th>地区、市、自治州、盟（县）</th><th colspan="2">气温区</th></tr>
<tr><td>北京</td><td>全境</td><td>冬二</td><td>Ⅰ</td></tr>
<tr><td>天津</td><td>全境</td><td>冬二</td><td>Ⅰ</td></tr>
<tr><td rowspan="5">河北</td><td>石家庄、邢台、邯郸、衡水市（冀州区、枣强县、故城县）</td><td>冬一</td><td>Ⅱ</td></tr>
<tr><td>廊坊、保定（涞源县及以北除外）、衡水（冀州区、枣强县、故城县除外）、沧州市</td><td rowspan="2">冬二</td><td>Ⅰ</td></tr>
<tr><td>唐山、秦皇岛市</td><td>Ⅱ</td></tr>
<tr><td>承德（围场县除外）、张家口（沽源县、张北县、尚义县、康保县除外）、保定市（涞源县及以北）</td><td colspan="2">冬三</td></tr>
<tr><td>承德（围场县）、张家口市（沽源县、张北县、尚义县、康保县）</td><td colspan="2">冬四</td></tr>
</table>

续表

省　份	地区、市、自治州、盟(县)	气温区	
山西	运城市(万荣县、夏县、绛县、新绛县、稷山县、闻喜县除外)	冬一	Ⅱ
	运城(万荣县、夏县、绛县、新绛县、稷山县、闻喜县)、临汾(都区、侯马市、曲沃县、翼城县、襄汾县、洪洞县)、阳泉(盂县除外)、长治(黎城县)、晋城市(城区、泽州县、沁水县、阳城县)	冬二	Ⅰ
	太原(娄烦县除外)、阳泉(盂县)、长治(黎城县除外)、晋城(城区、泽州县、沁水县、阳城县除外)、晋中(寿阳县、和顺县、左权县除外)、临汾(尧都区、侯马市、曲沃县、翼城县、襄汾县、洪洞县除外)、吕梁市(孝义市、汾阳市、文水县、交城县、柳林县、石楼县、交口县、中阳县)	冬二	Ⅱ
	太原(娄烦县)、大同(左云县除外)、朔州(右玉县除外)、晋中(寿阳县、和顺县、左权县)、忻州、吕梁市(离石区、临县、岚县、方山县、兴县)	冬三	
	大同(左云县)、朔州市(右玉县)	冬四	
辽宁	乌海市、阿拉善盟(阿拉善左旗、阿拉善右旗)	冬二	Ⅰ
	呼和浩特(武川县除外)、包头(固阳县除外)、赤峰、鄂尔多斯、巴彦淖尔、乌兰察布市(察哈尔右翼中旗除外),阿拉善盟(额济纳旗)	冬三	
	呼和浩特(武川县)、包头(固阳县)、通辽、乌兰察布市(察哈尔右翼中旗)、锡林郭勒(苏尼特右旗、多伦县)、兴安盟(阿尔山市除外)	冬四	
	呼伦贝尔市(海拉尔区、新巴尔虎右旗、阿荣旗),兴安(阿尔山市)、锡林郭勒盟(冬四区以外各地)	冬五	
	呼伦贝尔市(冬五区以外各地)	冬六	
吉林	长春(榆树市除外)、四平、通化(辉南县除外)、辽源、白山(靖宇县、抚松县、长白县除外)、松原(长岭县)、白城市(通榆县),延边自治州(敦化市、汪清县、安图县除外)	冬四	
	长春(榆树市)、吉林、通化(辉南县)、白山(靖宇县、抚松县、长白县)、白城(通榆县除外)、松原市(长岭县除外),延边自治州(敦化市、汪清县、安图县)	冬五	
黑龙江	牡丹江市(绥芬河市、东宁市)	冬四	
	哈尔滨(依兰县除外)、齐齐哈尔(讷河市、依安县、富裕县、克山县、克东县、拜泉县除外)、绥化(安达市、肇东市、兰西县)、牡丹江(绥芬河市、东宁市除外)、双鸭山(宝清县)、佳木斯(桦南县)、鸡西、七台河、大庆市	冬五	
	哈尔滨(依兰县)、佳木斯(桦南县除外)、双鸭山(宝清县除外)、绥化(安达市、肇东市、兰西县除外)、齐齐哈尔(讷河市、依安县、富裕县、克山县、克东县、拜泉县)、黑河、鹤岗、伊春市,大兴安岭地区	冬六	
上海	全境	准二	

续表

省份	地区、市、自治州、盟(县)	气温区	
江苏	徐州、连云港市	冬一	Ⅰ
	南京、无锡、常州、淮安、盐城、宿迁、扬州、泰州、南通、镇江、苏州市	准二	
浙江	杭州、嘉兴、绍兴、宁波、湖州、衢州、舟山、金华、温州、台州、丽水市	准二	
安徽	亳州市	冬一	Ⅰ
	阜阳、蚌埠、淮南、滁州、合肥、六安、马鞍山、芜湖、铜陵、池州、宣城、黄山市	准一	
	淮北、宿州市	准二	
福建	宁德(寿宁县、周宁县、屏南县)、三明市	准一	
江西	南昌、萍乡、景德镇、九江、新余、上饶、抚州、宜春市	准一	
山东	全境	冬一	Ⅰ
河南	安阳、商丘、周口(西华县、淮阳县、鹿邑县、扶沟县、太康县)、新乡、三门峡、洛阳、郑州、开封、鹤壁、焦作、济源、濮阳、许昌市	冬一	Ⅰ
	驻马店、信阳、南阳、周口(西华县、淮阳县、鹿邑县、扶沟县、太康县除外)、平顶山、漯河市	准二	
湖北	武汉、黄石、荆州、荆门、鄂州、宜昌、咸宁、黄冈、天门、潜江、仙桃市,恩施自治州	准一	
	孝感、十堰、襄阳、随州市,神农架林区	准二	
湖南	全境	准一	
重庆	城口县	准一	
四川	阿坝(黑水县)、甘孜自治州(新龙县、道浮县、泸定县)	冬一	Ⅱ
	甘孜自治州(甘孜县、康定市、白玉县、炉霍县)	冬二	Ⅰ
	阿坝(壤塘县、红原县、松潘县)、甘孜自治州(德格县)		Ⅱ
	阿坝(阿坝县、若尔盖县、九寨沟县)、甘孜自治州(石渠县、色达县)	冬三	
	广元市(青川县),阿坝(汶川县、小金县、茂县、理县)、甘孜(巴塘县、雅江县、得荣县、九龙县、理塘县、乡城县、稻城县)、凉山自治州(盐源县、木里县)	准一	
	阿坝(马尔康市、金川县)、甘孜自治州(丹巴县)	准二	
贵州	贵阳、遵义(赤水市除外)、安顺市,黔东南、黔南、黔西南自治州	准一	
	六盘水、毕节市	准二	
云南	迪庆自治州(德钦县、香格里拉市)	冬一	Ⅱ
	曲靖(宣威市、会泽县)、丽江(玉龙县、宁蒗县)、昭通市(昭阳区、大关县、威信县、彝良县、镇雄县、鲁甸县),迪庆(维西县)、怒江(兰坪县)、大理自治州(剑川县)	准一	

续表

省 份	地区、市、自治州、盟(县)	气温区	
西藏	拉萨(当雄县除外)、日喀则(拉孜县)、山南(浪卡子县、错那县、隆子县除外)、昌都(芒康县、左贡县、类乌齐县、丁青县、洛隆县除外)、林芝市	冬一	Ⅰ
	山南(隆子县)、日喀则市(定日县、聂拉木县、亚东县、拉孜县除外)		Ⅱ
	昌都市(洛隆县)	冬二	Ⅰ
	昌都(芒康县、左贡县、类乌齐县、丁青县)、山南(浪卡子县)、日喀则市(定日县、聂拉木县),阿里地区(普兰县)		Ⅱ
	拉萨(当雄县)、山南(错那县)、日喀则市(亚东县),那曲(安多县除外)、阿里地区(普兰县除外)	冬三	
	那曲地区(安多县)	冬四	
陕西	西安、宝鸡、渭南、咸阳(彬县、旬邑县、长武县除外)、汉中(留坝县、佛坪县)、铜川市(耀州区)	冬一	Ⅰ
	铜川(印台区、王益区)、咸阳市(彬县、旬邑县、长武县)		Ⅱ
	延安(吴起县除外)、榆林(清涧县)、铜川市(宜君县)	冬二	Ⅱ
	延安(吴起县)、榆林市(清涧县除外)	冬三	
	商洛、安康、汉中市(留坝县、佛坪县除外)	准二	
甘肃	陇南市(两当县、徽县)	冬一	Ⅱ
	兰州、天水、白银(会宁县、靖远县)、定西、平凉、庆阳、陇南市(西和县、礼县、宕昌县),临夏、甘南自治州(舟曲县)	冬二	Ⅱ
	嘉峪关、金昌、白银(白银区、平川区、景泰县)、酒泉、张掖、武威市,甘南自治州(舟曲县除外)	冬三	
	陇南市(武都区、文县)	准一	
	陇南市(成县、康县)	准二	
青海	海东市(民和县)	冬二	Ⅱ
	西宁、海东(民和县除外),黄南(泽库县除外)、海南、果洛(班玛县、达日县、久治县)、玉树(囊谦县、杂多县、称多县、玉树市)、海西自治州(德令哈市、格尔木市、都兰县、乌兰县)	冬三	
	海北(野牛沟、托勒除外)、黄南(泽库县)、果洛(玛沁县、甘德县、玛多县)、玉树(曲麻莱县、治多县)、海西自治州(冷湖、茫崖、大柴旦、天峻县)	冬四	
	海北(野牛沟、托勒)、玉树(清水河)、海西自治州(唐古拉山区)	冬五	
宁夏	全境	冬二	Ⅱ

续表

省 份	地区、市、自治州、盟(县)	气温区	
新疆	阿拉尔、哈密市(哈密市泌城镇),喀什(喀什市、伽师县、巴楚县、英吉沙县、麦盖提县、莎车县、叶城县、泽普县)、阿克苏(沙雅县、阿瓦提县)、和田地区,伊犁(伊宁市、新源县、霍城县霍尔果斯镇)、巴音郭楞(库尔勒市、若羌县、且末县、尉犁县铁干里可)、克孜勒苏自治州(阿图什市、阿克陶县)	冬二	Ⅰ
	喀什地区(岳普湖县)		Ⅱ
	乌鲁木齐市(牧业气象试验站、达坂城区、乌鲁木齐县小渠子乡)、吐鲁番、哈密市(十三间房、红柳河、伊吾县淖毛湖),塔城(乌苏市、沙湾县、额敏县除外)、阿克苏(沙雅县、阿瓦提县除外)、喀什地区(塔什库尔干县),克孜勒苏(乌恰县、阿合奇县)、巴音郭楞(和静县、焉耆县、和硕县、轮台县、尉犁县、且末县塔中)、伊犁自治州(伊宁市、霍城县、察布查尔县、尼勒克县、巩留县、昭苏县、特克斯县)	冬三	
	乌鲁木齐(冬三区以外各地)、哈密地区(巴里坤县),塔城(额敏县、乌苏市)、阿勒泰(阿勒泰市、哈巴河县、吉木乃县)、昌吉(昌吉市、木垒县、奇台县北塔山镇、阜康市天池)、博尔塔拉(温泉县、精河县、阿拉山口口岸)、克孜勒苏自治州(乌恰县吐尔尕特口岸)	冬四	
	克拉玛依、石河子市,塔城(沙湾县)、阿勒泰地区(布尔津县、福海县、富蕴县、青河县),博尔塔拉(博乐市)、昌吉(阜康市、玛纳斯县、呼图壁县、吉木萨尔县、奇台县)、巴音郭楞自治州(和静县巴音布鲁克乡)	冬五	

注:为避免繁冗,各民族自治州名称予以简化,如青海省的"海西蒙古族藏族自治州"简化为"海西自治州"。

附录E 全国雨季施工雨量区及雨季期划分表

省 份	地区、市、自治州、盟(县)	雨量区	雨季期(月数)
北京	全境	Ⅱ	2
天津	全境	Ⅰ	2
河北	张家口、承德市(围场县)	Ⅰ	1.5
	承德(围场县除外)、保定、沧州、石家庄、廊坊、邢台、衡水、邯郸、唐山、秦皇岛市	Ⅱ	2
山西	全境	Ⅰ	1.5

续表

省 份	地区、市、自治州、盟(县)	雨量区	雨季期(月数)
内蒙古	呼和浩特、通辽、呼伦贝尔(海拉尔区、满洲里市、陈巴尔虎旗、鄂温克旗)、鄂尔多斯(东胜区、准格尔旗、伊金霍洛旗、达拉特旗、乌审旗)、赤峰、包头、乌兰察布市(集宁区、化德县、商都县、兴和县、四子王旗、察哈尔右翼中旗、察哈尔右翼后旗、卓资县及以南),锡林郭勒盟(锡林浩特市、多伦县、太仆寺旗、西乌珠穆沁旗、正蓝旗、正镶白旗)	Ⅰ	1
	呼伦贝尔市(牙克石市、额尔古纳市、鄂伦春旗、扎兰屯市及以东),兴安盟		2
辽宁	大连(长海县、瓦房店市、普兰店市、庄河市除外)、朝阳市(建平县)	Ⅰ	2
	沈阳(康平县)、大连(长海县)、锦州(北镇市除外)、营口(盖州市)、朝阳市(凌源市、建平县除外)		2.5
	沈阳(康平县、辽中区除外)、大连(瓦房店市)、鞍山(海城市、台安县、岫岩县除外)、锦州(北镇市)、阜新、朝阳(凌源市)、盘锦、葫芦岛(建昌县)、铁岭市		3
	抚顺(新宾县)、辽阳市		3.5
	沈阳(辽中区)、鞍山(海城市、台安县)、营口(盖州市除外)、葫芦岛市(兴城市)	Ⅱ	2.5
	大连(普兰店市)、葫芦岛市(兴城市、建昌县除外)		3
	大连(庄河市)、鞍山(岫岩县)、抚顺(新宾县除外)、丹东(凤城市、宽甸县除外)、本溪市		3.5
	丹东市(凤城市、宽甸县)		4
吉林	辽源、四平(双辽市)、白城、松原市	Ⅰ	2
	吉林、长春、四平(双辽市除外)、白山市,延边自治州	Ⅱ	2
	通化市		3
黑龙江	哈尔滨(市区、呼兰区、五常市、阿城区、双城区)、佳木斯(抚远市)、双鸭山(市区、集贤县除外)、齐齐哈尔(拜泉县、克东县除外)、黑河(五大连池市、嫩江县)、绥化(北林区、海伦市、望奎县、绥棱县、庆安县除外)、牡丹江、大庆、鸡西、七台河市,大兴安岭地区(呼玛县除外)	Ⅰ	2
	哈尔滨(市区、呼兰区、五常市、阿城区、双城区除外)、佳木斯(抚远县除外)、双鸭山(市区、集贤县)、齐齐哈尔(拜泉县、克东县)、黑河(五大连池市、嫩江县除外)、绥化(北林区、海伦市、望奎县、绥棱县、庆安县)、鹤岗、伊春市,大兴安岭地区(呼玛县)	Ⅱ	2
上海	全境	Ⅱ	4
江苏	徐州、连云港市	Ⅱ	2
	盐城市		3
	南京、镇江、淮安、南通、宿迁、扬州、常州、泰州市		4
	无锡、苏州市		4.5

续表

省 份	地区、市、自治州、盟(县)	雨量区	雨季期(月数)
浙江	舟山市		4
	嘉兴、湖州市		4.5
	宁波、绍兴市		6
	杭州、金华、温州、衢州、台州、丽水市		7
安徽	阜阳市、亳州、淮北、宿州、蚌埠、淮南、六安、合肥市	Ⅱ	2
	滁州、马鞍山、芜湖、铜陵、宣城市		3
	池州市		4
	安庆、黄山市		5
福建	泉州市(惠安县崇武)	Ⅰ	4
	福州(平潭县)、泉州(晋江市)、厦门(同安区除外)、漳州市(东山县)	Ⅱ	5
	三明(永安市)、福州(市区、长乐市)、莆田市(仙游县除外)		6
	南平(顺昌县除外)、宁德(福鼎市、霞浦县)、三明(永安市、尤溪县、大田县除外)、福州(市区、长乐市、平潭县除外)、龙岩(长汀县、连城县)、泉州(晋江市、惠安县崇武、德化县除外)、莆田(仙游县)、厦门(同安区)、漳州市(东山县除外)		7
	南平(顺昌县)、宁德(福鼎市、霞浦县除外)、三明(尤溪县、大田县)、龙岩(长汀县、连城县除外)、泉州市(德化县)		8
江西	南昌、九江、吉安市	Ⅱ	6
	萍乡、景德镇、新余、鹰潭、上饶、抚州、宜春、赣州市		7
山东	济南、潍坊、聊城市	Ⅰ	3
	淄博、东营、烟台、济宁、威海、德州、滨州市		4
	枣庄、泰安、莱芜、临沂、菏泽市		5
	青岛市	Ⅱ	3
	日照市		4
河南	郑州、许昌、洛阳、济源、新乡、焦作、三门峡、开封、濮阳、鹤壁市	Ⅰ	2
	周口、驻马店、漯河、平顶山、安阳、商丘市		3
	南阳市		4
	信阳市	Ⅱ	2
湖北	十堰、襄樊、随州市，神农架林区	Ⅰ	3
	宜昌(秭归县、远安县、兴山县)、荆门市(钟祥市、京山县)	Ⅱ	2
	武汉、黄石、荆州、孝感、黄冈、咸宁、荆门(钟祥市、京山县除外)、天门、潜江、仙桃、鄂州、宜昌市(秭归县、远安县、兴山县除外)，恩施自治州		6

续表

省　份	地区、市、自治州、盟(县)	雨量区	雨季期(月数)
湖南	全境	Ⅱ	6
广东	茂名、中山、汕头、潮州市	Ⅰ	5
	广州、江门、肇庆、顺德、湛江、东莞市		6
	珠海市	Ⅱ	5
	深圳、阳江、汕尾、佛山、河源、梅州、揭阳、惠州、云浮、韶关市		6
	清远市		7
广西	百色、河池、南宁、崇左市	Ⅱ	5
	桂林、玉林、梧州、北海、贵港、钦州、防城港、贺州、柳州、来宾市		6
海南	全境	Ⅱ	6
重庆	全境	Ⅱ	4
四川	阿坝(松潘县、小金县)、甘孜自治州(丹巴县、石渠县)	Ⅰ	1
	泸州市(古蔺县)、阿坝(阿坝县、若尔盖县)、甘孜自治州(道孚县、炉霍县、甘孜县、巴塘县、乡城县)		2
	德阳、乐山(峨边县)、雅安市(汉源县)、阿坝(壤塘县)、甘孜(泸定县、新龙县、德格县、白玉县、色达县、得荣县)、凉山自治州(美姑县)		3
	绵阳(江油市、安州区、北川县除外)、广元、遂宁、宜宾市(长宁县、珙县县、兴文县除外)、阿坝(黑水县、红原县、九寨沟县)、甘孜(九龙县、雅江县、理塘县)、凉山自治州(会理县、木里县、宁南县)		4
	南充(仪陇县除外)、广安(岳池县、武胜县、邻水县)、达州市(大竹县)、阿坝(马尔康县)、甘孜(康定市)、凉山自治州(甘洛县)		5
	自贡(富顺县除外)、绵阳(北川县)、内江、资阳、雅安(石棉县)、甘孜(稻城县)、凉山(盐源县、雷波县、金阳县)	Ⅱ	3
	成都、自贡(富顺县)、攀枝花、泸州(古蔺县除外)、绵阳(江油县、安州区)、眉山(洪雅县除外)、乐山(峨边县、峨眉山市、沐川县除外)、宜宾(长宁县、珙县县、兴文县)、广安市(岳池县、武胜县、邻水县除外),凉山自治州(西昌市、德昌县、会理县、会东县、喜德县、冕宁县)	Ⅱ	4
	眉山(洪雅县)、乐山(峨眉山市、沐川县)、雅安(汉源县、石棉县除外)、南充(仪陇县)、巴中、达州市(大竹县、宣汉县除外)、凉山自治州(昭觉县、布拖县、越西县)		5
	达州市(宣汉县)、凉山自治州(普格县)		6

续表

省 份	地区、市、自治州、盟(县)	雨量区	雨季期(月数)
贵州	贵阳、遵义、毕节市	Ⅱ	4
	安顺、铜仁、六盘水市，黔东南自治州		5
	黔西南自治州		6
	黔南自治州		7
云南	昆明(市区、嵩明县除外)、玉溪、曲靖(富源县、师宗县、罗平县除外)、丽江(宁蒗县、永胜县)、普洱市(墨江县)、昭通市，怒江(兰坪县、泸水市六库镇)、大理(大理市、漾濞县除外)、红河(个旧市、开远市、蒙自市、红河县、石屏县、建水县、弥勒市、泸西县)、迪庆、楚雄自治州	Ⅰ	5
	保山(腾冲市、龙陵县除外)、临沧市(凤庆县、云县、永德县、镇康县)，怒江(福贡县、泸水市)、红河自治州(元阳县)		6
	昆明(市区、嵩明县)、曲靖(富源县、师宗县、罗平县)、丽江(古城区、华坪县)、普洱市(思茅区、景东县、镇沅县、宁洱县、景谷县)，大理(大理市、漾濞县)、文山自治州	Ⅱ	5
	保山(腾冲市、龙陵县)、临沧(临翔区、双江县、耿马县、沧源县)、普洱市(西盟县、澜沧县、孟连县、江城县)，怒江(贡山县)、德宏、红河(绿春县、金平县、屏边县、河口县)、西双版纳自治州		6
西藏	山南(加查县除外)、日喀则市(定日县)、那曲(索县除外)、阿里地区	Ⅰ	1
	拉萨、昌都(类乌齐县、丁青县、芒康县除外)、日喀则(拉孜县)、林芝市(察隅县)，那曲(索县)		2
	昌都(类乌齐县)、林芝市(米林县)		3
	昌都(丁青县)、林芝市(米林县、波密县、察隅县除外)		4
	林芝市(波密县)		5
	昌都市(芒康县)、山南(加查县)、日喀则市(定日县、拉孜县除外)	Ⅱ	2
陕西	榆林、延安市	Ⅰ	1.5
	铜川、西安、宝鸡、咸阳、渭南市，杨凌区		2
	商洛、安康、汉中市		3

续表

省 份	地区、市、自治州、盟(县)	雨量区	雨季期(月数)
甘肃	天水(甘谷县、武山县)、陇南市(武都区、文县、礼县),临夏(康乐县、广河县、永靖县),甘南自治州(夏河县)	I	1
	天水(北道区、秦城区)、定西(渭源县)、庆阳(华池县、环县)、陇南市(西和县),临夏(临夏市)、甘南自治州(临潭县、卓尼县)		1.5
	天水(秦安县)、定西(临洮县、岷县)、平凉(崆峒区)、庆阳(庆城县)、陇南市(宕昌县),临夏(临夏县、东乡县、积石山县)、甘南自治州(合作市)		2
	天水(张家川县)、平凉(静宁县、庄浪县)、庆阳(镇原县)、陇南市(两当县),临夏(和政县)、甘南自治州(玛曲县)		2.5
	天水(清水县)、平凉(泾川县、灵台县、华亭县、崇信县)、庆阳(西峰区、合水县、正宁县、宁县)、陇南市(徽县、成县、康县),甘南自治州(碌曲县、迭部县)		3
青海	西宁(湟源县)、海东市(平安区、乐都区、民和县、化隆县),海北(海晏县、祁连县、刚察县、托勒)、海南(同德县、贵南县)、黄南(泽库县、同仁县)、海西自治州(天峻县)	I	1
	西宁(湟源县除外)、海东市(互助县),海北(门源县)、果洛(达日县、久治县、班玛县)、玉树自治州(称多县、杂多县、囊谦县、玉树市),河南自治县		1.5
宁夏	固原地区(隆德县、泾源县)	I	2
新疆	乌鲁木齐市(小渠子乡、牧业气象试验站、大西沟乡),昌吉(阜康市天池),克孜勒苏(吐尔尕特、托云、巴音库鲁提)、伊犁自治州(昭苏县、霍城县二台、松树头)	I	1
香港	(资料暂缺)		
澳门			
台湾			

注:1. 表中未列的地区除西藏林芝地区墨脱县因无资料未划分外,其余地区均因降雨天数或平均日降雨量未达到计算雨季施工增加费的标准,故未划分雨量区及雨季期。

2. 行政区划依据资料及自治州、市的名称列法同冬季施工气温区划分说明。

附录F 全国风沙地区公路施工区划分表

区 划	沙漠(地)名称	地理位置	自然特征
风沙一区	呼伦贝尔沙地、嫩江沙地	呼伦贝尔沙地位于内蒙古呼伦贝尔平原，嫩江沙地位于东北平原西北部嫩江下游	属半干旱、半湿润严寒区，年降水量280～400 mm，年蒸发量1 400～1 900 mm，干燥度1.2～1.5
	科尔沁沙地	散布于东北平原西辽河中、下游主干及支流沿岸的冲积平原上	属半湿润温冷区，年降水量300～450 mm，年蒸发量1 700～2 400 mm，干燥度1.2～2.0
	浑善达克沙地	位于内蒙古锡林郭勒盟南部和赤峰市西北部	属半湿润温冷区，年降水量100～400 mm，年蒸发量2 200～2 700 mm，干燥度1.2～2.0，年平均风速3.5～5 m/s，年大风天数50～80 d
	毛乌素沙地	位于内蒙古鄂尔多斯中南部和陕西北部	属半干旱温热区，年降水量东部400～440 mm，西部仅250～320 mm，年蒸发量2 100～2 600 mm，干燥度1.6～2.0
	库布齐沙漠	位于内蒙古鄂尔多斯北部，黄河河套平原以南	属半干旱温热区，年降水量150～400 mm，年蒸发量2 100～2 700 mm，干燥度2.0～4.0，年平均风速3～4 m/s
风沙二区	乌兰布和沙漠	位于内蒙古阿拉善东北部，黄河河套平原西南部	属干旱温热区，年降水量100～145 mm，年蒸发量2 400～2 900 mm，干燥度8.0～16.0，地下水相当丰富，埋深一般为1.5～3m
	腾格里沙漠	位于内蒙古阿拉善东南部及甘肃武威部分地区	属干旱温热区，沙丘、湖盆、山地、残丘及平原交错分布，年降水量116～148 mm，年蒸发量3 000～3 600 mm，干燥度4.0～12.0
	巴丹吉林沙漠	位于内蒙古阿拉善西南边缘及甘肃酒泉部分地区	属干旱温热区，沙山高大密集，形态复杂，起伏悬殊，一般高200～300 m，最高可达420 m，年降水量40～80 mm，年蒸发量1 720～3 320 mm，干燥度7.0～16.0
	柴达木沙漠	位于青海柴达木盆地	属极干旱寒冷区，风蚀地、沙丘、戈壁、盐湖和盐土平原相互交错分布，盆地东部年均气温2～4 ℃，西部为1.5～2.5℃，年降水量东部为50～170 mm，西部为10～25 mm，年蒸发量2 500～3 000 mm，干燥度16.0～32.0
	古尔班通古特沙漠	位于新疆北部准噶尔盆地	属干旱温冷区，其中固定、半固定沙丘面积占沙漠面积的97%，年降水量70～150 mm，年蒸发量1 700～2 200 mm，干燥度2.0～10.0

续表

区　划	沙漠(地)名称	地理位置	自然特征
风沙三区	塔克拉玛干沙漠	位于新疆南部塔里木盆地	属极干旱炎热区，年降水量东部 20 mm 左右，南部 30 mm 左右，西部 40 mm 左右，北部 50 mm 以上，年蒸发量在 1 500～3 700 mm，中部达高限，干燥度＞32.0
	库姆达格沙漠	位于新疆东部、甘肃西部,罗布泊低地南部和阿尔金山北部	属极干旱炎热区，全部为流动沙丘，风蚀严重，年降水量 10～20 mm，年蒸发量 2 800～3 000 mm，干燥度＞32.0,年 8 级以上大风天数在 100 d 以上

附录 G　涉水项目施工期通航安全保障费用计算方法

G.1　一般规定

G.1.1　为适应公路工程涉水项目施工期通航安全保障工作的需要,合理确定公路工程涉水项目施工期通航安全保障费用,规范施工期通航安全保障费用计算方法,编制本计算方法。

G.1.2　本计算方法适用于沿海水域、航道等级Ⅲ级及以上的内河水域需要开展通航安全保障工作的设计概算、施工图预算的编制和管理。

G.1.3　需要开展通航安全保障工作的公路工程涉水项目,应根据该项目的通航环境、施工组织等进行专项设计,确定施工期通航安全保障的工作内容,按本计算方法规定计算各项费用。

G.1.4　通航安全保障费用由临时设施设备费、现场保障费、管理经费、税金组成,费用组成如图 G.1.1 所示。

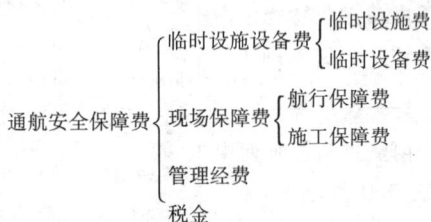

- 通航安全保障费
  - 临时设施设备费
    - 临时设施费
    - 临时设备费
  - 现场保障费
    - 航行保障费
    - 施工保障费
  - 管理经费
  - 税金

图 G.1.1　通航安全保障费用组成图

G.2　临时设施设备费

G.2.1　临时设施设备费由临时设施费和临时设备费组成。

G.2.2　临时设施费指为实施通航安全保障工作而需使用的办公及生活临时建筑物、通航保障船艇临时靠泊设施所发生的费用等。临时设施费按摊销和周转考虑。

G.2.3　临时设备费指因工程建设,导致船舶航路、航法或交通管理系统改变,为引导船舶安全航行而需要新建或改建导、助航设备所需的费用,内容包括以下方面:

(1)导助航设备(如 AIS 基站、雷达应答器、航标等)的新建或改建所需的设备购置与安装费、租赁费、施工期维护费等。

(2)交管专台设备的建立或完善所需的设备购置与安装费、租赁费、施工期维护费等。

G.2.4 通航安全保障费不包括因工程建设影响船舶航行而设置临时航道所发生的疏浚、扫测与制图等有关费用,需要时另行计算。临时设备费根据专项设计,按相关行业概算、预算编制规定以及配套定额计算各项费用。

G.3 现场保障费

G.3.1 现场保障费由航行保障费和施工保障费组成。

G.3.2 航行保障费指因项目施工影响了过往船舶通航秩序时,采用巡航、值守等方式,对施工水域水上通航秩序进行管理及利用交管专台进行监控而发生的船艇及人员费用。巡航指以动态巡查的方式对受影响水域实施警戒、疏导与管理,以及在接到现场应急处置需求时,巡航船艇从停泊点驶往现场等工作。值守指以静态值守的方式对受影响水域实施警戒、疏导与管理。航行保障费的计算公式见式(G.3.1)。

$$F_n = D \cdot [N_s \cdot (P_t \cdot A_t + P_s \cdot A_s) + N_m \cdot A_m] \tag{G.3.1}$$

式中 F_n——航行保障费(元);

D——航行保障工作天数(天),指在船舶可航行水域施工开始至结束的总天数;

N_s——保障船艇数量(艘),具体计取方法根据专项设计确定,可参考表 G.3.2-1。

表 G.3.2-1 保障船艇数量计取方法

项目轴线跨越船舶航行水域长度 L(km)	$L \leqslant 0.5$	$0.5 < L \leqslant 1$	$1 < L \leqslant 10$	$L > 10$
保障船艇数量 N_s	1	2	3	$N_s = [3 + (L-10)/5]$(向上取整)

P_t——巡航日艘班数,按 0.25 艘班/d 计;

A_t——船艇巡航艘班单价(元),按现行《公路工程机械台班费用定额》(JTG/T 3833)相同或相近主机功率的拖轮台班单价计算,即船艇巡航艘班单价 = 不变费用 + 可变费用(人工费、燃料费、淡水费)。保障船艇类型根据专项设计确定,可参照表 G.3.2-2中水域范围对应;保障船艇主机功率可参照表 G.3.2-2 中保障船艇类型确定。

表 G.3.2-2 保障船艇规格确定方法

水域范围	保障船艇	
	类 型	主机总功率(kW)
沿海航区	沿海(40 m 级)	2 700
遮蔽航区	沿海(30 m 级)	2 200
主要指内河 A 级航区	内河(30 m 级)	750
主要指内河 B 级航区	内河(20 m 级)	400
主要指内河 C 级航区	内河(15 m 级)	130

P_s——值守日艘班数,按 2.75 艘班/d 计;

A_s——船艇值守艘班单价(元),按巡航艘班可变费用中的人工费、10% 燃料费及淡水费计算,即船艇值守艘班单价 = 人工费 + 10% 燃料费 + 淡水费;

N_m——航行保障单日工作人员总数，为保障船艇单日工作人员和交管专台单日工作人员数量之和（人），根据专项设计确定；保障船艇单日工作人员可按每艘船每日6人计；交管专台单日工作人员可按每专台每日6人计；

A_m——航行保障工作人员人工单价（元），按现行《公路工程机械台班费用定额》（JTG/T 3833）中的船舶人工工日单价计算。

G.3.3 施工保障费指大型构件运输和安装等高风险施工作业过程中，对外部通航环境要求较高时，为防止外部因素对施工作业造成不利影响，需要专门投入船艇和设施设备进行现场警戒所发生的费用，如禁航区、封航、警戒等需要发生的导助航设施、船艇及人员等费用。施工保障工作内容由专项设计确定，施工保障费根据施工保障工作内容，按相关行业概算、预算编制规定以及配套定额计算各项费用。船艇巡航与值守艘班单价、施工保障工作人员人工单价按航行保障费计算方法计算。

G.4 管理经费

G.4.1 管理经费指通航安全保障实施单位为管理和组织保障工作所需的费用，包括办公费、会议费、差旅交通费、固定资产使用费、工具用具使用费、宣传宣贯费、审计费、调研和咨询费、保障方案编制费、管理人员工资以及其他管理性开支等。管理经费以临时设施设备费、现场保障费之和为基数，费率按5%计算。

G.5 税金

G.5.1 按国家税法规定计算相关税金。

G.6 通航安全保障费用计算方式

G.6.1 通航安全保障费用计算方式见表G.6.1。

表G.6.1 通航安全保障费用计算表

序号	项目	说明及计算式
（一）	临时设施设备费	
	临时设施费	按本附录规定计算
	临时设备费	按本附录规定计算
（二）	现场保障费	
	航行保障费	按本附录规定计算
	施工保障费	按本附录规定计算
（三）	管理经费	[（一）+（二）]×5%
（四）	税金	按国家税法规定计算相关税金
（五）	通航安全保障费	（一）+（二）+（三）+（四）

参考文献

[1] 中华人民共和国交通运输部. 公路工程预算定额(JTG/T 3832—2018)[S]. 北京:人民交通出版社,2019.1.

[2] 中华人民共和国交通运输部. 公路工程概算定额(JTG/T 3831—2018)[S]. 北京:人民交通出版社,2019.1.

[3] 中华人民共和国交通运输部. 公路工程估算指标(JTG/T 3821—2018)[S]. 北京:人民交通出版社,2019.1.

[4] 中华人民共和国交通运输部. 公路工程建设项目投资估算编制办法(JTG 3820—2018)[S]. 北京:人民交通出版社,2019.1.

[5] 中华人民共和国交通运输部. 公路工程建设项目概算预算编制办法(JTG 3830—2018)[S]. 北京:人民交通出版社,2019.1.

[6] 中华人民共和国交通运输部. 公路工程建设项目造价文件管理导则(JTG 3810—2017)[S]. 北京:人民交通出版社,2018.1.

[7] 中华人民共和国交通运输部. 公路工程机械台班费用定额(JTG/T 3833—2018)[S]. 北京:人民交通出版社,2019.1.

[8] 中华人民共和国交通运输部. 公路勘测规范(JTG C10—2007)[S]. 北京:人民交通出版社,2007.

[9] 中华人民共和国交通运输部. 公路工程造价管理暂行办法[S]. 北京:人民交通出版社,2016.

[10] 中华人民共和国交通运输部. 公路工程标准施工招标文件(2018 年版)[S]. 北京:人民交通出版社,2018.

[11] 中华人民共和国交通运输部. 交通运输部基本建设项目竣工财务决算编审规定[S]. 北京:人民交通出版社,2018.